THE LAST EMPIRE
THE FINAL DAYS OF THE SOVIET UNION

大国的崩溃
苏联解体的台前幕后

［美］沙希利·浦洛基（Serhii Plokhy）／著

宋 虹／译

天地出版社 | TIANDI PRESS
·成都·

图书在版编目（CIP）数据

大国的崩溃：苏联解体的台前幕后 /（美）沙希利·浦洛基著；宋虹译. —成都：天地出版社，2020.6（2025年9月重印）
ISBN 978-7-5455-5621-6

Ⅰ. ①大… Ⅱ. ①沙… ②宋… Ⅲ. ①苏联解体 – 研究 Ⅳ. ①D751.25

中国版本图书馆CIP数据核字（2020）第057177号

Copyright © 2014 by Serhii Plokhy
Simplified Chinese translation copyright © 2020
by Beijing Huaxia Winshare Books Co., Ltd.
Published by arrangement with Basic Books, an imprint of Perseus Books, LLC,
a subsidiary of Hachette Book Group, Inc., New York, New York, USA.
ALL RIGHTS RESERVED

著作权登记号　　图进字：21-2020-110

DAGUO DE BENGKUI:SULIAN JIETI DE TAIQIANMUHOU
大国的崩溃：苏联解体的台前幕后

出 品 人	杨　政
作　 者	［美］沙希利·浦洛基
译　 者	宋　虹
责任编辑	杨永龙　李建波
封面设计	蒋宏工作室
内文排版	尚上文化
责任印制	王学锋

出版发行	天地出版社
	（成都市锦江区三色路238号 邮政编码：610023）
	（北京市方庄芳群园3区3号 邮政编码：100078）
网　 址	http://www.tiandiph.com
电子邮箱	tianditg@163.com
经　 销	新华文轩出版传媒股份有限公司

印　 刷	北京文昌阁彩色印刷有限责任公司
版　 次	2020年6月第1版
印　 次	2025年9月第31次印刷
开　 本	710mm×1000mm　1/16
印　 张	31.25
字　 数	400千字
定　 价	68.00元
书　 号	ISBN 978-7-5455-5621-6

版权所有◆违者必究

咨询电话：（028）86361282（总编室）
购书热线：（010）67693207（营销中心）

如有印装错误，请与本社联系调换

媒体推荐

浦洛基教授用简洁的语言清晰讲述了围绕着苏联解体的一系列复杂事件和方方面面，同时也阐释了苏联政府最终无法管控乌克兰和俄罗斯民族运动的原因。作为浦洛基杰出的学术成果，这本书可以和弗拉季斯拉夫·祖博克所著《失败的帝国》相提并论，对于那些对政治阴谋情有独钟的历史学家、时政专业学生和任何其他人来说，这本书都是极好的。

——《美国图书馆杂志》

我们对于1989年到1991年那场剧变的记忆变得模糊，这画面使得苏联的解体、柏林墙的倒塌和冷战的结束等纠结在一起，难以区分。现在浦洛基用极尽详细的描述，将苏联解体前最后5个月的模糊记忆再次拼接起来，而他对政变的描述读上去就像是一本引人入胜的惊悚小说……

——《星期日邮报》

浦洛基教授入木三分地描述了苏联解体前5个月发生的事……他用生机勃勃、节奏紧凑的叙事方式完美地讲述了这个故事。

——《星期日泰晤士报》

（本书）具有很高的学术价值，描述生动，采用来自东西方的最新史料向既定结论挑战，文中还记载了众多事件参与者的谈话内容。

——《旁观者》杂志

终于看到了对苏联解体的准确描述：浦洛基教授不仅从莫斯科或是华盛顿的角度讲述了这段历史，还从乌克兰和其他加盟共和国的视角出发来阐释，而许多至关重要的决定正是在这些共和国做出的。如果你对1991年苏联解体事件还蒙昧无知，如果你已记不得苏联各个共和国在其中扮演的角色，那么，你将发现你根本无法搞懂当下该地区的政治。这本书很实用，因为它终结了有关冷战结束的一些谜团，是了解该地区当下紧张局势和博弈现状的必备书。

——安妮·阿普尔鲍姆

（普利策奖获得者，《古拉格：一部历史》的作者）

浦洛基用戏剧化的语言描述了苏联解体背后高度政治化的事件，这真是再及时不过了。他描述了这幕大戏中主要演员的选择、忧惧、个人冲突和地缘政治的虚妄，这些演员不仅来自美国，还来自摇摇欲坠的苏联加盟共和国。尽管世界躲过了一次核灾难，可是新的悲剧种子已然埋下。正如浦洛基料想的那样，美国错误地以为自己是"冷战胜利者"，这直接导致美国在2003年狂傲地入侵伊拉克。现在，在许多人认为的俄罗斯与西方新冷战背景下，我们搞清楚1991年真正发生了什么显得尤为重要。《大国的崩溃》是一本政治佳作：生动、紧凑、有新意，最重要的是充满智慧。

——蕾切尔·波隆斯基

（《从莫斯科到古拉格》的作者）

浦洛基对苏联终结的描述真是入木三分。他的描述中加入了大量新鲜史料，值得任何对当今世界格局由来感兴趣的人阅读。不仅如此，面对繁如烟渺的历史事件，这本书的分析也是一针见血。尤其是，它揭示了美国政策的自相矛盾，阐释了促使苏联共和国走向各自归宿的推动力，包括乌克兰人在其中起到的关键作用，这一点恰恰是以前史学研究常常忽视的地方。

——蒂莫西·科尔顿

（哈佛大学政府学教授，《叶利钦生平》的作者）

■ 乔治·布什（左二）和米哈伊尔·戈尔巴乔夫（右二）签署了有关核武器削减的《第一阶段削减战略武器条约》之后，出现在记者招待会上。尽管没有得到西方的资金支持，戈尔巴乔夫还是设法说服军方人士同意对苏联的核武器库展开规模空前的削减。1991年7月31日，莫斯科，克里姆林宫。（科比斯图片社）

■ 芭芭拉·布什（前左）和赖莎·戈尔巴乔夫（前右）在莫斯科有她们自己的日程。两位第一夫人相处得格外融洽。1990年6月，在戈尔巴乔夫访美期间，她们曾共同参加了卫斯理学院（卫斯理，马萨诸塞州）的毕业典礼。（科比斯图片社）

■ 宴会上的不速之客。在一场由戈尔巴乔夫夫妇为乔治·布什夫妇在克里姆林宫举办的官方招待会上，鲍里斯·叶利钦（前左一）试图充当宴会的主人。1991年7月30日，莫斯科，克里姆林宫。（俄通社－塔斯社图片通讯社）

■ 布什总统（左）问候克拉夫丘克主席（右）。布什告诉未来的乌克兰总统列昂尼德·克拉夫丘克："直视别人的眼睛，你立刻就能知道他们是否会投票给你。"克拉夫丘克对布什的建议心领神会，1991年12月，他不仅赢得了乌克兰总统一职，还为自己的国家赢得了独立。（科比斯图片社）

■ 反抗者鲍里斯·叶利钦登上了坦克，宣布政变是违宪的。布什总统起初不愿意支持叶利钦，但是由于戈尔巴乔夫已经被政变者软禁，所以他除了支持叶利钦别无选择。叶利钦的警卫队长亚历山大·科尔扎科夫在其右侧。1991 年 8 月 19 日，莫斯科。（科比斯图片社）

■ 1991 年 8 月 20 日，军队拒绝向平民开枪。亚历山大·列别德将军向俄罗斯白宫守卫者喊话，白宫是位于莫斯科市中心的叶利钦总部。列别德将军在私底下曾对叶利钦说，如果他希望军队站在他这边，他必须宣布自己是俄罗斯武装力量总司令。叶利钦遵照了将军的建议，在政变中取胜。（科比斯图片社）

■ 布什在这张照片上写道:"亲爱的米哈伊尔,现在我虽然身在缅因州,却仍然挂念着尚在克里米亚的你。感谢上帝,你和赖莎安然无恙。你的朋友,布什。"图片上是1991年8月21日下午,当戈尔巴乔夫的电话线重新接上后,布什正在同戈尔巴乔夫通话。1991年8月21日,缅因州,肯尼邦克港,沃克角。(科比斯图片社)

■ 当戈尔巴乔夫经历了克里米亚的软禁之后,他在飞往莫斯科的途中说:"我们将要回到一个不同的国家。"此时,他尚不知道这番言论有多正确。在接下来的几日中,他的大部分权力将被叶利钦夺走。图片上是1991年8月22日夜,戈尔巴乔夫回到了莫斯科。走在他身后的是赖莎,她在软禁期间中风了。另一位是戈尔巴乔夫的外孙女。(科比斯图片社)

■ 1991年初，第一次海湾战争期间，布什总统（右二）正在会见（从右至左）国防部部长迪克·切尼、国务卿詹姆斯·贝克、白宫办公厅主任约翰·苏努努，以及国家安全顾问布伦特·斯考克罗夫特将军。数月后，在美国对摇摇欲坠的苏联将采取何种态度的问题上，切尼与布什团队其他成员的观点发生冲突。他希望苏联尽快消失。（乔治·布什总统图书馆和博物馆）

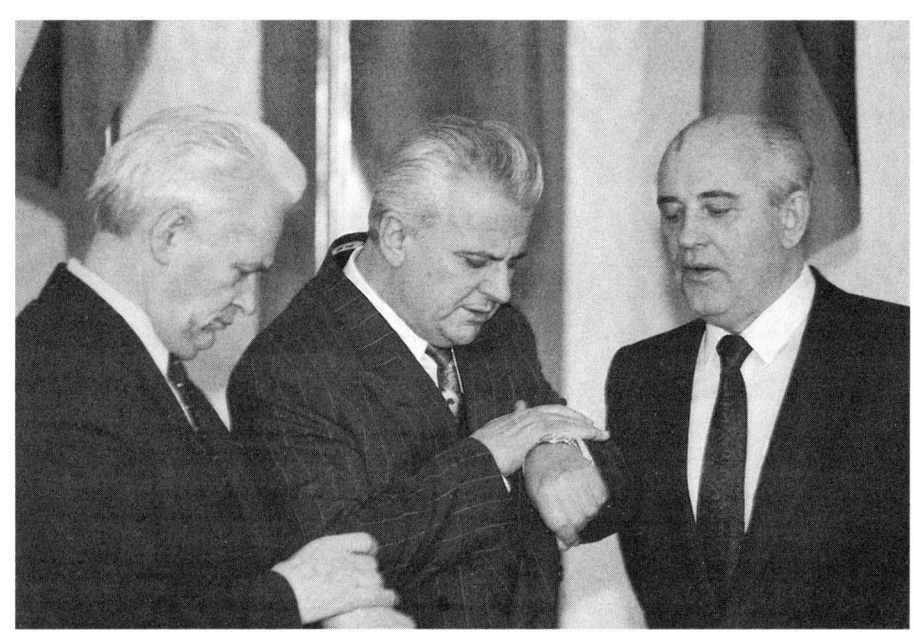

■ 时间到了。俄罗斯总理伊万·西拉耶夫（左）和日后的乌克兰总统列昂尼德·克拉夫丘克（中）正在对时间，而焦虑的米哈伊尔·戈尔巴乔夫在一旁看着他们。1991年秋，戈尔巴乔夫发现和苏联这两个最大的加盟共和国打交道愈发困难。1991年，莫斯科，克里姆林宫。（俄通社－塔斯社图片通讯社）

■ 因为遭到俄罗斯和乌克兰的反对,戈尔巴乔夫(中)转向了哈萨克斯坦的领导人努尔苏丹·纳扎尔巴耶夫(右)。他们两人都希望把苏联维持下去。1991年10月18日,在莫斯科签署经济协议时,焦虑的叶利钦在一旁看着他们。(科比斯图片社)

■ 俄罗斯方舟。鲍里斯·叶利钦(右)正同他的经济专家叶戈尔·盖达尔握手。至少在经济政策方面,俄罗斯将自寻出路。其他共和国可以仿效,也可以回避。叶利钦的顾问断言,一旦俄罗斯自救成功,它将重新把其他共和国团结到一起。1991年,莫斯科。(俄通社-塔斯社图片通讯社)

■ 幸存者。这是戈尔巴乔夫（前左）最后一次在国际舞台上亮相。1991年10月30日，中东和平会议的参会者从西班牙马德里皇宫的台阶走下。走在戈尔巴乔夫身后的是任期不长的外交部部长鲍里斯·潘金，走在布什（前右）身后的是此次会议的主要策划者詹姆斯·贝克。走在中间的是西班牙首相费利佩·冈萨雷斯。他对戈尔巴乔夫说，在政变期间，布什和其他西方国家领导人已经将他弃之不理了。（乔治·布什总统图书馆和博物馆）

■ 斯拉夫国家三合为一。1991年12月8日，在别洛韦日的狩猎屋中，三位斯拉夫共和国领导人决定解散苏联。从左至右依次是：心满意足的乌克兰领导人列昂尼德·克拉夫丘克，困惑为难的白俄罗斯领导人斯坦尼斯拉夫·舒什克维奇，以及一直以来的关键人物俄罗斯总统叶利钦。叶利钦正在为第二天早上在莫斯科和戈尔巴乔夫的一场激烈会谈做准备。（俄通社－塔斯社图片通讯社）

■ 布什（右）和贝克既是朋友，又是知己，图片显示的是1990年11月他们在一起。1991年秋，他们决定无论怎样都将支持戈尔巴乔夫。1991年12月，贝克前往莫斯科、基辅、明斯克、阿拉木图和比什凯克进行访问，试图了解苏联实际上正在发生的事。他后来向布什汇报，建议他同意独立国家联合体的成立。（乔治·布什总统图书馆和博物馆）

■ 讲故事的人。1991年12月24日，布什总统在给他的孙子、孙女们讲圣诞故事。第二天，他将飞往华盛顿，在戈尔巴乔夫辞职之际向全国发表讲话，宣布美国在冷战中取得胜利。（乔治·布什总统图书馆和博物馆）

■ 莫斯科的圣诞节。戈尔巴乔夫在发表他的辞职演说。现在从官方角度而言，最后的帝国已经从世界版图上消失了。1991年12月25日，莫斯科，克里姆林宫。（俄通社－塔斯社图片通讯社）

目 录
contents

序　言 / 001

第一章　最后的峰会

1991年7月31日，峰会召开的第二天，克里姆林宫的钟声刚刚敲响下午3点半，老布什与戈尔巴乔夫就稳步迈入大克里姆林宫的冬季花园。他们将在克里姆林宫举行盛大的仪式，签署重要的国际条约，而这只是仪式的一部分。

莫斯科会议 / 002
宴会上的不速之客 / 024
软弱的基辅演讲 / 048

第二章　8月的坦克

苏联军队能否保持忠诚，主要视发生在莫斯科街头的状况而定。莫斯科人最初看到坦克出现在街市上时惊讶不已，但是他们随后采取的策略对政变策划者来说是极具破坏性的：他们要迷惑住这些"男孩"。

克里米亚的囚徒 / 074
俄罗斯的反抗 / 096
自由的胜利 / 113

第三章　反政变

> 毋庸置疑，对俄罗斯而言，联盟协议已经无效了。然而，叶利钦并不满足于俄罗斯享有更多的自治权。叶利钦把戈尔巴乔夫从政变者手上搭救出来，却让这位苏联总统成了新的囚徒。

俄罗斯的复兴 / 136

独立的乌克兰 / 154

拯救帝国 / 173

第四章　走向分裂

> 当戈尔巴乔夫及其顾问们请求立法给予波罗的海国家更多特权时，其他共和国感到了不公正待遇，并且要求拥有与波罗的海国家相同的待遇。如果戈尔巴乔夫及中央政府拒绝这类要求，其他共和国就会开始自主行动。

左右为难的华盛顿 / 192

俄罗斯方舟 / 214

幸存者 / 233

第五章　人民的声音

> 毋庸置疑，克拉夫丘克和他的对手们发起的独立运动创造了一个独立国家，而他们中间将有一人会领导这个国家。

期　待 / 256

乌克兰公投 / 275

斯拉夫三国一体 / 294

第六章　再见了，帝国

戈尔巴乔夫希望能保存从参议院大楼上降下的苏联国旗，把它当作一个纪念品，可是，他已经力不从心了。那些克里姆林宫的守卫者不再遵从他的命令了，他们拿走了国旗。在经历了长达74年的统治之后，苏联红旗被红白蓝三色的俄罗斯国旗代替。

森林之外 / 316

欧亚国家的诞生 / 340

莫斯科的圣诞节 / 362

后　记 / 385

致　谢 / 405

注　释 / 409

序 言

　　傍晚时分，夜幕降临，莫斯科红场上的游客们、向列宁墓行进的仪仗队士兵们，还有克里姆林宫的一石一瓦，都见证了参议院大楼上苏联红旗的缓缓降落，这也意味着苏联政府——国际社会主义的代言人——下台了。1991年圣诞节这天，通过电视，世界上成千上万的人都观看了这令人难以置信的一幕。当天，美国有线电视新闻网实况转播了苏联总统——米哈伊尔·戈尔巴乔夫——的辞职演说，这是苏联历史上前无古人后无来者的总统，因为苏联不复存在了。这注定是一个不平常的圣诞夜。

　　刚刚发生了什么？第一个能回答这一问题的人就是美国总统——乔治·布什。12月25日晚，在看完美国有线电视新闻网和其他广播电视对戈尔巴乔夫演说的报道后，在看完克里姆林宫的红旗被降下之后，布什很快步入电视直播间，为美国人民就他们所看到的画面、他们所听到的消息以及他们所收到的圣诞大礼进行解释，剖析其意义。他将戈尔巴乔夫的辞职和苏联红旗的降下视为美国40多年来对抗社会主义的胜利。而且，布什将苏联共产主义的崩溃与冷战结束联系起来，庆祝美国人民的价值观赢得了胜利，他在3个句子里连用了3次"胜利"。几个星期后，他在国情咨文中提到，"苏联于一年之内解体所带来的变化有着几乎神圣的意义"，他宣称"受到上天的眷顾，美国人民才赢得了冷战"，此外，他还宣布一个新的世界秩序将要产生。他在两院联席会议上说："世界曾被分成两个对抗的军事阵营，现在剩下唯一一个卓越无比的强国，那就是美利坚合众国。"闻者掌声雷动。[1]

40多年来，美国和苏联确实陷入全球对抗之中而无法自拔，这场对抗没有以核灾难结束真是纯属偶然。一边是红旗飘飘的克里姆林宫，另一边是星条旗飞扬的美国国会大厦，一代代的美国人就出生在这样一个东西阵营分明的世界中。那些在1950年入学的人们仍然清晰地记得核警报演练以及一旦发生核爆炸要躲在桌子底下的建议。为了阻止共产主义的扩张，数十万美国人为之奋斗，上万美国人为之牺牲，最初战斗在朝鲜的崇山峻岭之中，后来又战斗在越南的热带雨林之中。几代学者为阿尔杰·希斯（民主党人，美国国务院官员，他曾以美国总统罗斯福顾问的身份出席了雅尔塔会议，还担任过卡内基国际和平基金会主席。他于1948年被指控是华盛顿特区美国共产党间谍网成员，曾向苏联提供国务院机密文件。后因伪证罪被判刑5年。这起间谍案至今仍是一个疑案）是否叛国投苏而争论不休；而受约瑟夫·麦卡锡（美国政治家，生于威斯康星州，共和党人，极端狂热的反共产主义者）参议员蓄意逮捕共产党员这一运动的影响，几十年来好莱坞都难以恢复元气。就在苏联解体的前几年，要求核裁军的游行示威还在纽约和美国其他主要城市的街头上演。这一活动甚至使父子反目，年轻的政治激进主义者罗恩·里根就反对他的父亲——美国总统罗纳德·里根。美国人和他的西方盟友在国内外展开了无数次斗争，战争似乎还要继续进行下去。但现在，曾经全副武装的对手，从未在一场单独战役中失手的对手，居然不放一枪就降下了国旗，国不复国，分崩离析。

在戈尔巴乔夫——这位与布什和里根共同结束冷战的人——宣布辞职当天，布什总统宣称美国在冷战中取得了胜利。这当然值得庆祝，但是有些事情还是令人困惑。虽然戈尔巴乔夫宣布辞职只是象征性地结束了苏联（从法理上，苏联在4天前也就是1991年12月21日已经被它的成员国正式分解了），但冷战的目的并不是分解苏联。而且，布什在1991年12月25日面向全国的讲话，以及1992年1月在国情咨文中的讲话内容，与政府早前关于冷战的报告是截然相反的，报告原本说的是不能与戈尔巴乔夫对抗，而应以与其合作的方式结束冷战。这类声明最早是在

1989 年 12 月的马耳他领导人峰会上做出的。就在布什发表圣诞节演讲前几个小时，白宫还有过类似的声明。该声明赞扬了戈尔巴乔夫的合作："（戈尔巴乔夫）与里根总统、我自己和其他联盟国领导人一起工作。戈尔巴乔夫总统行事大胆，果断决定结束痛苦的冷战，并将致力于重塑一个完整和自由的欧洲。"[2]

布什的圣诞节演讲意味着总统及其内阁成员将一改其对苏联老对手的态度，也将重新评估美国影响苏联发展的能力。尽管布什和国家安全顾问斯考克罗夫特将军在 1991 年的大多数时间里仍然公开声称美国对于苏联的影响力有限，但现在他们却将苏联政局的戏剧性发展归功于自己。这种新的解读产生于布什再次竞选美国总统时期，随之而来的是公众对于冷战结束和美国成为世界唯一的超级大国的解读，这种解读即使不是主导的，也是最有影响力的。这个有极大虚构成分的解读，将冷战结束与共产主义没落和苏联解体紧密地联系起来，更重要的是，这一解读把事态的发展看作是美国政策干预的直接结果，也是美国的重要战果。[3]

这本书挑战了胜利者的解读方式——他们把苏联解体视作美国在冷战中取得胜利。书中的观点有一部分来源于布什总统图书馆中解密的资料，包括总统顾问的备忘录及布什与世界各国领导人加密的通话内容记录。这些最近公开的文件前所未有地、清楚地表明布什及白宫的顾问做了许多事情来延长苏联的寿命。他们担心俄罗斯总统叶利钦的崛起，也担心苏联的其他共和国领导人推行独立运动。一旦苏联解体，他们希望俄罗斯成为苏联核武器的唯一继承人，并在后苏联地区，尤其在中亚各共和国中保持其影响力。

为什么一个在冷战中声称与其敌人进行抗争的国家领导人会采取这样的政策？美国白宫的文件及其他的资料来源为这个问题及这本书中其他相关问题提供了答案。这些资料表明，冷战时期美国口头上的政治说辞与其实际行为并不一致，事实是美国白宫试图挽救戈尔巴乔夫，因为他已被白宫视作世界舞台上的主要伙伴。为了达到这一目标，美国准备容许共产党和苏联的继续存在。因为冷战事实上已经结束，所以白宫关心的不是美国在冷战中的胜利而是苏联可能爆发的内战。用当时记者的话说，这会使前沙皇帝国变成"拥有核武器的南斯拉夫"。核武器时代改变了超级大国间对抗的性质及对战争成败的定义。战争的成败不再取决于士气或是民心。冷战时期的布什政府不得不应对两难的境地，根据地缘现实及事态后续发展而调整其说法和想法。从这个角度看，布什政府已经尽力了，但他的行为远胜于其自相矛盾的说辞。

那些参与了1991年末一系列事件的人们，看到克里姆林宫旗杆上红旗的落下，回忆起美苏争霸期间的牺牲者们，是如此的激动兴奋，这也是可以理解或者感同身受的。但是现在这一切都不重要了，25年后人们能够以一种更为客观冷静的视角去探究过去到底发生了什么。把苏联的解体视为美国在冷战中的胜利，这一解读夸大了美国在全球的影响力，这种解读甚嚣尘上之时，也正是从苏联解体到"9·11"恐怖袭击的10年，之后是长达9年的伊拉克战争。吹嘘美国在苏联解体中的作用恰好满足了今天俄罗斯民族主义阴谋论，他们将苏联的解体归因于美国中央情报局的阴谋。类似的言论不仅出现在网络中，甚至还出现在俄罗斯的主流电视节目中。[4]

关于苏联解体前的几个月到底发生了什么，我将提供一个更为复杂和更具争议性的视角，其内容与前冷战双方的说法皆有不同。本书还阐述了当今美国单极独大的局面之所以取代了两极阵营对立的冷战局势，不仅仅是精心设计的结果，偶然因素也起到相当大的作用。重新审视这个时代形成的原因，以及大西洋两岸的国家领导人有意或无意的观念和行为十分重要，这将有助于我们弄清楚过去15年中什么地方出错了。

从苏联红旗的落下到苏联解体，本书试图探寻这一系列戏剧性事件背后的东西。这本书中提到的帝国的观点，对于我就1991年事件的加以解读十分重要。我认同一些政治学家和历史学家的观点，他们认为失控的军备竞赛、经济下滑、民主运动复兴、共产主义思想破灭，所有这些因素都导致了苏联的崩溃，但是这些因素并没有直接导致苏联的解体。帝国的根基、多民族构成以及苏联的伪同盟结构才是苏联解体的重要因素，而这些因素并没有得到华盛顿决策者和莫斯科戈尔巴乔夫的顾问们的高度重视。

虽然苏联常常被称为"俄罗斯"，但它其实是一系列国家的集合体，是莫斯科通过武力强制和文化妥协形成的，整个苏联时期一直是依靠强权才得以维系其统治的。因此到目前为止，在法理上讲，俄罗斯人应接管该地区最大的共和国，即俄罗斯联邦，但是除此之外还有14个国家。俄罗斯有将近1.5亿人口，占苏联人口总数的51%。乌克兰是苏联人口第二大国，有5000万人口，占苏联人口总数的将近20%。

布尔什维克在十月革命中的胜利让他们以一种近似联邦的政体拯救了俄罗斯，至少这种政体是在宪法框架下的。这一权宜之策延长了俄罗斯的帝国历史，但是，从长远来看，却没有逃脱与其他帝国相同的命运。到1990年，大多数苏联加盟共和国都有自己的总统、外交部部长、或多或少由民主选举产生的议会。直到1991年，世界才真正知道苏联并不是俄罗斯。[5]

我把苏联解体与20世纪主要帝国的灭亡归为一类，其中包括奥匈帝国、土耳其帝国、英国、法国以及葡萄牙。我把苏联称为最后一个帝国，不是因为我认为未来不会有帝国，而是因为苏联是最后一个在现代实行古典欧洲和欧亚帝国制度的国家。我认为帝国的法规与民主的选举制度不能共存，二者的冲突导致了世界上最后一个帝国的灭亡。我研究苏联解体的历史正是以该观点作为前提。1989年当戈尔巴乔夫把民主选举制度介绍到苏联时，一批通过选举诞生的俄罗斯政治新星们突然有权表态他们是否愿意继续承担帝国的重担，同时，俄罗斯以外的其他共和国的政治家们也面临着是否要继续处于帝国统治的选择。最终，双方的选择都是否定的。

第一次利用这个机会说"不"的是波罗的海国家和乌克兰西部，这部分国家于1939年签订《苏德互不侵犯条约》（又称《莫洛托夫－里宾特洛甫条约》，是1939年8月23日苏联与纳粹德国在莫斯科签订的一份秘密协议。苏方代表为莫洛托夫，德方代表为里宾特洛甫。该条约划分了苏德双方在东欧地区的势力范围）时被苏联强行并入。接下来是俄罗斯和乌克兰东部,乌克兰东部在二战前就被归入苏联。波罗的海国家、格鲁吉亚及亚美尼亚的新当选的领导人在努力争取独立。其他的共和国中,资深精英掌控着权力。但是随着戈尔巴乔夫收回中央对地方领导的支持并任由民主选举决定其政治生命时,这些政治家们也开始与新兴的民主力量打交道了。事态的发展最终导致苏联的解体以及15个共和国相互划清了界线。[6]

我的叙述集中于改变苏联命运和世界面貌的最关键的5个月里(1991年7月末到1991年12月末)所做的重要决策。7月末,在布什到访莫斯科与戈尔巴乔夫签订具有历史意义的削减武器条约之前,这位时任的苏联总统与叶利钦签署了一项关于苏联改革的具有决定性意义的协议。正是这一协议引发了8月份的政变。到当年12月末,戈尔巴乔夫辞去总统一职标志着苏联彻底解体。许多学术或非学术的作者都曾写过苏联解体的历史,但他们却忽略了从8月政变发生到12月戈尔巴乔夫辞职这一关键时期。一些作者或有意识地或含蓄地认同,8月政变之后苏共的瓦解就意味着苏联解体。这是一个错误假设。正如我在书中指出的,8月的政变后,苏联共产党已经是人心涣散、难以为继了。政变后苏联虽然元气大伤,却还继续存在了4个月。因此,这段时间就是本书要分析的时期——从1991年秋季到初冬,它决定了各成员国的走向以及核武器问题的发展。[7]

史蒂芬·科特金(美国普林斯顿大学历史及国际事务学教授)对苏联解体及共产主义在东欧终结的研究非常深刻,他关注的是"不文明团体",即把控苏联国内外政治、最终又决定背弃共产主义的共产党精英们。他论述道,苏联就像其之前的罗曼诺夫帝国,是自上而下崩溃的;不论是中央或是地方,苏联解体的发起者与推动者都是精英。的确,街道上没有愤怒的人群要求苏联解体。前超级大国的解体出奇地平静,尤其是拥有核武器的4个国家——俄罗斯、乌克兰、白俄罗斯以及哈萨克斯坦——在苏联解体中发挥了决定性作用。最终苏联的命运是由高层领导人决定,是东西方主要领袖政治博弈的结果。这是一场勇气与外交技能的较量,赌注很大,它不仅涉及政治,有时甚至关乎参与者的身家性命。[8]

处于 1991 年一系列事件中心的那些人，我认为他们与苏联极富戏剧性地却又平静地解体有很大关系。我的叙述就像 1991 年后的世界一样并不是单极的，也不是两极的，就像冷战时期的世界一样，却是多极的，就像世界历史大多数时间呈现出的状态或是将来可能形成的状态一样（因为中国的崛起及美国各种政治和经济问题的涌现）。我不仅记录了华盛顿和莫斯科方面做出的决定，而且还记录了基辅、阿拉木图（曾叫阿玛阿塔，1953 年更名）及其他将要独立的共和国做出的决定。可以这么说，作为本书主人公的 4 位政治领袖对苏联所发生的一切，以及之后苏联的解体乃至全世界都产生了巨大的影响。

我通过叙述美国总统乔治·布什的一系列行为，分析其动机。我认为这位谦虚谨慎的西方领导人一直对苏联总统戈尔巴乔夫予以支持，并坚决主张维护核武器安全，正是他的这一做法延长了苏联的存在时间并且确保了它的和平瓦解。鲍里斯·叶利钦是一位粗野且桀骜不驯的俄罗斯领导人，他几乎单枪匹马地挫败了政变，随后面临着一个摇摇欲坠的帝国，他拒绝采纳塞尔维亚总统斯洛博丹·米洛舍维奇的拯救方式，也没有更改俄罗斯原有的边界。列昂尼德·克拉夫丘克是一位世故精明的乌克兰领导人，他对乌克兰独立的坚持导致了苏联的解体。最后一个就是米哈伊尔·戈尔巴乔夫，他是事件的中心人物，在所有事件中，他可以得到最多，也可以失去最多。最终，他失去了所有——名誉、权力和国家。戈尔巴乔夫的人生是一段传奇，也是我叙述的中心。他把自己的国家从以往的统治中拯救出来，向世界开放，引进民主制度，筹划经济改革，最终他改变了他的家园及周遭世界，但这个世界却没有他的位置了。

我主要的论点是：苏联的命运是在其存续期的最后 4 个月中决定的。这 4 个月指从 1991 年 8 月 19 日发动政变到 1991 年 12 月 21 日苏联领导人在阿拉木图召开会议时为止。我要论述的是，决定世界最后一个帝国命运的最重要的因素不是美国的政策，也不是苏联中央与俄罗斯的矛盾（以戈尔巴乔夫和叶利钦的矛盾为代表），也不是苏联与其他加盟共和国间紧张的关系，而是苏联内部两个最大的共和国——俄罗斯与乌克兰——之间的关系。正是因为俄罗斯与乌克兰的精英不愿意在一个国家的框架下找出解决问题的方法，才最终导致了苏联的终结。

1991年12月8日，在位于白俄罗斯比亚沃维耶扎原始森林中的一个山林小屋内，叶利钦和克拉夫丘克没有就戈尔巴乔夫提议的新联盟模式达成共识。因此二人决定解散苏联，建立独联体。白俄罗斯的领导人主持了叶利钦与克拉夫丘克的会议，他们无法想象没有俄罗斯的联邦，其他中亚共和国的领导人也是这样，因此他们没有别的选择，只有照做。谁也不愿意接受一个由戈尔巴乔夫领导的、没有俄罗斯与乌克兰的苏联。布什对于苏联解体的贡献在于确保这一过程中没有大的冲突，核武器不会扩散。

从苏联解体到现在的20年里，许多当事人都出版了自己的回忆录。其中包括布什、戈尔巴乔夫、叶利钦、克拉夫丘克，以及他们的顾问团成员和其他参与者。尽管由亲见者和参与者讲述的故事包含了大量的信息和有趣的故事，但还不能呈现出更为完整的画面，以及解释事件的全部意义。当机密文件还未向公众开放，高层参与者还不愿谈及时，要理解当时民众的情绪及理解当时主要政治人物的感受，采访记录是必不可少的。我克服了前任研究者的这些局限，通过采纳事件参与者的访谈资料，对原有的研究内容进行了补充，更重要的是，我还引用了最近刚解密的档案文献。

正如上文提到的，这本书的完成得益于乔治·布什总统图书馆最近刚刚向学者解密的美国文献。其中包括国家安全委员会的文件，负责总统出访的白宫官员的通信稿，以及布什总统会议和电话通话的内容记录。部分资料是我依据《信息自由法案》申请得到的。此外，还有其他一些主要的资料来源，如位于华盛顿的国家档案馆，詹姆斯·贝克在普林斯顿大学的论文，以及莫斯科的戈尔巴乔夫基金会。相比于以前的作者，这些新材料可以让我在讲述苏联解体的过程时有更多的细节。我还很幸运地采访了几位参与了这一事件的人物，包括乌克兰的克拉夫丘克以及白俄罗斯的舒什克维奇。

在我写这本书时查阅的历史资料帮助我解答了许多"怎么样"和"为什么"的问题。我对后者的剖析正是本书的核心,通过分析关键领袖人物的价值观、文化背景和个人动机,弄清楚促使他们做出决定的原因。我希望我对于这两个问题的讨论不仅有助于理解苏联解体的原因,还能有助于解释苏联的两大长期利益相关者——乌克兰与俄罗斯——1991年之后在探寻权宜之计时遇到的困难。我也希望这本书能够帮读者理解美国是如何参与了苏联解体的进程,了解美国现在在世界中扮演的角色早在1991年就已经决定了。不管我们是不是用帝国来形容自己,如果搞错竞争国失败的原因,就不仅会让我们陷入帝国式的自大之中,还会导致美国走向衰落。

| 第 一 章 |

最后的峰会

THE LAST EMPIRE

    1991年7月31日,峰会召开的第二天,克里姆林宫的钟声刚刚敲响下午3点半,老布什与戈尔巴乔夫就稳步迈入大克里姆林宫的冬季花园。他们将在克里姆林宫举行盛大的仪式,签署重要的国际条约,而这只是仪式的一部分。

莫斯科会议

山峰即山之巅峰，喻指登峰造极的成就。1953年，两位勇士终于征服了珠穆朗玛峰，温斯顿·丘吉尔随即在英国议会谈及在"万国之巅"实现和平的愿望，"巅峰"一词才进入外交领域。直到两年后，该词被用来形容苏联和西方国家领导人在日内瓦的会晤时，它才流行起来。国际政治迫切需要找到一个新词语，用以形容最高等级的外交会议。"峰会"一词恰如其分。

实际上，自20世纪30年代起，这种会议俨然已成了国际关系的重要一环。尽管执政者进行会晤、讨论双边关系的事古已有之，可是在航空旅行的时代到来之前，这种会议实属罕见。飞机不仅使战争发生了革命，对制止战争的外交亦是如此。因此外交活动借助飞机而一飞冲天。

1938年夏，英国首相内维尔·张伯伦飞往德国，试图说服阿道夫·希特勒放弃进攻捷克斯洛伐克，现代高峰会议由此诞生。二战期间，温斯顿·丘吉尔、富兰克林·罗斯福和约瑟夫·斯大林又强化了巨头外交。彼时,尚未找到对此恰当的说法。

高峰会议在冷战期间发展至顶峰,赫鲁晓夫会见约翰·肯尼迪,随后,勃列日涅夫会见了理查德·尼克松,这些举动吸引了全球媒体的关注,可是,直至冷战行将结束之际,苏联才采用了这一西方说法。

1991年夏,正值莫斯科和全世界都处于剧烈的政治和意识形态转变之际,苏联媒体扬弃了它们青睐有加的词语——"最高水平会议"——取而代之的是英语"峰会"一词。这一胜利"得不偿失",在接下来的10年间,"峰会"一词实际上从国际关系中销声匿迹。[1]

1991年7月30日至31日,美国第41任总统乔治·赫伯特·沃克·布什根据安排与第一位苏联总统米哈伊尔·谢尔盖耶维奇·戈尔巴乔夫举行了"最高水平会晤",尽管苏联人已经不用这套外交辞令了。此次峰会筹备期颇长,可是最终见面时间却是在会晤前几周才决定的。直到最后时刻,苏美专家们发现对于两国总统将在莫斯科签署的这项具有历史意义的协议,具体到每个细节是如此艰难。布什希望尽快签署,因为无人知晓戈尔巴乔夫将留在克里姆林宫多久,更无法预知达成协议的机会是否会稍纵即逝。

白宫将老布什与戈尔巴乔夫的会晤披露给媒体,并且称其为后冷战时期的第一次峰会。乔治·布什与米哈伊尔·戈尔巴乔夫将签署的协议,旨在使两个超级大国建立互信与合作关系。协议从诸如核武器等敏感议题入手。历经9年谈判,《第一阶段削减战略武器条约》才最终摆上了签字桌。该协议要求削减核武器总量的30%,以及苏联洲际导弹的50%,这些导弹主要是对准美国的。长达47页的条约之外,还包括数百页的附加协议,两位总统不仅赞成控制军备竞赛,更要着手削减军备。[2]

世界上最强大的两个国家之间的对抗,始于二战结束后不久,对抗几乎将整个地球拖入核战争边缘,如今,总算要结束了。随着1989年11月柏林墙的倒塌,德国开始了统一进程,此时,戈尔巴乔夫提出了辛纳屈主义(又译为西纳特拉主义,是苏联戈尔巴乔夫政府用来戏称其允许周边华沙条约组织成员国自己决定自己内政的政策名称。这个名称来自法兰克·辛纳屈的歌 My Way ——苏联允许这些国家走自己的路),允许莫斯科的东欧盟国"走自己的路",它们最终离开了克里姆林宫的怀抱,冷战冲突的核心随之瓦解。苏联军队开始撤离东德和该地区其他国家。

然而,政治风云变幻,核武器库却未动分毫。俄国著名剧作家安东·契诃夫曾言,若是戏剧第一幕的舞台上放了把枪,下一幕它将开火。两个超级大国已在全球舞台上布满了核武器,迟早会有某位演员在第二幕擦枪走火。

核武器是冷战时期至关重要的元素。一方面,它可能引发的后果危险至极;另一方面,最先拥有核武器的两个超级大国——美国和苏联——还从未发生过直接与公开的对抗,核毁灭的风险不堪设想。

分裂的德国是冷战时期地缘政治角逐的中心,尽管苏联的常规部队在中、东欧地区有压倒性优势,这些地区曾被斯大林领导下的苏联占领,随后倒向了社会主义,然而,美国在1945年夏就掌握了核武器,所以,面对这一切,美国人泰然自若。美国人觉得很安全,苏联人的感觉必定相反。于是,他们加紧了核武器研制工作,成功地研制出自己的核武器。

随着朝鲜战争的爆发,世界上的两个核强国,正走在冲突对抗的道路上。他们都希望研发出新一代的核武器,以此超越对方。20世纪50年代,美苏都发明了威力比原子弹更猛、更难控制的氢弹。当苏联人在1957年秋天成功地将"伴侣号"人造卫星送至太空轨道时,说明他们的导弹已经可以直接打击美国本土了,世界自此进入了新的、更加危险的时代——超级大国美苏对抗的时代。

斯大林在1953年去世之后,他的继任者对于和西方展开对话持更加开放的态度，然而，苏联在导弹技术方面取得的卓越成就使他们高高在上，苏联人首次将不载人卫星和载人卫星发送至预定轨道，因此，苏联继任领导者比斯大林更加难以预测，也更加危险。

直到 1962 年 10 月苏联在古巴部署了导弹，赫鲁晓夫和肯尼迪执政下的两个超级大国才发现他们已处在了战争的边缘。此时，美苏竞争蔓延至全球。竞争始于东欧，苏联人一旦占据此地，再不愿放手，随着中国在 1949 年走上社会主义道路，随后几年朝鲜长久地分裂了，美苏竞争延伸到了亚洲；英法帝国在 20 世纪 50 年代走向崩溃，使得其他亚洲和非洲国家也有机会成为两个超级大国争夺的对象；自从菲德尔·卡斯特罗领导的古巴为了寻求苏联的军事援助和意识形态的鼓舞而倒向苏联以后，拉丁美洲也沦为战场。

1962 年 10 月的古巴导弹危机在彼此妥协下解决，苏联人同意把导弹撤出古巴，美国人则把导弹撤出土耳其，可是，这段经历深深震撼了肯尼迪总统和赫鲁晓夫。必须做些什么缓解紧张的局势，减少核战爆发的危机。于是，两位领导人在 1963 年签署了首项旨在控制核军备竞赛的协议——《有限核禁试条约》。

经过 8 年的谈判才有了这份文件，虽然刚刚起步，内容确实很温和，但毕竟朝正确的方向迈出了一步。从那以后，尽管两个超级大国仍在全球进行较量，从越南到安哥拉，"代理人战争"在全世界打响，可是，它们就削减核武器的谈判从未间断，还从"共同毁灭原则"中找到些许安慰。依据该原则，敌对国双方如果都拥有足以把对方从地球上彻底消灭的武器，就必须进行谈判，这样才能保住两个国家。

尼克松于 1972 年 5 月飞往莫斯科，与勃列日涅夫签署了《第一阶段削减战略武器条约》，而美国总统吉米·卡特则于 1979 年飞往维也纳，又与勃列日涅夫签署了《第二阶段削减战略武器条约》，两份条约都规定了核武器生产数量的上限。但是，后一份条约签署后不久，苏联就入侵了阿富汗，美国则在次年抵制莫斯科夏季奥运会。继任的美国总统罗纳德·里根试图在越南溃败后重塑美国精神和国际影响力。在苏联，在勃列日涅夫于1982年逝世后，克里姆林宫发生了一系列危机。国际局势陡然紧张起来，自20世纪60年代初以来，冷战恐怕第一次要变成"热战"了。[3]

1983年9月1日，苏军在库页岛附近击落了一架载有269名乘客的韩国客机，其中包括一位美国国会议员。随后他们等待来自美方的报复。就在这个月稍晚的时候，在莫斯科附近的苏联防空部队司令部，空军中校斯坦尼斯拉夫·彼得罗夫在雷达屏幕上发现目标，显示有一枚导弹正向苏联飞来。他随即发现同一方向好像有四枚导弹。他怀疑是电脑故障，因此没有上报长官。如果他报告了，那么两个大国间的核战争也许就此变成现实。实际情况是，太阳光线和云彩罕有的排列方式，使苏联的预警系统出现了小故障。彼得罗夫随后被捧为英雄。可是，促使他拯救世界免于核战的原因，不是他不相信美国人会首先发动攻击，而是他认为美国人进攻时，会让成百上千枚导弹打头阵，而不是只有一枚或四枚导弹。在众所周知的彼得罗夫事件后，苏联人依旧等待着美国的报复。[4]

同年11月，苏联误认为北约在欧洲举行的代号为"Able Archer"的军演是为即将到来的核战做准备。他们所有的海外谍报机构均处于高度戒备状态，监视着即将来临的核决战信号。同一时间，上亿美国人观看了制作粗糙的电影《浩劫后》，该片讲述了生活在堪萨斯州劳伦斯市的居民应对核武器袭击后的故事。许多人认为正是这部电影改变了里根总统对苏联的措辞。

尽管在1983年3月，他还把苏联称为"邪恶帝国"，但是在1984年发表的著名演说"伊凡和安娅"中，他谈到了美苏人民对于和平共处的渴望。1984年1月，他向颇感诧异的国民说："请随我一起设想一下，如果伊凡、安娅发现他们和吉姆、萨利在同一候车室，或是站在同一屋檐下避雨，而且彼此之间没有语言障碍，那么，他们还会争论彼此的政府有什么不同吗？还是他们会发现大家都在谈论孩子或是生活呢？"[5]

苏美关系的改变不只在措辞上，这一关系的焦点已从两个超级大国的国家利益转向了普通百姓的权益。对此，老布什比别人更深知这一点。在冷战的大部分时间里，他已经参与制定美国的对苏政策，并且坚持要尽量负责任的立场。

1924年6月，老布什生于美国东北部的一个参议员之家。年轻时的布什在听到了珍珠港事件的新闻报道后，推迟完成他在耶鲁大学的学业，加入了美国海军。在19岁那年，他成了美军中最年轻的海军飞行员，在整个战争期间他完成了58次飞行作战任务。就在1945年1月他即将从驻扎在太平洋上的美国海军退役之际，布什和年仅19岁的芭芭拉·皮尔斯结婚了，婚后共育有6个孩子。他们的长子乔治·沃克·布什生于1946年，他就是日后的美国总统小布什，这一年，老布什在耶鲁大学学习经济学。

老布什用两年半的时间完成学业，考虑到他的出生和成长环境，没有人想到老布什会将全家搬到得克萨斯州，开始从事石油贸易。在于20世纪60年代中期从政之前，他已是一位专门从事近海石油开采的石油公司总裁，一位货真价实的百万富翁。

布什的国际事业始于美苏关系将要缓和的黎明。1971年，尼克松总统任命这位来自休斯敦的45岁共和党前议员担任美国驻联合国代表。随着他的上级尼克松因水门事件而下台，老布什发现在由尼克松发起的中美恢复邦交这件事上，他竟扮演着首席设计师的角色。随后，他担任美国驻北京联络处主任一职，共履职14个月，促使中美建立联系，这么做主要是针对苏联的。1976年，布什回到华盛顿担任了中情局局长，主持美国在安哥拉进行的秘密行动，旨在推翻由古巴支持的安哥拉首位总统阿戈什蒂纽·内图组建的政府。1977年至1979年间，布什作为美国外交关系委员会主任，目睹了在卡特执政的最后几年中苏美关系的恶化。

1981年，乔治·赫伯特·沃克·布什成为美国的第43位副总统。这时作为美国总统的罗纳德·里根，突然使华盛顿方面的反苏言论变本加厉。他还致力于提升美国军力，鼓舞因越战失败和20世纪70年代经济危机而受挫的民众士气。但是，里根也在寻找可以与之对话，以削减双边核武器的苏联领导人。因为苏联领导人接二连三地在他面前去世，所以，寻找的过程并不顺利。

就在里根首先提出"削减战略武器条约"的想法后不久，勃列日涅夫于1982年11月逝世。勃列日涅夫的继任者、苏联克格勃首脑尤里·安德罗波夫在1984年2月又紧随他的脚步，辞世而去。而安德罗波夫的接班人康斯坦丁·契尔年科又于1985年3月逝世了。老布什作为美国的代表出席苏联领导人的葬礼，因此在20世纪80年代，他成了莫斯科的常客。在国内，他因这句名言而广为人知："你死了，我就飞来。"正是在1985年3月的契尔年科葬礼上，老布什第一次遇见并且问候了一位新的苏联领导人——当时年仅54岁的戈尔巴乔夫。[6]

1991年7月，老布什首次作为美国的最高领导人飞往莫斯科，因为他已在1988年赢得了总统一职。他此行的目的不是参加葬礼，而是和一位重要而精力充沛的苏联领导人进行磋商。其间，苏联正发生着巨变。在一份总统团队为其签署削减核武器协议而准备的演讲中，老布什提到："自从1985年我上一次拜访莫斯科以来，我们目睹了欧洲的开放和因互不信任所造成的世界分化的结束。那年，戈尔巴乔夫成了苏联领导人，启动了多项至关重要的改革，他的改革将从根本上改变世界。现在，在美国，每个人都至少认识两个俄语词——'公开性'和'新思维'，在这里，人人喜欢一个英语词——'民主'。"[7]

老布什 66 岁的妻子、满头银发的芭芭拉女士和他的团队成员陪他一起前往莫斯科。莫斯科时区要比华盛顿时区早 8 个小时，所以横跨大西洋向东飞行既偷走了乘客的睡眠，又偷走了乘客的时间。飞行中，老布什就想补上他丢失的时间，不睡觉，而是阅读随行人员替他准备好的峰会召开前几日的报纸。

7 月 29 日，在温暖的莫斯科之夜，飞机降落在莫斯科的谢列梅捷沃国际机场，布什夫妇受到了苏联新任副总统根纳季·亚纳耶夫的接待。在苏联的三天访问中，美国总统日渐喜欢上了这位谦逊而低调的主人，他履行着礼节性职责，但被排除在政策制定之外的状况，可能使老布什想起了自己作为里根政府的"二把手"在白宫中度过的那段孤独岁月。当总统车队到达莫斯科时，暮色已沉，老布什回忆说："有些人在挥手，我们打开车内的灯，这样能使里面亮一些，好让老百姓看清谁在里面。但看外面就费劲了，好几次我们对着灯柱不停挥手，真是好笑。"[8]

在夜色下，幽暗的莫斯科街道上缓缓行进的总统车队，恰恰象征着即将到来的峰会。美国外交政策的绿灯已经亮起，期待颇高，可是，在苏联国家飘摇之际，很难看得清楚。再三踌躇之后，戈尔巴乔夫似乎要继续坚定地推进改革和苏美合作，他似乎越来越坚持要求美国提供经济援助。戈尔巴乔夫最亲密的顾问，其中包括总理瓦连京·帕夫洛夫和克格勃主席弗拉基米尔·克留奇科夫，却都反对向美国请求援助，主张集权统治，他们的主张背离了戈尔巴乔夫推进的民主化改革目标。军方也反对戈尔巴乔夫，认为他在削减苏联军力方面做得太过，但是却换不来美方的任何回报，或是回报少得微不足道。

最终，在苏维埃社会主义共和国联盟下，出现了越来越自信的苏联加盟共和国领导。其中一位就是俄罗斯备受瞩目的领导人鲍里斯·叶利钦，他将与老布什在莫斯科会晤。

美国总统还将飞往基辅，会见苏联第二大加盟共和国——乌克兰——的领导人。苏联的权力不再集中于一人之手，不再由莫斯科单独掌控。苏联的权力日益分散，此次峰会与加盟共和国领导人的会晤就是现实的写照。老布什不得不试图忽略苏联新兴政治大厦波坦金式的外表，从而展望未来。美国总统已多次与他的顾问探讨这些问题，现在是他拿定主意的时候了。他最急迫的问题是怎样帮助戈尔巴乔夫继续执政，把苏美蜜月期维持下去。

戈尔巴乔夫对此次峰会的期待很高，这将是他在一年多的时间里与老布什的第三次会晤。他曾于1990年5月底6月初前往华盛顿，拜访美国总统；1991年7月中旬，他们又在伦敦举行的"七国峰会"上进行了磋商。每一次，戈尔巴乔夫都请求老布什提供经济援助。事实上，苏联领导人感兴趣的不仅是金钱，因为他急需提升自己在国内低迷的支持率，所以，国际舞台是他最能有所斩获的地方。此次峰会可以提醒苏联民众，戈尔巴乔夫是世界舞台的领导者。

生于1931年的米哈伊尔·戈尔巴乔夫是首位在1917年布尔什维克"十月革命"后出生和成长起来的苏联领导人，他比老布什年轻7岁。和老布什一样，他也是一个"南方人"，来自苏联的斯塔夫罗波尔地区，紧临不安分的北高加索地区。他也和老布什一样接受了精英教育，从久负盛名的莫斯科大学获得了法学学士学位后，最初并不在首都工作。至此，他们生活的平行线就戛然而止了。

老布什来自美国政治贵族家庭，而戈尔巴乔夫出生在俄罗斯和乌克兰双重移民的农民家庭。他的俄语发音一直不标准，带着浓重的俄罗斯南方口音，还常常夹杂着乌克兰语的影响。正是因为这个特征，莫斯科的精英分子把他视为乡下来的新星。在莫斯科，年轻的米哈伊尔和他的同学赖莎·季塔连科结婚了。她本人也是苏联民族大融合的结果，赖莎的父亲是来自乌克兰的铁路工人，母亲是西伯利亚的俄罗斯农民，她就在西伯利亚出生和长大。与老布什夫妇育有 6 个孩子不同的是，戈尔巴乔夫夫妇只有一个女儿，名叫伊琳娜。

戈尔巴乔夫从莫斯科大学毕业后，回到了他的故乡斯塔夫罗波尔，并在共产党机构中表现很出色。根据老布什的莫斯科简报摘录的戈尔巴乔夫简历的内容："戈尔巴乔夫早年在斯塔夫罗波尔的共青团（共产主义青年团）和党内担任职务。1970 年，年仅 39 岁的他就担任了斯塔夫罗波尔地区的区委第一书记，在他被任命为苏共书记之前，一直担任此职。"

在这里，戈尔巴乔夫引起了勃列日涅夫管理精英中两位重量级人物的关注，并且与之建立了联系。这两个人都与斯塔夫罗波尔地区有着直接关系。一位是苏联意识形态的守护者米哈伊尔·苏斯洛夫；另一位是克格勃的掌门人，日后的苏共总书记安德罗波夫。正是靠着这两位盟友，戈尔巴乔夫才有可能在勃列日涅夫执政日薄西山之际，走向了莫斯科。[9]

直到 1979 年戈尔巴乔夫到莫斯科担任分管农业的中央委员会书记之前，除了偶尔跟随中低层的党的代表团出国考察，他几乎没有参与任何外事活动的机会。然而，他学得很快，尤其是在安德罗波夫短暂任期中他赢得了更加重要的职位，直至 1985 年 3 月就任国家最高领导人——苏共总书记。主张自由政策的莫斯科顾问终于发现这位高层人物已经准备好倾听意见，并且愿意冒险尝试改变国内外现状。他们中的许多人渴望拥有相对宽松的，如赫鲁晓夫时代和勃列日涅夫早年那样的亲善政策。他们私底下也是 1968 年"布拉格之春"的仰慕者。"布拉格之春"是捷克斯洛伐克共产主义者企图建立"带有人性面孔"的社会主义，但是最终被苏联军队镇压了。

赫鲁晓夫公开谴责了 20 世纪 50 年代斯大林执政时的恐怖行为，这对戈尔巴乔夫产生了影响，因为他的祖父母就曾被斯大林时期的警察逮捕过。他在莫斯科大学的室友兹德涅克·姆林纳日则是"布拉格之春"的策划者之一。戈尔巴乔夫不仅是一位难得的倾听者，更重要的是，他是一位行动者。

在内政方面，戈尔巴乔夫开启了"改革"——确切地说是"重组"，以此弱化苏共对计划经济的控制，同时引入了一些市场要素。他还启动了"开放"政策。"开放"一词借用了苏联反对派的说辞。他这么做，弱化了苏共对媒体的控制，为多元化的意识形态的产生提供了可能。

在外交方面，戈尔巴乔夫重新采用了勃列日涅夫的亲善政策，不过最终他完全抛弃了在政治和军事上干预东欧的"勃列日涅夫主义"。戈尔巴乔夫的出现，让里根和老布什终于找到了这么一位苏联领导人，不仅没有死在他们的前面，而且准备就削减核武器进行磋商。戈尔巴乔夫就任后不满一个月，就终止了在东欧地区部署苏联的中程导弹，几个月后，他邀请美国方面一起将双方战略性核武器削减一半。

1986年11月，在冰岛雷克雅未克峰会上，里根和戈尔巴乔夫差点签署了彻底销毁核武器的协议，这可着实把他们的顾问吓倒了。阻碍美苏签订协议的绊脚石是里根坚持要发展他的导弹防御系统的"战略防御计划"。戈尔巴乔夫认为，倘若美国人真将此计划付诸实施，苏联将处于不利地位。和谈因此陷入僵局，世界仿佛又回到了暗无天日的冷战岁月。

可是，谈判还是重启了。苏联"氢弹之父"，同时也是持不同政见者的安德烈·萨哈罗夫使戈尔巴乔夫相信，"战略防御计划"不过是里根总统的黄粱美梦。1987年，苏联领导人飞往华盛顿签署协议。该协议通过了限制美苏核武器发展和拆除部署在欧洲的中程导弹的内容。这时时间来到1991年7月，戈尔巴乔夫和老布什拿着"欧洲导弹公司"制造的钢笔，打算签署一份新协议，根据协议，大西洋这一侧的华盛顿、纽约、波士顿和另一侧的莫斯科、列宁格勒（今圣彼得堡——编者注）和基辅的远程核武器数量都要削减。[10]

就在莫斯科峰会召开前的数月,这位苏联领导人不得不捍卫他岌岌可危的政治地位。尽管苏联领导人和他的顾问,以及国内外那些善意的人们都坚信没有苏联的民主化转变,苏联的体制改革难以进行,然而,在实际中,苏联的经济改革和民主化进程没有很好地协调发展。戈尔巴乔夫的经济改革打破了旧的经济结构,可是新的市场机制尚未建立,更未见成效。

另外,苏共结束了对媒体的垄断,并且自1917年以来首次敞开公开批评的言路,政治的公开性激怒了党内人士。而且,随着经济愈加困难和生活水平的急剧下降,戈尔巴乔夫受到党政干部和改革派的双重抨击,因为改革派主张参照波兰和其他苏联前东欧盟国的模式,进行激进的经济和社会改革。

在西方记者对莫斯科布什-戈尔巴乔夫峰会的先期报道中,路透社吉恩·吉本斯的报告内容指向了克里姆林宫与莫斯科街头百姓日益扩大的分歧:"阿帕奇导弹好比美国驻莫斯科大使馆打出的一张名片,对于深陷经济崩溃泥潭中的首都人民来说,它适时地引起了他们的兴趣。"另据他的报道:"随着老布什的车队驰过这座拥有880万人口的城市,他将会看到在商店门口排起长队的人群、空荡荡的商店橱窗、破旧的汽车和闲置的起重机停满了街道两旁。但是在克里姆林宫,他将见到截然相反的景象:珠光宝气的水晶枝形吊灯熠熠生辉,精美绝伦的绘画,雕刻精美的木地板,以及多到足以打造千万座纪念碑的大理石。"[11]

虽然戈尔巴乔夫试图给予人民自由,可是他却不受人民待见,因为普通百姓的生活水平不断下降,因此他们不仅对自己的处境越来越感到不满,同时对领导阶层的特权也日渐不满起来。美国三大新闻主播之一的彼得·詹宁斯在峰会期间参与了莫斯科报道,他向美国广播公司电视网的观众宣布,戈尔巴乔夫的支持率已经降至危险的20%(此时,老布什的支持率因为美国在海湾战争的胜利而超过70%)。

可是，戈尔巴乔夫在与西方记者的交谈中表现得乐观而幽默。他一边指向克里姆林宫外友善的人群，一边对詹宁斯说："你看，还是有人喜欢我的。"他接着说："一切因我而起，要是有人这么写我，真是太肤浅了。"戈尔巴乔夫在几个月里第一次认为，通过控制保守的反对派，他终于掌控了全局，他渴望利用这次峰会寻求国际社会的支持。[12]

1991年7月30日，在克里姆林宫的圣凯瑟琳宫举行了第一次正式会谈。老布什在回忆这次会谈时，写道："戈尔巴乔夫很神奇，因为我根本不知道他怎么承受得了如此巨大的反对压力。"这位苏联领导人的确步履维艰，从和他一起会见布什的代表团成员中，就能看出他在苏联政坛的声望日衰。戈尔巴乔夫代表团的成员中有一位加盟共和国的领导人，即来自哈萨克斯坦的努尔苏丹·阿比舍维奇·纳扎尔巴耶夫，而另一位加盟共和国俄罗斯的领导人叶利钦虽然也收到了邀请，但拒绝参加会谈，因为他正盼着那天晚些时候老布什亲自来他的办公室呢。国防部部长德米特里·莫菲耶维奇·亚佐夫也缺席会谈，只是派来了他的代表。[13]

戈尔巴乔夫通往峰会的道路并不容易。他把此次峰会视为外交新政的胜利时刻，可是，在苏联一些最有权势的统治精英的眼中，他这么做，出卖了苏联利益。尽管苏联军官对削减军费预算一直颇有微词，可是，比起他的前任们，戈尔巴乔夫和军方势力更是格格不入。这些前任中就包括赫鲁晓夫，他因为在20世纪60年代初大规模裁减常规武器而被人记恨至今。然而，并不是只有苏联军方认为美国人在与核武器条约相关的几乎所有主要问题上得偿所愿，美国重要的外事评论员和90年代中期美国国务院对苏政策的主要设计师斯特普·塔尔博特也表达了类似感受。

莫斯科峰会刚结束，塔尔博特就在《时代》杂志上发表了署名文章，他写道："在《削减战略武器条约》几乎所有主要问题上，凡是美国提出的要求都得到了满足……在该条约中，戈尔巴乔夫默然接受了全面劣势的状况，至少在短期内处于劣势。他正在放弃苏联的主要军事优势，其中包括陆基弹道导弹。同时他也允许美国在轰炸机、巡航导弹和潜水武器方面继续保有优势。"塔尔博特真是直言不讳。

可是，戈尔巴乔夫为什么要签署一份如此失衡的协议，以至于不但他的国防部部长感到不满，还让美国政治评论员连番发问呢？塔尔博特给出了答案："苏联让步这么多，而美国却回报颇微的原因很简单：戈尔巴乔夫的改革是历史上最大的火灾中受损物品大拍卖，这种拍卖的价格总是会被压低。"[14]

条约的内容包括削减双方用于空基导弹以外的导弹数量，这样的规定将突显美国人在核武器投送方面的优势，因为他们在重型轰炸机领域处于上风。戈尔巴乔夫知道，要劝说总参谋部和苏联军工业接受这些协议条款是异常艰巨的任务，于是他把难题摆到了国防部部长面前。苏联军方最终还是同意了。[15]

协议的最后一项胶着议题直到莫斯科峰会召开前不到两周的时间才得以解决。该条款是关于美方是否有权监测苏联 SS-25 导弹的飞行测试。SS-25 导弹是苏联的第一款移动式洲际弹道导弹，也是苏联核武器库的最新成员，苏联人把它叫作"白杨"，美国则称其为"镰刀"。它的点火测试在 1987 年 12 月已经完成，到 1991 年 7 月为止，苏联共架起了 288 枚针对美国的"白杨"导弹，而美国则缺少可以与之抗衡的移动式弹道导弹。

"白杨"导弹形似"香肠"，直径 1.7 米，长 20.5 米，置于 14 轮的导弹运输发射车上，和其他同类型武器相比，该发射车可以使导弹发射具有独一无二的灵活性，从而避开侦察。三级火箭载有重达上千公斤的核弹头，爆破威力为 550 千吨当量，相当于 40 枚广岛原子弹。

一项关于后冷战时期的研究，评估了 550 千吨当量的核弹头在纽约爆炸可能产生的影响。该研究称，爆炸的结果将导致 500 万人死亡，市中心曼哈顿区一半的人将被掩埋在倾塌的高楼瓦砾之中，剩下的人将暴露在致命剂量的核辐射中。冲天烈焰将吞噬爆心投影点方圆 4 英里内的一切生命，放射性坠尘将弥漫至长岛。

美国人的武器库里有足够多的武器和苏军相抗衡，所以他们并不惧怕苏联 SS-25 导弹和它的巨大威力。他们主要的担心是"白杨"洲际弹道导弹是否能携带不止一枚核弹头，这样的话，计算将彻底不同。美国国家安全顾问布伦特·斯考克罗夫特和他的团队，从苏军的实力而非意图出发，为了搞清楚"白杨"洲际弹道导弹是否具备这种能力，他们希望可以在 1.1 万公里内监测"白杨"导弹的点火测试。考虑到美军在其他核武器上具有的优势，苏军表示拒不接受。可是，最终他们同意美军监测其他弹道导弹在 1 万公里内的测试，但是仍然不同意将监测范围再扩大 1000 公里。[16]

戈尔巴乔夫希望在他动身前往伦敦参加 1991 年 7 月 16 日召开的"七国集团会议"之前，美苏谈判人员可以解决所有分歧。第二天，他打算会见老布什和其他"七国集团"的领导人，向他们提出间接财政援助的请求，以挽救囊中羞涩的苏联经济。1991 年 7 月 17 日，就在戈尔巴乔夫计划会见老布什之前，苏联国防部部长亚佐夫元帅已经不情愿地签署了协议，接受了美方要求。通向莫斯科峰会的道路终于完全打开。戈尔巴乔夫正式邀请布什前往莫斯科，美国总统也欣然同意尽快访苏，他们定在 7 月底，老布什去缅因州度假之前举行会晤。[17]

在 7 月 30 日和老布什在莫斯科的第一次会谈中，戈尔巴乔夫敦促他的客人帮助苏联尽快加入国际货币基金组织（IMF），因为该组织能给苏联经济提供财政支持。在伦敦会谈中，戈尔巴乔夫拒绝将《削减战略武器条约》的签署和请求加入国际货币基金组织及美国财政援助联系起来，避免给外界造成印象，他正出卖自己国家的战略利益，以此换得美钞。

然而，在莫斯科，他毫不羞涩地谈到了他的财政援助预期。"当着代表团的面,我再次让美国总统跟他们说说,考虑通过我们的国际货币基金组织成员国地位。"戈尔巴乔夫说道,"再过一两年,我会有大麻烦。能用那笔钱,对我们很重要。随便你们喜欢,叫我们'准会员国'或'半准会员国'都行。"和当月早先举行的"七国集团会议"上的态度一样,老布什不愿给苏联正式成员国地位,他说:"我们还是先来讨论作为非正式成员国,你们究竟有何需求。"[18]

午餐后,戈尔巴乔夫邀请他的美国贵宾在克里姆林宫内散步。他们立即被成群的记者团团围住。"克格勃不得不推开人群让我们前行。"老布什回忆说,"还发生了一些小意外,工作人员和摄影师被推倒,摄像机也摔碎了,但是,我们的队伍像坦克般前进,戈尔巴乔夫本人让推来挤去的记者们给我们让出道来。"成百上千的记者来到莫斯科报道这次被热切盼望的高层会晤,他们都急于看上一眼,抓拍到一两张世界上最有权力的两位领导人的照片。

对有些人来说,此情此景恍若旧梦重温。3年前,里根总统为了"中导协议"的正式生效而访问了莫斯科,此前一年,该协议在华盛顿签署。那时,里根和戈尔巴乔夫也在红场上向苏联普通民众发表了演说。如果说,里根总统的莫斯科之行是象征性大于实操性,那么,老布什的此次莫斯科之行则是货真价实的,他们不仅要使旧协议生效,还要签署一份新协议。

然而,根据《华盛顿邮报》驻莫斯科记者,也就是日后《纽约客》的编辑大卫·雷姆尼克所说,与老布什的"全方位"会谈不同的是,里根的莫斯科会谈富有感染力,令人激动。雷姆尼克在从莫斯科发出的通讯稿中写道:"老布什走过人群,好像穿过耶鲁大学的人群。他对一小群俄罗斯游客说:'你们来自西伯利亚吗?'现场一片冷寂。"[19]

老布什赢得的欢呼声寥寥无几,原因之一是他的性格。他是年富力强的管理者,谨慎尽责的政治家,可是说到领袖魅力,老布什和他的前任根本无法相比。在这方面，就连他的苏联对手也胜他一筹。从 1987 年 12 月起，"戈比（戈尔巴乔夫的昵称）"这位坦率的苏联领导人已经为西方媒体所熟悉，在他访美期间又获得了美国人的好感，成为关注的焦点。身材挺拔却貌不惊人的老布什根本不能和这位神采奕奕的苏联总书记相比。《纽约时报》的沃尔特·古德曼写道："在形象战上，戈尔巴乔夫即使需要翻译，还是不费吹灰之力地打败了乔治·布什。"作为冷战的两位掘墓人之一，戈尔巴乔夫虽然更讨人喜欢，但是外界普遍认为老布什更具政治分量。如古德曼所言，莫斯科峰会"粉碎了电视界的第一准则——形象胜于实力"。[20]

就在两国领导人忙于讨论苏联加入国际货币基金组织的事项时，他们的妻子——芭芭拉·布什和赖莎·戈尔巴乔夫——也抓住这次峰会的天赐良机，不仅展示了美苏关系的新形象，还给他们丈夫的政治活动添薪加柴。尤其是芭芭拉·布什，利用媒体对这次峰会的密切关注，频繁登上各类美国电视早间脱口秀节目，使外界误以为她因为老布什身体的缘故，并不希望他连任总统。其实，正是她对外宣称老布什为了自己的祖国应该参加竞选，从而揭开了布什竞选连任的活动序幕。美国总统竞选的大幕即将拉开，莫斯科峰会的造势恰到好处。老布什一飞回华盛顿就会亲自宣布他的竞选决定。

赖莎比这位美国第一夫人要年轻 7 岁，除了年龄和成长环境的差异，两位第一夫人倒是很合得来，这与赖莎和南希·里根的紧张关系很不同。南希曾经公开反驳赖莎的观点，因为她说白宫不适合居住，更像是办公楼和博物馆。同那些了解赖莎的人一样，南希说赖莎喜欢说教。1991 年 7 月末，当记者问起赖莎对她的丈夫耳语了什么，她答道："我可没在我丈夫的耳边说过什么悄悄话，大概另有其人吧。"这番话暗指早前南希曾提起赖莎在戈尔巴乔夫的耳边低声说了"和平"一词。此言一出，里根夫人的心一定会在莫斯科的上空徘徊难安。赖莎的这番回答可谓是一石二鸟，既贬损了南希，又掉转了苏联人对她的批评矛头，苏联人曾说她在国家政策和官员任免等事情上插手太多。[21]

就在戈尔巴乔夫于1990年6月在华盛顿进行访问期间，赖莎和芭芭拉建立了良好的个人关系。尽管她们的丈夫正忙于贸易谈判，赖莎却陪着芭芭拉参加了位于马萨诸塞州卫斯理学院的毕业典礼。学院最初是邀请芭芭拉本人参加毕业典礼，可是150名学生签名请愿，反对这样一位读了一年大学就因结婚而辍学，然后成为家庭主妇的人发表主题演讲。于是，学校的管理层改变了态度，也邀请赖莎发表演讲。这样做不仅因为赖莎拥有社会学博士学位，是一位大学老师，还因为戈尔巴乔夫的对美政策，使赖莎在美国也极受欢迎。

事实上，赖莎主修的是马克思列宁主义哲学，准确地说，她获得的是科学社会主义专业的学位，但这些都被巧妙地忽视了。简报中关于她在莫斯科的经历，只提到她学习和教授哲学。考虑到卫斯理学院的论战，苏联方面起初并不愿意让赖莎前往，可是，美国人一再坚持。赖莎也很享受和美国学生见面的机会。她后来说道，正是这些学生的问题激发她创作了自传《我希望》，这本书又着实宣传了一把戈尔巴乔夫的内外政策。[22]

就在莫斯科峰会开幕这天，两位第一夫人游览了克里姆林宫的教堂和博物馆，随后一起参加了以芭芭拉名义捐赠给莫斯科市的一座雕像的揭幕仪式。这座雕像描绘的是《给鸭子让路》的故事，一位鸭妈妈领着8只走在后面的小鸭，创作的灵感来源于1941年出版的美国作家罗伯特·麦克洛斯基写的畅销书，与送给苏联一模一样的雕像一直保存在故事的发生地——波士顿公共花园内。芭芭拉在揭幕仪式上发言："美国波士顿的孩子喜欢鸭子并和它们一起玩耍，莫斯科的孩子也喜欢这么做，一想到这，真是太神奇了。"[23]

莫斯科的捐赠活动对芭芭拉而言，是她在国内扫除儿童文盲的漫漫长路的继续。人们虽然希望鸭子雕像可以弥补两国文化和意识形态的差异，然而事实上，它却成了冷战后莫斯科与华盛顿对话艰难的象征：虽然苏联人最初对美国文化和意识形态的输入报以极大的热情，可是他们却遭遇了水土不服。尽管莫斯科人和他们的孩子都喜欢小鸭子，可是，大多数人对雕像背后的故事却一无所知，因为麦克洛斯基的《给鸭子让路》这本书根本没有俄语版。

1991年7月31日，峰会召开的第二天，克里姆林宫的钟声刚刚敲响下午3点半，老布什与戈尔巴乔夫就稳步迈入大克里姆林宫的冬季花园。他们将在克里姆林宫举行盛大的仪式，签署重要的国际条约，这只是仪式的一部分。两位领导人沿着前沙皇皇宫内精美绝伦的台阶稳步而下，一路走到了弗拉基米尔大厅。这是一间长方形的厅室，以粉色大理石装饰。大克里姆林宫共有五座以沙皇帝国骑士团的名称命名的待客大厅，弗拉基米尔大厅就是其中之一。沙皇尼古拉一世于19世纪中叶修建了宫殿，以此宣示俄国强大的军事和荣耀。十月革命之后，共产党人把这座宫殿变成了党政事务的办公场所，当然，也用来举行官方仪式，接待外国贵宾。[24]

《削减战略武器条约》就要签署了，好似黎明之光，照亮了新的时代。疯狂裹挟世界太久了，这是理智对疯狂的胜利。老布什事后回忆说："这次签字仪式真的让我兴奋不已。对我而言，这不仅是一次仪式，它让全世界的年轻人看到了希望——理想主义没有死去。"戈尔巴乔夫的激动之情并不逊于他的座上宾。当老布什在演讲中提到，半个世纪以来美苏军备一直在增长时，戈尔巴乔夫评论说："用俄语说就是，感谢上帝，我们阻止了这一切。"他把这次条约称为"影响全球的重要事件，因为我们正在宣告，我们碾碎了恐惧的基石，这恐惧主宰着世界，如此强大，消灭它又是如此艰难"。[25]

通过签署《削减战略武器条约》，两国领导人庄重承诺，同意针对彼此的核导弹不再超过 6000 枚,将每一方可以运载核弹头的洲际导弹数量限制在 1600 枚以内。老布什和戈尔巴乔夫设法在武器控制和削减方面做得更多,在此前的 30 年里,这些议题一直主宰着美苏关系。这项条约一签署,冷战时期两国在意识形态领域的对抗也随之结束,老布什即刻允诺要让国会通过苏联的贸易最惠国地位。之前美国以苏联违反人权,以及不给犹太居民签发出境签证为由,一直没有授予苏联最惠国待遇。

两国在国际舞台上的合作也日渐增多。两国领导人就中东问题发表联合公告,承诺要一起努力,召开有关地区安全与合作的国际会议。苏联人将设法把巴勒斯坦人拉回到谈判桌上,美国人也会同样劝说以色列人。两国领导人将把他们的外交秘书派往以色列,在那里,美国国务卿詹姆斯·贝克将参加既定会议,与苏联外交部部长亚历山大·别斯梅尔特内赫就苏以建立全面外交关系而展开磋商。

有的报纸甚至宣称,中东问题声明的发表让《削减战略武器条约》也黯然失色。双方最终也就古巴问题达成一致:为了满足美方需要,苏联承诺减少对菲德尔·卡斯特罗政权的经济援助。现在看来,不管任何双边和多边事务,两个曾经敌对国家的领导人都能处理,并最终把问题解决。[26]

老布什和戈尔巴乔夫走出了位于莫斯科附近新奥加廖沃的苏联领导人的乡村别墅,来到了大克里姆林宫参加合约的签署仪式。在此之前,他们在乡村别墅内交谈了 5 个小时,没有预先规定的议程,两人试图在核武器威胁消除后,勾画出新的世界秩序。戈尔巴乔夫后来把这次非正式谈话称为他个人外交政策的"荣耀时刻",并且戏称为"新思维"。

戈尔巴乔夫认为,"美苏两国从过去直到前不久,一直把对方视为死敌,它们对彼此的仇恨快要把全世界卷入巨大的灾难中",可是,这次会谈是个转折点,将促进"两大巨头的政策达成一致"。如果事情就按照戈尔巴乔夫所设想的那样发展,世界将被苏美共同管理,苏美两国不仅能和平相处，还能解决所有的国际问题，直到双方都满意为止。"[27]

戈尔巴乔夫坐在开放式的阳台上，一边俯览着莫斯科河，一边向美国总统讲述他关于建立世界新秩序的观点。戈尔巴乔夫的翻译帕维尔·帕拉日琴科事后回忆那次谈话的要旨是："世界日渐多样化和多极化，但是世界需要轴心，我们两个国家就能成为轴心。"尽管这位苏联领导人在他的回忆录中并没有使用"轴心"这个词，然而，可以确信无疑的是，翻译所说的话充分反映了他的思想本质。

戈尔巴乔夫准备就广泛的议题展开讨论。因为欧共体似乎不仅在政治和经济领域实力渐长，军事力量也在不断增强，所以，他希望在对待欧共体的问题上，美苏能有联合政策。他还希望在对待人口数加起来超过20亿，正在不断崛起的日本、印度和中国的态度上，美苏能站在同一阵线。对待麻烦不断的中东地区以及在世界权力平衡中作用尚不明确的非洲问题上，美苏也能保持一致。

老布什虽然善于接纳他人意见，可是一贯行事谨慎。他私下里对戈尔巴乔夫的观点一定很怀疑。老布什在回忆录中写道："戈尔巴乔夫一开始就一个人滔滔不绝，我却不想插话，发表评论。可是，他却认为这不是个人独白。"戈尔巴乔夫的翻译回忆说："布什表示同意了，虽然没有说很多，但是，他愿意以合作的方式同戈尔巴乔夫就一些美国人以前根本不让苏联人触碰的事情进行交谈，这表明了他的态度。"

老布什向苏联主人保证，虽然他要承受来自美国右翼和左翼的政治派系的压力，但他还会尽力使戈尔巴乔夫在苏联的改革取得成功。右翼分子想抓住苏联的弱点，摧毁这个冷战时期的老对手，左翼分子则哀叹苏联一直违反人权的状况，老布什反对利用苏联的弱点打击它。

苏联人以为他们的声音被倾听了，因此欢欣鼓舞。戈尔巴乔夫后来怀旧式地回忆："我们为未来而活。"戈尔巴乔夫的外交顾问阿·切尔尼亚耶夫是极少数参加新奥加廖沃非正式会谈的苏联官员之一,几天后,他在日记中记录下这些想法:"我们(美苏)的关系比和我们以前的社会主义'伙伴'国家的关系还要亲近,不拘泥于形式,不假仁假义,不称兄道弟,不屈尊顺从。"[28]

苏联人迫切渴望得到美国新伙伴的支持,并且认可他们的平等地位,但这次给苏联人留下了深刻印象的会谈,却没有引起美国人多少关注。富有经验的、同样谨慎的斯考克罗夫特在会后回忆他的感受时说:"会谈让人满意。我们终于搞妥了《第一阶段削减战略武器条约》,在新时期战略性核军力合理发展的道路上,迈出了一大步。"[29]

在老布什的回忆录中,当他讲起这次新奥加廖沃会谈时,没有提到任何苏联提出的关于制定苏美共同政策的建议。苏联人认为老布什在听他们讲话,可是他真的听进去了吗?条约签署后的记者招待会上发生的小插曲恰恰暗合了他们对会谈中提到的美苏特殊关系的态度。

当戈尔巴乔夫进行开篇致辞,颂扬这次峰会的精神和取得的成果时,正戴着耳麦、听着同声传译的老布什转向了戈尔巴乔夫,笑着说:"你说的话,我一句也听不到。"是设备出现了故障。戈尔巴乔夫焦虑地问道:"你现在听得见我说话吗?现在听得见吗?"布什能清楚地听见他讲的俄语,但是一句也听不懂。混乱持续了几分钟,直到系统最终被调试好。小小危机结束后,戈尔巴乔夫问:"我知道,我的观点你差不多都同意,对吗?"老布什听完翻译后,用他的招牌方式回答:"我听到的,我都喜欢。"

从老布什的回忆录来看,戈尔巴乔夫在新奥加廖沃向他提出建立苏美联合的世界新秩序的建议直接被忽略了。[30]

宴会上的不速之客

1991年7月31日晚，老布什夫妇在位于莫斯科市中心的美国大使馆——斯帕索庭院——宴请他们的苏联朋友。第二天早上，他们将离开莫斯科前往基辅。在他们宴请的客人中，除了戈尔巴乔夫夫妇，还包括一些共和国领袖，其中最有影响力的是刚刚选举出的俄罗斯领导人鲍里斯·叶利钦。

客人中也包括戈尔巴乔夫政府成员，如国防部部长德米特里·亚佐夫元帅和克格勃首脑弗拉基米尔·克留奇科夫。宴请的菜肴有芝麻豆瓣菜汤、松露烤牛排，还有烤土豆。服务员还端上了1970年产自柏里欧酒庄的乔治·德·拉图尔赤霞珠干红葡萄酒，1987年产自铁马酒庄的气泡香槟和1990年产的嘉威逊·雪当利白葡萄酒，咖啡、茶水和甜品则被从菜单上剔除了。[1]

在晚宴致辞中，老布什费尽心力地为戈尔巴乔夫歌功颂德。因为他很清楚戈尔巴乔夫所面临的巨大困难，以及在政府内遭遇到激烈的反对意见。布什说道:"这项条约的签署不仅给苏联人民带来希望,不仅给美国人民带来希望,它将把希望带到全世界,在内心深处,我对此深信不疑。"他举杯祝福他的客人,尤其是戈尔巴乔夫,他说:"戈尔巴乔夫是令我尊敬和倾慕的人,在过去的6年中,他的所作所为给那些相信个人能让世界变得更加美好的人带来希望,包括我在内。"老布什继续说道:"我要向戈尔巴乔夫总书记致敬,我可以说,比起初到这里时,我更加有信心,我们可以携手共进,实现长久的和平,并将给我们的孩子创造更加光明的未来。"[2]

老布什对戈尔巴乔夫的一番夸赞,很明显并没能让苏联保守的部长们信服。老布什的国家安全顾问斯考克罗夫特和戈尔巴乔夫的国防部部长亚佐夫元帅正好同桌就餐,席间,他们交换了对《削减战略武器条约》的看法。亚佐夫被美国代表团简报形容成"企图依靠自身的影响力和威望挽救苏联军事颓势"的人,其间,他对该条约和戈尔巴乔夫的总体外交政策均不甚认可。斯考克罗夫特在后来回忆起他在斯帕索晚宴上和亚佐夫的谈话时说:"他性格阴郁,抱怨说整件事都对我们有利,苏联的军事力量却在每况愈下,也没有新装备……年轻人不响应服兵役的号召,从欧洲战场归来的军队无处安置,等等。我问他为什么对苏联军队的状态如此担忧,有什么威胁吗?他说北约就是威胁。"斯考克罗夫特对此显然难以理解,可他最终还是成功说服了郁郁寡欢的亚佐夫和他一起举杯祝福北约。显然,这顿晚宴上的琼汁玉液,激不起亚佐夫半点兴致。[3]

在斯帕索晚宴上,人们可以感受到戈尔巴乔夫的反对者不仅有保守派,还有改革派。刚刚成为俄罗斯总统新办公室主人的叶利钦就是后者的代表。显然,他对没有把他安排到主桌就餐很是不悦,席间,他从座位上起身,在哈萨克斯坦领导人纳扎尔巴耶夫的陪同下,径直走向了布什的主桌,并且高声向这位美国总统担保,他将在职权范围内倾其所能,确保民主改革的成功。戈尔巴乔夫后来写道:"席间诸位目睹了这一切,既惊讶又好奇，不禁在想这意味着什么呢？"很显然，他深感窘迫。在回忆录中，戈尔巴乔夫除了提到这次的小插曲，还提到了发生在前一晚为老布什举办的欢迎宴会上的插曲。[4]

　　欢迎仪式在峰会召开的第一天，也就是7月30日举行，地点是大克里姆林宫的多棱宫。戈尔巴乔夫夫妇和老布什夫妇正站在列队迎宾处欢迎宾客。忽然，戈尔巴乔夫夫妇注意到一对不是夫妻的男女站在一起了，他们是莫斯科市市长加夫尔·波波夫和新任俄罗斯总统叶利钦的妻子奈娜·叶利钦娜。叶利钦本人并不在场。可是仪式结束时，他忽然出现了，笑容满面地走到主人跟前。戈尔巴乔夫不自然地开着玩笑："你怎么把自己的妻子交给了波波夫？""他不再是个危险角色了。"叶利钦拿他的亲密伙伴开起了玩笑。

　　叶利钦前一晚曾致电戈尔巴乔夫，询问自己是否可以和他及老布什一起步入晚宴大厅，结果戈尔巴乔夫拒绝了。现在看来，叶利钦遭到了冷遇，所以他觉得有必要按照自己的心意行事。他冷不丁地起身走到布什夫人身旁，俨然以主人的姿态邀请她前往餐厅。她吃了一惊，来不及将赖莎让至叶利钦跟前，就开口问道："这样可以吗？"记者们看到此情此景，完全摸不清状况。

　　一位目睹了这一场景的《华尔街日报》记者这么写道："布什和戈尔巴乔夫故意看向另一侧，他们谈了好久，仔细地讨论着悬挂在他们头顶上的那盏精美吊灯。"宾客中有许多戈尔巴乔夫政府班子成员，叶利钦傲慢无礼的举动让他们很不舒服，对美国人来说也是如此。后来，老布什对他的随员说，叶利钦是"真麻烦"，试图抢镜，把戈尔巴乔夫的风头遮住。

　　布什在回忆录中写道，看到叶利钦陪同芭芭拉走向餐厅，"一定会让戈尔巴乔夫倍感尴尬"。斯考克罗夫特在叶利钦几年前第一次访美时就对他心生厌恶，他气愤地说："应该告诉那个家伙，我们可不想让他利用我们，来实现自己的小伎俩。"因此，美国驻莫斯科大使杰克·马特洛克受命给叶利钦的外交部部长安德烈·科济列夫递了话。马特洛克后来写道："叶利钦的举动既粗鲁，又幼稚，他为引起别人的注意而故意这么做，这使得戈尔巴乔夫和布什总统都感到不自在。"[5]

尽管老布什、斯考克罗夫特和其他美国代表团成员都不喜欢叶利钦，可是他们知道除此之外别无选择，必须同这位新当选的俄罗斯领导人打交道。随着戈尔巴乔夫这颗政坛之星日渐晦暗，叶利钦把他自己推上前台，成为美国政府处理对苏事务中最大的新希望。他和戈尔巴乔夫天差地别。叶利钦是公众选举出的领导人，却公开谴责共产主义思想，立志让莫斯科的内外政策发生天翻地覆的改变。然而，想想他的怪脾气吧，人们真能跟他合作吗？和他打交道时，要怎么做到不削弱戈尔巴乔夫的威望呢？这是老布什总统和他的顾问们最为困惑的地方。

叶利钦和戈尔巴乔夫年纪相同，背景也有几分相似。叶利钦于1931年生于乌拉尔的一个工人家庭。他白手起家，依靠过人的精力登上了权力的巅峰。他学习工程学，最先在建筑界博得名声，可以这么说，建筑业是苏联经济体系中最棘手的行业。与军工业不同的是，建筑业总是资金不足，人手短缺，政府不断地把囚犯送去建筑工地劳动，公司才得以完成五年计划。在这个领域，主要靠的是建筑头头自身的实力，叶利钦在这方面毫无问题。

他的事业从1955年开始起步，他最初是乌拉尔斯维尔德洛夫斯克市（即叶卡捷琳堡市——编者注）的一位工头，一路披荆斩棘，迈向权力的顶峰，靠的是过人的业绩。1976年，他被选为俄共斯维尔德洛夫斯克区委第一书记。在45岁时，他事实上已经成为这片巨大工业区的主宰者，从苏联行政区划的重要性来说，这里比戈尔巴乔夫起步的斯塔夫罗波尔市要重要得多。

如果说，戈尔巴乔夫的攀升之路靠的是种粮，以及伺候好那些来他那里泡温泉的莫斯科政坛大佬们，那么，叶利钦则是靠工业产量和建筑业定额来达到目的。叶利钦能在斯维尔德洛夫斯克市声名大噪，不仅因为他建造了什么（他主持修建的许多建筑，包括歌剧院等，都深受年轻的共产党书记的欢迎），还因为他摧毁了什么。

1977 年，接到莫斯科方面的命令，斯维尔德洛夫斯克市的官员拆除了 1918 年夏布尔什维克绞杀沙皇尼古拉斯二世和皇室成员的房子。因为政府官员担心这间房子可能变成敬奉和朝拜的场所。叶利钦拆房和盖房一样神速，这间沙皇最后的避难所，目睹了旧俄国的灭亡，却在一夜之间被叶利钦荡为平地。

叶利钦经常在国内向普通民众发表演说，喜欢被公众吹捧，然而，直到戈尔巴乔夫开始改革开放，并且把这位"人造发电机"（指精力充沛）从斯维尔德洛夫斯克市请到莫斯科时，他才开始成为一位民主领袖。他很快接手了勃列日涅夫时期因贪腐而瘫痪的莫斯科市政府。

叶利钦开除了旧干部，把他的办公室向莫斯科记者们敞开，这些人对这位精力充沛、锐意进取的莫斯科市委第一书记给予了盛赞。但是，叶利钦很快发现，不像在遥远的斯维尔德洛夫斯克市，他不再能自己做主了。在莫斯科，这位强势的新市委书记不得不应对更加有权势的苏共中央政治局，而他只是政治局一位候补委员。他的同事很快注意到，叶利钦在经历了"新官上任三把火"的狂热之后，陷入了消沉。

叶戈尔·利加乔夫，来自西伯利亚的前苏共书记，戈尔巴乔夫手下政治局的保守派代表，叶利钦与这位曾经的庇护者就莫斯科改革的步调发生了冲突。1987 年秋，叶利钦不仅痛斥利加乔夫，也捎上了戈尔巴乔夫，他指出了改革执行中的问题，谴责政治局委员对他们老板的谄媚。

戈尔巴乔夫发起了反击，他解除了叶利钦掌管莫斯科市党组织的权力，取消了他的政治局候补委员的资格。叶利钦在党内的事业宣告结束。他向戈尔巴乔夫和他的同事们请求谅解，但是毫无用处。他的生活好像转了一圈又回到了原点：他被派去监管苏联的建筑工地，这个国家还在不断地盖楼房，但是，他对于社会主义的"改革重建"却充满怀疑。把叶利钦逐出苏共政治局表明戈尔巴乔夫改革阵营中自由力量遭受挫败，党内保守派获得胜利。一年后，得胜的利加乔夫公开评论叶利钦："鲍里斯，你错啦。"[6]

如果说政治局失去一个最激进的声音，那么苏联新兴的民主运动却是出乎意料地找到了一位领导者——叶利钦。整个国家的形势正朝着对叶利钦有利的方向转变。戈尔巴乔夫因为担心苏共机关的权力会干涉他的改革政策，使他不能完全掌控改革，所以他开始巧妙地操纵策划，使这些组织渐渐失去权力。

1989年，就是叶利钦被逐出政治局后的第一年，戈尔巴乔夫允许苏共以外的组织进行政治活动，结束了苏共在政治领域长达60多年的垄断。新的选举机制在苏联历史上第一次引入了竞争性选举，苏共书记被告知他们要想拥有权力，包括他们担任党内职务和地方苏维埃政府或议会的领导，都必须通过选举。实权从党委书记的办公室转到了地方苏维埃委员会和共和国议会手上。

共产党的书记虽然抱怨，但没有造反。他们都有机会参与改革，他们中的机敏分子，成功地运用党的机器及其广泛的影响力，帮助自己在日渐有权势的地方苏维埃政权的选举中获胜。地方政府的改革由高层指引，受高层支持。1990年3月，苏联人民代表大会将苏联宪法中授予苏共在苏联国家和社会中特殊地位的条款给删除了。大会还选举戈尔巴乔夫担任新创造出的职位——苏联总统。同时，他仍然担任苏共中央总书记一职。然而，戈尔巴乔夫随即就把他的顾问和苏共重要角色从党的机构调任至新选举出的总统制政府中。

在这场由戈尔巴乔夫掀起的天翻地覆的变革中，没有人比叶利钦收益更多，现在，他已经是戈尔巴乔夫的头号政敌了。1989年春，当苏联举行第一次半自由的选举时，叶利钦开辟了一条史无前例的职业生涯的道路，在他之前任何心存不满的政治家都无法企及。他精力充沛，活力过人，一下就抓住了机遇。在呈阅给布什总统为莫斯科峰会而准备的简报中这样描述叶利钦："他的反政府情绪迎合了普通大众，他呼吁加速改革，又赢得了开明知识分子的支持。"如果说，叶利钦不善于驾驭政府机器的话，他却非常善于操纵大众。当戈尔巴乔夫推行的改革失败了，政治却日益公开时，无数老百姓愿意倾听叶利钦的声音。[7]

戈尔巴乔夫企图改革斯大林中央集权的经济管理模式，不承想却加速了改革的覆灭。经济改革的失败加剧了商品短缺，也使人们更有理由批评党的新旧政策，在和反对派的竞争中，苏共正在失去优势。1989年5月至6月召开了苏联第一次人民代表大会，反对派通过这次会议从政治上组织了起来。波罗的海国家的改革者力争更大的自治权，最终希望获得国家独立，来自莫斯科、列宁格勒和其他主要城市热衷改革的人民代表同他们联合了起来。这个联盟的矛头直指苏共机关。

叶利钦毫无悬念地成为俄罗斯反对苏联政体的反对派领导人。俄罗斯的老百姓已经厌倦了戈尔巴乔夫无休止的演说，因为这些演讲结不出看得见的果实。在复兴俄罗斯的民族大旗下，叶利钦凭借出色的政治天赋和才能聚拢了改革中的自由派和俄罗斯劳工运动的领导人，而此时戈尔巴乔夫的改革失败了，留下了空空的货架和不满的人群，这两者都促成了叶利钦的超高人气。1989年3月，莫斯科民众违背了克里姆林宫的意愿，选举叶利钦为人大代表。在随后的一段时间中，他的家乡人又把他送进了俄联邦议会，叶利钦在战胜了两位克里姆林宫推举的候选人后，被选举为议长，他随即退出了苏共。

在1990年7月苏共的最后一次代表大会上,当着所有人大代表的面,叶利钦以最公开的方式切断了他和苏共的一切关系。在叶利钦为政党起的新名称——"民主社会主义党"——被拒绝后,这位来自斯维尔德洛夫斯克市的共产党前大佬发表了公开演说,宣布脱离苏联共产党。叶利钦认为苏联有必要过渡到多党民主制,并且公开宣布,作为俄罗斯议会主席团的领导人,他不会听命于其他任何政党。

做出这个决定对叶利钦来说可不容易,也绝非他的草率之举。他没完没了地修改演说稿的内容,随着脱党演说发表的时间日趋临近,他变得焦虑不安。就在那些晚上,叶利钦对他的斯维尔德洛夫斯克老乡,也是他在那时最亲密的顾问根纳季·布尔布利斯倾吐了他的担忧和疑惑,布尔布利斯说道:"他(叶利钦)不仅为即将发生的事情感到焦虑万分,同时也很担心,不知道他到底被要求做些什么……他并不掩饰自己的想法,而是说:'但这恰恰抬高了我!'"[8]

戈尔巴乔夫相信叶利钦退出苏共意味着他事业的终结,正如他对自由派顾问安纳托利·切尔尼亚耶夫所说的:"逻辑上讲应该如此。"事实上,叶利钦公开脱党预示着党员不再是象征"卓越"的社会角色了,从而引发了苏共的脱党潮。

这些行为一般都很含蓄:苏共党员只是不再支付党费、参加会议以及执行党所交予的任务。党员的流失使苏共的力量大为削弱。1990年,就是叶利钦退党这年,苏共失去了270万成员,全国党员总数从1920万减少至1650万,因为脱党而直接减少的党员数量是180万。据戈尔巴乔夫事后回忆,在1991年7月1日前的18个月中,共有400多万,即接近总数四分之一的党员,或者退出共产党,或者因为担任反党职位,拒绝服从党的命令,或是拒交党费而被开除出党。[9]

这次退党潮让共产党官员们惊慌失措。1991 年 1 月，苏共中央委员会秘书奥列格·舍宁向加盟共和国和各州共产党书记发出警告：在 1990 年的脱党人员中有许多是工人和农民，这是令人担忧的信号，因为苏共一直以这些党员为荣。更让人忧心忡忡的是，大批的知识界人士也纷纷脱党。虽然说，工人通常不愿意加入无法给他们带来多少实惠的政党，但是，许多知识分子渴望入党是为了提升自己的事业，成功进入管理层，最终挤进党和国家官僚体系的最高阶层——权贵阶层，这一阶层几乎由清一色的党员组成。不仅在管理层如此，在高校和众多资金充裕的研究机构中，职位也和党员身份直接联系在一起。[10]

1990 年秋，裂缝开始出现在苏联特权最负盛名的堡垒中——外交服务人员和在西方工作的苏联专家。想要得到允许，能在"资本主义天堂"生活以及拥有按照一般苏联标准根本无法想象的高薪的话，党员资格是一项重要前提。尽管许多走出国门的苏联人对国家的体制已经大失所望，可是在一段时间内，他们还是把这些颠覆性的想法藏在了对创造出这种制度的国家政权和共产党忠诚的外表之下。党组织和苏联知识界的关系心照不宣，党组织接受知识界表面上的宣誓忠诚，知识分子同意宣誓效忠，以此获得能够出国工作的机会，可是这种关系在 1990 年发展到了极限。

叶利钦虽然退出了苏共，可是，他并未因此而失去俄罗斯议会议长的职务，这就等于告诉了社会精英们，共产党员的身份不再是展开职业生涯的前提。在 1990 年的最后四个月中，在日内瓦国际组织里工作的 14 位苏联官员都脱党了。组织部在提交给中央领导层的一份备忘录中汇报了日内瓦的情况。这份备忘录的起草者充分认识到了在这一新现象背后的意识形态原因。他们相信罪魁祸首就在莫斯科。苏共中央得知，日内瓦的部分苏联人和叶利钦团体以及反对派关系紧密，他们甚至正酝酿在日内瓦建立反对派——"俄罗斯共和党"——的分支。

背叛不止发生在日内瓦。苏共中央得知跳出社会主义大船的现象不仅在日内瓦十分突出，在纽约、维也纳、巴黎、内罗毕的苏联外交使馆和社区也显而易见。苏共中央机关——位于莫斯科的外交部——也表达了外交服务去政治化的诉求。中央官员准备谴责这些知识界特权分子因贪婪无度而发起的造反。根据苏共中央的备忘录，这些前共产党员拒绝用"硬通货"支付党费，仅仅因为他们认为，这么做给自己的收入增加了额外的税负。这么说也有据可循，因为这些在苏联国际组织工作的官老爷们，确实对政府把他们收入的大部分予以没收而普遍心存不满。他们被要求把硬通货收入上缴给苏联海外代表处的财务部门，但许多人拒不执行。

有些人根本不想回国。在1989年到1990年，据备忘录记载，有7位在日内瓦工作的官员在任期已满后，拒绝回到苏联。而且，他们私自签订了合同，继续留在海外工作。这些"背叛者"拒绝和苏联驻日内瓦外交使馆保持联系，也不接受使馆管理人员的命令。在苏联对外服务机构和在国际组织工作的苏联人中发生的反叛，表明苏共已经无法使这些在意识形态方向对苏联幻想破灭的管理阶层行动一致了。一旦得到肥差的人不再申请入党，而且开始脱党的话，苏共的厄运就开始了。[11]

叶利钦的退党没有让他失去任何特权。他宣布退党时，已经是俄罗斯议会的领导人了，他拥有丰厚的薪水、宽敞的办公室和配有专职司机的豪华轿车。事实上，他并不是第一位在新的民主机构中任职的前苏共官员。最初这么做的人是来自高加索地区和波罗的海加盟共和国的苏共官员，事实上，他们在1990年夏就开始反对中央了。

戈尔巴乔夫和他的同僚针对之前的政治制度进行民主改革采取的第一步措施，即从中央开始改革，并没有赢得公众多少支持。相反，他的改革使得苏联各族人民有机会表达自己的想法，从而威胁到苏联通过武力而达成的统一。戈尔巴乔夫与他的国内外支持者和反对者都以为苏联的民族问题已经解决了。

苏联领导人与已经崩溃的大英帝国、法兰西帝国和刚刚垮掉的葡萄牙帝国的统治者不同，他们已经在让人惊叹的漫长时间内，在没有帝国外衣的情况下，把非俄罗斯族的国民团结在一起。可是这一切在20世纪80年代末戛然而止。

苏联的种族冲突始于1988年初，发生在位于阿塞拜疆的亚美尼亚人聚居区——纳戈尔诺-卡拉巴赫地区。这场阿塞拜疆人和亚美尼亚人之间的冲突使那些一度相信苏联国际主义成功试验的人大跌眼镜。就在那年秋天，多达两百万的民众每月都参加民族领导者组织的示威活动，示威主要发生在波罗的海国家和高加索地区。中央政府不得不经常动用武力来平息种族冲突，恢复秩序。

然而，苏联面对的主要威胁并不是来自高加索地区，而是波罗的海各省，这些地方1940年被苏联占领，直到二战之后才完全并入苏联。1989年8月23日，波罗的海的独立组织为了显示其力量，发起了"波罗的海之路"〔这是发生于1989年8月23日的一次和平示威。大约有200万人参与这场活动，他们手牵手组成一个长度超过600公里的人链，穿过波罗的海三国（爱沙尼亚、拉脱维亚和立陶宛）。这一示威是希望世界能够关心三国共同的历史遭遇——在1939年8月23日苏联和纳粹德国秘密签订的《苏德互不侵犯条约》中，三国被划归苏联。该示威也是波罗的海三国追求脱离苏联、各自独立过程中的重要事件〕，人链一直延伸和穿越了爱沙尼亚、拉脱维亚和立陶宛三国。他们这么做是为了抗议使得苏联吞并三国的《苏德互不侵犯条约》签订50周年——这一占领从未得到美国的官方认可。

就在1989年下半年，立陶宛共产党宣布独立，脱离苏共中央。不仅苏共的权势日渐衰微，苏联这个曾让人引以为傲的国家正在戈尔巴乔夫及其追随者们的眼前走向没落。那一年，苏联宪法修正案提案引发了波罗的海和外高加索共和国的抗议者们的激愤，主要是因为该修正案授权苏联议会，当发现加盟共和国法律与苏联法律有不符之处，或者加盟共和国单方面决定从苏联分裂出去的话，苏联议会可以凌驾于任何共和国的法律之上。1990年3月，新选举出的立陶宛议会宣布立陶宛共和国从苏联独立出去。到1990年夏，苏联大多数的加盟共和国，包括叶利钦领导下的俄罗斯都宣示了主权，这意味着共和国法律已经凌驾于苏联法律之上。帝国的外衣——一个自愿加盟的共和国联盟——虽然完好无损，但是，在那些惊慌失措、困惑不解的莫斯科政府官员面前，帝国瓦解的戏剧已经开始上演。[12]

1989年初，俄罗斯不只急切地在俄联邦开展国家动员，活动还越过了它的边界，以此响应发生在波罗的海、摩尔多瓦和其他非俄罗斯族的加盟共和国的地区民族主义浪潮。这股浪潮很快涌向了俄罗斯，然而方式出人意料。

俄罗斯的自由派以莫斯科和列宁格勒为权力据点，和已经宣布主权独立的波罗的海共和国走上了政治结盟之路。俄罗斯民主运动的领导人已经借用了波罗的海国家的自由经济的观点，现在，为了提升俄罗斯共和国的主权，他们决定复制波罗的海国家的政治策略。1990年春，叶利钦为了竞争俄罗斯议会的席位，提出了"提升俄罗斯主权"的想法——在当时的情况下，指的是赋予加盟共和国更多的政治和经济权力。叶利钦此举相当明智，扩大了他的受欢迎程度，使得莫斯科和列宁格勒知识界以外的人也开始喜欢他了。

在戈尔巴乔夫开始改革之前，包括叶利钦在内，很少有俄罗斯人会把他们自己和苏联最大的加盟共和国——俄联邦——联系在一起，俄罗斯连自己的共产党和科学院也没有。可是，如果苏共和苏联科学院的总部都在莫斯科，又都由俄罗斯人管理和主宰的话，那这又有什么关系呢？1990年末，叶利钦在接受采访时承认他起初对苏联的俄罗斯属性没有太强的认同感:"我认为自己是一个苏联人,而不是俄罗斯人。嗯,我还把自己看作热爱斯维尔德洛夫斯克市的人,因为我曾在那里工作。但是,'俄罗斯'和我的联系并不紧密,就在我还担任斯维尔德洛夫斯克市党委第一书记时,在处理大多数问题时,我并没有询问俄罗斯的机构,而是首先求助于苏共中央,然后是中央政府。"[13]

叶利钦并不是唯一打出俄罗斯这副牌的政治家。他的保守派对手也是这么做的,他们提议参照在俄罗斯以外其他共和国组建共产党分支的模式,创建俄罗斯联邦共产党。正是1989年年末,叶利钦和其他激进改革的支持者在苏共内部通过了民主纲领,才在1990年的头几个月,激发了上述想法的产生。

苏联政治局的委员们面对新的形势,不知所措。戈尔巴乔夫本人也是进退两难,举棋不定。在1990年5月3日举行的一次政治局会议上,他对他的同志们说道:"要是有了俄共,其他共和国的共产党会感到压力骤增,他们会说:我们为什么还需要苏联共产党呢?"然而,就在几分钟以后,戈尔巴乔夫斥责了一位苏共中央的书记,因为他向外透露了戈尔巴乔夫对成立俄罗斯共产党所持的反对态度。戈尔巴乔夫说道:"如果我们拒绝俄罗斯共产党的成立,俄罗斯人又会说:是我们把非俄罗斯族的人民团结在一起,已有上千年了,现在,这些人反过来告诉我们该怎么做,让他们赶紧离开俄罗斯,越快越好!"

戈尔巴乔夫并不希望成立独立的俄共,因为这么一来,不仅可能进一步加剧俄罗斯的沙文主义倾向,还会强化其他加盟共和国的民族主义,此外,俄共可能为反对他改革的保守派提供平台。由于苏联政府的领导人尼古拉·雷日科夫在这次政治局会议上说:"要是我们反对成立俄共的话,我们在俄罗斯的位置就会被叶利钦一派取代。"无论俄共发生了什么,戈尔巴乔夫都想掌控大局,因此,他想在1990年6月即将召开的第二十八届党代会上解决这个问题。就在那年 6 月,独立的俄罗斯联邦共产党成立了,果然不出其所料,独立后的俄共成为反对戈尔巴乔夫改革的极端保守派在苏共内部的战斗堡垒。[14]

俄罗斯的崛起,无论是以叶利钦为代表,披上民主的外衣,还是以保守的反对派为象征,贴上共产主义的标签,对于戈尔巴乔夫和他的同盟者来说都是噩梦成真。越来越坚定的俄罗斯人可能达成清晰的共识,这种共识不会和苏联的认识完全吻合,却会斩断俄罗斯对帝国的附属关系——无论在过去、现在还是将来,正是这种关系维系着大联盟。

早在 1989 年夏季,政治局就讨论了俄罗斯主权独立可能带来的威胁。当时,苏共的理论家瓦迪姆·梅德韦杰夫反对把已经授予其他共和国的主权授予俄罗斯,他宣称:"如果我们在此问题上模仿其他的共和国,苏联必定会变成一个联邦国家。俄罗斯社会主义联邦苏维埃共和国是联盟的核心。"

戈尔巴乔夫对此完全同意:"赞成俄罗斯重塑权威,但是,不能以授予它主权的方式,这样做会让联盟失去核心。"真不明白如何既能让俄罗斯的"权威"得到加强,又能不授予它其他共和国已经成功得到的主权。决定被推迟了,可是问题并没有解决,或者说,问题更尖锐了。

苏联总理雷日科夫在 1989 年 11 月召开的政治局会议上说:"我们不必担心波罗的海国家,我们需要担心的是俄罗斯和乌克兰。他们那么做的话,将会造成国家完全瓦解。随之而来的是,我们需要另一个政府,另一个国家领导机构,苏联也就不复存在了。"在 1989 年秋天,很少有人能够预料到,就在若干个月之后,雷日科夫的这番言论将成为现实。[15]

1990 年 5 月,叶利钦在第三次投票中,凭借 545 票赞成、467 票反对的微弱优势,当选俄罗斯议会议长。可是,就在几个月后,他提出俄罗斯拥有政治主权的想法,却赢得了三分之二代表的支持。"对于今时今日的俄罗斯来说，中央就是冷酷的剥削者、吝啬的捐助者，还是不虑未来的宠儿。我们必须结束这些不平等关系。今天，不是由中央，而是由俄罗斯来思考把什么职能转移给中央，把什么职能留给它自己。"叶利钦对代表说道。

俄罗斯新的捍卫者诞生了。1990 年夏，叶利钦领导的俄罗斯议会宣布了俄罗斯的主权，赋予俄罗斯法律优先于苏联法律的权力。同年秋天，雷日科夫向政治局汇报，他的所有命令都无法执行。随即，戈尔巴乔夫重组了内阁，企图镇压被称为"主权大检阅"（叶利钦发动的一系列被称为"主权大检阅"的行动，旨在与苏联中央抗衡和谋求俄罗斯主权）的活动，并且将雷日科夫解职。[16]

在大多数共和国都宣示了主权之后，并没有现成的公式去定义共和国和中央政府的新关系。宪法为这个高度中央集权的国家提供了大联盟的外表，甚至保证各个共和国拥有脱离联盟的权利，但是，它却不能给成功处理中央和共和国的关系提供任何帮助。

事实上，依据既定章程，一个加盟共和国要么加入联盟，受到莫斯科方面的全权掌控，要么退出联盟。立陶宛希望退出，可是俄罗斯、乌克兰和其他一些共和国希望有新的处理办法。戈尔巴乔夫竭尽全力阻止立陶宛退出联盟，阻止俄罗斯议会让叶利钦当选，阻止俄罗斯宣布拥有主权。可是他一败涂地。苏联政治、经济的版图正在瓦解，使得经济危机愈演愈烈，已然威胁到中央政权的存在。

1990 年夏，戈尔巴乔夫的保守派随员向他献上了锦囊妙计——通过武力强行让苏联法律凌驾在共和国法律之上。可是，只有宣布国家进入紧急状态，才能这么做。戈尔巴乔夫希望能够准备好紧急状态的启动方略，他还宣布了一系列改革：分别用安全委员会和苏联内阁取代了原来的总统委员会和部长会议，前者直接对总统负责。

戈尔巴乔夫坚持施压，希望让国家进入紧急状态。1990 年 12 月，在人大召开期间，近400名立法代表投票赞成将戈尔巴乔夫的辞职提上了议程，但是未得到大多数人的支持。然而，戈尔巴乔夫亲密的自由派战友——外交部部长爱德华·谢瓦尔德纳泽，却因保守派攻击他出卖苏联国家利益而辞职。戈尔巴乔夫自己的事业也岌岌可危，因而没有劝阻他留下。谢瓦尔德纳泽向人大代表发出警告：一场政变就在眼前。在他写给私人朋友、美国国务卿詹姆斯·贝克的信中，他说，他做了对得起良心的事情。[17]

正如谢瓦尔德纳泽预料的那样，一场政变已经发生。在人大会上，保守党先发制人，戈尔巴乔夫也不甘示弱，他决定由自己领导这次"大检阅"。1991年1月，在尚未宣布国家进入紧急状态的情况下，他全权委托克格勃主席克留奇科夫、国防部部长亚佐夫和新任内务部部长鲍里斯·普戈采取一切必要措施，阻止苏联加盟共和国的主权独立运动。

1月11日，中央媒体宣布在立陶宛的维尔纽斯成立了亲莫斯科的"救国委员会"。三天后，内务部特别部队和克格勃突击队，向支持立陶宛独立的反对派所占据的维尔纽斯电视塔发起了进攻。15人在冲突中丧生。1月20日，内政部军队又向拉脱维亚共和国的首都里加开火，造成4人丧生。5天后，苏联政府发布法令，内务部队和苏联军队将对城市进行联合巡逻。这项法令为苏联城市的街道上驻有军队提供了法律依据。

戈尔巴乔夫在3月成立了安全委员会，他主要的顾问团几乎由清一色的强硬派组成。就在当月，在全民公投中，戈尔巴乔夫成功地获得76%的选票支持保留大联盟，尽管波罗的海和高加索地区新选举出的政府当局对此视而不见，可是这一结果还是给苏联总统和他的顾问们壮了回胆。3月28日，他下令驻扎在莫斯科的军队阻止人们集会支持叶利钦，还在当日要求俄罗斯议会的强硬分子好好组织投票选举，把叶利钦从议长的位子上拉下马，可是他的企图落空了。

在莫斯科，集会的队伍不顾政府的禁令，继续前进，政府也未出动军队驱散人群。然而，由俄罗斯人和斯拉夫人组成的精锐部队向居住在波罗的海国家和高加索地区的外族人开火时毫不犹豫，却很不愿意打击他们的斯拉夫同胞。此外，戈尔巴乔夫因担心出现大规模的流血事件而犹豫不决。他命令部队撤回到军营，此举受到了民主派的反对者欢迎（叶利钦因此稍稍停止了其对苏联总统的直接攻击），却被党内强硬派谴责。戈尔巴乔夫拒绝将打击进行到底的态度，再次愚弄了他们。在强硬分子看来，戈尔巴乔夫这个障碍必须清除。

党内机关有不少人试图摆脱这个误入歧路的共产党领导人。戈尔巴乔夫与叶利钦不同，他难以想象自己能随心所欲地离开苏共，这不仅因为他时常宣誓对共产主义理想怀有坚定的信念，以及确信自己有能力改革苏共，而且还有策略上的考量：他不希望这个仍然手握国家大权的政党机器转过来反对他。

就在叶利钦宣布脱离苏共的前几天，他在日记中记录了与戈尔巴乔夫的一段谈话：

"他们只关注自己的利益，除了饲料槽和权力，他们什么也不要。"戈尔巴乔夫这样评论在当天早些时候所见到的苏共书记们。切尔尼亚耶夫继续说："他们吐着脏话来发誓。"我对戈尔巴乔夫说："离开他们吧。你是总统；你看清楚这个党是怎么一回事了，事实上，你是人质，是替死鬼。"戈尔巴乔夫有些迟疑，他对切尔尼亚耶夫说："你难道认为我不懂吗？我明白。但是我不能让这只脏狗挣脱绳索，否则，整架机器都将反对我。"[18]

1991年4月24日，一决雌雄的时刻不出所料地发生在苏共中央会议上。全国党委会都要求戈尔巴乔夫辞去苏共中央总书记一职，但是，戈尔巴乔夫再次凭借他的谋略战胜了对手。与会者们从晨报中惊讶地获悉，前一天戈尔巴乔夫已经与他的头号敌人叶利钦和其他谋求更多主权的共和国领导人达成了一笔交易。在戈尔巴乔夫的宅邸——新奥加廖沃——举行的会议上，他们同意达成新的联盟协议。

除了宣布国家进入紧急状态以外，戈尔巴乔夫最终找到了另一种办法：不是回到原先的状态，依靠武力维护中央的权力，而是向前走，找到可以平衡中央政府和共和国利益的方案。这项权宜之计能使他不再受到自己阵营中其他苏共领导人和强硬派的支配。4月24日，在一次苏共中央会议上，别人对他的做法进行猛烈抨击，作为回应，戈尔巴乔夫宣布，他准备辞职。苏共的领导人又退却了：失去了戈尔巴乔夫，他们的党将在劫难逃。此时此刻，他是唯一保护他们、对抗叶利钦及其民主派阵营的人。预谋的党内政变又失败，戈尔巴乔夫得以逃生，但是，强硬派没有就此罢手。[19]

1991年6月，叶利钦赢得了总统竞选，并且承诺加强俄罗斯主权。同年7月10日，他在就职仪式上宣誓，保证捍卫俄罗斯主权。苏联帝国摇摇欲坠。哈佛大学历史学家罗曼·施波尔卢克把主张俄罗斯民族自信的人称为"民族的构建者"，在与"帝国拯救者"的斗争中，他们获得了胜利。

就在举行俄罗斯总统选举的那一天，戈尔巴乔夫的顾问切尔尼亚耶夫在日记中写道："在动物般的直觉方面，米哈伊尔·谢尔盖耶维奇没有叶利钦敏锐。他担心俄罗斯人民会因为他放弃了帝国而永不原谅他，可是，结果却是俄罗斯人民毫不在意这些。"切尔尼亚耶夫感到，没有俄罗斯，任何帝国设想都难以实现。戈尔巴乔夫的顾问在日记中还写道："毕竟，失去了俄罗斯，就将失去一切。联盟不复存在，事实上苏联总统只能依靠俄罗斯，而不是纳扎尔巴耶夫领导的哈萨克斯坦。"[20]

戈尔巴乔夫不得不接受俄罗斯第一次总统大选的结果——他昔日的门生、今日的对手，成为了俄联邦的首位总统，这得益于多数人的授权，而他自己恰恰没有多数民众的授权。戈尔巴乔夫是凭借苏联议会议员的投票选举才当上了苏联总统。现在，他发现自己必须对付叶利钦了。

就在老布什总统访问莫斯科的前夜，戈尔巴乔夫、叶利钦和哈萨克斯坦的领导人纳扎尔巴耶夫最终就新的联盟条约达成一致。这是加盟共和国的重大胜利。他们将能够宣布自己是领土内所有自然资源的唯一主人，对于联盟预算，他们有权决定给什么，给多少。联盟政府仍然掌控军队和国家安全，但不包括对外政策，对外政策将通过与共和国的协商决定。戈尔巴乔夫、叶利钦、纳扎尔巴耶夫也同意改革政府：和戈尔巴乔夫作对的强硬派将走人，纳扎尔巴耶夫将组建和领导新内阁。1991年8月20日将签署新的联盟条约。[21]

叶利钦，这个曾在戈尔巴乔夫举办的宴会和老布什举办的斯帕索庭院宴会上让戈尔巴乔夫窘迫不已的人，已经不仅是苏联最大共和国的民选领导人，还将掌控苏联大多数的油气资源。苏联的国家金库，甚至连戈尔巴乔夫自己的工资可能都得倚仗叶利钦大发善心。不管叶利钦荒诞的行为令戈尔巴乔夫多么窘迫和恼怒，他都别无选择，必须忍受。这似乎也应验在了美国总统身上。

老布什的工作人员给叶利钦准备的礼物是一只价值490美元的蒂芙尼纯银碗，这份礼物比给包括戈尔巴乔夫在内的苏联其他领导人的礼物标价都要高。苏联总统收到的礼物是一套美国初版的列夫·托尔斯泰的《安娜·卡列尼娜》，在礼物单上未标明这套书的价格。可见白宫还是把地缘政治的筹码押在戈尔巴乔夫这边，给他的礼物是无价之宝。[22]

老布什总统在1989年9月叶利钦第一次访美时见到了他。在此次行程中，叶利钦作为苏联议会议员，走访了11座城市，在美国校园举行了多场讲座，登上了《早安美国》，参观了约翰逊航天中心和梅奥医学中心，接见了全美的商业领袖和政治家，也包括来自得克萨斯州和佛罗里达州的。在他所乘坐的直升机绕着自由女神像盘旋了两圈后,叶利钦对他的一位助手说,这样,他就拥有"双倍"的自由了。他在公开场合并不掩饰自己的想法。如果有什么话没明说的,那就是他渴望超越戈尔巴乔夫,把美国公众对戈尔巴乔夫的欣赏,转移到他这边。

叶利钦对媒体说:"这么多年来,我被灌输——包括阅读《共产党简史》——而形成的对资本主义的印象,对美国的印象以及对美国人的印象,在我到那里一天半的时间里,发生180度的转变。"就像每一位首次来到美国的苏联公民那样,给他印象最深刻的地方是超市。他来到了一家位于休斯敦的大商场,琳琅满目的各类商品和苏联商店里空荡荡的货架形成了鲜明对比。据他的一位顾问透露,正是那次旅行"使叶利钦对布尔什维克最后的一点觉悟也瓦解了"。[23]

在此次美国之行中,叶利钦到白宫做了短暂停留,并且在那儿会见了老布什。事后,叶利钦的这次访问给安排会议的总统顾问们留下了几分酸涩的余味。尽管老布什想见见叶利钦,洞悉他对苏联发展动态的看法,但是,他希望以不冒犯戈尔巴乔夫的方式安排会晤,因为1989年秋之后,叶利钦已经成了戈尔巴乔夫的最大政敌。叶利钦被邀请访问白宫,但是,官方安排他和斯考克罗夫特会面,而不是美国总统,这就带来了问题。

未来的中央情报局局长和国防部部长,时任国家安全副顾问的罗伯特·盖茨回忆:"他被告知可能见到总统,但是,我们希望会晤尽可能地低调,所以没有肯定地告诉他。"当国家安全委员会的苏联专家康多莉扎·赖斯从大楼西翼地下室的通道把叶利钦领进白宫时,他询问这是否是带着客人拜见总统的通道,除非保证他能见到老布什,否则他不会再向前一步。赖斯告诉叶利钦,如果他不打算会见斯考克罗夫特,那么他可以离开白宫回酒店了。

叶利钦最终不再反对,而是会见了斯考克罗夫特,向他阐述了在经济上美国可以怎样帮助苏联。据盖茨说，斯考克罗夫特对此并不感兴趣，他快要睡着了。当老布什来到斯考克罗夫特办公室时，一切都改变了。盖茨回忆："叶利钦像变色龙似的，完全不同了，他热情洋溢，兴致勃勃。很明显，在他看来值得对话的有权势的人来了。"老布什重申了他对戈尔巴乔夫的支持，但是，叶利钦达到了会见美国总统的目的。他一离开白宫就走向了在草坪上等待的记者，向全世界讲述了这次会晤。斯考克罗夫特事后回忆说："这不是我们期望的平静无事的访问结果，但也没什么害处。"[24]

叶利钦给老布什留下的印象不错，可是，从斯考克罗夫特的回忆录来看，他认为未来的俄罗斯总统并不坦率，而且他一直没有完全摆脱这种印象。叶利钦在早期施政中提出的倡议让人很是惊讶，就连赖斯和盖茨都惊骇于他粗俗无礼、难以捉摸的行为。回想起他的访问，盖茨在回忆录中写道："看上去，他喝得太多了，在约翰斯·霍普金斯大学的演讲很糟糕，算得上是粗鄙的。"可是，在共和国议会举行了那场半自由的选举后，自1990年春天起，老布什身边的那些人就不得不关注发生在莫斯科的权力转移。尽管戈尔巴乔夫是西方政客的选择，也是西方媒体的宠儿，可是，不可否认，阴晴难定的叶利钦正在崛起。

就在1990年6月，叶利钦当选俄联邦议会主席后的一周，盖茨在给老布什的报告中说，叶利钦"已经证明自己极度善于运用新的制度规则，从而能再度成为政治领袖。他似乎是行事高效、广受欢迎的政客，尽管有些乖张"。盖茨建议最好不要给叶利钦什么负面评价："或许有一天，我们会发现谈判桌的对面就坐着叶利钦。"老布什对此表示同意。叶利钦的下一次访美时间是1991年6月，就在他当选俄联邦总统后不久。这是一次巨大的成功，他向美国政府证明了自己的地位。布什和叶利钦共同致电身在莫斯科的戈尔巴乔夫，警告他一场由强硬派策划的政变可能即将上演，这一消息是由叶利钦在莫斯科的盟友提供给美方外交渠道而获悉的。叶利钦和老布什政府的关系始于1989年秋天那次略显尴尬的非正式会面，现在已经回归正轨了，至少暂时看上去是如此。[25]

老布什于1991年7月再次对莫斯科进行了访问，其中包括会见俄联邦总统。7月30日上午，老布什会见了叶利钦。因为戈尔巴乔夫想阻止叶利钦单独与老布什见面，于是，邀请叶利钦、纳扎尔巴耶夫和美国总统一起参加午宴。届时他们将和老布什和戈尔巴乔夫的顾问一起参加宴会。叶利钦和纳扎尔巴耶夫所渴望的与美国总统的会晤即将到来，但却要在戈尔巴乔夫的掌控和监视中进行。纳扎尔巴耶夫同意了，他利用此次机会游说美国总统投资哈萨克斯坦的天然气，但是，叶利钦拒绝扮演苏联领导人指派给他的角色，拒绝成为那种他称之为"毫无个性的听众"。叶利钦没去赴宴，而是邀请老布什来参观他的新克里姆林宫办公室。布什欣然应允了。[26]

老布什与叶利钦的会谈大约持续了40分钟，主要就戈尔巴乔夫提议、叶利钦赞成的新联盟问题进行了磋商。这次会晤表明了白宫方面给予叶利钦的特殊地位。从老布什的谈话内容上看，尽管他预先阻止了叶利钦一方有可能提出的在美国成立俄联邦代表处，或是和美国签署官方合作协议的做法，但他的主要任务还是使叶利钦确信美国既支持戈尔巴乔夫的改革政策，也支持他的改革政策。"如你所知，我们不能和你的共和国建立外交关系，因为我们认为那是苏联的一部分。"人们认为老布什是这么对叶利钦说的。在那次会见中，他守住了这道线。

叶利钦问他："我是不是可以理解为你支持我的想法——让我们关系的基本要素正式化？"老布什并没用什么外交辞令，而是回应道："什么关系？你指的是美国和俄联邦的关系，还是你们同中央的关系？我不清楚你问的是什么。"美国国务卿贝克也在现场，他把老布什的回答"翻译"给了深感失望的叶利钦："叶利钦总统，答案取决于新联盟条约规定的，共和国所能够享有的与他国订立条约的权利。我们必须要看新的联盟条约。"[27]

如果说，邀请布什参观他的新克里姆林宫办公室，意味着叶利钦希望在国内民众眼中树立自己独立的世界领导人形象的话，他当然是成功了。如果说，他想戳痛戈尔巴乔夫的要害，让他难堪的话，他也成功了。戈尔巴乔夫在回忆录中想起这段场景时，深感苦涩。但是，如果说叶利钦想要改善他同美国总统的关系的话，他却彻底失败了。

叶利钦迟到了10分钟，老布什对此很恼火。斯考克罗夫特抱怨道："我们究竟要等这位阁下多久呢？"起初计划好的15分钟礼节性会谈延长到了40分钟，因为叶利钦将已经和老布什私下会晤中提到的观点反复说给随后加入的美俄顾问团听。接着，在未征得老布什同意的情况下，叶利钦想要在那些被带到克里姆林宫的记者中间，举办一场即兴的记者招待会，这又着实让美方吃了一惊。他告诉记者，双方已经起草好一份有关俄美合作的协议草案，为此他十分感激布什总统。老布什吞下了苦果，然而，就在叶利钦准备回答记者问题时，布什对叶利钦说，已经很晚，他必须离开了。一上车，老布什就对斯考克罗夫特说，这个"好出风头"的叶利钦，让他中招了。[28]

莫斯科峰会发生的事情提醒了布什和斯考克罗夫特，叶利钦还是他们在1989年9月初次见面时那个性格乖张的政治家。无论叶利钦的行为多么粗鲁幼稚、捉摸不透，老布什却发现和他之间的共同立场日益增多，甚至超过了和戈尔巴乔夫的共同之处。1991年夏季，有一个最重要的问题摆在了布什的苏联事务议程上——波罗的海国家爱沙尼亚、拉脱维亚和立陶宛宣布独立了，众多美国参议院和国会议员对此表示赞成。布什温和地推动戈尔巴乔夫承认立陶宛和拉脱维亚于1990年所宣布的独立。如果说戈尔巴乔夫是迟疑不决的，那么，叶利钦则不是。

叶利钦代表俄罗斯谴责了中央政府在1991年初发动的镇压行动。现在叶利钦站在布什身旁，重申了他对独立运动的支持。他告诉记者，在未经布什总统认可的情况下，他已经获悉俄美在波罗的海国家的问题上立场一致：应该允许3个加盟共和国离开苏联。这是戈尔巴乔夫不敢采取的立场。[29]

由于担心戈尔巴乔夫将要受到来自苏联军队的威胁，还有要面对来自共和国领导人的挑战，老布什决定第二天就离开莫斯科。虽然，叶利钦是最喜欢"放大炮"的共和国领导人，但他并不是唯一想削弱中央权力、为本土赢得更多自由的领导人。

软弱的基辅演讲

1991年8月1日近正午时分，布什总统乘坐"空军一号"专机从莫斯科附近的谢列梅捷沃国际机场起飞，前往苏联第三大中心城市，也是乌克兰的首都——基辅。就在1991年初，美军将大约40枚核弹头瞄准基辅。一旦发生核战争，一次又一次的核爆炸将把基辅烧成废墟，全城200多万市民将丧生。然而，《削减战略武器条约》的签订意味着，即使发生战争，也不会有那么多次的核爆炸。就算发生最糟糕的情况，还是会有些市民能活下来。但是，布什此次基辅之行并不是要传达这个喜忧难定的消息，美国总统将带来一个完全不同的讯息。[1]

老布什的这次行程只是5小时的中途停留，但是它的意义与时间长短无关。事实其实很简单，他相信仅有莫斯科谈判是不够的。他必须前往加盟共和国，和他们的领导人谈判。这是苏美关系的新局面，表明苏联的政治情况一日三变。

白宫希望表明他们愿意与苏联加盟共和国合作，但是又警告他们的领导人不要使用武力去达到目的。布什政府中还没有人能够预见到苏联的迅速解体，以及数月之后乌克兰将在这一过程中起到的关键作用。选择基辅来宣布美国对苏联加盟共和国的新政，是因为乌克兰最高领导人并不支持完全独立，反莫斯科力量在乌克兰虽然强大，但并不暴力，他们或许乐于接受来自华盛顿方面的新讯息。

美国总统要访问苏联人口第二多的共和国——乌克兰，这个消息让戈尔巴乔夫怎么也高兴不起来。乌克兰的领导人还不太愿意签署戈尔巴乔夫在 4 月大胆提出的新联盟协议。戈尔巴乔夫可不是布什，他完全理解乌克兰对于联盟未来的重要性，担心美国总统的访问会助长乌克兰的反苏势力。因此苏联总统尽可能地阻止这次访问。

7 月 21 日星期一，老布什抵达莫斯科一周多，美国大使马特洛克接到了来自布什总统苏联事务特别顾问艾德·休伊特的电话。苏联代表已经前往休伊特位于白宫的办公室，传递了来自克里姆林宫的紧急消息——希望老布什的基辅之行可以取消。马特洛克对此惊讶不已。

苏联方面提起了未明确的压力，可是基辅方面却相当平静。而且，马特洛克是在征得了苏联外交部的同意后才开始准备的，现在一切已经准备就绪。准备工作不仅涉及美国人，还涉及乌克兰相关人员，此时此刻，美方取消访问的话，会让他们很难堪。

就在布什乘坐"空军一号"飞往土耳其的途中，获悉了苏联的新要求，这让他大吃一惊。和斯考克罗夫特商量后，老布什做出了回应，大意是：如果苏联方面不希望他前往基辅，他可以取消这次行程，但是，考虑到已经做了高等级的准备工作，而且还涉及乌克兰方面，莫斯科必须要为取消此次会晤负责。马特洛克使用非机要线路给美国国务院打了电话，因为他知道克格勃可能会监听他的通话，所以，他提到取消此次会议不仅会给华盛顿，也会给莫斯科方面以及其与乌克兰的关系带来负面影响。

第二天，他又对苏联外交部部长亚历山大·别斯梅尔特内赫重申了这番话。受到警告的别斯梅尔特内赫找到了戈尔巴乔夫，十分确定地对他说："忘了这些吧。告诉美国人用不着担心，就照计划办吧。如果美国总统想去基辅，我想他在那儿会受到欢迎的。"危机迎刃而解，戈尔巴乔夫必须接受新的游戏规则。[2]

7月30日，布什和戈尔巴乔夫会见时，美国总统试图说服这位苏联领导人，对于自己即将开始的基辅之行，没有任何值得担心的。他告诉苏联总统："我想向你保证，此次基辅之行，无论是我本人还是我的随行人员，都不会做任何让现存问题更加复杂的事情，也不会干涉乌克兰何时签署联盟条约。"

戈尔巴乔夫暗示了为什么他起初有些担心的原因："对乌克兰而言，有些事实我们无法忽略：据悉，就在您启程前不久，美国传统基金会准备了一份报告，建议您利用此次乌克兰之行，鼓动当地的反对派，因为从战略上讲这是很重要的。"老布什对此给予了完全否认："我不清楚那份报告。但是，我希望您知道，在行程安排上，我强调要竭尽所能，行事周到。比如，我将不准备访问基辅，而是访问列宁格勒。我很乐意到你们的某座城市去看看，但在任何情况下，我都决不会支持分裂。只有您的外交部部长通知我们，你们完全可以接受我们访问基辅时，我们才会把它纳入行程安排。"[3]

如果真的要让戈尔巴乔夫决定的话，老布什永远都不会去基辅。而且，叶利钦和戈尔巴乔夫在乌克兰问题上的立场是一致的，他们都认为不能让这个苏联第二大加盟共和国自行其是。如果说，戈尔巴乔夫在他和布什的谈话中曾提到乌克兰和其他共和国有可能卷入内乱甚至是战争的话，叶利钦则冷静许多，但态度同样坚决。当美国总统在他的克里姆林宫办公室与他会谈时，叶利钦说："乌克兰绝不能脱离苏联。"叶利钦还辩解说，没有乌克兰，苏联就要被非斯拉夫共和国统治。

叶利钦对乌克兰的"特别眷顾"，反映了俄罗斯人对此的普遍态度。根据美国情报机构1991年2、3月进行的民意调查显示，只有22%的俄罗斯人支持乌克兰独立，60%的民众表示反对。而俄罗斯民众对波罗的海国家的态度则大相径庭：41%的俄罗斯民众表示赞成立陶宛独立，只有40%的人表示反对。[4]

1991年6月末，美国中央情报局为他们的总统及其顾问准备了一份情报评估，列出了苏联事态发展可能出现的若干情况。其中只有一种情况提到了暴力分裂，包括乌克兰可能会独立。另外两个选择是"渡过危机"，还有强硬派发起政变，但苏联仍然完好无损。最后一种可能是"系统性变革"，情报预测波罗的海国家、北高加索地区的三个共和国和摩尔多瓦将会独立，乌克兰将加入俄罗斯主导的中亚斯拉夫联盟。叶利钦希望乌克兰成为联盟的一部分，可是戈尔巴乔夫却担心出现"暴力分裂"。似乎中央情报局、戈尔巴乔夫和叶利钦都同意一件事：因为苏联目前遵守《削减战略武器条约》，削减了部分核武器，如果美国希望苏联政权能够和平更迭，那么应该确保乌克兰留在联盟内。[5]

在戈尔巴乔夫的新奥加廖沃寓所中，老布什与戈尔巴乔夫交谈时提醒他，苏联的民族问题很重要。戈尔巴乔夫正在进行关于苏美联手、重建未来世界秩序的个人独白，突然被一则报告打断了。时年35岁的尼古拉斯·伯恩斯是美国国家安全委员会成员、美国白宫驻波罗的海联络处工作人员，他接到了波罗的海朋友打来的电话，得到消息：一群身份不明的枪手袭击了位于立陶宛与白俄罗斯边界的一座刚建成不久的海关，枪杀了6名立陶宛海关工作人员。

伯恩斯向老布什和新奥加廖沃宴会的主人汇报了该情报。戈尔巴乔夫立即羞愧难当，勃然大怒。据布什描述，他的脸色明显阴沉了下去。美国总统竟然在苏联的最高统帅之前，抢先知道了发生在苏联领土上的枪击事件！戈尔巴乔夫派他的顾问去搞清楚，到底发生了什么事情。

美国大使馆认为这是苏联内务部特种警察部队所为。美国人怀疑，为了羞辱戈尔巴乔夫，莫斯科强硬派策划了此次事件。如果事实真是这样的话，那他们的目的达到了。戈尔巴乔夫缩短了他有关展望新的世界秩序的演讲。布什记得："阴霾笼罩了会议，我们继续交谈，可是，再也没有热情洋溢的气氛了。"

戈尔巴乔夫担心的是，立陶宛的悲剧事件使得共和国自决权问题更加紧迫，也唤醒了苏联内战的幽灵。戈尔巴乔夫利用这个机会，和老布什交换了对民族自决问题的看法，请求美国对苏联有关南斯拉夫的政策给予支持，莫斯科方面期望通过这些政策防止另一个斯拉夫－穆斯林国家的瓦解。他也渴望美国在苏联对其他加盟共和国问题上给予支持。布什对戈尔巴乔夫说："现实中和想象中的国际问题和民族间问题都很多。以目前这种方式划分共和国边界的话，会把国家完全搞乱套了。如果让我列出可能存在的领土问题，不仅我个人的手指不够数，这里所有人的手指加在一起也不够数。这里是苏联，有70%的共和国边界尚未确定。以前没有人在意这些，一切问题都依照苏联行政区划而定。"如果说发生在新划定的立陶宛边界的谋杀事件让戈尔巴乔夫在老布什面前难堪不已的话，这件事也让戈尔巴乔夫更有理由担心，苏联将发生南斯拉夫式的骚乱。在戈尔巴乔夫看来，消息来得恰逢其时——正好在老布什即将对乌克兰进行"不受监督"的访问前夕。[6]

1991年8月1日下午1时许，乌克兰苏维埃社会主义共和国的领导们聚集在基辅郊外的鲍里斯波尔机场，欢迎他们的贵宾到来。这是美国总统第二次造访这座城市。第一次是理查德·尼克松在与勃列日涅夫签署了《第一阶段削减战略武器条约》和《反弹道导弹条约》后，于1972年5

月底访问了乌克兰首都。他乘坐苏联飞机计划从莫斯科飞往基辅,结果在起飞前最后一刻,因为莫斯科地面单位发现了飞机的技术问题,而不得不换机。

老布什则是乘坐新造的"空军一号"飞往基辅,这是一架波音747飞机,取代了从尼克松到里根时代美国总统所乘坐的波音707飞机。让我们回到1972年,那时尼克松发现,那架载他前往基辅的苏联飞机,其内部装饰和设施格外引人注目——正如他后来回忆的那样:"在某种程度上,比我们的飞机还让人印象深刻。"[7]

现在布什可以向苏联副总统亚纳耶夫炫耀他的新飞机的内部装饰了,那是根据南希·里根的建议,按照美国西南部的风格设计而成的。在老布什夫妇到达莫斯科时,亚纳耶夫已经欢迎过他们了,可是,戈尔巴乔夫请老布什带他一起前往基辅。有的美国人认为戈尔巴乔夫此举意在强调乌克兰是苏联的加盟共和国,同时,还有些人认为亚纳耶夫是被派去监督美国总统的。

飞机一起飞,老布什就带着亚纳耶夫参观飞机,包括总统指挥中心。亚纳耶夫——老布什事后认为的乘坐过"空军一号"的最高级别苏联官员——给予了礼貌的评价。老布什后来对他的助手说,这位苏联副总统是"友善的君子",却不是"一个大人物"。[8]

当布什在飞往基辅的途中接待他的苏联贵宾时,他的团队成员们正在就具有重要政治含义的语言学问题争论不休。马特洛克看到了布什总统将于当天晚些时候在乌克兰议会厅内发表演讲的演讲稿,他对其中一位演讲起草者在"乌克兰"前面加上了定语表示反对。这位大使说:"一定要让总统删去冠词。他就应该说'乌克兰'。美籍乌克兰人会认为冠词的使用使乌克兰听上去更像是一处地名,而不是一个国家。"演讲起草者反驳道:"但是,我们不也说美利坚合众国(也使用了冠词)吗?"可是,马特洛克最终占了上风。他的论据不是语言方面，而是政治方面的："如果总统在乌克兰前加上冠词，那下星期白宫将收到成百上千的抗议信和电报。"

美国的乌克兰后裔接近 75 万，加拿大还有 100 万。按照北美的标准，这还算不上是庞大的群体，但是他们组织有序，积极参与政治，并且坚持不懈。整个冷战期间，移居而来的大批乌克兰人领导者成功地号召其追随者给共和党候选人投票。老布什意识到了这点，所以，在听到了马特洛克的建议后，他采纳了这一观点。删掉冠词既讨好了国内的选民，又不会伤害到戈尔巴乔夫，因为俄语中根本没有冠词。

这次演讲的材料现存放在位于得克萨斯州大学城的乔治·布什总统图书馆和博物馆的网站上，该文本显示在其中若干章节里，加在"乌克兰"前的定冠词被忽略了，没有从文章中删去，这表明在飞往基辅的途中，老布什的顾问们对此还有所顾虑。马特洛克还试图删去老布什演说中关于支持戈尔巴乔夫和新联盟的段落，因为他考虑到这样的话在基辅说并不合适，可惜为时已晚，演讲稿已经派发给记者了。[9]

来自美国媒体大量的先期报道这么写道："乌克兰首都基辅位于莫斯科以南 515 公里，第聂伯河从城市穿过，在这里老布什看到了与苏联不同的面貌。基辅整洁、干净，马路宽阔，两侧绿树成荫，这一切将使总统此次苏联之行的结尾显得多姿多彩，激动人心。"报道者开玩笑说，总统访问的真正目的是帮助白宫新闻副秘书——名叫罗曼·波帕迪乌克的乌克兰人——竞选乌克兰总统，"他的竞选口号是：我无可奉告"。

基辅，不再以 19 年前尼克松所说的"俄罗斯城市之母"的形象，而是以尚未独立的主权共和国首都的身份欢迎布什的来访。欢迎队伍末尾的标语写道："布什先生，乌克兰欢迎您！"乐队除了演奏苏美国歌，还演奏了乌克兰国歌。乌克兰对苏联到底有几分忠诚已经是公开的问题。曾在 1972 年陪同尼克松访问过乌克兰的马特洛克还注意到了其他一些区别。布什的英文演讲被译成了乌克兰语，而在1972年那次访问时，则被译成了俄语。[10]

真是此一时，彼一时。就在尼克松飞往基辅前的10天，勃列日涅夫刚用他的亲信弗拉基米尔·谢尔比茨基替换了有民族主义思想的乌克兰党中央第一书记佩特罗·谢列斯特。勃列日涅夫的门生粉碎了乌克兰正在萌生的民族意识，把它变成了苏联加盟共和国的范本和维护莫斯科统治的堡垒。

谢尔比茨基和勃列日涅夫是来自乌克兰第聂伯罗彼得罗夫斯克的同乡，谢尔比茨基是当地大家族的重要人物，这些勃列日涅夫忠诚的追随者在他们的领袖1982年11月逝世之前，一直有力地统治着苏联。谢尔比茨基建立了只忠诚于他个人的党内金字塔，戈尔巴乔夫用了4年时间，直到1989年秋，才有足够的力量将他赶下台。

自从20世纪50年代起，乌克兰共产党的精英们不仅统治着自己的共和国，也以次重要身份参与苏联的管理。就像西方的政治学家们所知道的那样，乌克兰，这个"苏联第二大加盟共和国"，在20世纪50年代已和苏共的领导们达成了权力分享的非正式协议。因为就在那时，乌克兰共和国帮助自己的前领导人，也就是长期担任乌克兰第一书记的尼基塔·赫鲁晓夫在莫斯科掌握了权柄。

那时俄罗斯人还没有自己的共产党，但是管理着苏共，而来自乌克兰的共产党干部就成了莫斯科党代会上最大的投票团体。他们充分利用了自己的投票权。赫鲁晓夫因此把许多他的乌克兰支持者带到了莫斯科，并且委以重任。可以说，1964年的克里姆林宫政变虽然将他罢免，却反而增强了乌克兰官员的地位。

取代赫鲁晓夫掌管苏共的是来自乌克兰的俄罗斯族人——勃列日涅夫——在20世纪30年代的党员登记卡的"籍贯"一栏，填写的是"乌克兰"。另一位乌克兰人尼古拉·波德戈尔内1965年成为最高苏维埃主席，是苏联正式的领袖。苏联部长会议主席一职由俄罗斯人阿列克谢·柯西金担任，他于20世纪70年代末逝世后，另一位乌克兰官员尼古拉·吉洪诺夫接替了他的职务。内务部部长和克格勃两位副局长都是勃列日涅夫的亲信，也是乌克兰政党机器的产物。即使在勃列日涅夫逝世之后，第聂伯罗彼得罗夫斯克集团希望继续它的统治：病中的领导人看到谢尔比茨基成为了他的继任者。

1982年勃列日涅夫逝世，随后，安德罗波夫掌管下的克格勃控制了克里姆林宫。戈尔巴乔夫虽然是半个乌克兰人，可是，他和乌克兰的政党机构没有任何关系，和首都莫斯科的乌克兰人也毫无瓜葛，是安德罗波夫使他声名鹊起。戈尔巴乔夫还把谢尔比茨基从他的位子上赶下台，阻断了乌克兰官员通往莫斯科进而发挥影响力的通道。

对于党内的乌克兰精英们而言，既没希望在中央一展宏图，又在家乡受到攻击，他们感觉遭到了莫斯科的背叛。自赫鲁晓夫时代起，他们就和苏联达成了协议——他们以自己的忠诚换取在家乡乌克兰的无限统治权，同时分享中央的权力。如今，这一协议失效了，而且废除协议的人不是他们。

1986年4月发生了切尔诺贝利核灾难，乌克兰党内精英的愤恨不满随即滋生。这个核电站完全由莫斯科掌控，然而，乌克兰当局却要全权应对灾难引发的长期后果，还要照顾那些从核污染区搬迁出的人群。而且，当放射性云层到达基辅时，莫斯科方面还要求举行"五一"游行。乌克兰党内精英们认为戈尔巴乔夫强迫谢尔比茨基举行游行，并威胁他如果不照办的话，将把他驱逐出党。切尔诺贝利事件引发了反对莫斯科的群众抗议游行，这次又使乌克兰的党内精英不得不处理该局面。从上层来说，中央鼓励共和国开展民主运动，此举进一步削弱了乌克兰当局的权力。这些精英们觉得自己遭到了背叛和遗弃，愤愤不平。如今，中央除了带给他们麻烦，什么也给不了他们。[11]

当老布什夫妇到达基辅时，受到了 57 岁的乌克兰议会议长列昂尼德·克拉夫丘克的欢迎。报道称他是"一个精力充沛、两鬓斑白、皮肤黝黑的家伙，和约翰·高蒂（曾是美国黑手党甘比诺家族的教父）有几分相似；很明显，他是一个天生的政治家，或许是乌克兰的纽特·金里奇（美国共和党籍政治人物。曾在 1995 年到 1999 年期间担任美国国会众议院议长，他是美国国会历史上最具权势的众议院议长之一）吧"。克拉夫丘克的背景和纽约臭名昭著的黑手党头子以及正在升起的美国共和党新星相比，是截然不同的。他是一位前共产党官员，现在是他担任议长的第二年。他艰难地维系着平衡，一方面，维护着对苏联中央忠诚的假象，另一方面在处理与影响式微的戈尔巴乔夫以及权力渐长的共和国领导人的关系时，又有力地维护自己家乡的利益。面对谢尔比茨基时代党政机器和声势渐长的乌克兰独立民主运动组织的不同利益，克拉夫丘克被认为是唯一有能力调和各方利益的人物。[12]

克拉夫丘克生于 1934 年，和戈尔巴乔夫、叶利钦是同时代的人，可是，这位乌克兰领导人和莫斯科领导人的生长背景并不相同。克拉夫丘克生于乌克兰西部的沃里尼亚，这里曾属于约瑟夫·毕苏斯基（1918—1922 年任波兰国家元首，军事独裁者）统治下的波兰，他亲身感受二战的残酷，这使得他不仅反对德国和苏联军队，也反对大屠杀、种族清洗，还反对乌克兰和波兰民族分子的游击队在他的家乡进行战斗。他的父亲因为是红军战士而被德军杀害，年轻的克拉夫丘克很早就掌握了生存技能。正如他后来回忆的，他的祖父告诫他——不要把你的脖子伸出去。

克拉夫丘克目睹了 20 世纪 40 年代末和 50 年代初，秘密警察杀害"乌克兰民族运动"的幸存者，所以，他不需要通过赫鲁晓夫 1956 年发表的秘密报告，就清楚在斯大林"个人崇拜"时期，苏联司法体系存在的政治偏见。和戈尔巴乔夫、叶利钦一样，克拉夫丘克的亲戚也在"大清洗"时期遭到了迫害，可是看上去，对于为共产党服务，他并不感到担心。他从基辅大学获得政治经济学学位后，事业上青云直上。尽管戈尔巴乔夫和叶利钦是党的领袖，被授权管理疆域庞大的苏联，可是，克拉夫丘克才是最卓越的官员和共产党官僚。

到20世纪80年代时，克拉夫丘克作为一位前波兰臣民，已经从平民跃为乌克兰共产党宣传机构的领导人。他既不是来自乌克兰东部工业重镇顿巴斯地区，也不是第聂伯罗彼得罗夫斯克集团成员，所以说，这或许是他在勃列日涅夫统治下的苏联所能企及的最高职位了。

然而，戈尔巴乔夫的"公开性"改革到来了，第一次半自由的选举，使得共产党迫切需要找到可以同群众沟通又能与反对派斡旋的人。克拉夫丘克在这方面具有非同凡响的才能，他成为继谢尔比茨基之后，掌管意识形态的中央委员会书记。而谢尔比茨基，因为从不相信那些利沃尼亚（中世纪后期的波罗的海东岸地区，即现在的爱沙尼亚以及拉脱维亚的大部分领土的旧称）的宣传天才，所以在1989年秋被迫退休。

1990年夏，因为原乌克兰共产党领导人弗拉基米尔·伊瓦什科被戈尔巴乔夫调往莫斯科担任党内第二号人物，企图以此修复俄罗斯和乌克兰与中央摇摇欲坠的关系，所以，克拉夫丘克取代伊瓦什科，成为乌克兰议会议长。克拉夫丘克发现在他所掌管的立法机构内，三分之一的代表支持乌克兰独立，另外三分之二的代表倾向于加强乌克兰在苏联的自治权。

在布什的简报中，这样介绍克拉夫丘克的个人情况："作为乌克兰最高苏维埃的主席，他必须小心翼翼地平衡立法机构中大多数共产党员与亲独立派代表之间的不同诉求。"事实上，他游刃有余地驾驭着两大派系，那年夏天，在议会中通过了具有政治和经济实质内容的、赋予乌克兰主权的宣言，在这项政策中，他找到了两派的共同点。报道老布什访问基辅的《华盛顿邮报》记者大卫·雷姆尼克这样提到克拉夫丘克——他发现了机遇，建立一个充满活力的乌克兰的机遇，他不会让机遇溜走。[13]

虽然，这次访问令他有些意外，但是，克拉夫丘克还是很乐意在基辅欢迎尊贵的美国客人。正如他事后所回忆的，莫斯科方面很晚才允许他单独准备这次会晤，直到会面前最后一刻，他才被人从度假中召回，迎接美国总统。他从克里米亚直接飞往鲍里斯波尔机场，连进城准备的时间也没有，媒体注意到了他被晒黑的皮肤。

克拉夫丘克发表了《乌克兰土地》的演说，欢迎老布什夫妇。演说中，他提到了乌克兰而不是苏联，但是，他避免任何把乌克兰称为国家和共和国的说法。就像美国总统顾问担心在"乌克兰"前使用冠词一样，克拉夫丘克也有他自己的语言难题需要解决。

在这一年中，乌克兰已经成为拥有官方主权的实体，但还不是独立的国家。这有什么区别呢？除了戈尔巴乔夫，好像没人知道答案。克拉夫丘克尽可能地在两者间找到了平衡。"美国人民很清楚什么是真正的主权，《独立宣言》第一个向全世界宣传了自由、平等和博爱。"他对美国客人说道。

老布什并不打算赞成克拉夫丘克把主权等同于独立的观点（几小时后，他将解释自由和独立的区别）。作为对欢迎演说的回应，布什先从一些不具争议的事件谈起。他强调乌克兰是几十万美国人的先祖居住之地，在此，他使用了亲苏联的"故土"一词。他引用了乌克兰诗人塔拉斯·舍甫琴科的话语，祝贺曾被莫斯科当局禁止回国的西方基督教教会领袖回到乌克兰，祝贺其他宗教团体的精神复兴。有关华盛顿方面与共和国关系的问题，他表现出同叶利钦谈话时一样小心谨慎的态度。布什说道："我们希望和戈尔巴乔夫政府尽可能维持最强有力的官方关系，但是，我也很重视和乌克兰及其他共和国以至苏联全体人民建立更广泛的联系。"看上去，布什试图使他在乌克兰土地上发表的第一篇演说中不使用曾经在"乌克兰"一词前用过的定冠词。[14]

　　老布什的车队从机场一路行进到基辅市中心。"许多人聚集在广场前,挥舞着象征乌克兰独立运动的黄蓝色条纹旗帜。"马特洛克在回忆录中写道。媒体先期报道称:"车队两旁站满了成千上万的乌克兰人,许多人在挥手,人们看上去对布什都很友好。几位女士手捧当地的花束,有些人高举起孩子,还有一位男子带来一只大面包和一袋盐,用这种传统的方式表示欢迎。"

　　这与老布什在莫斯科受到的来自公众低调的欢迎迥然不同,因为在莫斯科他是越来越不受欢迎的戈尔巴乔夫总统的客人。基辅不仅欢迎的热情程度与莫斯科不同,城市面貌也与之不同。戈尔巴乔夫的助手切尔尼亚耶夫7月初曾陪同他的领导在基辅会见了德国总理赫尔穆特·科尔。他在日记中这样写及基辅之行给他留下的良好印象:"我们好像置身于某个西欧的大城市,确切地说,是一座德国城市:城市充满了19世纪的风格,和莫斯科相比,道路和植被都很整洁,维护得很好,让人很满意。"

　　8月,游行人群的情绪与6月相仿。切尔尼亚耶夫听到这样的口号:要科尔!不要戈尔巴乔夫!这些人极度反对戈尔巴乔夫。示威者们如此明白无误地表明自己的感受就是要给旁观者留下印象。其中有些示威者还特别针对美国客人:"苏联有15个殖民地""帝国的罪恶灵魂在游荡""如果帝国的一部分是好的,那美国为何支持其中的一国独立?""哥伦布解救美国,布什解救乌克兰"。布什热烈回应了乌克兰群众的支持。几个小时后,他在乌克兰议会发表演说:"车队里的每一个美国人都被乌克兰人民的热情感动了,我们将永远铭记这一刻。"至于布什及其随行人员是否搞懂乌克兰人民热烈欢迎美国人的目的——是拉拢美国盟友以对抗中央和戈尔巴乔夫,抑或是反对戈尔巴乔夫的改革方案——就不得而知了。[15]

　　欢迎布什的人是乌克兰独立运动的拥护者。他们代表了基辅人民和基辅之外数百万乌克兰人的感受，名叫"乌克兰民族运动"的政治组织的激进派把他们组织在一起。该组织成立于1989年秋，因戈尔巴乔夫的改革和乌克兰人民运动而产生。它参照波罗的海共和国人民阵线的模式创建而成，最初得到戈尔巴乔夫的大力支持。该组织最初由戈尔巴乔夫同意释放的异议分子和乌克兰知识界领袖组成，戈尔巴乔夫把它看作制衡谢尔比茨基领导下的保守派的力量。

克拉夫丘克后来回忆说，谢尔比茨基讨厌"改革"。在戈尔巴乔夫同基辅人民进行公开会谈时，他让他们从一方面给共产党机构施压，他则从另一个方面施压。谢尔比茨基转向他的同僚，用手指着头，暗示戈尔巴乔夫的精神有问题，他对他的顾问说："他到底指望谁来支持他？"[16]

谢尔比茨基是对的。"乌克兰民族运动"对戈尔巴乔夫的支持持续的时间并不长。如果说，最初该组织还宣誓效忠于戈尔巴乔夫的改革计划，那么，在1990年10月，该组织举行的第二次大会上，他们就把"改革"一词从组织的名称中删去，随后宣布谋求乌克兰独立是他们的主要目标。那时，乌克兰已经宣布拥有自己的主权，当苏联法律和共和国立法有冲突时，乌克兰议会有权凌驾于任何苏联法律之上。

然而，乌克兰共产党机构、国家安全机构、军队以及乌克兰大多数产业仍然听命于莫斯科。"乌克兰民族运动"希望乌克兰摆脱这种从属地位。对于戈尔巴乔夫宣称的、乌克兰加入改革后的联盟的展望，他们也表示反对。老布什采取何种立场，将决定他的基辅之行起到支持"乌克兰民族运动"还是支持其反对派的作用。"乌克兰民族运动"的领导人对此持积极态度。有谣言说，布什此次基辅之行是照戈尔巴乔夫的命令行事。

7月31日，就在布什和戈尔巴乔夫在莫斯科会谈时，"乌克兰民族运动"领导层在基辅就布什的即将来访组织了一次记者招待会。与会者包括"乌克兰民族运动"领导人——天才诗人伊万·德拉赫和持不同政见者维亚切斯拉夫·乌斯季诺夫。他曾长期被关押于古拉格集中营，现为利沃夫地区政府主席，该地区是前属奥地利和波兰的西乌克兰独立运动的据点所在。

坐在他们边上的是一位具有传奇色彩的政治犯——列夫科·卢基扬年科，他是一位来自莫斯科的律师，1961年因利用马列主义论据鼓吹乌克兰独立被捕，他总共在苏联的劳改营中度过了25年。古拉格的前囚徒和乌克兰知识界的代表人物联手，首次领导乌克兰获得了苏联式的主权，进而拥有全面的独立。他们希望获得布什的支持。

55岁的德拉赫微有秃发，戴着眼镜，他在"乌克兰民族运动"的新闻发布会上首先发言。他赞扬布什还在为里根政府工作时，就给予苏联的各个共和国的帮助，但是客套话到此为止了，余下的发言则抨击了布什对苏联加盟共和国的基本政策，尤其是对乌克兰的政策。

德拉赫说道："布什总统好像被戈尔巴乔夫催眠了。布什政府所谈的稳定，指的是我们的稳定来自莫斯科的稳定。我们必须记得，作为美国总统的布什一直对共和国的民主运动加以斥责……他还刻意拒绝在华盛顿会见'乌克兰民族运动'的领袖，在这里，他仍刻意拒绝接见我们。我担心布什是作为中央的信使到我们这儿来的。"

美国总统拒绝单独会见反对派领袖，立即引起了"乌克兰民族运动"对他的不满。当反对派领导人到莫斯科白宫要求会见美国总统时，他们遭到了驳斥："乌克兰民族运动"的领导人将受邀参加由克拉夫丘克和其他乌克兰共产党领导人为布什举行的欢迎午宴，但布什不会单独会见他们。

美方在讲话中并不认可乌克兰特色及其文化，反对派领导人对此也很恼火。针对布什所说的，他飞往基辅是为了更多地了解苏联的生活和文化，德拉赫给出了态度："布什总统没抓住要领。"他接着说道："如果他想看苏联的生活和文化，他可以去克里姆林宫。在那里，他可以了解到帝国的文化，看到它的贪婪。这里是乌克兰，我们并不是苏联文化的样板，我们是苏联贪婪的产物，这是被戈尔巴乔夫领导的中央所掠夺的国家。"[17]

布什既要面对来自莫斯科的戈尔巴乔夫的压力，又要在基辅承受来自"乌克兰民族运动"的压力。他的助手已经把他将在乌克兰议会上发表演说稿中的"乌克兰"一词前的定冠词给删去了，但是，总统仍然担心人们对他的演说是否接受。在从机场来的一路上，他请克拉夫丘克过目演说稿，并且询问是否有什么地方需要修改，这种态度让克拉夫丘克大为吃惊。

让乌克兰领导人印象深刻的是：他不能想象任何来自莫斯科的苏联领导人会表现出此番顾虑。从勃列日涅夫到戈尔巴乔夫，他们来乌克兰都是告诉这里的人应该怎么做，而不是询问人民是怎么想的。布什，作为世界上最富有和强大国家的领导人，却在意克拉夫丘克的看法。

布什还给那些转向民主派的前共产党官员一条建议，这让克拉夫丘克永生难忘：直视别人的眼睛，只有这么做，你才能知道他们是否会投票给你。克拉夫丘克读了布什演说稿的译本，提出了两条修改建议。他提出，有一些可能不适合他的议员的内容，但因为太重要而无法删去。人们不得不拭目以待，看看到底有多少代表会对此不满，他们究竟会有多么不高兴。[18]

在克拉夫丘克和布什一同前往议会前，他们进行了短暂的会面，使克拉夫丘克更加相信这位来自华盛顿的客人确实很尊重乌克兰和这里的领导人。布什和乌克兰领导人会面时谈到了乌克兰的"经济实力和国家规模——人口大约相当于法国或英国"。美国总统想要告诉乌克兰领导人，美国只能继续和苏联中央政府保持唯一的外交关系，他希望和戈尔巴乔夫尽可能地维系最紧密的关系，他本人对戈尔巴乔夫也满怀敬意。他还表示不打算在是否加入新联盟的问题上以某种方式影响乌克兰的立场。

"我明白你们推迟做出遵守联盟协议的最后承诺，是要等你们起草好自己的宪法。"乌克兰人恰恰希望布什这么说。乌克兰领导人在联盟协议的问题上采取了拖延战术——新宪法的起草可以永远进行。[19]

克拉夫丘克和乌克兰其他领导人决定利用布什在基辅的中转停留完成两件事：在美国建立一个乌克兰领事馆（一个美国领事馆刚刚在基辅开张）以及涉及高达50亿美元的投资。后一个目标的完成需要美国给予乌克兰贸易最惠国待遇。加强双方在处理切尔诺贝利核灾难后果的事务性合作是另一个议题。而乌克兰人除了在联合国给予配合，他们无以为报——很明显，他们已经准备在国际舞台上扮演过去未曾扮演过的独立角色。和反对派不同的是，乌克兰领导人不谋求对乌克兰独立的支持；然而，他们实质上在朝着同一方向前进。

乌克兰领导人想要的东西和叶利钦所想要的东西是一样的，可能比叶利钦更加迫切，但是，他们表达意愿的方式更具技巧。尽管布什和莫斯科站在同一阵营，可是，他对乌克兰领导人的说辞更加友好。基辅街道旁夹道欢迎的乌克兰民众和国内的乌克兰裔选民的投票，使他找到了该用什么口吻和乌克兰的主人谈话。克拉夫丘克对老布什说道："联盟协议已经起草好了，这样的话，中央和加盟共和国可以更直接地处理一些事情。与此同时，我们可以直接谈经济议题和核安全问题。"[20]

布什先是会见了乌克兰领导人，随后和他们及乌克兰反对派代表一起参加了午宴。时间接近8月1日下午4点时，布什站起来，在乌克兰立法者前开始了演说。议会的议员中断了他们关于乌克兰主权执行情况的争论，转而倾听布什的演讲。这些议员代表着5200万人口，其中70%以上是乌克兰族人，约有20%是俄罗斯族人。还有50万犹太人生活在乌克兰。全国人口约有一半说俄语，另一半说乌克兰语。

在二战后被苏联并入的乌克兰西部领土中，很大一部分在两次世界大战期间属于波兰，而在这之前属于奥匈帝国，这就是乌克兰民族主义的据点。他们和波罗的海共和国选民的投票结果是一致的，这些国家也是在战争期间被并入苏联的。而乌克兰东部地区的投票和其相邻的俄联邦州不尽相同，投票的结果取决于人们生活在城市还是农村。像哈尔科夫这类大城市和莫斯科、列宁格勒相比，已经成为民主反对派的大本营。农村仍然处于共产主义宣传的影响下。在乌克兰议会中，共产党员仍然占据多数席位，450个议员中有239人是共产党员。而由乌克兰西部选区和包括基辅在内的东部大城市选举出的民族主义者和自由主义者，构成的"民族民主派"占据125个席位。[21]

布什总统在巨大的列宁像前发表了演说，其主题是"自由和与之相伴的责任"。布什从"乌克兰"一词的起源说起，引出了他的演讲主题。他在演说中小心翼翼地避免在"乌克兰"前使用定冠词，他说道："许多个世纪以前，你们的祖先将这个国家命名为'乌克兰'，也就是'边境'的意思，因为你们的足迹连接着欧亚。但是乌克兰人成为另一种拓荒者。今天，你们在探索自由的边界与轮廓。"出乎"乌克兰民族运动"领导人的意料，布什在提及乌克兰，提及它的人民、历史和地理时，并没有把这些和俄罗斯联系起来。这一切和1972年尼克松发表的演说有天壤之别，在乌克兰官员为其举行的宴会上，尼克松把乌克兰称为"苏联的土地"，把基辅称为"俄罗斯的城市之母"，在乌克兰的国家名称前随意地使用定冠词。[22]

布什接下来所说的话就不那么讨乌克兰反对派的喜欢了。尽管为了不冒犯乌克兰人，布什总统的演说措辞谨慎，可还是印证了德拉赫和他的同事最糟糕的设想，布什的基辅之行是一次政治输入。布什总统说："有的人让美国在戈尔巴乔夫和苏联亲独立的领导人之间进行选择，支持其中的一方。我认为这是错误的选择。公平地说，戈尔巴乔夫总统已经取得了惊人的成就，包括他的改革与政治'公开性'的政策，以及为了实现自由、民主和经济自由而推动的民主化进程。"布什随后解释了他对于"自由"的理解，这些话令反对派沮丧："自由和独立不是一回事。美国人不支持为了用地方独裁统治取代来自远方中央的专制而谋求独立的做法。美国人不支持建筑在种族仇视基础上自杀式的民族主义。"毋庸置疑，美国不会支持乌克兰谋求独立——支持独立的人悉听尊便。[23]

布什的演说反映出白宫当下的想法。尼古拉斯·伯恩斯事后回忆：

> 美国不认为苏联存在解体的现实可能性，在1991年夏天，我不相信有谁会站在美国这一边……戈尔巴乔夫和布什总统之间还是相对信任的，我们在处理大多数事情上都合作得很好，我们急于访问基辅，是为了向共和国表示我们对之感兴趣……我们担心如果我们直接支持民族独立运动，暴力活动将随之而起，在共和国内，中央对核武器的管控遭到削弱，所以我们希望看到苏联体系日趋衰微，改革之势渐弱，苏联平稳地衰弱才符合我们的利益。[24]

布什的演讲在乌克兰议会中产生了不同反应。大多数的共产党员欢迎布什谨慎的态度；亲民主的反对派则表示反对，他们在美国的支持者同样对此持有异议。布什为了安抚美国的乌克兰裔民众，在演讲中特意提到："要是你们看见我发疯似的从车内向外挥手，你们就会明白，我想这夹道欢迎的人群中，或许有的人来自费城、匹兹堡或是底特律，许多乌克兰裔美国人就生活在那儿，我想今天我在这里发表演说，他们就和我在一起。"布什以为他的演讲将会刊印在美国的乌克兰报纸上，这些话会讨选民的欢心。然而，这次他真的打错了算盘。[25]

乌克兰最近的局势将美籍乌克兰裔团体都动员了起来，他们不支持戈尔巴乔夫，也不支持乌克兰共产党员。他们支持"乌克兰民族运动"，要是"乌克兰民族运动"不高兴了，他们也不会高兴。很少有人意识到戈尔巴乔夫曾经试图阻止老布什前往基辅，也很少有人意识到布什和他的团队为了让此次访问得以成行所付出的努力。

就在布什访问基辅后的3天，也就是8月4日星期天，一群乌克兰抗议者前往美国白宫，高喊口号"我是乌克兰裔美国人。我不支持布什"，还有"布什先生：乌克兰要独立，所有民族都要获得自由"。游行持续了一小时，抗议者的领导人向白宫表达了他们的不满。抗议信的结束部分直接威胁说，要在下届总统大选时，让布什落马："总统先生，最后我们不得不遗憾地说，您此次基辅之行，很好地完成了戈尔巴乔夫的嘱托。尽管有戈尔巴乔夫和布什的联手，但是，就像太阳总会升起那样，乌克兰将会独立。我们是您的美国子民，在基辅，您说我们会支持您的行为，我们过去不曾支持，现在也不会支持您的所作所为。我们在1992年总统选举投票时会吸取经验教训。"[26]

对布什基辅演说持负面评价的并不仅仅是美籍乌克兰裔群体。影响最大的批评来自《纽约时报》专栏作家，也是尼克松演讲稿的撰稿人威廉·沙费尔。他在文章中抨击布什的演说，称布什令人沮丧的"软弱的基辅演说"是当局最大的错误。根据沙费尔的观点，布什"训诫乌克兰人不要争取'民族自决权'，愚蠢地使华盛顿和莫斯科中央集权制站在了一起，违背了历史潮流"。沙费尔嘲弄的话语——"软弱的基辅演说"这一提法——使美国公众不禁浮想联翩，纷纷揣测该词是否暗示布什对外政策的犹豫不决。

在斯考克罗夫特和老布什合作完成的回忆录中，斯考克罗夫特说，总统提到的地方独裁指的不是乌克兰，而是摩尔多瓦和苏联其他的共和国。极力促成布什基辅之行的马特洛克或许发现了沙费尔的阴险动机。马特洛克注意到正是沙费尔起草了1972年尼克松在基辅发表的演说稿，并且将基辅称为"俄罗斯的城市之母"。[27]

1991年8月1日，除了前政治犯和部分离开乌克兰就无人知晓的知识分子举行的一场抗议，没有什么事预示着布什和他的顾问将遇到麻烦。乌克兰议会的共产党员鼓掌致谢以后，美国总统和他的随从就在克拉夫丘克及其助手的陪同下离开了大楼。

随后，他们驱车前往巴比亚尔（俄语指"娘子谷"），这里是在中世纪建造的圣基里尔修道院附近的沟壑，也是骇人听闻的犹太人大屠杀发生地之一。随行的记者写道："乘车前往巴比亚尔漫长而缓慢的行程是布什最棒的一次旅行。乌克兰民众站在道路两旁，五六人一群，他们和莫斯科人不同，一直面带微笑。他们朝布什和车队里的每一个人招手。"[28]

1941年9月底，在基辅郊外的巴比亚尔的沟坡上，纳粹特遣队4a分队在两天时间内枪杀了近3.4万名基辅的犹太人。屠杀就在光天化日下进行。纳粹分子用留声机播放的音乐无法掩盖遇难者的哭喊声，也无法掩盖他们对城市平民犯下的兽行。这时基辅刚被德国占领不久，他们是巴比亚尔第一批被屠杀的人。在1943年秋红军重新占领基辅之前，又有7万多人被屠杀在巴比亚尔的沟壑中——他们是苏联战俘、乌克兰民族主义者、吉卜赛人、平民人质和精神病人。

德国纳粹在撤退前试图掩盖他们的罪行，掘出尸体，然后焚尸扬灰。可是，他们无法抹去幸存者的记忆。苏联人调查考证，并且记录了这次大屠杀。在针对战争罪行的纽伦堡审判（指的是1945年11月21日至1946年10月1日间，由第二次世界大战战胜国对欧洲轴心国的军事、政治和经济领袖进行的数十次军事审判。由于审判主要在德国纽伦堡进行，故总称为纽伦堡审判）中，苏联报告遇害人数差不多有10万人，但是，在最初的报告中，第一波受害者是犹太人，他们的被害应被视为犹太人大屠杀的一部分。而苏联不加区别地将所有的遇害者都视为苏联平民。

基辅的天才作家安东尼·库兹涅佐夫创造的纪实文学《巴比亚尔》于1966年出版发行，四分之一的内容被审查者删去了。直到1970年，当库兹涅佐夫移居西方以后，书的全本才得以面世。1976 年，巴比亚尔终于竖起了纪念碑，以此怀念大屠杀的遇难者。根据官方对事件的解读，他们悼念的是苏联战俘和一般民众。[29]

以苏联时代的纪念碑为背景，老布什准备宣读他悼念亡灵的祭文。媒体的先期报道中有这样的描述："近看巨大的青铜和花岗岩纪念碑，这是布什演讲的背景。纪念碑顶端是一位女性俯下头亲吻她的孩子。只有从纪念碑的后面才能看到真实的恐怖和悲情——这个女人的双手被捆绑在背后。"

布什总统在演讲中对乌克兰关于历史记忆的政治新解读表示赞赏，认为这才使得人们有可能认清大屠杀的受害者。他说道："许多年来，巴比亚尔悲剧的真相一直被掩盖，但是，以后不会继续了。你们很快会在这里放上一块纪念牌，承认对犹太人的种族大屠杀，对吉卜赛人、共产党员和基督徒的屠杀，任何胆敢反对纳粹疯子的狂想的人，都遭到了杀戮。"

正如他在乌克兰议会的演讲一样，布什找到了一种方式，承认戈尔巴乔夫对重新评价苏联历史所做出的贡献，以此支持他在克里姆林宫里处境艰难的政治盟友。他说，戈尔巴乔夫不亚于美国历史上的林肯："林肯曾说过：我们不能逃避历史。戈尔巴乔夫推动了对于历史真相的了解。"

布什后来回忆："当我们来到巴比亚尔纪念碑时，我难过得无法开口，就在那里，纳粹占领者屠杀了数以万计的乌克兰人、犹太人，还有其他人。在演讲时，当描述 50 年前的一天所发生的骇人听闻的事件时，我哽塞难语。"美国总统的演讲中确实充满了大屠杀中让人心碎的细节，其中包括纳粹刽子手使用留声机。芭芭拉坐在那儿听着演讲，紧挨着她坐着的是衣着朴素、农妇模样的长者，她们是大屠杀的幸存者。坐着听演讲的还有帮助他们活下来的那些人。

克拉夫丘克试图稳定自己的情绪。作为一个生活在纳粹德国占领下的乌克兰的 8 岁男孩，他目睹了纳粹机枪手对犹太人的大屠杀。在布什结束访问几个月之后，克拉夫丘克将在巴比亚尔大屠杀50周年纪念会上进行演说，其中部分内容将用意第绪语（即犹太语，属印欧语系、日耳曼语族西支。这是中欧和东欧大多数犹太人的主要语言之一）表达。他在随后接受的采访中说，在那样的情况下，并不是所有国人都做了他们应该做的事。他指的是参与大屠杀的乌克兰人。[30]

布什的演讲受到了在场听众的热烈欢迎。伊万·德拉赫和其他"乌克兰民族运动"领导者是乌克兰最早认识到巴比亚尔在大屠杀历史中的重要性的人，他们欢迎此次访问。"乌克兰人–犹太人反苏联盟"是由被关押在古拉格集中营中的乌克兰和犹太政治异议者发展而成的，得益于"乌克兰民族运动"，"乌克兰人–犹太人联盟"才获得了政治存在，而乌克兰民族联盟的政策也深受前者的影响。针对乌克兰国内仍普遍存在的反犹太主义，"乌克兰民族运动"站在与之斗争的前沿。其政治纲领主张是乌克兰人和犹太人联手反对中央的支配。[31]

纪念仪式上看起来最格格不入的人是陪同布什访问基辅的戈尔巴乔夫代表——副总统亚纳耶夫——和苏联驻华盛顿大使维克多·科姆普列克托夫。因为布什访问中发表的所有演讲用的都是乌克兰语和英语，所有的商务活动使用的也是这两种语言，俄罗斯客人完全不知所云。在布什发表议会演讲时，科姆普列克托夫说："还好他（亚纳耶夫）懂英语，否则的话，他就无法搞懂美国总统在说些什么。"根据亚纳耶夫在总统简报中简短的自我介绍，他能"说些英语"。如果事实果真如此的话，但在基辅看上去却不太像这回事。乌克兰官员的俄语说得很好，但是他们转说乌克兰语，这对于现在已经公开拥有主权的共和国来说很有象征意义。

美国人来乌克兰时带来了一位乌克兰语翻译。他们还满足了乌克兰方面的要求，布什和克拉夫丘克举行没有亚纳耶夫在场的单独会谈。根据美国国家安全委员会埃德·休伊特的回忆，苏联副总统并不说乌克兰语，恐怕大多数英语也听不懂。乌克兰官员对待他，与其说是接待苏联中央的代表，更像是对待"全苏麻风病协会主席"。在克拉夫丘克举行的午宴上，亚纳耶夫明显有些无聊和不耐烦。但是，今时不同以往，现在轮到中央政府向共和国证明它的作用了，亚纳耶夫对新的游戏规则可清楚着呢。[32]

当地时间下午 7 点，"空军一号"从鲍里斯波尔机场起飞前往华盛顿，访问终于结束了。在通往核裁军的漫漫长路上，在苏联加盟共和国获得民族自决权的新政上，在支持民主方面，在给克里姆林宫的朋友提供帮助以助其继续统治这个摇摇欲坠的前超级大国方面，这次访问都取得了里程碑式的成绩。在亚纳耶夫前往莫斯科的飞机上，马特洛克对苏联副总统说道："让我们为美国总统看上去非常成功的访问干杯吧。"老布什希望在缅因州肯尼邦克港的府邸享受一次心安理得的休假。7 月已经碌碌不堪，8 月应该是舒缓安适的时节。可惜美国总统未能如愿。[33]

|第二章|

8月的坦克

THE LAST EMPIRE

苏联军队能否保持忠诚,主要视发生在莫斯科街头的状况而定。莫斯科人最初看到坦克出现在街市上时惊讶不已,但是他们随后采取的策略对政变策划者来说是极具破坏性的:他们要迷惑住这些"男孩"。

克里米亚的囚徒

"我愿你一切安好，米哈伊尔。"这是老布什在他的小录音机上录下的最初几句话。在布什担任总统的这几年，他一直记录语音日记，他在日记中分享了那些他不愿公之于众的想法和情感。1991年8月19日夜，随着布什在录音机里录下了另一段心声，他的思绪已飘过美国的海岸：他在想戈尔巴乔夫。布什继续说："我希望他们没有虐待你，你富有建设性地、卓越地领导了你的国家。你受到左派和右派的两面夹攻，但是你应该受到充分肯定。现在我们并不知道你究竟发生了什么事，你在哪里，身处何境，但是我们应该支持你，很高兴我们一直支持你。虽然电视上会有很多人滔滔不绝地对我们说我们哪里做错了，但是，你的所作所为对你的国家而言是正确的，是强有力的，是有益的。"[1]

布什总统一整天都在整理思绪，他在日记中将这一天称为历史性的日子。因为在遥远的莫斯科，就在这一天，戈尔巴乔夫的前盟友宣布国家进入紧急状态，同时宣称戈尔巴乔夫的健康状况不佳，将他赶下了台，坦克也开上了街道。布什几周前刚从莫斯科回来，不承料想到苏联局势会有这么大的转变。

布什前一晚住在他位于缅因州肯尼邦克港的瓦克坡私人度假别墅，他只有一项日程，就是在第二天早晨6点半起床，赶在"飓风鲍勃"到达海岸之前，和住在肯尼邦克港诺南特姆酒店的斯考克罗夫特以及效力于波士顿红袜队的著名棒球投球手罗杰·克莱门斯一起，打一场18洞的高尔夫球。布什刚就寝不久，就被斯考克罗夫特打来的电话吵醒了。这位国家安全顾问打电话来，既不是关于高尔夫球赛，也不是汇报因天气原因而计划生变。情况和一年前的夏天类似，那次是萨达姆·侯赛因入侵科威特，这次是莫斯科发生政变了。这一消息事关国际政治，不仅高尔夫活动要取消，美国总统整个假期也因此泡汤了。

半小时前，斯考克罗夫特平静地躺在床上看着电视。电视调至24小时滚动播出的美国有线电视新闻网的新闻频道，他听到播音员谈到了戈尔巴乔夫，说他因为健康原因辞职。但一切听起来似乎不是这么回事：就在数周前，斯考克罗夫特刚见过戈尔巴乔夫，苏联总统看上去很健康。他开始仔细地听起了新闻。

接下来，莫斯科方面宣布了此事，一切已确定无疑：苏联新闻机构塔斯社通报了戈尔巴乔夫的病情，并成立应对紧急状态的委员会。掌控委员会的人是以亚纳耶夫为首脑的强硬派人士，包括克格勃和军队领导人克留奇科夫和亚佐夫元帅。几周前，他们还都是布什举行的莫斯科宴会的座上宾。随后，斯考克罗夫特叫来了他的助手盖茨，让中央情报局确认此消息是否属实。他随后召来了住在同一旅馆的副新闻秘书罗曼·波帕迪乌克，让他起草一份声明，因为一旦情况属实，声明就会派上用场。

斯考克罗夫特随后致电布什总统，向他汇报了自己所了解到的情况。一时间，包括中央情报局在内，没有任何政府渠道能够单独确认此事。"天哪！"这是布什的第一反应。他们商量要如何应对此事：记者已经不断地敲着波帕迪乌克居住的旅馆的房门。"总统想给予强烈谴责，但是如果政变成功了，无论这些人的行为多么令人反感，我们都必须与之共处，我们应该加以谴责，但不能不留退路。"斯考克罗夫特事后写道。

他对事态的预判并不乐观：报道中的政变，得到了如此多握有权势之人的支持，政变很可能成功。斯考克罗夫特建议布什总统在任何公开场合提及此次政变时，皆使用"宪法外"一词。在布什回去睡觉之前，他们一致同意，斯考克罗夫特应该彻夜监控事态的发展，并在第二天早上5点30分给布什打电话。波帕迪乌克向媒体做了简短发言，承认政府尚不能单方面确认莫斯科发生的事件。他对斯考克罗夫特说，总统在上午必须对媒体发言，他不能在高尔夫球场上就政变给予评价。斯考克罗夫特应声道："反正早上也可能会下雨。"打高尔夫球的计划彻底成了泡影。[2]

除了可以肯定政变确实发生了，到早上为止，事态并不明朗。戈尔巴乔夫到底遇到了什么事情？现在能期待些什么？密谋者有什么打算？此次政变对于苏美日后的关系和苏联本身究竟会产生什么影响？人人皆知这次政变事关重大，影响深远，可是，无人确切地知道这一切的后果。

和以往一样，中央情报局提供了各种可能情况。分析认为，只有10%的可能回归到改革前的政体，有45%的可能性是强硬派和民主派陷入僵局，还有45%的可能性是政变失败。中央情报局比斯考克罗夫特更加怀疑密谋者成功的可能性，一方面是因为他们未能发现重要的事先准备：如果直到最后一刻政变才策划好，那么就不可能面面俱到。然而，这毕竟只是人们对事件走向的推测。

布什与英国首相约翰·梅杰和法国总统弗朗索瓦·密特朗交换了意见。他们和布什一样，对此事倍感震惊。布什告诉密特朗，戈尔巴乔夫已经被出其不意地拘捕了，这是斯考克罗夫特上午早些时候告诉他的。那天，布什在他的录音机中录下了这段话："如果连他们都不知道，我们怎么能知道？"然而，情况似乎有些糟糕：中央情报局不仅没发现政变的预兆，而且还使得总统和国家安全顾问竟然从美国有线电视新闻网上得知此事。那天早上晚些时候，布什对加拿大总理布赖恩·马尔罗尼说："媒体说这就是一次情报挫败。"[3]

美国国务院尚未做好应对准备。贝克正在怀俄明州度假，在斯考克罗夫特从电视上获悉此事一小时之后，贝克才从国务院运营中心得知政变的发生。他从华盛顿方面得知此事的同时，也从助手那儿获得了建议（他的助手们也在世界各地享受假期），贝克在他的"亨特牌"笔记本上做了记录。

笔记本的页面很窄，上端留出的空白处，供度假使用没问题，但要记录国际危机就不够用了："'亨特'笔记本还是值一块钱的。"贝克先写道，"没什么影响，影响肯定是最小的。""一时间和这些新家伙打交道会很难吗？""要强调他们缺乏政治合法性。"之后，形势好像会发生逆转。贝克在笔记本上写道："叶利钦是关键人物，还是应该和他保持联系，使我们看上去渴求获得信息，要和基层改革者保持联系。"

驻莫斯科的美国大使馆正在进行人员更替：马特洛克已经离开了苏联，但是他的继任者罗伯特·斯特劳斯尚未宣誓就职。作为一个得克萨斯人，斯特劳斯并不精通俄语，也无此类外交经验，但是他和布什总统关系紧密，布什希望他能成为自己和戈尔巴乔夫保持直接联系的纽带。然而，现在的情况是，斯特劳斯尚未就职，戈尔巴乔夫已经被迫出局。

布什于是致电美国驻莫斯科代办吉姆·柯林斯，他已经前往附近的俄罗斯议会大厦，也就是在莫斯科被称为白宫的地方。他告诉布什总统，大楼的门是敞开的，但是没有叶利钦的踪影，叶利钦本人已经表示反对此次政变。这位代办还通报说，生活在莫斯科的美国人暂无危险。

面对总统别墅内蜂拥而至的记者，面对在此躲避暴风雨的媒体朋友，这是布什唯一能告诉他们的好消息。布什对莫斯科事件表现出深切关注。他向记者保证美国政府正在认真地跟进事态发展，但是，现在就说事情会发展到什么程度还为时尚早。布什在回答问题时，意识到政变可能会失败："他们最初能够掌控政府，但是，随后他们将违背人民的意愿。"布什采纳了斯考克罗夫特的建议，称此次政变是"宪法外的"，而不是"违背宪法的"。

布什对戈尔巴乔夫的赞誉和歌功颂德听上去像是一首挽歌。他承认他未曾打电话给戈尔巴乔夫。他需要担心的是那些政变密谋者能否像戈尔巴乔夫那样继续撤回驻扎在东欧的苏联军队，能否尊重《削减战略武器条约》和其他有关控制核武器的条约。他还申明只要"宪法外"的统治还存在，美国将中止对苏援助。但是，除非新的领导人违背他们对别国许下的承诺，美国不会给予进一步制裁。

然而，布什还是不愿意切断他们和政变领导人的沟通渠道。布什总统找到一些说辞，称赞了副总统亚纳耶夫几句，尽管面对记者的直接提问，他还是拒绝支持叶利钦提出的大罢工。从私人层面上说，他不愿意相信亚纳耶夫是此次政变的实际领导者，他将这种看法告诉了德国总理赫尔穆特·科尔。

布什在最近的莫斯科和基辅之行中接触过这位苏联副总统，他喜欢亚纳耶夫。布什回到华盛顿之后，听说亚纳耶夫喜欢钓鱼，就自己出钱送给他一些鱼饵。布什不知道美国方面是否联系上了这位传闻中的政变领导者。布什在记者招待会上说出了自己的"直觉"，认为亚纳耶夫是致力于改革的，但是他也承认亚纳耶夫的行为恰恰是个反证。布什指出，不是亚纳耶夫，而是克格勃和军方的强硬派策划了此次政变，后来的结果证明布什的看法是对的。[4]

斯考克罗夫特随即告诉布什总统，这次记者招待会并不成功。记者们对于布什的冷静反应深感惊讶。为了减少负面影响，布什采纳了斯考克罗夫特的建议，中断了他的休假。电视直播了他离开缅因州，前往华盛顿的过程，以此表明他的领导地位和直接参与处理国际危机的态度。形象提升了，但是总统的回应不会有实质性改变。那天美国政府官员最在意的事就是，既要在电视机前表现得态度坚决，又要确保不会刺激政变领导者背弃戈尔巴乔夫所签订的国际条约。科尔告诉布什，他很担心苏联是否会继续撤回驻扎在东德的军队。东欧国家的领导人也对此表示忧虑，因为苏联军队还驻扎在他们的国土上。美国和其同盟国从戈尔巴乔夫身上获得了大量他们想要的东西，但是他的继任者还会服从这些安排吗？[5]

美国领导人早就意识到苏联和西方合作的政策可能难以为继，华盛顿方面对此早有计划。1991年1月，当国务卿贝克听到中央情报局关于苏联最近形势发展的报告后，他对自己的手下说："伙计们，你们想告诉我什么？是不是说股市要跌了，我们该抛售股票了？"贝克指的是因美苏关系改善而出现的前所未有的牛市，不可持续。

他在回忆录中写道："'抛掉股票'意味着在苏联大踏步地右倾或四分五裂之前，尽可能地从它那儿攫取最大利益。"这种政策一直持续到1991年春夏之季。盖茨在回忆录中写道，斯考克罗夫特在1991年5月31日召开的向总统汇报情况的国家安全通气会上，总结了政变前数月美国政府的对苏政策："我们的目标是让戈比（戈尔巴乔夫）掌权的时间尽可能地延长，尽我们所能地帮助他沿着正确的方向前进——执行对我们最有利的对外政策。"

既然戈尔巴乔夫已经失势，美国政府的任务就是确保在他任内达成的协议不要失效。1989年柏林墙轰然倒塌，两德重新统一，这象征着共产主义在东欧的终结。曾经割裂东德和西德的墙会不会被克里姆林宫的新领导人重新竖起？答案无人知晓。

1991年8月19日，就在这一天，布什在录音机里录下了对戈尔巴乔夫温情而怜悯的话语后，他又录下了这么一段话："我认为我们必须保证在戈尔巴乔夫时期取得的进展不会被推翻。我指的是东欧，是德国的统一，是苏联军队撤出华沙条约成员国，是《华沙条约》本身不再执行。当然，在中东事务方面，苏联的合作也至关重要，我们现在可能还保证不了。谁知道呢？"[6]

从老布什的录音可以听出来，从个人感情来讲，他同情戈尔巴乔夫，可是为了国家利益，有些政策他必须执行，他努力让这两者保持一致。按照他的想法，他及时结束度假，是因为他和他的政府要尽其所能地支持戈尔巴乔夫，帮助他避开政变。最后，布什确认，他已经做到最好了。

布什在那天的日记中，很想回应那些指责他过于支持戈尔巴乔夫的评论。他认为政变恰好验证了他早前对待苏联中央和共和国的政策是正确的，戈尔巴乔夫和叶利钦就是两方面的代表人物。"如果我们拽出戈尔巴乔夫脚下的地毯，把它抛给叶利钦，那么现在，你就会看到丑陋无比的军事镇压了。"布什在他的日记中这么写道。

一个更加尖锐的问题是：7月，当戈尔巴乔夫在伦敦请求经济援助时，美国和其盟国是否给予了他足够的支持？加拿大总理马尔罗尼在记者会后和布什进行了通话，并且提出了这个问题。他向布什提出了他在伦敦也问过科尔的问题："如果从现在算起，在一个月内，戈尔巴乔夫被推翻，人民抱怨我们做得还不够，到时我们该如何应对呢？"

科尔因为戈尔巴乔夫在德国统一问题上的作用而对其欠下人情，所以他最坚定地支持尽可能多地给予苏联经济援助。布什和马尔罗尼都知道科尔在伦敦召开的"七国集团会议"中所持的立场——科尔比他们更加支持戈尔巴乔夫。然而，科尔随后的心意回转让他们很舒心，科尔表明了态度，他将和美国及"七国集团"的其他成员国保持一致，多多鼓励戈尔巴乔夫，但同时捂紧钱包。马尔罗尼问道："你难道不觉得戈尔巴乔夫被推翻是因为他和我们走得太近了吗？"布什回答："对此我毫不怀疑。"[7]

8月19日，戈尔巴乔夫正打算结束在克里米亚的度假返回莫斯科。他是在8月4日飞抵那里的，此时老布什正在瓦克坡度假别墅。和老布什一样，戈尔巴乔夫的度假别墅也坐落在海边，不过老布什度假是为了避暑，而戈尔巴乔夫是为了去南方享受日光浴。他那个时代的苏联人认为度假等同于享受日光浴并在黑海里畅游。不过，普通苏联人可负担不起戈尔巴乔夫那样的奢华度假。

为戈尔巴乔夫打造的新别墅在1988年建成了，别墅建在克里米亚耸立的峭壁上，附近是被称为"福罗斯"的定居点。别墅位于"大雅尔塔"地区，离里瓦几亚40公里远，1945年罗斯福、丘吉尔和斯大林曾在此会晤。这座被称为"国家胜地11号"和"朝霞别墅"的建筑在修建时，戈尔巴乔夫和他的政治局同僚正在发起反对党内领导和机构享受特权的运动。1991年8月，戈尔巴乔夫来到福罗斯时，赖莎让人把水晶大吊灯撤出这座海边别墅。可是，这么做也难以改变事实：它确实奢华至极。

"朝霞别墅"是在一片裸石之上创造出的奇迹。为了使周边环境更加宜人，成千上万吨的沙土、灌木和树木从远方运至此处。每年冬天的风雨会把沙土裹挟至大海，于是再运来新土，以替代冲走的旧土。大量搬石填沙创造出的海滩经由电梯直接通往别墅的露台。为了确保别墅不受当地强风侵袭，部分庞然巨石的表面被削去以搭建别墅。

克格勃保卫部门的官员负责监督别墅的建造以及确保它的安全，他们抱怨说要使别墅免受来自水陆两方面的袭击太难了，但是戈尔巴乔夫喜欢这座别墅。就像以往那样，1991年8月，戈尔巴乔夫夫妇和他们女儿全家都在此度假——包括34岁的医生伊琳娜·维尔甘斯卡娅·戈尔巴娃和她的医生丈夫安东尼以及两个年幼的女儿。

8月18日是戈尔巴乔夫度假的最后一天，这天清晨和他在克里米亚度假的其他日子似乎一模一样。他和赖莎早上8点起床、吃早餐，然后上午11点左右来到海边，他们的一举一动都被代号为110和111的克格勃警卫记录在册。同往常一样，赖莎下海游泳，戈尔巴乔夫留在海滩上：几天前，他腰背痛突然发作，现在不能碰水。

对于戈尔巴乔夫而言，这次也同以往一样是一边工作一边度假。午餐后，戈尔巴乔夫开始修改他将于8月20日在莫斯科举行的新联盟签字仪式上发表的演说稿。权势日衰的中央政府和声势渐长的共和国之间进行了好几个月的斗智斗勇和唇枪舌剑后，才得以达成这份新联盟协议。下午4点30分，戈尔巴乔夫还和正在附近度假并且帮助他起草该演讲报告的助手沙赫纳扎罗夫通了电话。这竟然成了未来几天里，戈尔巴乔夫的最后一次通话。

就在数分钟前，两位克格勃官员和克格勃警卫局局长普列汉诺夫将军已经到达了克里米亚，他们命令在克格勃管理的政府通信中心工作的话务员塔玛拉·威古琳娜切断戈尔巴乔夫的电话线。威古琳娜刚刚告诉戈尔巴乔夫她正在帮他接通沙赫纳扎罗夫的电话，所以，她请求最后一次为戈尔巴乔夫接通电话。官员同意了。

然而，通话一结束，所有戈尔巴乔夫府邸与外界取得联系的电话线都被掐断了，包括允许苏联总统启动核攻击的通讯网络也被切断了。总统的"核手提箱"将在第二天被送至莫斯科，交到政变策划者手上，其中包括国防部部长亚佐夫元帅和总参谋长米哈伊尔·莫伊谢耶夫大将，他们将会收到另外两个"核手提箱"。国防部成为苏联核力量唯一的掌控者。[8]

当戈尔巴乔夫的个人安保主管弗拉基米尔·梅德韦杰夫下午4点45分左右走进他的房间，打断他的下午阅报，并且告知有一群来自莫斯科的拜访者想要见他时，戈尔巴乔夫已经意识到出事了。这些人包括他的办公厅主任瓦列里·博尔金、两位苏共中央委员会书记和苏联陆军统帅瓦连京·瓦连尼科夫大将。这些人中除了瓦连尼科夫大将，其他人都是戈尔巴乔夫长期信任的助手，可是，苏联总统明显不安起来。

他询问梅德韦杰夫，这些人是如何进入守备森严的别墅的？梅德韦杰夫说这些人里不但有警卫首领普列汉诺夫将军，还有他自己。他们想要什么？梅德韦杰夫无法回答这个问题。直到此时此刻，戈尔巴乔夫已经明白政变发生了。普列汉诺夫几分钟前出现在梅德韦杰夫的办公室，并且让他把来访者带到戈尔巴乔夫那儿时，梅德韦杰夫最初尝试打电话给总统。可是，电话线已经断了。他事后写道："现在我才明白，赫鲁晓夫的一幕再现了，总统所有对外联系均被切断。"[9]

戈尔巴乔夫告诉梅德韦杰夫让客人稍等后，他知道可能发生了政变，随后，他试图给莫斯科方面打电话，想知道究竟发生了什么。他想联系自己信任的朋友——克格勃主席克留奇科夫。电话无法接通。他拨了一个又一个电话，一共拨了五个电话，还包括专为苏联军队总指挥戈尔巴乔夫设置的红色电话。现在可以确定：这就是政变，这些来访者不仅违反礼节，不请自到，还把苏联领导人和外界的联系切断了。戈尔巴乔夫把赖莎和他的女儿、女婿叫到一间卧室里。短暂地商议了一会儿之后，全家人决定，无论戈尔巴乔夫做出什么决定，他们都全力支持。

戈尔巴乔夫事后曾写道，不管付出什么代价，他决不会向压力屈服而改变政策。此时此刻，他们焦虑万分。赖莎后来回忆此事时说："我们都清楚我们的历史，那可怕的一幕幕。"[10]

上一个被自己的助手赶下台的苏联领导人是赫鲁晓夫，戈尔巴乔夫的警卫随即想到赫鲁晓夫在1964年被免职的一幕恐怕要重演了。然而，赫鲁晓夫是幸运的：他活了下来，还被允许退休。所有在他之前的领导人，包括赫鲁晓夫的继任者勃列日涅夫都是在任内逝世，有些死因甚是可疑。

一直以来有传闻说斯大林是被毒杀的：他去世时，正准备铲除他最亲密的伙伴们，其中包括秘密警察首脑拉夫连季·贝利亚。赫鲁晓夫很快命令军队逮捕了这位涉嫌暗杀斯大林的主谋，指控其为英国情报部门工作而将其枪决。勃列日涅夫逝世于1982年，据报道，当时他正准备进行权力移交，并且绕开克格勃前主席安德罗波夫。据勃列日涅夫的警卫梅德韦杰夫称，安德罗波夫和其他政治局委员多年来一直向勃列日涅夫提供安眠药，而他恰恰是在睡眠中离世的。戈尔巴乔夫夫妇深谙这段历史，或者说是克里姆林宫的传统。[11]

考虑到政治惯例，密谋者决定在动手前先谈话是个好兆头。向家人交代好以后，戈尔巴乔夫来同不速之客们会面。他们已到了楼内，有的坐在沙发上，有的在二层的大厅徘徊，他们发现这里真是富丽堂皇。随后，来者见到了戈尔巴乔夫。很明显他的腰背还痛着，行动困难。戈尔巴乔夫邀请来访者进入他的办公室，然后转向与他最相熟的人，压低了嗓门询问，这是不是逮捕行动。他们向他保证不是这么回事。来访者告诉戈尔巴乔夫，他们来这里是为了讨论国家形势。戈尔巴乔夫的态度转变了。

"你们代表谁？以谁的名义说话？"当密谋者挤进只有两把待客椅子的办公室时，戈尔巴乔夫这么问道。他们默不作声，难以应对。戈尔巴乔夫又问了一遍。来访者告诉他，他们代表的是包括克留奇科夫、亚佐夫和亚纳耶夫在内的委员会。总统问谁成立了该委员会——是最高苏维埃吗？他们再次无言以对。戈尔巴乔夫立即发现了对方最大的弱点：他们所代表的委员会最多也就是个"宪法外"机构。[12]

56岁的总统府办公厅主任博尔金是此次政变密谋者中最了解总统的人，他相信当戈尔巴乔夫听到委员会成员名单时，定然会松一口气。博尔金在回忆录中写道，戈尔巴乔夫最担心的不是他犹豫不决的助手，而是行事冲动的头号政敌——叶利钦。就在前几日,戈尔巴乔夫还一直在电话中和克留奇科夫商议国内的政治局势。戈尔巴乔夫最担心叶利钦在最后一刻反悔,拒绝在联盟条约上签字。

8月14日,戈尔巴乔夫和叶利钦进行了一次长谈,试图说服叶利钦不要屈服于反对派要求就该条约举行俄罗斯全民公投的压力。"总的说来,我们分开时关系尚好。但是,我总有感觉叶利钦对我有所隐瞒。"戈尔巴乔夫在回忆录中写道。

几天后,就在8月16日,当叶利钦前往阿拉木图会见哈萨克斯坦领导人,也是他的盟友纳扎尔巴耶夫时,惊恐的戈尔巴乔夫让博尔金在莫斯科确认他是否对这次访问了如指掌。戈尔巴乔夫怀疑这里面有阴谋。"你知道发生了什么。不顾苏联总统的意见自行其是,这些地方领导人正在擅自决断国家大事。这是阴谋。"他对自己的助手说道。可是,他的助手已经伙同克留奇科夫和其他人一起驱逐自己的老板了。8月18日,就在政变者踏上戈尔巴乔夫福罗斯别墅台阶的这一天,叶利钦颁布法令,宣布接管俄罗斯苏维埃联邦境内所有掌管供应链的苏联机构。那时,戈尔巴乔夫最大的顾虑是如何对付叶利钦。[13]

从博尔金的回忆录来看,在戈尔巴乔夫执政的最后几年里,尽管克留奇科夫表示抗议,称他的手下不愿意执行,但戈尔巴乔夫还是一直向克格勃施压,让他们监听叶利钦的谈话。克留奇科夫把监听记录交给博尔金,由他负责直接递交给戈尔巴乔夫。苏联领导人担心他的政治反对派可能结成联盟,他列出的名单不仅包括叶利钦,还有他的自由派顾问和"改革之父"亚历山大·雅科夫列夫以及军方。

让戈尔巴乔夫尤其不安的是,尼古拉·齐奥塞斯库(曾任罗马尼亚共产党和罗马尼亚社会主义共和国最高领导人。对外高举独立自主和民族自尊的旗帜,执政后期大搞个人崇拜和家族统治。西方称他是"共产主义皇帝"，反对派则称他是"喀尔巴阡的斯大林"。1989年12月，国内爆发革命推翻了齐奥塞斯库政权25年的统治，齐奥塞斯库夫妇被处决）政权在暴力中完结，这位罗马尼亚领导人及其妻子在1989年12月被造反派处决。以往也曾讨论让总统越过克格勃直接掌控负责其保卫工作的部门，但是戈尔巴乔夫并未将此付诸行动。然而，他大量增加警卫人员，给他们大幅提薪。他更加频繁地使用防弹车。1991年8月，他的警卫仍然受雇于克留奇科夫并向其汇报工作，而不是向戈尔巴乔夫。

罗马尼亚事件不仅深深印在了戈尔巴乔夫的脑海中，也给他的保卫处负责人留下了深刻的印象，尽管他们彼此得出的结论不尽相同。1991年8月18日，政变者意外地出现让戈尔巴乔夫的警卫很惊讶，他们手持卡拉什尼科夫自动步枪来到徐徐驶入的轿车旁。克格勃警卫的指挥官之一——切斯拉夫·格涅拉洛夫中将——随政变者一同到达：他冲向了警卫，为使罗马尼亚的悲剧不再重蹈覆辙，他让警卫们放下枪，因为正是齐奥塞斯库卫兵激起的流血事件导致了领导人遇害。

警卫遵循了格涅拉洛夫的命令，在关卡放行了这些不速之客。戈尔巴乔夫最重要的防线已经瓦解了。他允许密谋者进入他狭小的办公室，但拒不会见克格勃警卫局局长普列汉诺夫将军。戈尔巴乔夫视他为叛徒，是为了"不祸及自己"而背叛总统的人。[14]

当戈尔巴乔夫坐在他的书房内，面对这些政变者代表时，他最担心的并不是警卫的忠诚问题，而是他曾经最信任的伙伴背叛了国家。面对种种不利条件，他要努力赢得这场政治斗争，而不是与他们发生武力对抗，这会使他和他的家人结局悲惨。

当他得知密谋者不是自己的政治劲敌，而是在这之前一直奉承他的同僚和助手时，戈尔巴乔夫不仅在心理上有所放松，还发现自己的地位给了他某种力量。"我提拔了这些人——现在，他们背叛了我！"戈尔巴乔夫在回忆录中写道。他曾成功地吓唬这些人，从而掌控他们。现在，他不允许普列汉诺夫进入他的办公室。他让博尔金关上门，把刚来向他通报国内形势的普列汉诺夫称作"蠢货"。

戈尔巴乔夫对提议的强硬态度让这些来访者震惊不已。他们给了自己的老板这样的选择：要么颁布法令宣布国家进入紧急状态，要么将权力暂时交给亚纳耶夫，然后因为"健康原因"留在克里米亚，而他们可以在莫斯科干那些"脏活"。密谋者中的很多人以前曾和戈尔巴乔夫讨论过执行国家进入紧急状态的应急预案，因此，他们相信戈尔巴乔夫会选择其一。可是，戈尔巴乔夫断然拒绝了任何一项选择。

戈尔巴乔夫在回忆录中写道："我告诉他们，如果他们真的担心国家局势，那么应召集最高苏维埃大会和人民代表大会，让大家一起讨论，做出决定。但是我们只能在宪法和法律的框架下行事。除此之外，我都无法接受。"

谈判、操纵以及说服他的对手正是戈尔巴乔夫得心应手的本事。戈尔巴乔夫让来访者谈谈他们的计划，然后说这计划等同于自杀。他在这些拜访者离开时，一边和他们握着手，一边说："想想吧，把问题交给同志们吧。"他对代表团中一直特别坚持要宣布国家进入紧急状态的瓦连尼科夫将军说："现在，既然提出了这样的要求，很明显，我们不会再在一起工作了。"

代表团走后，戈尔巴乔夫向他的家人和助手切尔尼亚耶夫重述了谈话的要旨。切尔尼亚耶夫是具有强烈自由信念的旧官僚，负责制定许多戈尔巴乔夫外交政策的实施方案。几天后他在日记中这样写道："他很平静、坚定，一直面带微笑。"然而，戈尔巴乔夫还是绕不开这样的事实——他的同僚已经背叛了他。他不能相信克留奇科夫也是政变密谋者之一，让他尤为震惊的是亚佐夫将军也参与其中。"也有可能，他们未征求他的意见就写上了他的名字。"戈尔巴乔夫在猜测自己忠诚的国防部部长为什么会这么做。切尔尼亚耶夫也对此表示同情，但是他忍不住说道，所有的密谋者都是戈尔巴乔夫的人。[15]

拜访者困惑又沮丧地离开了戈尔巴乔夫的福罗斯别墅。那个载他们来到别墅又把他们带回机场的司机说，这些人在来福罗斯的路上，兴致很高，还谈论着天气，而在回去的路上则恼怒不已，大多数人沉默不语。后来，博尔金后悔没有时间下海游泳，他们最初的计划可能包括这个。这些人原来的打算是：好好地和总统说，然后他会在准备好的文件上签字，这就留下足够的时间可以下海游一会儿。现在，他们面对的情况不同了。

在乘飞机返回莫斯科的途中，这些福罗斯别墅的拜访者为了让自己的心绪平静些，一口气喝了好几杯酒。在飞机飞行了两个半小时，即将着陆时，他们已经喝完了一大瓶威士忌，还享用了不少抹上猪油、裹上蔬菜的面包。

一到莫斯科，他们直接来到了克里姆林宫。昔日斯大林的办公室，如今已是巴甫洛夫总理的宽大的办公室，政变的领导者正在这里迎接他们，这些领导者包括克格勃主席克留奇科夫、总理巴甫洛夫、内务部部长普戈和副总统亚纳耶夫。在现场的还有国防部部长亚佐夫，戈尔巴乔夫在数周前刚向布什保证了亚佐夫的忠诚。

戈尔巴乔夫拒绝把权力移交给亚纳耶夫的消息已经传到了密谋者耳朵里：因为克格勃警卫局局长普列汉诺夫中将在飞机上就致电克留奇科夫，告诉他克里米亚传出的消息。他们现在正等着代表团回来，好听到第一手的情况报告，从而决定下一步该怎么办。[16]

67岁的克留奇科夫戴着眼镜，头发灰白、半秃，并不是人们想象中阴谋家的形象。他以非凡的职业素养、高超的行政能力和行事严谨著称。他在20世纪50年代初以律师身份进入外交部门，在1956年匈牙利十月事件（1956年10月23日至11月4日发生在匈牙利的由群众和平游行而引发的武装暴动。在苏联的两次军事干预下，事件被平息）时，他在安德罗波夫领导下的位于布达佩斯的苏联大使馆任职，从而找到了安德罗波夫做靠山。20世纪60年代，克留奇科夫跟随他的老板进入克格勃工作，从1974年到1988年，他执掌苏联对外间谍机构长达14年之久。1988年，戈尔巴乔夫提拔克留奇科夫担任克格勃主席。

克留奇科夫的支持者位高权重，其中包括戈尔巴乔夫的亲密伙伴亚历山大·雅科夫列夫。改革派希望克格勃不再像以前那样由充当意识形态的监督者的人来执掌，而是由富有国际经验并且意识到苏联政体已远远落后于西方的人来管理，这样就会支持他们的改革。

克留奇科夫是最佳人选，或者说看上去是这样。事实上，他仅有的海外任职经历就是20世纪50年代在布达佩斯的工作。克留奇科夫唯一真正喜欢的西方精神就是威士忌，这可是普通的苏联百姓弄不到的东西。1987年12月，克留奇科夫前往华盛顿为戈尔巴乔夫第一次访美做准备时，时任中情局副局长的盖茨就首先发现了克留奇科夫对威士忌的酷爱。盖茨、鲍威尔（时任里根总统的国家安全顾问）和克留奇科夫一起在华盛顿一家餐厅就餐，到点酒水时，克留奇科夫要了一杯苏格兰威士忌。翻译用英文说要一份红方威士忌，但是，克留奇科夫纠正了他，说想要芝华士威士忌。盖茨后来写道："很明显，他的口味并不庸俗。"对盖茨而言，克留奇科夫看上去不太像情报部门首脑，更像是一位大学教授。[17]

毋庸置疑，克留奇科夫像大多数其他政变策划者一样，最初支持戈尔巴乔夫进行改革，因为他们认为这一整套改革，将会使苏联体系在不削弱其基础的情况下更具竞争力。然而，当他们意识到改革不仅威胁到了苏共存亡，还威胁到了国家政治结构时，他们的态度变了。尽管他们中的大多数务实派并不依附于某种意识形态，但是，他们的地位是建筑在国家政治体系之上的。

1990年2月，盖茨在莫斯科见到克留奇科夫时，他已注意到了克留奇科夫观念的转变。盖茨在会面后对当时尚在莫斯科的贝克说，克留奇科夫"不再是改革的支持者，戈尔巴乔夫最好小心点"。这位克格勃首脑对来访的美国官员说，"改变让人眩晕"，改革已经失败了，经济每况愈下，本已不融洽的族群关系越来越糟。"克留奇科夫好像已经把戈尔巴乔夫划出局了。"盖茨后来回忆说。[18]

因为克留奇科夫和其他策划者位于权力金字塔顶端的地位受到了威胁，所以他们开始反抗。戈尔巴乔夫后来确信政变的导火索是他和叶利钦的一次绝密谈话被窃听了。那次谈话发生1991年7月29日晚，也就是布什预计访问莫斯科的前一天。地点正是两天后戈尔巴乔夫和布什将举行会谈的位于新奥加廖沃的别墅，另一个共和国领导人纳扎尔巴耶夫也在场。他们在别墅待至深夜，讨论8月20日新联盟条约签署之后可能进行的人事调整。

在新联盟政府中纳扎尔巴耶夫将取代巴甫洛夫，担任总理。叶利钦还坚持替换克留奇科夫和亚佐夫。纳扎尔巴耶夫还想赶走亚纳耶夫。谈论自己助手的命运让戈尔巴乔夫不太舒服，但是，他还是同意撤换克留奇科夫和内务部部长普戈，但是不换掉亚佐夫。[19]

克留奇科夫下令将谈话录音，这位克格勃头子明白除非他立即采取行动，否则掌权的日子屈指可数了。只有当总统不在莫斯科时才能策划政变，否则戈尔巴乔夫将获悉他们的准备工作。

回溯到1964年也是如此，当赫鲁晓夫在度假时，勃列日涅夫和他的助手密谋联手推翻他。戈尔巴乔夫前往克里米亚两天后，克留奇科夫叫来了两位官员，让他们着手评估国家进入紧急状态后公众可能做出的反应。结果令人沮丧，克格勃专家得出的结论是：公众的反应主要是负面的，经济形势可能会进一步恶化。可是，克留奇科夫明白他必须赶在 8 月 20 日，戈尔巴乔夫回来签署协议之前采取行动。当然也有可能"戈叶联盟"在这之前就土崩瓦解。然而，一旦戈尔巴乔夫和叶利钦在 8 月 14 日的电话谈话中敲定了签署该协议的意愿，克留奇科夫就无法再静观其变了。

就在那天，克留奇科夫命令他的助手准备宣布国家进入紧急状态的计划。第二天，他让人监听了叶利钦和其他民主派领导人的电话。8 月 16 日星期五，克留奇科夫和他的同谋在克格勃总部召开了一系列会议，商谈如何推进此事。8 月 17 日，克留奇科夫及其他党政要员，在代号为 ABC 的克格勃密室内召开了规模更大的会议。

他们首先问总理巴甫洛夫是否知道自己将被赶下台，此时巴甫洛夫尚未参与政变。巴甫洛夫说，虽然已经准备退休了，但他还是决定参加政变。在政变策划者的一再追问下，巴甫洛夫和其他参会者说，他们不是讨论罢免总统——他们想做的仅仅是前往克里米亚，劝说总统宣布国家进入紧急状态。8 月 18 日星期天，他们派出代表团去见戈尔巴乔夫。在和戈尔巴乔夫会谈前，他们切断了他的通讯，拘捕了他的警卫。不管这些人是否想发动政变，当他们命令掐断电话的时候，这已是一次政变了。[20]

8 月 18 日晚上 10 点刚过，在福罗斯面见戈尔巴乔夫的代表团回到了克里姆林宫。几天后，亚佐夫元帅回忆起政变策划者听到的汇报，概括成了如下内容："他（戈尔巴乔夫）把他们赶了出来，拒绝签署任何文件。笼统地讲，我们可以说已经'表明了目的'。如果我们现在空手而归，散伙了事，尽管你们未直接参加面谈，清白无辜，还是要被送上刽子手的砧板。"这里的"你们"指的是亚佐夫和克留奇科夫等在莫斯科等待克里米亚之行谈判结果的密谋者。

密谋者没有立刻就将要采取的一系列行动达成一致。戈尔巴乔夫拒绝让他们来做那些"脏活"，这样的态度让他们大吃一惊。他们知道戈尔巴乔夫是一个处事圆滑的人，总是依据形势操纵和转换立场，他们认为戈尔巴乔夫会屈服于压力。他的反对让密谋者处境危险，继续宣布国家进入紧急状态意味着违法。考虑到戈尔巴乔夫拒绝支持政变，屋内有人建议，不如事情就到此为止吧。可是，博尔金有自己的疑惧。他告诉聚在总理办公室的人："我了解总统，他决不会就此了事。"尤其对那些前往克里米亚的人来说，他们已无退路。唯一的希望是以健康为理由，把总统权力移交给亚纳耶夫。[21]

一开始他们就准备了B计划。克留奇科夫和其他密谋者相信亚纳耶夫会和他们站在一起，可是，直到前往克里米亚的代表团返回莫斯科前的数小时，直至副总统亚纳耶夫走进总理办公室时，他本人尚对此事一无所知。

亚纳耶夫像代表团的其他成员一样，参加会议的时候尚未清醒：众所周知他嗜酒成性，刚被人从莫斯科附近某度假村的酒桌上拽回来，他是去那里会见一位朋友。就在几小时前，对政变毫不知情的亚纳耶夫还打电话给戈尔巴乔夫，说他会在其第二天返回莫斯科时去接他。酒意渐退后，对于让他参与的"宪法外"事件，亚纳耶夫感到闷闷不乐。尽管当总统丧失工作能力时，他可以被授权接管总统的权力，可是没有证据表明戈尔巴乔夫有健康问题。

当克留奇科夫将事先准备好的"一句话"法令文件摆在亚纳耶夫面前时，他动摇了：总统应该在疾病痊愈之后，回来继续管理国家。另外，他并不想接手这份工作。政变策划者可不允许事情被延误。无论希望多么渺茫，副总统接管国家是他们唯一的希望，他们向亚纳耶夫施加了巨大压力，陈述稳定局势和保卫丰收成果的必要性。

他们要携手搞定亚纳耶夫，而亚纳耶夫只需要在法令上签字就行。克留奇科夫唱起了红脸，他温和地对亚纳耶夫说："根纳季·伊万诺维奇，签字吧。"亚纳耶夫服从了。法令写道:"鉴于米哈伊尔·谢尔盖耶维奇·戈尔巴乔夫因为健康原因,无力继续行使苏维埃社会主义共和国联盟总统职责,根据苏联宪法第127条第7款,苏联总统的职责将自1991年8月19日起,转交给苏联副总统根纳季·亚纳耶夫。"随后,亚纳耶夫作为代总统签署协议成立"国家紧急状态委员会",委员会成员除了他本人,还包括克留奇科夫、亚佐夫、巴甫洛夫和其他政变策划者。宪法被搁置一旁:国家权力已经被委员会窃取了。

克留奇科夫和他的助手早就提前准备好了文书。尽管他们引用了宪法,可是没有一条符合宪法。因为总统并未丧失工作能力,所以说,亚纳耶夫无权接手戈尔巴乔夫的工作,而且在宪法约束下,即使戈尔巴乔夫也无权在未经苏联议会和加盟共和国议会许可的情况下,宣布国家进入紧急状态。

此外,没有理由宣布国家进入紧急状态:记录显示1991年8月18日这天既无天灾,也无工业灾难,更没有发生群体性骚乱。文件起草者唯一能想到的紧急事件是要保护粮食收成,可是,这种情况过去常有,算不上紧急。一旦亚纳耶夫和其他新委员会的成员签署了这份值得怀疑的协议,他们就无路可退,必须采取行动,背水一战了。亚纳耶夫和总理巴甫洛夫都躲在副总统办公室里喝酒,直到天亮。戈尔巴乔夫仍被软禁在福罗斯别墅里,其他人着手准备国家进入紧急状态的工作。

这一晚,克留奇科夫还会见了他的副手和指挥官,安排政变的实施。正是克留奇科夫提出了政变的想法,正是他的人起草了相关文件,暗中进行准备。这次事件整个克格勃都牵连其中。凌晨3点半,克留奇科夫召开克格勃领导大会,宣布戈尔巴乔夫推行的改革结束了。他发言称,民主派领袖已无法掌控局势,这是暗指戈尔巴乔夫及其自由派顾问,所以是时候强行宣布国家进入紧急状态了。[22]

8月19日清晨6点，苏联媒体爆出了头条新闻：戈尔巴乔夫被罢免了，国家宣布进入紧急状态。苏联广播和电视播报的新闻震惊了全世界：国家紧急状态将维持六个月。没有独立的新闻评述，新闻栏目也几乎没有谈及其他内容。电视台和广播台接到命令，就像悼念已逝的苏联领导人时那样运转。1982年至1985年间，勃列日涅夫、安德罗波夫和康斯坦丁·契尔年科总书记相继逝世以后，苏联民众听够了广播电台播放的古典音乐和芭蕾舞曲。此时此刻，广播电台又播放《天鹅湖》，是不是意味着又一位苏联领导人将要离世？这可没人说得准。媒体只是通报了戈尔巴乔夫的健康状况不佳，并没有任何相关的医学报告。[23]

戈尔巴乔夫在福罗斯度过了不眠之夜，幸好有台索尼收音机没被人收走，他才得以获悉自己被罢免的消息。赖莎在福罗斯的别墅记下日记："把它（索尼收音机）带来真是太幸运了。米哈伊尔·谢尔盖耶维奇早上刮胡子的时候，就用它收听'灯塔'电台。他把它带到了克里米亚。我们住所的固定收音机调到哪个波段都无法工作，只有这台索尼小收音机在工作。"戈尔巴乔夫全家几乎彻夜未眠，赖莎写道："几艘大的军舰朝海湾驶来。巡逻船异乎寻常地接近海岸，停留50分钟后离开。"她想知道这意味着什么："这是威胁吗？还是从海上隔离我们？"他们夫妇两人都无法知道答案。[24]

戈尔巴乔夫的别墅周围多出了不少巡逻船，对于美国中央情报局来说，这是他们除了苏联方面关于政变的报道，可以向布什总统汇报的为数不多的情报。还有一则消息是戈尔巴乔夫的专机尚未离开克里米亚。美国人知道戈尔巴乔夫还在那里，但是没人知道他到底遇到了什么事。他们只能抱以最好的愿望，然而保守地说，他们持谨慎乐观的态度。

8月19日晚，布什总统把他想对戈尔巴乔夫说的话录到了录音机里："当我坐在这儿，听着我们能够征集到的最佳建议，可是，米哈伊尔，我不敢肯定你是否还有机会回来，我希望你别做太多妥协，这样就算你回来了，也会举步维艰。叶利钦要求让你回来，我希望他在这件事上能一直保持坚决的态度，希望丑陋的右翼政变势力不会将他赶下台。"这些话听上去像祷告词，至少人们会这样认为。[25]

俄罗斯的反抗

叶利钦正住在莫斯科附近阿尔汉格尔二号政府度假别墅，清晨6点刚过，叶利钦就被他的女儿塔蒂亚娜喊醒了。他从阿拉木图见过纳扎尔巴耶夫回来后，睡了还不足5小时。最初，他不明白发生了什么事情，但是，当塔蒂亚娜告诉他政变的情况，他的第一反应是："这是非法的。"叶利钦感到十分震惊。这是8月19日——政变后的第一天。他前一晚满脑子想的还是新联盟协议的签署。他很担心一旦协议签署，他还能指望从戈尔巴乔夫那里得到些什么：戈尔巴乔夫会不会让效忠于他的中亚共和国反对俄罗斯？现在，叶利钦面对的是前所未有的局面。他一直坐在电视机前，看着广播员在宣读紧急委员会的官方声明。戈尔巴乔夫明显不在委员会委员之列。新联盟协议泡汤了，现在他该怎么做？

叶利钦的妻子奈娜是第一个恢复镇静的人。"鲍瑞，"她称呼丈夫的昵称，"我们该给谁打电话呢？"大多数的俄罗斯领导人都住在附近的房子里。叶利钦的电话还能工作，所以，他很快把自己的同事召集到他的房子里。这些来客发现叶利钦陷入了深思。人人皆认同这是一次政变。考虑到委员会成员的身份，政变发动者手中大权在握。与之相比，俄罗斯政府就是一只纸老虎，它虽然拥有部长和各个部门，但是不掌控军队、克格勃和内务部队。民选出的莫斯科和列宁格勒（1991 年 9 月才更名为圣彼得堡）市市长理论上能掌控地方警察，但也仅限于此。叶利钦的第一反应是和紧急委员会展开谈判，但是这个想法很快被否定了。俄罗斯领导人要求助于人民。

叶利钦和他的政府成员开始起草声明，呼吁人民以牙还牙："合法选出的国家领导人在 1991 年 8 月 18 日晚至 19 日间被罢免了。"声明宣布紧急委员会是非法的，号召"俄罗斯人民对政变者给予适当还击，要求当局回到正常的宪法轨道"。叶利钦、俄罗斯总理伊万·西拉耶夫和俄罗斯议会主席哈斯布拉托夫三位俄罗斯领导人签署了声明，号召人民举行大罢工，直到他们的要求得到满足，即要求戈尔巴乔夫在全国人民面前讲话，要求苏联议会召开紧急会议。声明书手写而成，之后交由叶利钦的女儿塔蒂亚娜打印。现在声明书正等待分发，其中的主要内容已经通过电话口述给了当时身在莫斯科的俄罗斯副总统亚历山大·鲁茨科伊。莫斯科市副市长尤里·卢日科夫跳进车内，带着声明书飞速驰向莫斯科。他已经接到了叶利钦的命令，动员莫斯科市民起来反对政变。

时间指向上午 9 点，叶利钦不得不决定下一步怎么做。他应该待在阿尔汉格尔庄园，还是前往莫斯科呢？"在这里，我们会被抓起来的。"俄罗斯总理西拉耶夫过一会儿想到了这点，他认为在偏僻的阿尔汉格尔庄园动手对政变者来说更容易，但是，俄罗斯领导人在前往莫斯科途中被抓的可能性一点儿也不会小。

警卫向叶利钦报告，在住所附近发现了克格勃部队，有坦克正往首都方向开进，他们建议借用莫斯科河上的渔船将叶利钦秘密运出去，再坐汽车前往莫斯科。叶利钦拒绝了，他要大方地乘坐总统轿车前往俄罗斯白宫——一幢位于市中心的宏伟建筑，莫斯科人把它称为议会大厦。他要在那里领导反抗活动。叶利钦看见妻子正在流泪。当他穿上防弹服准备离开时，奈娜试图阻止他："穿上防弹服能保护什么呢？你的头还没有保护呢，这可是最重要的。"她还补充道："你看，外面就有坦克。你出去有什么意义呢？坦克不会让你通过的。"

奈娜·叶利钦娜后来回忆她丈夫是这样回答的："不，他们不会阻止我的。"那时，她真的很害怕。叶利钦对那一幕的回忆，略有不同。"我必须说点什么，好让她放心：'我的车里有一小面俄罗斯国旗，他们看到国旗就不会阻拦我们了。'"叶利钦在他的回忆录里写道。叶利钦在回忆录中并没有写明他带的是哪面国旗——苏联官方认可的俄罗斯加盟共和国的国旗是红色中嵌有一道窄蓝色条纹的旗帜，几周前，就在这面旗帜下，叶利钦宣誓就任俄罗斯总统；还是古老的沙皇时代的白、蓝、红三色条纹旗，那是俄罗斯帝国的旗帜，1917年爆发的俄国第一次民主革命"二月革命"推翻了帝国的统治。当然，在政变时期，后一面旗帜才是俄罗斯的希望和身份的象征。

数小时之后，叶利钦已经抵达了白宫，坦克将议会大楼团团围住，他爬到一辆坦克顶上，向俄罗斯民众宣读了倡议书。他的助手在他的身后，展开了一面不大不小的俄罗斯三色旗。叶利钦后来回忆："在坦克前的即兴集会并不是一次宣传秀。人民给了我力量，给了我巨大的精神上的支持。"政变宣称是为了拯救苏联，可是叶利钦现在正领导人民反对这次政变。他以俄罗斯的名义，以传统的俄罗斯帝国旗帜为背景展开行动——不可思议的领导人领导着一场更加不可思议的抗议活动。俄罗斯在反抗。[1]

作为政变策划者，8月18日晚，克格勃主席克留奇科夫也度过了一个不眠之夜，接下来的一天忙碌而令人激动。凌晨5点刚过，他就命令把拘捕反对派领导人的文件下发给军队指挥官。总理巴甫洛夫要求拘捕上千名激进分子，然而，克留奇科夫不似他这般冷酷。在他的名单上只有70人，其中包括戈尔巴乔夫的前助手——信奉自由主义的爱德华·谢瓦尔德纳泽和亚历山大·雅科夫列夫。还有一个18人短名单，包括"谢尔德组织"的激进分子，这是由前军官组成、被政变策划者视为最有可能发动群众抗议活动的组织。这份"短名单"上没有叶利钦的名字。

俄罗斯的总统绝不会是戈尔巴乔夫的朋友，政变者希望把他争取过来。克留奇科夫派遣克格勃阿尔法小组的行动队前往叶利钦所住的阿尔汉格尔别墅，他们接到的命令是：为叶利钦和苏联领导人的谈判创造条件。简而言之，就是逮捕他。可是，克留奇科夫很快改变了主意，取消了阿尔汉格尔的行动计划。因为克留奇科夫希望苏联议会能为政变提供合法的借口，所以他小心翼翼，没有采取鲁莽的行动。要是没有正当的理由就逮捕像叶利钦这么高调的政治人物，无疑会引来议会的质问。因此，他们决定等待，视情况而定：如果叶利钦愿意合作，就给他自由，如果拒不合作，只要他表明反对国家进入紧急状态，就以违反刚宣布的法律为由逮捕他。他们希望这样一来，叶利钦将受到公众质疑。政变者相信大多数人已经厌倦了戈尔巴乔夫统治下的政治混乱，会选择和他们站在一起。因此，8月19日早晨，叶利钦被允许前往莫斯科：阿尔法小组组员接到命令，不要阻止叶利钦。[2]

上午10点，当政变发动者聚集在代理总统亚纳耶夫的办公室，召开紧急委员会第一次例行会议时，克留奇科夫对他的同事说，他已经与叶利钦取得了联系。结果却让人灰心："叶利钦拒不合作，我在电话里和他通了话，试图让他明白合作的理由。但是，这些都无济于事。"这虽然是一次显而易见的挫败，但并不是最令人担心的事。政变还是按照预定的计划进行着。

清晨 6 点整,塔曼近卫师的坦克已将奥斯坦金诺电视中心和电视塔团团包围;一小时以后,塔曼近卫师和坎捷米尔近卫装甲师的剩余部队也开始进入莫斯科市,他们参加一年一度的红场阅兵活动,所以莫斯科市民对他们很熟悉。总计约有 4000 名军人、350 多辆坦克、300 辆左右的装甲运兵车和 420 辆卡车驶进莫斯科。他们在首都集合,就像莫斯科市民在郊外的房子里度完周末,然后返城一样。部队封锁了城市要道,路面交通一片混乱。叶利钦的轿车成功地在军车挡住街道、致使车辆无法通行之前,抵达了市中心。

莫斯科市民咒骂交通拥堵,痛斥军队,但是,他们对单个士兵一般都很友好。他们和新兵聊天,新兵的平均年龄只有 19 岁。市民还给他们送来了食物、糖果,然后连珠炮似的没完没了地问官兵:你们为什么到这儿来?你们会开枪吗?士兵们也不知道第一个问题的答案,但是他们明白自己是不会向平民开枪的。正如政变者看到的那样,事情朝着他们期望的方向发展。莫斯科市内没有示威活动,企业运行如常,叶利钦号召的大罢工也无人响应。他站在坦克上的讲话让人印象颇深,可是站在白宫外聆听他演讲的人寥寥无几。莫斯科之外的局势似乎也是风平浪静。克留奇科夫收到了来自全国各地的定期情况汇报。他后来回忆:"到处都很平静。各方的第一反应使我们有了希望,甚至让人陶醉其中。"[3]

军队在莫斯科平安无事,局面皆处于掌控之中,政变策划者认为是面对公众,向苏联人民和国际社会表明立场的时候了。许多外国记者和经筛选过的苏联记者被邀请参加晚上 6 点在外交部新闻中心举行的新闻发布会。几周前,就在这里,布什和戈尔巴乔夫在签订《削减战略武器条约》之后也举行了新闻发布会。在政变前一天尚对此事一无所知的亚纳耶夫,重压之下尽显疲态,他无法想象自己是此次事件的领导者,并被委以重任,向公众宣布此事。克留奇科夫、亚佐夫和总理巴甫洛夫拒绝面对公众——他们将在幕后策划政变。但是包括内务部部长普戈在内的其他策划者都和亚纳耶夫一起坐在长桌之后，面对数以百计的国内外记者。[4]

"女士们、先生们、朋友们、同志们，"亚纳耶夫说出了新闻发布会的开篇词，"就像你们从媒体报道中得知的情况一样，米哈伊尔·谢尔盖耶维奇·戈尔巴乔夫因为健康状况的原因，无法履行苏联总统的职责，副总统已经临时接管并且行使了总统职责。"

他继续强调，因为戈尔巴乔夫的改革，国家的政治和经济面临着严峻的形势，他承诺就新联盟协议尽可能组织最广泛的讨论。亚纳耶夫发言结束后，记者可以向他本人或委员会的其他成员提问。那天下午，委员会已经下令查封所有具有自由主义倾向的莫斯科报纸。这样到了晚上，他们就可以通过完全被他们掌控的媒体，去传递他们希望公众看到的政变实施者的形象。大厅里架了多台摄像机。政变策划者的心思很简单：新闻发布会将由自己人操办，即使有外国记者问一些让人不舒服的问题，也会被忠诚记者所提出的"正确"问题抵消。

发布会最初进展顺利。那些"可靠"的记者提出了设计好的问题，帮助亚纳耶夫证明他们采取的特别行动和反对叶利钦开展活动是正确的。一位《真理报》记者说，叶利钦号召的大罢工"将导致最大的悲剧"。接下来一位外国记者的问题拉开了具有杀伤力的炮轰式提问的序幕。外国记者可不管那些条条框框，他们不断地向亚纳耶夫提出关于戈尔巴乔夫健康的问题，还指出这次政变是违法的。

但是最沉重的一击是来自本地记者的提问，一位来自被政变者查封的《独立报》的年轻记者塔蒂亚娜·玛基娜，没有收到邀请，却悄悄潜入了会场。当毫无察觉的新闻秘书喊到她时，她的胆大妄为震惊了全场："你能不能说说，你是否承认昨晚你们发动了政变？你更愿意把它比作 1917 年还是 1964 年？"这话指的是布尔什维克的革命和赫鲁晓夫的免职。

亚纳耶夫巧妙地回避了问题，他说这两个先例都不适用于这种特殊情况。然而，一位外国记者随后的提问同样尖锐，记者问这些政变者是否和1973年智利政变的领导人皮诺切特将军（1973年至1990年为智利军事独裁首脑）商量过。与会者哄堂大笑，鼓掌喝彩。新闻秘书要求会场恢复秩序。为了进一步回答提问，反击对于委员会行动违反宪法的种种指责，亚纳耶夫承诺苏联议会将于8月26日召开会议。他还特地向与会者担保，他是忠诚于自己的"朋友——戈尔巴乔夫"——的，他正急切期盼着戈尔巴乔夫身体康复后的回归。就在记者会召开前，亚纳耶夫接到消息，戈尔巴乔夫要求恢复他在福罗斯住所的通讯，并且提供飞机将他载回莫斯科。这一要求被拒绝了。然而，警卫重新接通了他的电视电缆，这样戈尔巴乔夫和他的家人才能观看到记者会。[5]

对于政变者而言，记者会算是失败了。一个疲惫的政府官员，头发灰白，面色不佳，为了遮住秃顶而剪了奇怪的发型，声音发颤，淌着鼻涕，一双不安的手不知该搁在哪里，这一切都通过电视转播传到了全国。亚纳耶夫在国内名望不高，那些认识他的人把他视为平庸之辈，这一切证实了人们最糟糕的预期。记者会已向全国人民显示了，政变当局不仅受到争议，甚至还很滑稽。

事实上，这些政变策划者并没有完全掌控苏联电视台。就在那天深夜，官方的新闻节目《时间》不仅播出了紧急委员会宣读声明和新闻发布会的召开，还播出了通往白宫路上的情况——叶利钦的支持者正在那里设置路障。现在，莫斯科市的每个人不仅知道可以抵抗，还知道上哪儿去参加抵抗。

记者会反映了委员会面临的一个重要问题：它缺少能服众的领导人。政变的策划者是克留奇科夫，但是形式上的权威属于亚纳耶夫，克留奇科夫作为一位经验老到的政客，知道如何保住自己在苏联金字塔顶端的位置：

回避责任。已经加入了紧急委员会的总理巴甫洛夫要求采取严厉措施打击政敌和罢工人员，自己却喝酒喝到高血压病发，把医院当成了最安全的避难所。自从亚佐夫元帅和内务部部长普戈的属下被派往俄罗斯之外的其他共和国镇压独立运动以来，两位领导人就争吵不休，他们都不愿承担失败的责任。亚佐夫元帅的妻子艾玛在记者会召开时，赶往国防部见她的丈夫，她恳求自己的丈夫辞去委员会职务并致电戈尔巴乔夫。亚佐夫对她说："艾玛，你要明白我孤立无援。"当他收看新闻发布会的转播时，绝望地摇了摇头。艾玛叫着丈夫的昵称："迪马，你到底支持谁呢？你过去经常嘲笑他们！"[6]

新闻发布会结束后，政变者都聚集到了亚纳耶夫的办公室，他们数小时前的欢欣鼓舞已经荡然无存了。现在，他们明白叶利钦才对他们构成了真正的危险，必须要对付他。他们决定第二天早上就采取行动。

亚纳耶夫和其他人在 8 月 20 日一大早就浏览克格勃备忘录，上面记载了他们前一天犯下的种种错误。克格勃专家写道，委员会未能执行让国家进入紧急状态，未能锁定和孤立反对派领导人，切断反对派之间的联系，以及夺取反对派的媒体资源。更糟糕的消息是：随着戈尔巴乔夫仍然在克里米亚的牢笼中好端端活着的谣言在政界人士中四散传播，苏联议会赞成委员会行动的可能性越来越小。那天早上，克留奇科夫、亚佐夫和内务部部长普戈命令他们的手下准备进攻白宫的计划。[7]

8 月 19 日一整天，叶利钦都待在白宫里。奈娜·叶利钦娜和她的小女儿塔蒂亚娜以及家庭的其他成员都安全地住在莫斯科郊外叶利钦警卫员的小公寓里。

当叶利钦挂着国旗的总统专车驰向莫斯科后，他们也很快离开了阿尔汉格尔别墅。全家人登上了警卫们弄来的有篷卡车。叶利钦长女艾琳娜的两个小孩鲍里斯和玛利亚被告知，如果安全人员让他们趴在卡车的挂车地板上，他们就应该照做而不要问任何问题。小男孩问道："妈妈，他们会朝我们的头开枪吗？"这个问题让全家人都很不舒服。尽管卡车离开阿尔汉格尔别墅时遭到了克格勃军队的监视，但还是被允许开往莫斯科了。8月20日早上，塔蒂亚娜用街上的电话打给叶利钦时，还是联系不上他。正如她后来回忆的那样，她被告知："一切正常。爸爸实际上根本没睡觉，他一直在工作，因为他斗志昂扬。"[8]

在白宫，叶利钦真是如鱼得水。他感觉自己充满了力量，相信自己会取得最终的胜利，他拥有政变者梦寐以求的领导才能。叶利钦——一位能感知民众力量并且富有领袖魅力的政治人物——愿意去冒险，而这精神正是包括戈尔巴乔夫在内的他的竞争对手们所不具备的。和亚伯拉罕·林肯和温斯顿·丘吉尔一样，叶利钦在危急时刻状态最佳。一旦危机过去，他就会感到失落和沮丧。1987年秋，当他从莫斯科党内的领导职位上被赶下台之后，曾试图用办公室的剪刀刺腹自杀的做法就印证了这一点。他会借酒消愁，他乖张的行为让他的支持者和反对者都很惊讶。但是，叶利钦在危机时刻表现得最出色，这一次他也能从容应对。[9]

除了登上坦克顶，8月19日，俄罗斯总统还颁布了多项法令，宣布这次政变是违反宪法的，同时建立了自己对俄罗斯境内机构和军队的权威。届时苏联的克格勃、内务部队和陆军将只接受俄罗斯总统的命令，俄罗斯自行颁布法令，发出倡议。但是，他私底下还是做了最坏的准备。紧急委员会委员那天收到的报告没有说谎：不仅没有发生政治大罢工，甚至看不到个别工人的罢工。到那天晚上为止，只有远在克麦罗沃的地方发生了数起矿场罢工，但是这对白宫的捍卫者丝毫没有帮助。

叶利钦44岁的副总统亚历山大·鲁茨科伊负责守卫白宫。鲁茨科伊曾是一位空军飞行员，他所驾驶的军机在阿富汗两次被击落。有一次，他被巴基斯坦三军情报局抓获，被告知，只要他愿意与美国中央情报局合作就让他移民加拿大，但是他仍然忠诚于自己的国家。鲁茨科伊获释后，被授予"苏联英雄金星奖章"，随后又被选入俄罗斯议会，1991 年的俄罗斯总统大选中叶利钦选择他做竞选伙伴。特立独行的作风、训练有素的军事背景，这些条件使得鲁茨科伊成为组织白宫防卫的理想人选，一切要靠这位前阿富汗老兵的战斗经验了。

无论是鲁茨科伊装备简陋的军队，还是俄罗斯人仿照立陶宛人在议会前所搭建起的临时路障，都无法击退在亚佐夫军方坦克支援下，克留奇科夫指挥的突击队的进攻。叶利钦、鲁茨科伊和其他俄罗斯领导人都很清楚这一点。他们唯一的指望是政变策划者不敢发动进攻，如果他们真这么做的话，军队也不遵守他们的命令，不开枪射击。[10]

叶利钦一整天都在努力工作，想把政变者派到莫斯科的军队争取过来。俄罗斯总统很讨指挥官的喜欢，他试图把他们拽到自己这边。叶利钦在阿尔汉格尔别墅第一个电话就是打给帕维尔·格拉乔夫中将的，后者是一位参加过阿富汗战争的 43 岁老兵，也是亚佐夫统率下的苏联伞兵总司令。叶利钦在数月前的总统竞选中曾与他会面过。当时，这位年轻的将军曾向叶利钦保证他准备捍卫俄罗斯政府，不让宪法受到挑战。现在就是考验将军捍卫宪法决心的时刻了。即使格拉乔夫在政治竞选运动进行得如火如荼时所说的话当不得真，然而对于叶利钦来说，尝试争取他也不会造成任何损失。伞兵部队是苏联少数处于战备状态的部队之一，没有这支部队的支持，任何政变都无法成功，最不济叶利钦也能打探点对方当时的状况。叶利钦同真正的和潜在的对手的联络贯穿于整个政变。[11]

苏联军队能否保持忠诚，主要视发生在莫斯科街头的状况而定。莫斯科人最初看到坦克出现在街市上时惊讶不已，但是他们随后采取的策略对政变策划者来说是极具破坏性的：他们要迷惑住这些"男孩"。市民们和老兵随意交谈，漂亮女孩和慈善的老太太把自己的东西都拿出来和士兵们分享，从心理上使士兵无法完成镇压平民骚乱的任务。

俄罗斯新兴商人阶层因为害怕在新的强硬路线的共产主义政权的掌控下，他们的企业会蒙受损失，所以支持叶利钦，他们不仅给白宫送去了足够的食物和酒水，给他们打气，还给驻扎在叶利钦据点周围的官兵也送去了食物和酒水。亚佐夫深感震惊。为了消除市民亲善举动带来的风险，部队指挥官开始轮调驻扎在莫斯科周边的军队。叶利钦还是尽可能地给亚佐夫和他身边的人制造麻烦，使他们难以保证军队的绝对忠诚。叶利钦的首次胜利主要依靠的是莫斯科人民的努力，8月20日正午，他号召人民到白宫前集会时，就指望着人民来帮他扭转乾坤。

独立电台——"莫斯科回声电台"——的记者拒绝受政变者威胁，他们不断地号召莫斯科市民到白宫那儿去。前一晚播出的电视报道，已经告诉市民集会的地点。然而，这仍是一次赌博。如果人们像不响应大罢工的号召那样忽视集会号召的话，无论街垒路障，还是苏联军队的勉强迟疑，都不能把叶利钦及新生的俄罗斯民主从迫在眉睫的镇压中解救出来。事态渐趋明朗，人们听到了召唤，无数人聚集到了白宫。叶利钦从阳台上对前来支持他本人、支持他斗争的近10万民众发表了讲话，他们带来了一面巨大的俄罗斯三色旗。叶利钦向全市和全国发表讲话的地方，也被许多小旗帜装点起来。他站在蓝色防弹盾牌后开始讲话，他的助手很快把他推到了里面，因为他们担心附近建筑的屋顶上可能有狙击手。

那天发言的人可不少。三个小时内，他们轮番上阵，一个接一个地向人群发表演讲，人群则不停地欢呼："叶利钦，我们支持你！""俄罗斯不倒！""审判临时政府！"发言者包括戈尔巴乔夫的前外交部部长谢瓦尔德纳泽和俄罗斯当代最著名的诗人叶甫盖尼·叶甫图申科。叶甫图申科朗读了一首诗，诗中引用了普希金和列夫·托尔斯泰的句子，将白宫描述成"人民捍卫那受伤的、大理石做成的自由天鹅"，在游弋中获得永恒。参加演说的人还有举世闻名的大提琴演奏家姆斯蒂斯拉夫·罗斯特罗波维奇，他在巴黎听说了莫斯科发生政变的消息就乘坐首班飞机赶了回来。在白宫，他先是为白宫捍卫者演奏，接着拿起了卡拉什尼科夫冲锋枪。苏联"氢弹之父"、一直以来的政治异见者安德烈·萨哈罗夫的遗孀艾琳娜·邦纳，诉说了她与丈夫萨哈罗夫在长期逃亡生活中的往事，引起了不小的轰动。她曾质问克格勃官员为什么苏联政府歪曲她的丈夫。"这些不是写给我们看的，是写给贱民看的。"官员回应道。邦纳说："临时政府也是如此。他们所说所写的全部内容都是给'贱民'看的。他们认为我们就是'贱民'。"听众沸腾了，他们不愿再做贱民。这场演讲会的组织者呼吁集会者驻守白宫、捍卫白宫，得到成千上万人的响应。[12]

随着俄罗斯白宫墙外的集会接近尾声，叶利钦突然备受鼓舞，这正是他一直期待的。通过尚未被克格勃切断的城区电话线，他听到了布什的声音。这次通话酝酿已久。就在8月19日下午，布什在他的肯尼邦克港庄园就政变发表第一次十分谨慎的演说前的几分钟，叶利钦40岁的外交部部长安德烈·科济列夫已经将美国驻莫斯科代办吉姆·柯林斯召至俄罗斯白宫。他想把叶利钦写给老布什的信交给柯林斯。叶利钦写道："总统先生，我请求你让整个国际社会，尤其是联合国关注苏联正在发生的事情，希望你能要求恢复合法选举产生的权力机关，重申戈尔巴乔夫的苏联总统的地位。"[13]

上午10点左右，叶利钦的信已经送到了华盛顿，国家安全副顾问盖茨通过电话向斯考克罗夫特汇报了此事，此时斯考克罗夫特正陪伴美国总统从缅因州飞往华盛顿。经过简短的商议，老布什和斯考克罗夫特认为，这封信使他们有足够的理由让美国政府对待政变的公开立场更加强硬些。这封信让曾经持谨慎态度的斯考克罗夫特有了新的关注重点。他走向飞机的后面，向记者讲话。他面对摄像机宣称政变所有的策划者都是保守派，他们企图破坏改革,美国政府对仍然被称为"宪法外"的种种行为持有负面态度。尽管这没有完全达到叶利钦的预期,但是,美国政府对待政变及其操纵者的立场仍然日渐强硬。叶利钦的信是华盛顿收到的来自莫斯科方面的第一个官方消息,但是俄罗斯总统并不是那天早上唯一敲响布什房门的苏联领导人。[14]

苏联驻美大使维克多·科姆普列克托夫是为数不多的数周前陪同老布什前往基辅的苏联官员之一,他拜访了美国国务院,随即前往美国白宫递交了克里姆林宫新主人的来信。亚纳耶夫给布什总统的信开头写道:"我向您传递的讯息不仅对苏联前途而言生死攸关,而且对整个国际局势都是至关重要的。"尽管政变者承诺会继续推进改革,但是这封信还是表明了他们执行反改革议程的坚定决心。在克格勃专家起草的信函的最后部分,亚纳耶夫加上了简短的个人说明,强调了信中所坚称的关于戈尔巴乔夫生病的内容。亚纳耶夫写道:"以下内容供您参考,米哈伊尔·谢尔盖耶维奇绝对安全,他没有受到任何威胁。"科姆普列克托夫把亚纳耶夫的信交给了那天上午正好在白宫当值的高级官员盖茨。后来盖茨回忆会见时的情景,写道:"我没有开玩笑,也没有和他礼貌地交谈,我尽可能让会见的气氛显得冷漠。"[15]

上午9点半,盖茨刚刚参加了在白宫战情室召开的政府重要部门的副职会议,与会者决定改变美方就苏联政变发表声明的语气,转为谴责语气。他们的态度受到了中情局副局长理查德·克尔送来的情报的影响。中情局的分析师认为,苏联发动的是一次"不完全"政变,成败难料。盖茨后来回忆:"随着上午时光的流逝,华盛顿感觉到情况有些不对劲,莫斯科有什么不妥的事。为什么进出莫斯科的所有电话及传真线仍在工作?为什么日常生活几乎没受到干扰?为什么遍布全国的拥护民主的'反对派',甚至是莫斯科的反对派都没有被逮捕?这个政权怎么能让反对派在俄罗斯议会大楼前设置路障阻拦自己，并让他们来去自由？我们不禁认为政变领导者没有共同行动，或许，仅仅只是或许，他们的行动可以被逆转。"他们决定加上"谴责"一词，让声明的措辞更加强硬一些。盖茨和正在前往华盛顿路上的斯考克罗夫特进行了一番商议，随后在声明中加上了所有重要的措辞。这篇声明成为晚间新闻报道的头条，挽回了美国政府的颜面，因为在这天早上美国政府还发表了具有安抚意味的声明。[16]

下午5点，盖茨在战情室召开了第二次国家安全委员会会议，会上通过了对苏联政变更强烈的谴责声明。布什总统、国家安全顾问斯考克罗夫特、参谋长联席会议主席科林·鲍威尔均参加了会议。此时此刻，有进一步的证据表明政变者组织混乱。

中情局的理查德·克尔总结了他们的评估报告："总统先生，简单地说，这次政变看上去和传统的政变不一样，非常不专业。他们试图逐一控制主要的权力中心，分阶段实施的政变不可能成功。"新的情报表明美国总统现在可以进一步谴责政变了。新的声明开头几句写道："苏联刚刚过去的数小时内发生的事情让我们深感不安，我们谴责与宪法相悖的诉诸武力的行为。"文中还引用了叶利钦写给布什总统信中的一段话："恢复合法选举产生的权力机关，重申戈尔巴乔夫的苏联总统的地位。"[17]

引用信件原文的做法是向叶利钦表明，布什已经收到了他的信件，并且站在他这边，布什既不支持也不承认那些政变策划者。但是，美国总统还是不愿意打电话给俄罗斯总统。考虑到他在访问莫斯科期间和叶利钦不愉快的几次交往，布什并不急于和叶利钦联系。布什让他的助手联系戈尔巴乔夫，但是电话没有接通。美国总统已经目睹了戈尔巴乔夫和叶利钦之间的竞争的惨烈程度，他不想做任何事情去激起新一轮的敌对。然而，面对政变的发展，他没有选择。8月19日夜，总统的助手一致认为：他们的老板必须致电叶利钦。[18]

8月20日早晨,戈尔巴乔夫的电话仍然无法接通。斯考克罗夫特起草了一份备忘录,给总统与叶利钦的通话提供一些依据。莫斯科局势瞬息万变,美国人对此掌握的可靠情报却少得可怜。在这份备忘录中,斯考克罗夫特告诉布什,叶利钦和"约100位俄罗斯代表躲藏在俄罗斯政府大楼,也就是他的'白宫'内"。还有谣言说叶利钦已被抓捕了。另有谣传说戈尔巴乔夫就在莫斯科。美国情报机构无法证实这些消息,但是国家安全顾问想让总统得到"关于目前局势的第一手资料"。

打电话给叶利钦还另有原因。斯考克罗夫特说:"今早给叶利钦致电可以表示你支持他,并且通过他支持已被政变打翻的宪法内程序。仅仅你打电话给他这件事,就会让他备受鼓舞。"这是美国政府所能给予叶利钦的最大支持了。斯考克罗夫特又写道:"不要无意中给叶利钦留下印象——认为我们会给他非同一般的支持,这很重要。"必须向叶利钦保证,他呼吁恢复戈尔巴乔夫的权力,美国对此表示支持。美国人还试图联系政变领导者,以防止他们使用武力。[19]

早上8点刚过,布什总统打给叶利钦的电话神奇般地接通了。美国东部时间8月20日,布什在电话那头开口了,他似乎忘记问候语了,直接说:"我打电话只是想看看你那边情况怎么样。""早上好。"叶利钦回答,对他而言,是莫斯科的傍晚时分。"早上好",布什重复着对方的话,他并没有注意到华盛顿和莫斯科之间的时差,随后再次提出了他的问题,"我只是想知道你那里的最新情况。"布什坚持他的谈话要点,虽然几分钟前还以为叶利钦被捕了,可是当他成功地接通叶利钦的电话时,他并没有显示出多激动。

叶利钦不在意这些。正如斯考克罗夫特所预测的那样,这通电话使他信心倍增。他对布什说道:"最高苏维埃大楼和总统办公室都被包围了,我想随时会有袭击发生。我们已在这里24小时了。我们不会离开。我已经号召楼外10万民众捍卫合法选举出的政府。"叶利钦所说的俄罗斯白宫门外的10万人大集会正要接近尾声。

叶利钦絮絮叨叨地汇报了政变情况和反对派的要求后，布什说道："我们完全支持戈尔巴乔夫和合法政府的回归。"叶利钦敦促布什召集世界领导人支持俄罗斯的民主运动，他还建议布什不要致电亚纳耶夫，他俩的想法不谋而合。他们还约定第二天再联系。令人吃惊的是，这次谈话不仅提振了叶利钦的信心，还进一步鼓舞了布什。布什总结道："愿你好运，祝贺你的勇气与忠诚。我们对你深表同情，为你祈祷。所有的美国人都支持你。你的所作所为完全正确。"比起刚打电话时冰冷的口吻，布什态度明显不同了。[20]

当布什给叶利钦打来电话时，成千上万的莫斯科百姓聚集在白宫门前所彰显的决心让叶利钦有理由持乐观态度。但是，有迹象表明政变策划者正准备用武力进攻俄罗斯议会大楼。下午2点前，叶利钦会见了亚历山大·列别德将军，他的伞兵驻扎在白宫周围，表面上说是保护叶利钦。作为攻击前的准备，列别德将军刚刚接到撤退的命令。他拒绝听命于叶利钦，也没有撤军。列别德称他宣誓效忠部队，要想让他站在叶利钦一边，除非任命他为总司令。叶利钦犹豫不决。列别德还告诉白宫捍卫者，他们的努力是徒劳的。叶利钦后来记起这位将军当时说："只要投放几颗反坦克导弹，楼内的易燃物就会燃烧，火势之猛，人们根本来不及跳窗逃生。"[21]

傍晚时分，俄罗斯白宫接到消息，进攻已经迫在眉睫了。白宫守卫人员把一位克格勃人员带了进来，他说他的部队已经接到攻击白宫的命令了。叶利钦的助手与军队和克格勃中的阿富汗战场老兵一直保持联系，也证实了上述消息。下午5点，副总统鲁茨科伊命令聚集在白宫周围的人组织起来，组成防卫部队。他们宣称俄罗斯已经拥有武装力量，号召年轻人加入。

叶利钦最后任命自己担任俄罗斯军队的总司令。他们欢迎驻扎在莫斯科的苏联军队、警察和克格勃投诚。军队的人数和实力都在增强。晚上 6 点，所有女性被要求离开白宫。"莫斯科回声"广播电台还在广播，号召莫斯科人前往议会大楼，拯救他们的民主。一时应者如云。

夜幕降临，仍有 1.5 万人聚集在大楼外。他们中有来自普林斯顿大学伍德罗·威尔逊公共和国际事务学院的年轻大学毕业生特蕾莎·萨博尼斯·查非，她 1991 年 1 月刚到莫斯科，俄语还说得磕磕绊绊。她事后回忆："我在人群中徘徊，思索着口号的意义，'同志们，我需要一位翻译'，但是，我后来想他们还是把我当作一位俄国人来对待吧。"她很快加入守卫白宫通道的队伍。

因为预计到苏联军队可能会用瓦斯来驱散人群，所以组织者开始分发防毒面具。查非事后写道："人们手拉手组成了警戒线。第一道警戒线开始只有男人，可是他们发现大的防毒面具不够用了。能戴下最小号的防毒面具的女人也加入了第一道警戒线里。我站在第二排警戒线中，控制大楼的机动车入口。"

白宫内，筋疲力尽的叶利钦准备打一会儿盹。在他准备去休息前，他的警卫队长亚历山大·科尔扎科夫提醒他：如果袭击真的发生，要么躲到地下室，要么前往附近的美国使馆。他告诉总统，在地下室，"我们会因没有外援而死亡"；在大使馆，"我们可以寻求长时间的庇护，并且告诉全世界俄罗斯正在发生的事情"。叶利钦说道："很好。"科尔扎科夫安排了一位手持来复枪的卫士护送总统前往大楼另一侧的医生办公室就寝。几个小时以来，查非一直驻守在通往白宫的路上，在警戒线处查看别人的证件，但是，她并没有出示她的美国护照，最后累得在附近停着的一辆公交车内睡着了。[22]

自由的胜利

8月20日，政变的第二天，俄联邦外交部部长安德烈·科济列夫在前往莫斯科郊外的谢列梅捷沃机场的路上，发现便衣克格勃军官就像前一天一样，一直"护送"着他。科济列夫想乘飞机前往巴黎，但是他没有机票，而且他不确定自己能否离开莫斯科。他是代表在白宫前筑栏防御的政府，去执行一项特殊使命。

叶利钦已命令他的外交部部长去国外争取西方领导人和公众对俄罗斯反对派的支持。科济列夫最终的目的地是美国——准确地讲是位于纽约的联合国总部。如果出现最糟糕的情况，叶利钦遇害或被捕，科济列夫将建立俄罗斯流亡政府。叶利钦还把忠诚于他的助手派往了家乡，也是他本人政治势力的大本营——乌拉尔地区的斯维尔德洛夫斯克市——"俄罗斯的地理中心"。正如叶利钦后来对布什所说的那样，他派他们到冷战时期的苏联"仓库"成立另一个政治中心。

科济列夫把他的妻子和他与第一任妻子所生的小女儿留在了莫斯科。

在短期内，他们再度重逢的希望十分渺茫。尾随科济列夫的克格勃官员并没有阻止他买机票，或是不让他离开苏联。因为他们并没有接到上司阻拦科济列夫的命令。克留奇科夫根本没有下令阻止反对派领导人，包括叶利钦本人离开苏联。科济列夫有印象，几位克格勃便衣说了句："我们让他走吧。"于是，科济列夫离开了。

飞往巴黎的3小时航程让科济列夫有时间整理一下思绪。他是一位职业外交官，曾就读于久负盛名的莫斯科国际关系学院（他后来承认自己是在克格勃的帮助下进入该学院的），他和他的老板叶利钦一样，在第一次国外旅行来到一家美国超市时，他开始质疑苏联的意识形态，并将这种怀疑付诸实践。

让这位年轻的苏联外交官深感惊讶的不仅是充足的食物，而且是超市里的消费者都是最普通的老百姓，他们中的许多人是黑人和拉美人。作为一个爱国的苏联人，承认西方给资产阶级精英提供丰富的物质产品是一回事，而当他看到宣传中那些被精英阶层剥削的蓝领工人和少数族裔也能享用这些连苏联官员都梦寐以求的商品时，情况就有所不同了。

随后，他买了一本苏联作家鲍里斯·帕斯捷尔纳克写的小说《日瓦戈医生》，在作者的故乡这是一本禁书。科济列夫坐在纽约中央公园的长凳上一天就读完了这本书。最讽刺的是，他读的是英文版的俄罗斯小说。他把书丢在了公园长凳上，不敢把它带回自己居住的苏联外交寓所。让科济列夫惊讶的是，他在书中没有发现任何反苏的内容。那么这本书为什么会被禁呢？最后，他得出的结论是：帕斯捷尔纳克并没有反苏，只是他没有亦步亦趋地紧跟苏共的路线。被丢弃在中央公园长凳上的除了《日瓦戈医生》这本书，还有他对苏联制度的信仰。但是，从官方的角度来说，他仍属于这种制度。就像他自己所说的那样，私底下他实际上已经成了一位"反苏人士"，也就是克格勃所指的持不同政见者。

在外交部，包括科济列夫在内的年轻外交官们循序渐进地推着他们的老板，其中也包括谢瓦尔德纳泽和戈尔巴乔夫，将定义宽泛的政治"公开性"政策转变成为国际上都认可的让民众拥有言论自由权、拥有人权的政策。科济列夫从不信任戈尔巴乔夫，对他而言，戈尔巴乔夫是忠诚的共产主义者，是苏共官员。而叶利钦则完全不同，他公开背叛了苏共。

科济列夫放弃了令人羡慕的苏联外交部管辖下的董事会主席一职，转而接受了近乎虚职的俄罗斯苏维埃联邦社会主义共和国的外交部部长一职。与乌克兰和白俄罗斯的外交部不同，俄罗斯的外交部在海外根本没有代表，也不参加联合国的任何活动。乌克兰、白俄罗斯和苏联一样都是联合国的成员，俄罗斯却不是。科济列夫知道，只要他加入了叶利钦及其团队，他就成了反对派，但是他预见一个全新的、民主的俄罗斯将会产生，所以他甘冒风险。

在俄罗斯议会举行的科济列夫的任命听证会上，这位即将上任的40岁的外交部部长描述了自己的设想："民主的俄罗斯应该会也一定会自然而然地成为西方民主国家的同盟，就像集权的苏联天生就是西方的对手。"然而，政变不期而至了。跟随科济列夫一同离开苏联机构、进入俄罗斯外交部的人，都站在叶利钦的身后支持他。他们坚信民主的俄罗斯将会和西方结盟。现在，关键问题在于西方是不是也这么想。西方国家的领导人是否意识到，真正的斗争不是戈尔巴乔夫和党内强硬派的斗争，而是民主的俄罗斯和操纵政变的军政府的斗争，军政府的上台威胁到了全世界的自由？[1]

科济列夫有专为其"量身定制"的任务。虽然西方的领导人也因莫斯科的消息而感到不安，但是，他们起初并不愿意谴责政变，也不愿意公开支持被软禁的戈尔巴乔夫，他们对叶利钦号召全俄罗斯政治大罢工的呼吁，同样也没有表示出任何支持。在科济列夫当前的目的地——巴黎——法国总统密特朗在8月19日早晨发表声明，仅仅承认政变已是既成事实。

加拿大外交部部长芭芭拉·麦克杜格尔也持同样态度。布什总统8月19日早晨发布的第一份声明也没有谴责此次政变。

8月19日夜，苏联副总统亚纳耶夫甚至在外国记者参加的新闻发布会上，赞扬了布什秉持的非对抗的态度，苏联全国都转播了这次发布会。科济列夫在政变发生的首日大声疾呼，努力赢得西方对叶利钦的支持，要求镇压违宪政变，重塑戈尔巴乔夫的权力，然而，西方世界的反应让科济列夫和叶利钦团队深感失望。

科济列夫刚抵达巴黎，就打电话给设在华盛顿的"民主中心"的主任，也就是日后美国国家档案馆馆长艾伦·温斯坦，并发表了自己的声明。温斯坦并不是布什政府的成员，然而，科济列夫似乎并不认识华盛顿白宫里的人，也不认识在这关键时刻可以求助的美国国务院的人。事实证明，求助于温斯坦是最佳选择。出生于纽约布朗克斯区的温斯坦，是来自俄罗斯的犹太移民的儿子，他深切关注着俄罗斯的局势，同时和媒体保持着良好的关系。就在第二天，科济列夫的声明，当然也可能是被温斯坦编辑过的声明发表在《华盛顿邮报》上。

这位俄罗斯外交部部长在声明中表示，民主国家领导人最初对政变的冷淡反应，使政变策划者相信，他们已经成功地欺骗了西方世界。科济列夫说道："布什总统和约翰·梅杰首相以及其他西方领导人最近发表的声明纠正了这个误解。西方国家应该继续谴责政变，而不是承认或是表示终将承认这次政变，这是至关重要的。"他继续说道："戈尔巴乔夫总统必须尽快恢复其苏联总统的职务，西方国家应该要求立刻与戈尔巴乔夫进行直接接触，同时要求安排国际医疗专家为其诊治，以保证他的健康。"[2]

叶利钦和科济列夫并不完全相信戈尔巴乔夫，在莫斯科，许多人怀疑戈尔巴乔夫唱的是一出"双簧"——利用自己以前的助手，去干镇压民主反对派的肮脏勾当，然后再以"救世主"的模样回到莫斯科。然而，呼吁让戈尔巴乔夫回到莫斯科能暴露政变者最大的弱点——他们擅自废黜一位合法的国家领导人，是缺乏宪法和法律依据的。在西方人的眼中，叶利钦早前的一些做法并不合法，而"带回戈尔巴乔夫"的策略使他的做法具有了合法性。同时，20世纪80年代末的西方人正沉迷于"戈比热"的狂躁中，这一做法恰好迎合了他们的想法，博得了他们的欢心。政变的第二天，布什终于致电叶利钦，他告诉这位被围困的俄罗斯总统，他支持让戈尔巴乔夫回归的要求。现在，除了构建民主这个长期战略目标，老布什和叶利钦又有了一项共同议程，就是阻止政变，救出戈尔巴乔夫。

在与叶利钦通话结束两小时后，布什于美国东部时间上午10点35分，在玫瑰花园召开的新闻发布会上发表了声明。根据科济列夫所言，正是布什总统这份"最近的声明"纠正了西方世界对政变自鸣得意的"错误态度"。布什说道："以违宪的方式攫取权力，对多年来苏联人为之奋斗的目标和苏联人民的长久夙愿来说，是一种侮辱。"下面的一则消息震惊了听众："就在今天早晨，我和自由选举的俄罗斯总统叶利钦通了电话，我向叶利钦先生保证，美国会继续支持他的做法，支持他要求恢复戈尔巴乔夫总统身份的提议，戈尔巴乔夫是经宪法选举出来的总统。苏联人民的支持和面对困境的决心，使得叶利钦备受鼓舞。他感谢我们对于他本人和戈尔巴乔夫所给予的支持。"

白宫的记者想知道一些细节，但是美国总统没什么可说的了。一个尖锐的问题抛了过来："总统先生，您究竟准备给叶利钦什么样的支持呢？还是袖手旁观，仅仅给他一些口头鼓励呢？"布什重申了他刚才说过的话：支持方式包括激励反对派，同时向政变策划者施压，失去了美国的经济援助，他们将举步维艰。然而，私底下，布什已经打算走得更远了。[3]

新闻发布会结束后，布什来到总统办公室，和他的助手一起讨论还能做些什么支持叶利钦。每时每刻都有关于苏联政变遭到挑战的最新情况传来。据未经证实的报道称，苏联政变领导者正在面对第一波背叛潮：总理巴甫洛夫告假称病，亚佐夫元帅宣布退出紧急委员会。军队指挥官和主要的共和国领袖之间也存在分歧，其中包括像哈萨克斯坦领导人纳扎尔巴耶夫和乌克兰领导人克拉夫丘克这样的重量级人物，他们都声明反对政变。布什和他的顾问考虑到最新局势的发展，同意加大向政变当局施压的力度。他们发表的一般声明，不承认政变策划者的合法性，起到了特殊的作用。刚刚宣誓就职、即将前往莫斯科任职的美国驻苏联大使鲍勃·斯特劳斯，被告知不要向苏联新领导人递交国书。"美国之音"的广播员接到通知，要帮助叶利钦在苏联传播讯息。他们也都乐于效劳。[4]

"美国之音"在苏联共有三位记者——两位在莫斯科，另一位在维尔纽斯。电台每天播音 14 个小时，从苏联西部的波罗的海国家，到远东的堪察加半岛，电波覆盖了苏联全境。苏联的广播电台宣布政权接管 20 分钟后，"美国之音"就报道了政变的消息。8 月 19 日早晨，"美国之音"的苏联听众就能够听到叶利钦对政变的谴责了。

还能做些什么来加强"美国之音"对苏联局势的影响呢？8 月 20 日下午 5 点刚过，管理"美国之音"的美国新闻署就向白宫发送了一份传真，报告在政变发生的两天时间内"美国之音"广播节目表的调整情况。"为了增强频率，提升'美国之音'在苏联境内的信号强度，今天电台发射机新增15 个小时的工时，每天的广播时间仍然是 14 个小时，但是信号更易捕获，声音更响亮。""美国之音"做到了信息全覆盖，并且每小时都有莫斯科记者的实况报道。

第二天，"美国之音"来自莫斯科街头的报道被刚刚安装在首都莫斯科的芬兰移动通讯网转播出去了。在"美国之音"发给美国白宫的另一份报告中详细写道："记者通过电话发布的报道经历了不同寻常的传播路径——从莫斯科街头传到'美国之音'办公室，再到伦敦、华盛顿、格林尼治电台,再通过英国转播,最后发送给莫斯科听众。所有信号皆以毫秒为单位。""美国之音"和包括英国广播公司在内的其他西方媒体的报道成了苏联民众了解叶利钦和反对派行动的主要渠道。在首都,人们还能收听到莫斯科回声电台,知道一些情况,可是在别的省份,这些外国电台是苏联人获知政变抵抗情况的唯一渠道。美国新闻署在苏联政变期间发给白宫的一份报道中写道:"据说只有9份报纸能在苏联出版发行,共和国和其他独立的电台、电视台实际上已经预先被苏联官方禁播了,美国和其他西方媒体在向苏联民众传递消息的过程中扮演着越来越重要的角色。"哥伦比亚广播公司的主播丹拉瑟在采访一位研究苏联政治的教授时提问:"在苏联,人们是怎么知道叶利钦号召举行大罢工的?"答案是:"'美国之音'可以做到。"事实也确实如此。[5]

8月20日下午5点35分,美国国务卿贝克得到消息:自动化武器架在俄罗斯白宫周围,离美国驻莫斯科大使馆也近在咫尺。面对莫斯科局势的一日三变,美国国务卿也难有作为。贝克后来回忆说:"我很少感到如此无能为力。"贝克当晚乘飞机跨越大西洋,参加次日上午在布鲁塞尔召开的北约会议。他说道:"我一直在等另一只靴子落地,等着行动中心或战情室打电话告诉我,克格勃和内务部队已经袭击了白宫,碾碎了路障,在行动中杀害了叶利钦。"[6]

就在贝克获悉莫斯科发生枪战的同时,亚佐夫刚刚结束了在克里姆林宫开至深夜的紧急委员会会议,他带着最沮丧的心情回到了位于国防部的办公室。此时是莫斯科时间8月21日清晨。昨夜会议从晚上8点钟开始,会上委员之间表现出了深刻分歧。刚一开会,亚纳耶夫就发表了一份令人震惊的声明,否认了将向白宫发动攻击的谣言。他希望广播和电视能播出这一声明。与会人员中,其中包括许多赞成政变的官员和政客,陷入沉默,这份声明让亚佐夫、克留奇科夫和其他委员会委员大吃一惊。

但是，亚佐夫和克留奇科夫早在 8 月 20 日早上就已经下达了攻占白宫的命令。到 8 月 20 日中午时，他们已经拟订了详细的作战计划。伞兵和防暴警察部队将于午夜时分包围白宫，驱散人群，为克格勃的阿尔法突击队和 B 部队扫清道路。突击队将突袭白宫，用榴弹发射器清场开道，荡平白宫，逮捕叶利钦。此次行动的代号是"雷霆"，将于 8 月 21 日凌晨 3 点开始行动。参与行动的部队将在午夜时分集结于白宫。亚佐夫承诺将派兵增援。密谋者现在要做的就是静等天黑。这将是叶利钦最后一个自由的夜晚。叶利钦一旦被捕，将被送往扎维多沃的国家狩猎场，勃列日涅夫和许多外国政要，包括尼克松的国家安全顾问，也就是日后的国务卿亨利·基辛格等，都曾在那里打过野猪。突击队中的有些人曾在 1979 年 12 月攻占了喀布尔的总统宫殿，整个行动对他们而言似乎是小菜一碟。[7]

可是现在，政变最高领导层的内部出现了分歧。苏联代总统和政变正式领导人亚纳耶夫要打退堂鼓，不愿对即将到来的突袭负责。整个行动稍有不慎，就会满盘皆输，到时，亚纳耶夫作为一位不愿对人民施加暴力的负责任的领导人，将会免于受责，安然无恙。

可是，当参加紧急委员会会议的二级军官离开后，房间里只剩下了主要领导人，亚纳耶夫的态度突然发生了转变。他一改刚才的宽宏大度，转而支持逮捕叶利钦。攻占白宫的行动将按原计划进行。但是这次会议让亚佐夫的心中产生深深的疑虑。这些人是不是利用军队去干脏脏的事，然后让他去当替罪羊？如果事情确实如此，这已经不是第一次了——政客做出决定，然后军队受到利用，被人指责。[8]

1991 年 1 月在维尔纽斯，这种情况已经发生过一次了。政府派军队驱散抗议者，无数的苏联民众看到电视后，谴责军队的暴力行为，戈尔巴乔夫随即命令停止军事行动。戈尔巴乔夫还对他的助手说，克留奇科夫和亚佐夫真是一无是处。军队高层被激怒了。像亚佐夫的国防部副部长、空军元帅叶甫盖尼·沙波什尼科夫这样的自由派人士,对于用军队来对付平民的做法震惊不已。若干年后,他写道:"在维尔纽斯事件中,当大家从电视上看到我们的士兵用机关枪托殴打平民时,我明白我们要做出最后决断了。"许多军官同情自由派,比如空降兵司令格拉乔夫中将,就对政治领袖的口是心非惊讶不已。格拉乔夫在8月20日夜向沙波什尼科夫谈到了攻占白宫的计划:"让他们向我暗示,由我做那个下达进攻命令的人吧,我会把他们都打发走。"[9]

军队的指挥官感到在对付平民这件事上,他们被利用了。1989年4月在第比利斯以及1991年1月在维尔纽斯,政府都要求军队镇压独立示威活动,但是,当情况变得糟糕、出现伤亡时,政府却拒绝承担任何责任。这两次政府都责备了军方。现在,同样的事情可能将在莫斯科上演。此外,莫斯科的情况对于军方来说是一个新的挑战。在波罗的海和高加索地区,大批俄罗斯和斯拉夫精锐部队被征调,用于镇压非俄罗斯族的抗议者。在莫斯科,这些部队面对的是俄罗斯人。在这种情况下,军队还会遵守命令吗?叶利钦的支持者不仅和军队往来密切,还一味地向他们灌输民主和爱国主义。他们对年轻的士兵说,不要向自己的同胞开枪。

苏联和俄罗斯的对抗已经摆上了桌面。空降兵接到亚历山大·列别德的命令,于8月19日第一个到达了白宫,他们以苏联人自居。一位白宫守卫者反击说:"到底什么是苏联?"由美国出资成立的自由欧洲电台的记者伊恩·艾略特后来讲述了他在莫斯科街头看到的一幕场景:一位醉汉"解开衬衣,把祖露的胸脯对准卡拉什尼科夫步枪的枪口,一位紧张的少年正紧握着这把枪……醉汉喊道:'你不会向我们开枪的,不是吗?毕竟,我们是俄罗斯人,而你们也是。'"8月20日夜,查非待在白宫周围的封锁线内,她后来回忆说,那些说自己"支持俄罗斯"的人都会被视为"自己人",而被允许通过。就在当天夜里,仍然犹豫不决、难以取舍的亚佐夫让叶利钦的信使把他的话捎给俄罗斯总统:"我是俄罗斯人,我决不会让我的军队沾满自己人民的鲜血。"[10]

可是,很快就将血溅莫斯科。午夜时分第一枪打响了。在莫斯科发行、专为外国社区和移民出版的周报《卫报》编辑迈克尔·赫特泽站在白宫前的广场上,他注意到了当时的时间:8月21日凌晨0点整。消息立刻在白宫守卫者之间传开——坦克从莫斯科河岸登陆,正要包围议会大楼,发动进攻。赫特泽几天后在报纸上写道:"凌晨0点10分,附近的山坡外的环城公路上传来越来越密的枪炮声。这次枪声急促而有规律,绝对不会搞错,这是自动化武器的声音。一位妇女叫喊道:'他们来了。''这帮混蛋来了。'随后,又是一阵枪炮声和几声恐怖的爆炸声。"[11]

8月18日夜,在福罗斯别墅会见戈尔巴乔夫的瓦连尼科夫将军先在乌克兰做了短暂停留后,现已返回莫斯科,他准备对付叶利钦。他派运兵车开往白宫,同时忙于指挥突击队队员降落在俄罗斯议会大楼的屋顶上。最先开火的是塔曼近卫师的士兵,他们接到瓦连尼科夫将军的命令,越过白宫,占领苏联外交部附近的地点,以准备发动攻击。当装甲运兵车穿过加里宁大街下的地下通道时,忽然遭到了白宫守卫者的伏击,因为他们以为进攻已经开始了。地下通道的出口被无轨电车封堵了。虽然领头的运兵车强行通过了路障,但是其他车辆被挡在了狭窄的通道内。

白宫的守卫者中,有部分人是阿富汗战场回来的老兵,他们清楚怎样做才能使装甲车无法开动。他们把布条塞向狭小的观察口,这样就挡住了装甲车驾驶员的视线。年轻的新兵觉得动弹不得,就转动炮塔,驱散袭击者。很快莫洛托夫鸡尾酒砸向了士兵,车辆燃烧了。士兵们从已经着火的运兵车上跳下来,对天鸣枪。子弹打到了装甲板和通道的墙上,还有些飞到了人群里。有位士兵企图用手扑灭被烧着的军服,结果弄伤了双手,其他人则侥幸逃脱,安然无恙。3具尸体被摆放在人行道上:一个是阿富汗老兵，他的头被运兵车碾压了，另两位白宫守卫者是被子弹击毙的。受伤的人更是不计其数。[12]

就在刚刚召开的紧急委员会的会议上，亚佐夫还在怀疑亚纳耶夫和其他人都在给自己留退路，等他一回来就收到了第一份伤亡人数报告。现在，人人看上去都是清白的，只有他亚佐夫是个例外。是他的人，他的军队，既不是克格勃，也不是警察部队向平民开火！他阴沉着脸，听完了白宫战况的汇报后，命令手下："下令停止开火！"如今消息传来，军队不会按原定计划进攻白宫，这恰好印证了克留奇科夫对军方的怀疑。有些人在8月21日一早就聚集在克留奇科夫的办公室，指责军方的懦弱。但是，也有人却着实松了口气，这些人中就包括将要执行进攻任务的高级军官，因为他们最后可能要为人员伤亡负责。内务部队指挥官宣布，如果军方不参与这次行动，他们也将按兵不动。[13]

克格勃突击队也拒绝进攻白宫。克格勃，这个无所不能的间谍组织，正在克留奇科夫的脚下逐渐瓦解。据弗拉基米尔·普京，也就是日后的俄罗斯总统所说，那天克格勃首领意外接到了圣彼得堡市市长阿纳托利·索布恰克的电话，这位支持叶利钦的市长在电话中询问一年前由他的副手提交上去的辞职信是否已有答复，而他的副手正是当时38岁的克格勃中校普京。据说那天普京递交了他的第二封辞职信，他效忠的是索布恰克，而不是政变领导者。正如普京事后所回忆的，他尊敬克留奇科夫，但是"当我在电视上看到那些犯罪的人，我立刻明白一切都结束了：他们完蛋了"。

撰写普京传记的人并不完全相信他说的话——在政变发生时已经提交了辞职信。他们认为普京是在政变垮台之后才这么做的。评论员认为，在诡谲动荡的8月，普京采取了观望态度，试图推断出胜利的钟摆指向。即使对普京的这些评论是正确的，他在政变期间的表现也并不符合克留奇科夫对属下的希望。骑墙观望、等待政变最终结果的克格勃官员太多了。普京和政变策划者都想拯救国家，但是他不愿采用这种过时的方法。"在政变发生的这段时间里，我对克格勃的所有信仰、所有目标轰然崩塌了。"这位未来的俄罗斯总统在8年后的一次采访中倾吐了心声。[14]

面对各方的背叛，除了放弃进攻，克留奇科夫已经别无选择。他对自己的手下说道："嗯，行动不得不取消了。"此时此刻，大雨如注，直升机无法在白宫屋顶降落，而议会大楼的守卫者高度警惕，他们粉碎了身着便衣的突击队队员前往白宫的最后一次尝试。最终，克留奇科夫命令切断大楼的电话线：现在，只能延长对白宫的包围了。

早上8点左右，亚佐夫通电各位指挥官，命令他们将部队全面撤离莫斯科。此举使得克留奇科夫和其他紧急委员会的成员着实大吃一惊。政变者来到了国防部，试图说服亚佐夫收回命令。亚佐夫承受着懦弱和背叛的指责，但他的回答仍然是：向人民开枪无济于事。亚佐夫说，如果军队仍然驻扎在莫斯科，新的冲突势必会发生，即使一辆坦克开火，它也装有40枚炮弹，后果将是灾难性的。亚佐夫对他的同谋者说，他不会做另一个皮诺切特——智利的独裁者，在苏联象征着军事专政。[15]

军队撤离莫斯科的消息很快传到了精疲力竭的白宫守卫者那里，他们欢呼雀跃。那天前半夜，叶利钦的警卫队长亚历山大·科尔扎科夫一听见枪声就冲到医生办公室，摇醒了和衣而睡的俄罗斯总统。叶利钦立刻起来，跟着科尔扎科夫乘坐电梯，来到了车库。叶利钦的第一反应是："来了，进攻已经开始了。"助手给他套上了防弹服，安排他在总统轿车的后排就座。

科尔扎科夫命令打开大门。他们将绕过广场，前往美国大使馆。那时，美国人已经接到了预警，他们一直把大使馆的门开着。科尔扎科夫的人从路障中挤出一点缝隙，开车通过。短短几分钟后，叶利钦将在美国大使馆获得安全保护。但是，就在汽车开动前，俄罗斯总统完全清醒了。他问身边的警卫："我们要到哪里去？"

科尔扎科夫惊讶地答道:"哪里是什么意思?去美国大使馆,再过200米,我们就到那儿了。"

"什么大使馆?"叶利钦同样惊讶地问,"不,我们不需要任何大使馆,回去吧。"

科尔扎科夫让司机稍等。叶利钦几小时前刚就科尔扎科夫的这一提议说"很好",现在情况反过来了。叶利钦总是如此——在最后一刻,以最戏剧的方式逆转乾坤。

叶利钦的政治直觉战胜了他的求生本能。在攻占白宫的过程中,他无论是被捕还是遇害,都希望能在政治意义上活下来。躲在美国大使馆,却实现不了这一点。叶利钦后来回忆:"这意味着我把自己放到了安全区域,却将人民置于枪炮底下。"他有强烈的俄罗斯民族自豪感,因为在过去的数个月中,他正是用民族自豪感巧妙地动员了民众,才导致了政变的发生。叶利钦在他的回忆录中写道:"尽管我们尊敬美国人,可是我们的人民并不喜欢外国人过多插手我国的事务。"这样说算是委婉了。他的许多支持者仍然抱着冷战的思维模式,把美国视为最主要的对手,同时苏联撤出东欧以及国内的经济困局只会增加苏联民众对富裕的西方世界的普遍仇视,对美国尤其如此。

叶利钦晚上躲在白宫的地下室里,听着外面偶尔传来的自动武器的声音,等待着攻占白宫行动的开始。和他一起躲在地下室里的还有莫斯科民主派领导人,这些人中有市长加夫尔·波波夫,副市长尤里·卢日科夫以及他有孕在身的年轻妻子。他的妻子还带来了一些自家做的食物,被包围的大楼里拥有了一份难得的平静。[16]

凌晨5点,莫斯科的军方取消戒严后,美国驻莫斯科代办柯林斯终于有机会勘察一下前夜的战场。这位外交官向华盛顿汇报:"6辆履带式运兵车困在了加里宁大街的地下通道,午夜以后向俄罗斯苏维埃联邦共和国的军队投降了。"叶利钦白宫内部不具名的人士（在美国公开的大使馆报告的档案中，已经将此人的名字划去）曾于清晨6点致电美国大使馆并且告诉美国人，在俄罗斯官员和军方指挥官接触后，空降兵不再前往白宫。

俄罗斯信息服务中心于早晨8点左右向美国大使馆发去传真，进一步证实了撤军的消息。据传真报道，莫斯科军方已经命令军队"全速"撤退。一位高级指挥官说，军队不会在"明天或后天"攻占白宫。政变似乎失败了。柯林斯注意到，凌晨5点左右，驻守白宫的人不断减少，因为许多守卫者都回家了。柯林斯对那些在这个动荡的夜晚一直待在大使馆办公室的美国同事说，现在安全了，可以回到自己的住所了。[17]

尽管撤军的消息让白宫守卫者们感到万分意外，可是，有迹象表明，叶利钦和他身边的人较早就得知了此事。据悉克格勃主席克留奇科夫曾亲自致电叶利钦，告诉他进攻已经取消了。此外，叶利钦对政变策划者及其计划的了解显然比他们自己预想的要多。在白宫事件发生若干年后，一位美国官员告诉获得"普利策奖"的调查记者西摩·赫什，布什总统曾命令美方截听政变领导层和苏联军队指挥官的通话，并将记录告之叶利钦。

赫什引用了这一消息来源，写道："国防部和克格勃领导人使用最安全的电话线路和军队指挥官进行联系。我们实时地告诉叶利钦他们谈话的内容。大多数战区指挥官都不接电话。"据赫什所言，美国大使馆还派了一位通讯专家前往苏联白宫，帮助白宫和军队指挥官建立了安全的通话联系。赫什引用了一位不愿透露姓名的消息人士的话："这样，叶利钦就能警告他们，叫他们不要靠近。"[18]

布什及其政府的相关人员都没有在回忆录里提到向叶利钦传递情报的事情。如果事实果真如此的话，这种做法则是违法的，其违背了政变发生前四天布什总统签署的一项法律：在未告知参议院的情况下，不得授权在别国从事秘密活动。布什政府与情报有关的资料仍然是国家机密，无法用来研究，这些情报的获取显示了美国有能力窃听苏联军队高层最机密的谈话，人们只能设想这些敏感信息究竟是否传到了叶利钦那里，如果确是如此，这些情报是否影响了他的行为以及政变的结果。没有线索表明，布什和叶利钦的通话记录存在秘密协议。

8月21日，布什离开华盛顿，回到位于肯尼邦克港的住所后，他给叶利钦打了电话。此时是缅因州时间早上8点30分，莫斯科时间下午3点30分。据布什回忆，叶利钦听起来比前一天更自信。他活过了那晚，用盖茨的话来说，他成了"前所未有的关键人物"。布什询问俄罗斯总统，此时此刻自己能做点什么来帮助他："我们很想做些有助于你的事，而不是相反。你有什么建议吗？"叶利钦没有其他要求："很遗憾，除宣传我们所处的困境，给予道德支持和发表谴责声明外，无论是技术方面还是其他方面，我想不出目前你们还能帮我们做些什么。"叶利钦提到了逮捕政变者的计划："我不能在电话里告诉你细节。"布什回答："我明白。"[19]

俄罗斯总统现在担心的不是可能对白宫发起的进攻，而是他的对手要耍什么样的政治花招。他告诉布什，俄罗斯代表团和戈尔巴乔夫两位忠实的助手已经被派往了克里米亚，探望被软禁的总统。叶利钦接着说："遗憾的是，就在代表团出发前40分钟，包括亚佐夫在内的5位军政府成员赶在我们前面飞往了克里米亚。他们想截住戈尔巴乔夫，强迫他签署文件，或是把他带到某个未知的地方。我们想和克拉夫丘克（乌克兰领导人）一起拦住他们，迫使他们在克里米亚的辛菲罗波尔着陆，不让他们抢先找到他（戈尔巴乔夫）。"

叶利钦还通报说，最高苏维埃将于8月26日举行会议，所以他的对手正在游说苏联最高苏维埃委员会成员，给政变行动寻找法律依据。根据叶利钦的分析，政变从军事上来说可能失败了，但是从政治上可能成功了。戈尔巴乔夫或许再次成为决定政变成败的关键人物。

就在前几天,叶利钦成功地揭露了政变的非法性,并且通过要求释放戈尔巴乔夫使自己拥有了合法性。可是,他本人和他身边的人却明白,这么做就是赌博。叶利钦团队里的许多人仍然认为戈尔巴乔夫并不是政变的受害者,而是煽动者,是政变的幕后主使。

如果政变策划者抢先见到了戈尔巴乔夫,并且说服他加入他们政变的话,那会发生什么事情?俄罗斯代表团必须拦住他们!叶利钦派他的副总统鲁茨科伊和一群手持卡拉什尼科夫突击步枪的官员一起前往克里米亚。叶利钦还希望在政变中一直支持他的空军司令沙波什尼科夫能让政变者乘坐的飞机偏离航线,或者使它迫降,这样他们的飞机就能抢先抵达克里米亚了。可是沙波什尼科夫无能为力,因为除了总参谋长,任何人都不能命令总统专机着陆。

对于政变者和反对派而言,在新的局面下,戈尔巴乔夫采取什么立场是至关重要的。那些率先成功"拯救"戈尔巴乔夫的人将决定政变的成败,将决定苏联政治舞台上重要角色的政治生命,甚至是身家性命。"现在有3架飞机飞往那里,都想第一个到达。"叶利钦向布什这样描述飞往克里米亚的飞行竞赛。苏联议会议长安东尼·卢斯安诺夫乘坐的是第三架飞机,他曾经支持政变,现在则是急于去表示他与政变无关。华盛顿方面,贝克收到报告,报告上说美国驻苏联的外交官柯林斯本打算和鲁茨科伊一起飞往克里米亚,但是没能赶上飞机。[20]

与此同时,莫斯科时间下午1点刚过,亚佐夫元帅拥别了自己的妻子艾玛后,赶往了机场。他最终决定接受妻子在政变第一天提出的建议:抛弃其他发动政变的人,直接找戈尔巴乔夫谈话。当亚佐夫告诉紧急委员会成员,他不仅命令军队撤出莫斯科,还打算前往克里米亚见一见戈尔巴乔夫时,克留奇科夫试图阻止他这么做。但是,克留奇科夫没能成功说服亚佐夫,于是这位克格勃主席改变了想法,表示愿意和他一同前往克里米亚。

克留奇科夫想先与曾经被自己背叛的总统进行谈话，和他结成同盟，一起对付更有权势、更具威胁的对手——俄罗斯总统。他们在飞机上得知叶利钦已经下令逮捕他们。戈尔巴乔夫现在是他们唯一的希望。克留奇科夫对他的同事说："戈尔巴乔夫不会愚蠢到不明白，没有我们他将寸步难行。"[21]

傍晚时分，载着克留奇科夫、亚佐夫和戈尔巴乔夫前助手的车队驶向了苏联总统居住的福罗斯别墅。就像三天前一样，这次克格勃警卫局局长普列汉诺夫将军也一同前往福罗斯。下午5点，重兵把守的别墅大门为莫斯科来的客人打开了。但是，接下来的情况却大大出乎人的意料。

戈尔巴乔夫两位手持卡拉什尼科夫步枪的警卫突然从旁边的树丛中蹿出来，命令轿车停下来。普列汉诺夫将军从车上跳了下来让他们放行："你们想干什么，不让安全部门的领导通过？"但是，守卫没有回答。他们只接受戈尔巴乔夫的命令。赖莎听到了车道的动静，从卧室走了出来。通往戈尔巴乔夫办公室的路被一位警卫挡着。她筋疲力尽地问道："你们不让任何人通过吗？"回答是："没有人能通过。"

这些天的经历让赖莎很颓丧。多个不眠之夜使她疲惫不堪，她因此中风了，有只手臂已失去控制。尽管8月18日莫斯科来的信使离开别墅后，家人平静如常，但是第二天早上当政变者宣布戈尔巴乔夫生病了，全家的压力陡增。8月19日夜，戈尔巴乔夫看完了紧急委员会的新闻发布会后，压力已经让他们难以忍受。如果说旁观者持谨慎乐观的态度，认为这些人无法掌权太久的话，戈尔巴乔夫全家却更加焦虑了。当记者坚持询问戈尔巴乔夫的健康状况时，亚纳耶夫不断地保证他最想要的就是他的老板能返回莫斯科，这使得戈尔巴乔夫怀疑，政变密谋者会不会改变现状以兑现承诺——换句话说，就是真让戈尔巴乔夫病倒。

那天晚上，戈尔巴乔夫录了一段话想公之于众，主要是谴责政变，揭露政变阴谋家关于他个人健康状况的谎言。四盒小录音带必须通过戒备森严的别墅偷偷带出去，无论如何，这都是异常艰巨的任务。现在，充满担忧和焦虑的 3 天已经过去，传来的消息是有代表团到此，想亲自看看戈尔巴乔夫到底发生了什么事。

在这群人到达府邸之前，戈尔巴乔夫就知道他的前助手即将到访。赖莎在日记中写道，她的女儿和女婿已经听到了英国广播公司的报道，报道说克留奇科夫已经同意让代表团飞往克里米亚查看戈尔巴乔夫的健康状况。这则消息让人担忧。赖莎在日记中写道："我们把这看作是最糟糕的事情将要到来的信号。接下来的数小时内，政变者可能会采取行动，把无耻的谎言变成现实。米哈伊尔·谢尔盖耶维奇已经命令警卫封锁了通往别墅的车道和入口，没有他的允许任何人不得进入，警卫随时准备行动，如果需要的话，就使用武力。"

现在所有的希望都寄托在剩下的安保人员身上。自那日密谋者不期而至地造访了戈尔巴乔夫以后，他的警卫就许下承诺，要保护他们的总司令直到最后一刻。警卫们要让大家看看，虽然他们第一次遭到威胁时未能保护好总司令，但是现在将如何坚定地保护他们的总统。

警卫的果断行动取得了成效：普列汉诺夫拦住了他的人，告诉他们，警卫真的准备开枪了。政变者随后对警卫说，他们只想见一见总统，愿意安静地待在接待室，等待总统的召唤。戈尔巴乔夫忠实的助手切尔尼亚耶夫从秘书那里得知政变者到了别墅，他冲到了戈尔巴乔夫那儿，告诉他不要见这些人。戈尔巴乔夫向他保证，他不会见他们："我给他们下了最后通牒：如果不恢复我的通讯，我就不会和他们谈话。现在，我无论如何都不会见他们的。"

当政变者重新接通了电话线后，克留奇科夫第一个打去了电话。不过，戈尔巴乔夫拒绝和他的这位前助手通话。他打给了总参谋长莫伊谢耶夫大将，让他保证俄罗斯代表团的飞机在克里米亚安全着陆，政变者正打算在飞机着陆时伏击呢。克里姆林宫卫戍部队指挥官接到命令,除了戈尔巴乔夫,他们不能接受任何人的命令。通讯部部长接到命令,切断政变者的电话线。总统又重新掌权了。

政变发动者屈从于戈尔巴乔夫的要求,恢复了他的对外通讯以后,戈尔巴乔夫的主要目标除了重新掌控军队和安全部队,还要评估新的政局,从而决定采取进一步的行动。那天傍晚,戈尔巴乔夫的助手瓦吉姆·梅德韦杰夫从莫斯科打电话给他,梅德韦杰夫后来回忆说:"总统说他已经给莫斯科和加盟共和国打了许多电话,现在他要和叶利钦通话了。"

8月21日下午,戈尔巴乔夫又重新成为苏联政坛最有权势的人物了。不仅政变者,就连叶利钦等民主派人士也认为他们需要戈尔巴乔夫及其政治影响力。现在,戈尔巴乔夫准备出击了。理论上,他可以像政变密谋者希望的那样,和他们达成协议。然而,戈尔巴乔夫支持的却是叶利钦。[22]

随后,最让人出乎意料的事情发生了,华盛顿打来了电话。接到斯考克罗夫特的命令,美国军方反复尝试接通戈尔巴乔夫,他们终于成功了。戈尔巴乔夫一接通电话,他们就跑去找来了布什。苏联总书记对美国翻译彼得·阿纳托利耶维奇说:"感谢上帝!我在这里被关了4天。"

听到戈尔巴乔夫的声音,布什也喊出了上帝:"哦,上帝,太好了,米哈伊尔。"

"我要祝贺你,还有你从一开始就采取的立场,你很坚定。"戈尔巴乔夫大方地表示对布什的赞赏(考虑到布什听到政变发生后,依据所掌握的不充分证据即刻做出的声明),"谢谢你从度假中抽出时间。你强硬的声明影响了每个人,除了卡扎菲——一个古怪的利比亚领导人,他没有选择沉默,而是表达了对政变者的支持。"

芭芭拉很快也凑了过来。"芭芭拉在这里向赖莎表示问候。"布什说道。

戈尔巴乔夫感动了:"乔治,谢谢你和芭芭拉的原则立场,还要感谢你们的人道和友谊。"这次通话期间切尔尼亚耶夫也在场,他后来回忆:"这是一次令人愉悦的交谈。"

戈尔巴乔夫告诉布什:"我们要继续推进和你们的关系。我们不会因过去发生的事而畏惧动摇,民主不允许这么做。这对我们都是一份保证。"

老布什很高兴。"我现在就向全世界宣布这个消息。"美国总统欢欣鼓舞。

戈尔巴乔夫挂断电话后不到一小时,布什就向媒体公布了此事。他告诉挤在肯尼邦克港别墅小房间里的记者们,他已经和苏联总统通过话了,戈尔巴乔夫身体很好,已经回来主持工作了,并且"他对美国人民和世界其他国家的人民支持他的民主和改革表示真挚的感谢"。在结尾时,布什说道:"总之,事情发展的方向非常非常的积极。"美国总统要庆祝的事情还很多:他精心筹划的策略——既支持新兴的俄罗斯民主,又没有立刻斩断和政变者的关系——真是十分奏效。[23]

副总统鲁茨科伊带领的俄罗斯代表团于晚上 8 点到达了福罗斯别墅。赖莎看到鲁茨科伊身边的人手持冲锋枪,于是问他们是不是来逮捕戈尔巴乔夫的。不,鲁茨科伊向赖莎保证,他们是来解放总统的。戈尔巴乔夫让政变者等了好几个小时,与之相反,他立刻接见了鲁茨科伊。戈尔巴乔夫的助手切尔尼亚耶夫在日记中写道,戈尔巴乔夫和"俄罗斯人"的这次会面令他刻骨铭心,余生难忘:"我看着他们,他们中有的人曾不断地咒骂米哈伊尔·谢尔盖耶维奇,跟他争辩,愤怒不已,还在议会和媒体进行抗议。然而,现在不幸让大家走到了一起,并且与俄罗斯方面的结合对国家至关重要。看着人们在庆祝和拥抱,我甚至大声说道:'虽然联盟协议还没签,但中央和俄罗斯已经建立联盟了。'"

戈尔巴乔夫的热情,驱散了俄罗斯人对他的怀疑。直到最后时刻,叶利钦和他身边的人都无法肯定戈尔巴乔夫是否支持政变密谋者。当戈尔巴乔夫的翻译帕拉日琴科告诉莫斯科街头的人们，总统确实被政变者隔离时，人们很是惊讶。但当人们看到快要崩溃的赖莎时，完全相信鲁茨科伊的总结——这不是政治阴谋，总统真的被隔离了。[24]

戈尔巴乔夫和鲁茨科伊的代表团一起乘坐俄罗斯飞机回到了莫斯科。鲁茨科伊说服了戈尔巴乔夫，称俄罗斯飞机比苏联总统专机更安全。大多数的政变者都乘坐总统专机飞回了莫斯科。亚佐夫后悔自己同意加入紧急委员会，骂自己是个傻瓜。他顺从了自己的命运，当被捕的消息传来时，他平静地、有尊严地接受了。当克留奇科夫被叫去和戈尔巴乔夫还有"俄罗斯人"乘坐同一架飞机的时候，他还燃起了一丝希望。他在登机前被搜身，在飞行途中除了警卫没人跟他说话，他被当作了人肉盾牌，因为许多人相信克留奇科夫或许事先安排了攻击行动。飞机一着陆，克留奇科夫就被俄罗斯当局而不是苏联政府逮捕，克留奇科夫要求给些威士忌压压惊，可是没人给他。今时不同往昔啦。[25]

| 第 三 章 |

反政变

THE LAST EMPIRE

毋庸置疑,对俄罗斯而言,联盟协议已经无效了。然而,叶利钦并不满足于俄罗斯享有更多的自治权。叶利钦把戈尔巴乔夫从政变者手上搭救出来,却让这位苏联总统成了新的囚徒。

俄罗斯的复兴

8月22日清晨,所有赶去莫斯科伏努科沃机场欢迎总统从克里米亚解禁归来的记者和官员都看到了疲惫却乐观的戈尔巴乔夫走下了飞机。士兵手持卡拉什尼科夫冲锋枪,这一切提醒着人们——总统和他的家人刚刚经历了一场严酷的考验,危机远未结束。

和戈尔巴乔夫一起回来的有赖莎及其家人,包括他的两个外孙女克谢尼娅和阿纳斯塔西娅。赖莎看上去心有余悸,意志消沉。她的一只手还不怎么听使唤,两天后她就会住院。戈尔巴乔夫34岁的女儿伊琳娜是一位训练有素的医生,在整个备受煎熬的软禁期间,她都保持着从容镇定,可是,当她发现自己安全地坐上了总统专车后,不禁泪如雨下。戈尔巴乔夫事后回忆,小外孙女阿纳斯塔西娅在政变最初的日子里,受到的影响最小,"她什么也不懂,到处跑,还让人带她到海滩去"。在返回莫斯科的飞机上,女孩们安静地躺在客舱里睡着了。[1]

就在戈尔巴乔夫的家人坐在总统专车里等待时,总统面向媒体发表了演讲。他主要谈论了自己在克里米亚被软禁的情况，并且答应过些时候再向大家进一步披露详情。同时他还评估了新的政治形势，阐述了自己肩负的任务。戈尔巴乔夫在电视摄像机前说道："最重要的是，自1985年以来，我们的努力已经结出了果实。我们的社会、我们的人民已经和过去不一样了，这才是一小撮人胡作非为的最大阻碍……这是改革的巨大胜利。"他感谢叶利钦本人在政变时期所持的立场，他特别感谢了俄罗斯人民的态度。展望未来，戈尔巴乔夫强调为了克服目前的政治和经济危机，需要继续加强中央和共和国的合作。他没有要求立即签署联盟协议，正是这份协议引发了政变，也因为政变而被搁置。他提到了"相互理解"的必要性。[2]

戈尔巴乔夫在登上飞往莫斯科的俄罗斯飞机后，对他的助手说："我们将飞向一个新的国家。"他可能没有意识到他的预言是多么精准。8月22日晚上，成千上万的莫斯科人在俄罗斯白宫附近等到大半夜，还是没有见到戈尔巴乔夫。要么是总统不知道莫斯科人民在等着他，要么就是他被软禁了72个小时之后实在太累了，没法再对人群发表演讲。大约凌晨4点钟，俄罗斯副总统鲁茨科伊告诉欢呼的人群，戈尔巴乔夫自由了，并且开始逮捕那些发动政变的人了。就在那个夜晚，因为种种原因，戈尔巴乔夫拒绝支持政变者，从而给反对政变的人找到了逮捕行动的理由，但是他没有向那些支持他的人民发表演讲。[3]

政变后的局势千头万绪，戈尔巴乔夫一时还不能完全理清楚。其中一个变化就是苏联政治中街头运动的力量显著增强了。在政变期间和政变失败后迅速占领莫斯科街道和广场的示威群众已经成为一派力量。他们也成了叶利钦及其追随者的强大武器，因为叶利钦可以同他们对话，引导他们的行动，在上层政治斗争中利用他们的支持。戈尔巴乔夫却做不到这点。群众的激进主义恰好是戈尔巴乔夫新思维改革和政治公开性的产物，但是戈尔巴乔夫最想看到的并不是莫斯科人在政变时期日夜守卫通往白宫的要道。人们不想"重建"旧的生活方式，他们想要构建新的生活。

在接下来的几天中，戈尔巴乔夫将错失成为新的政治家的机会，在和更有权势的俄罗斯新领导人叶利钦的至关重要的首轮角逐中彻底落败。这次失败将对苏联的未来产生深远的影响。

戈尔巴乔夫的回忆录中略去了8月22日这天的内容，他那时的一位重要顾问梅德韦杰夫事后认为，这一天是痛失机遇的一天。在戈尔巴乔夫摆脱克里米亚的软禁回来后的第一天早晨，他休息了片刻，因为他太需要休息了。他召集了最亲近的顾问前往克里姆林宫，中午他驱车到达了那里。最主要的议程就是干部任免问题。总统忙于把政变参与者和支持者驱逐出去，再安排他认为可以信任的人接替那些人。戈尔巴乔夫的助手当着他的面起草好了总统令，打印之后，戈尔巴乔夫立刻在上面签了字。首要任务就是替换克格勃领导、内务部部长和国防部部长，对此戈尔巴乔夫一刻也不能耽误。无论在危机发生时，还是面对政变的余波，这些职位都是总统权力的基石，现在戈尔巴乔夫比以往更需要这些基石。[4]

戈尔巴乔夫希望可以尽快填补空缺的内阁职位，他提拔了前任部长的副手，只要他确信这些人没有卷入政变。作为戈尔巴乔夫提拔的国防部代理部长，莫伊谢耶夫大将在1991年前往华盛顿访美期间给老布什和他的顾问留下了深刻印象。布什在政变期间和叶利钦的通话中，两次向他询问莫伊谢耶夫有没有抵制政变。叶利钦说他没有这么做，但戈尔巴乔夫的想法恰好相反。克格勃的最高领导由列昂尼德·舍巴尔申担任，他是苏联对外情报部门的领导和中东问题专家，政变发生的第一天他还在打网球，这就释放了一个信号——他与政变毫无瓜葛。内务部部长普戈在22日早些时候自杀身亡，他的职位由内务部副部长代替。现在看上去最重要的，不是戈尔巴乔夫新任命的这些官员和政变领导者之间走得有多近，而是他们和叶利钦保持怎样的距离，因为政变参与者已经不具威胁，而叶利钦又重新成为戈尔巴乔夫最主要的权力竞争对手。[5]

新部长的任命使戈尔巴乔夫和叶利钦的关系在政变后出现了第一个重大危机。就在戈尔巴乔夫忙于起草和签署新政令的时候，叶利钦正在召集群众。正午时分，他在莫斯科面对着成千上万的"胜利者"发表演说，宣布红蓝白三色帝国旗就是俄罗斯的"国旗"。当叶利钦的警卫队长科尔扎科夫事后回忆起叶利钦听到戈尔巴乔夫迅速任命新部长时的反应，他说道："这种大胆的独断专行的做法自然激怒了叶利钦。他要用自己的方式改变一切。"现在，俄罗斯总统认为他本人才是局面的掌控者，而不是戈尔巴乔夫。

掌控军队、警察和情报机构的部长们不仅可以决定国家的政治走向，还能决定叶利钦本人的政治前途。俄罗斯总统希望坐在这些位子上的人，要么忠诚于他，要么至少不完全依赖戈尔巴乔夫，也不会对戈尔巴乔夫感恩戴德。叶利钦向虚弱的戈尔巴乔夫发动反击的主要武器就是，在政变期间，他掌握了政府高级官员的动向，而戈尔巴乔夫却一无所知。当俄罗斯总统从电视报道中看到安全部门新任领导的任命情况，他立刻致电戈尔巴乔夫："米哈伊尔·谢尔盖耶维奇，你在做什么？莫伊谢耶夫是政变的组织者之一，舍巴尔申是克留奇科夫的亲信，也是政变的重要协调者。"戈尔巴乔夫想方设法应对这个困难局面，他说道："是的，或许我搞错了，但是现在太晚了。所有的报纸都刊登了任命决定，电视上也都播出了。"叶利钦并不准备就此放弃，他对戈尔巴乔夫说，明天会到戈尔巴乔夫的办公室见他。[6]

叶利钦有自己的算盘，其一是让戈尔巴乔夫取消他的任命决议，其二是让苏联总统同意颁布法令，即使不让俄罗斯联邦获得完全独立，也要进一步加强它的经济自治权。戈尔巴乔夫废除了政变者颁布的法令，但是承认叶利钦在政变的非常情况下签署的法令仍然有效。现在叶利钦宣称，他在 8 月 20 日签署了一项关于俄罗斯经济自治权的法令。依据该法令，自

1992 年 1 月 1 日起，俄罗斯领土内所有的企业都将由俄罗斯联邦管辖和监管。俄罗斯总统还颁布法令成立海关总署，建立俄罗斯自己的黄金储备，将自然资源开采的许可权和税收权都交给俄罗斯政府。这是一种策略，迫使戈尔巴乔夫签署他本不可能同意的法令，因为该法令破坏了苏联的经济基础。这项法令根本不可能在 8 月 20 日或之前签署，没有迹象表明叶利钦在等待白宫被围攻的时候，该法令被起草完成了。

这还不是全部，8 月 22 日戈尔巴乔夫重新担任苏联总统的这天，叶利钦签署了一项独立法令，禁止俄罗斯《真理报》和其他支持政变的报纸出版发行。叶利钦解雇了苏联国家通讯社——塔斯社——的社长，俄罗斯政府将控制俄罗斯境内共产党的媒体渠道。这么做明显是越俎代庖。根据被政变搁置的协议，这些行为已经远远超越了俄罗斯共和国被授予的权力。毋庸置疑，对俄罗斯而言，联盟协议已经无效了。然而，叶利钦并不满足于俄罗斯享有更多的自治权。叶利钦把戈尔巴乔夫从政变者手上搭救出来，却让这位苏联总统成了新的囚徒。戈尔巴乔夫的助手梅德韦杰夫把叶利钦政变后最初几天的做法称为"反政府行为"。[7]

8 月 23 日，叶利钦和戈尔巴乔夫就部长任免问题进行密谈，戈尔巴乔夫企图玩拖延战术，面对叶利钦要求开除莫伊谢耶夫的态度，他回应说："我会考虑该怎么办的。"

叶利钦拒绝离开戈尔巴乔夫的办公室，他说道："不，我不会离开这儿，直到你当着我的面，把此事办妥为止。让莫伊谢耶夫到这儿来，告诉他让他退休去吧。"当叶利钦从警卫那里收到一张便条，上面写明莫伊谢耶夫已经下令销毁国防部卷入政变的资料时，他更来劲了。便条上还写着负责销毁文件的官员的姓名和电话。叶利钦让人们按照这个号码打过去，然后把话筒递给了戈尔巴乔夫，说道："让这个中尉停止销毁文件，把所有文件严加保存。"戈尔巴乔夫依照吩咐下了命令。当叶利钦坚持召唤莫伊谢耶夫时，戈尔巴乔夫还是照做了。叶利钦对苏联总统说："告诉莫伊谢耶夫，他不再是部长了。"屈辱的戈尔巴乔夫遵从了叶利钦的命令。[8]

叶利钦推荐任命的新任国防部部长是空军元帅沙波什尼科夫，他反对政变，并且向叶利钦和他的随行人员表明了自己的态度。叶利钦现在有自己人掌控苏联军队了。叶利钦还建议让戈尔巴乔夫的助手、曾在政变时期支持过叶利钦的瓦季姆·巴卡京担任克格勃主席。叶利钦还坚持解除苏联外交部部长亚历山大·别斯梅尔特内赫的职务，因为政变发生时，他称病不出。同样被解职的还有戈尔巴乔夫前天刚任命的内务部部长。

叶利钦回忆起他和戈尔巴乔夫讨论部长任命时的谈话："我对他（戈尔巴乔夫）说，政变给了我们惨痛的教训，因此我坚持说，没有事先征得我的同意，他不应做出任何人事任免的决定。他目不转睛地注视着我，神色好似陷入困境。"这确实是反政府的做法。叶利钦强迫戈尔巴乔夫要么任命他的人，要么任命他认为与之私交深厚的人。在导致苏联解体的未来数月中，沙波什尼科夫和巴卡京的任命将会是至关重要的。[9]

戈尔巴乔夫明显退缩了。他困惑不已，人们对他在幕后参与政变的怀疑进一步削弱了他的地位。8月22日，当莫斯科日报《论据与事实》的记者在首都街头采访路人，问他们如何看待苏联总统时，这个问题的潜台词再明显不过了：人们相信戈尔巴乔夫躲在政变的幕后吗？接受采访的路人，每4个人中就有一个人不信任戈尔巴乔夫，一个人信任他，另外两个人推断他是清白的，但是不能完全相信他——毕竟政变的领导者都曾经是他的门生。

叶利钦在谈到任命新部长和中央高级官员时的一番言论是有一定道理的：戈尔巴乔夫在政变持续3天的关键时刻里被软禁隔离，现在他没有资格查验事实，推翻指控。戈尔巴乔夫在回忆录中提到了政变后他最初任命的部长："信息不足才导致了这种错误。几个月后大量信息才被披露出来，当时很多事情还没有完全弄清楚。"[10]

戈尔巴乔夫回到莫斯科，不仅想要重新坐回总统的位子，还要重新做苏共的领导人。他回来那天，在电视转播的新闻发布会上，他宣称自己是社会主义信仰的追随者，谴责他的亲密助手、身为"改革之父"的雅科夫列夫脱离了共产党。他彰显了继续推进党内民主化改革的决心。他在7月强力推出了苏共中央新的党纲，新党纲将按照欧洲社会民主党派的路线改革共产党。现在，强硬派在政变失败后已经离场，他相信自己的改革能够成功。

戈尔巴乔夫在回忆录中是这样解释他当时的做法的："党员之间在意识形态和政治上的紧张对立，使得在某个阶段，共产党的分裂已经不可避免了。我主张用民主的手段推进重组：于11月召开代表大会，苏共可以和平地分裂。根据民意调查，我本人以及我的追随者提出的纲领获得了近三分之一的党员的赞成。"戈尔巴乔夫预计会有500万党内支持者。但是，他很快发现自己已经无党可依。他的对手运用街头势力阻止了苏共中央的活动。[11]

8月22日，戈尔巴乔夫回来的这天，在莫斯科就发生了重大集会示威活动。就在那天，示威的人数急剧增加，支持民主改革的自由主义者加入了集会，他们中的大多数人在冲突最激烈的时候没敢出来，寻求冒险和刺激的城市青年也加入其中。烈酒唾手可得，集会者因此变得更难以掌控。控制示威活动的人来自莫斯科市政府，他们都是政变期间热情支持叶利钦的人。他们成功地阻止了越来越多的激进人士拥向有神枪手守卫的克格勃办公大楼，他们提议：推倒苏联秘密警察的创立者费利克斯·捷尔任斯基［原苏联党和国家早期的主要领导人之一，曾任联共（布）中央政治局候补委员、全俄肃反委员会主席、苏联最高国民经济委员会主席等职。克格勃的创始人］的"铁人费利克斯"塑像，塑像矗立在克格勃总部前的卢宾卡广场上。这个策略生效了。[12]

那天日暮时分，美国大使馆前往克格勃大楼的工作人员目睹了当时的场景。他们中有个人告诉示威者自己是美国人，之后他才能够穿过人群，来到广场中央，得以在第一排看清整个事件经过。起初抗议者企图用卡车推倒塑像，但是莫斯科当局告诉大家塑像实在太重了，让大家等起重机开过来。如果塑像倒掉的话，可能会砸烂地面，破坏莫斯科的地铁。警告见效了，几小时后克房伯起重机运走了塑像。

美国外交官向华盛顿报告："在午夜前，最后的螺栓被拧断了，起重机已经就位，把塑像连基座一起提了起来。当塑像被连基座一起吊起时，人群爆发出阵阵欢呼声，他们喊着'打倒克格勃，打倒苏联，打倒刽子手'。在事件的整个过程中，三幢克格勃大楼一直漆黑一片。每当办公室的灯亮起时，人群就指向它，大声喊叫，直到灯光熄灭为止。集会者说：'他们害怕我们。'"当夜没有骚乱，也没有发生重大事故。[13]

8月23日的黎明如期而至。叶利钦的副官们好像掌控了集会人群，他们已经意识到了，此时此刻示威者发挥着重要的政治作用，所以他们并不急于送这些人回家。他们警告集会人群，强硬派准备向白宫发起新的进攻。即将在数小时内被任命为国防部部长的沙波什尼科夫元帅为了应对谣言，命令空军保持高度戒备状态。与此同时，有一群人聚集到了彼得罗夫卡广场的警察局，胆大的人已经开始翻越大楼周围的铁栅栏。要是拥有武器的话，一场骚乱即将发生。此外，管理警察局的最高权力机关也没有到位：内务部部长普戈已经自杀身亡，戈尔巴乔夫任命接替其职位的人选，遭到了叶利钦的反对，而叶利钦提名的人尚未得到戈尔巴乔夫和共和国其他领导人的认可。局势很可能会失控。[14]

反对政变、深得民心的莫斯科市政府掌控着局面，就像它在前天晚上的做法一样。避免局势失控的一个方法是让群众把注意力转向离警察局只有几公里远的苏共总部。市政府的一位官员对集会的人群说："市长需要你们的帮助，大家都去苏共中央吧。"许多示威者很不高兴，因为他们差不多就要控制警察局，拿到武器了，但是集会中大多数的莫斯科人一直把共产党视为权力的象征和源泉，所以他们遵从了召唤。

虽然集会人群最初发泄的目标——克格勃和警察局——已经直接或明显地卷入了政变，然而，苏共的领导层从未公开表明自己的态度，但苏共仍然是一个更大的战利品。抗议者反对的不仅是政变当局，他们还反对苏共领导下的苏联。在过去的几年里，反党标语动员莫斯科人参加集会，举行示威活动，现在他们的做法正是莫斯科市政府所希望的。人群朝着苏共中央大楼所在的老广场进发。

就在戈尔巴乔夫和叶利钦在克里姆林宫就部长职位进行交涉之际，国家和首都的真正权力却掌握在46岁的根纳季·布尔布利斯的手中。布尔布利斯是拉脱维亚移民的后代，在叶利钦的家乡斯维尔德洛夫斯克市长大。他曾是一位马克思政治经济学的大学教授，自戈尔巴乔夫改革以来，他一直是民主运动的组织者、彻头彻尾的反共人士，最近，叶利钦任命他担任俄罗斯第二高官——国务卿。这样一来，他就能控制总统府和大部分政府机关。

8月23日，布尔布利斯在白宫内处理俄罗斯事务。他先和叶利钦交谈了一会儿，然后在克里姆林宫和戈尔巴乔夫及其他共和国领导人进行磋商会晤，他还让警卫把便条交给了俄罗斯总统。正是布尔布利斯告诉叶利钦国防部销毁文件的消息，这才使叶利钦有了依据，让戈尔巴乔夫开除其任命的部长。

布尔布利斯曾指责国防部销毁文件，掩盖参与政变的事实，现在他故技重施，他要斩断戈尔巴乔夫的政治势力，关闭苏共中央，因为叶利钦在数年前已经退出了苏共，其他共和国的领导人在苏共也没有真正的影响力。

布尔布利斯递给戈尔巴乔夫一张便条（随后他向叶利钦进行了汇报），

上面说苏共官员正在粉碎证明他们卷入政变的文件，要求戈尔巴乔夫暂时关闭中央委员会。粉碎文件确有其事，不过当苏共官员急于销毁他们参与政变的所有痕迹时，机器出现了故障，纸夹取不出来。戈尔巴乔夫似乎是想取悦叶利钦，他签署了文件，授权关闭苏共中央办公大楼。戈尔巴乔夫作为苏共领导人的使命结束了，作为总统的职位更加岌岌可危了。

莫斯科市政府的官员拿着戈尔巴乔夫签署的文件冲到了苏共总部，要求困惑不解、恐惧难安的苏共官员锁上办公室回家。人群围住了办公大楼，倒戈的呼声在天空回响。当苏共中央管理事务局局长尼古拉·克鲁奇纳对莫斯科官员说，他不能停止整个中央委员会的工作时，莫斯科市政府官员指向窗外的人群，其中一人对着克鲁奇纳叫嚣道："除非你们安静地离开，否则我们会把这里的每个人都撕得粉碎。别再做蠢事了，照我们说的做！"共产党的高层官员明显动摇了，脸涨得通红。这里没有足够的克格勃警卫来组织有效的抵抗。克鲁奇纳妥协了，他让副手把莫斯科市代表领到大楼的民防广播站发表声明："经由总统同意，鉴于目前的局势，当局已经做出决定关闭大楼。你们只有一小时的时间可以离开。你们可以带走私人物品，但是其他所有的东西都必须留下来。"

人群发出了欢呼。苏共官员开始走出大楼，市政府官员要求示威者"不要给他们任何制造混乱的借口"。当数以千计的苏共工作人员极其羞辱地离开大楼时，莫斯科市民高喊道："耻辱！耻辱！"莫斯科市委书记尤里·普罗科菲耶夫曾在政变的最后一天让政变者给他一把手枪，让他好开枪自杀。其实他也就是嘴上骂几句，抱怨一下，最终在警察的保护下，乘坐出租车离开了。示威者展示了他们在苏共官员离开后搜查办公室时缴获的战利品——一些官员试图偷偷带出去的熏鱼和香肠。这可是当时难得的美味。[15]

莫斯科市中心苏共中央办公大楼的关闭与戈尔巴乔夫漫长的政治生涯

中最严重的一次公众危机发生在同一天。当日下午，戈尔巴乔夫会见了俄罗斯议会代表团，这本是一次非正式会谈。可是事实上，电视却进行了转播。戈尔巴乔夫感谢俄罗斯议会和叶利钦本人反对政变的立场。他透露准备将政变时担任上校的鲁茨科伊提拔为将军。为了安抚叶利钦，戈尔巴乔夫大声朗读了8月19日内阁会议的部分会议记录，根据这部分内容，除了两个人，其他的部长都支持政变。

然而，苏联总统还是渴望挽回他仅剩的权力。他让俄罗斯议员帮助他拯救苏联："在政变过去后的今天，俄罗斯人必须和最高苏维埃其他加盟共和国及其人民团结起来，否则他们将不再是俄罗斯人。"这里暗指俄罗斯在沙俄和苏联时代中一直扮演的帝国角色，但是戈尔巴乔夫的一番言论可不讨代表们的欢心，他们认为戈尔巴乔夫要求俄罗斯和其他共和国一起行动，是想把俄罗斯绑在苏联的车队上，从而阻止俄罗斯发展民主以及进行市场化改革。

代表们向戈尔巴乔夫发动了攻击，质问他是不是政变的同谋，要求宣布戈尔巴乔夫真正的权力基石——苏联共产党——是有罪的组织。戈尔巴乔夫继续为自己辩护，他对代表们说："现在，这么做是另一种肃反运动和宗教战争。我理解的社会主义是人类的一种信仰，我们不是唯一的信仰者，别的国家也有，不仅今天有，其他时候也有。"

接下来的提问是关于俄罗斯联邦境内苏联财产的所有权问题，以及叶利钦签署的俄罗斯经济自主权的法令问题。叶利钦说道："你今天说过要签署法令，承认我在那段时间发布的所有政令。"他指的是在政变期间已经签字实施的措施。

戈尔巴乔夫知道自己有麻烦了。他回答道："你带我来这儿，不是为了陷我于困境吧。"戈尔巴乔夫继续说道，他会签署法令承认叶利钦在政变时期签署的所有政令，但处置苏联财产的政令除外。他对叶利钦说："签署联盟条约后，我会颁布这项法令。"这不仅是拖延战术，戈尔巴乔夫还想让叶利钦上钩：先签署联盟条约，然后处置财产。

俄罗斯总统并不满意。他想让自己所颁布的政令能够回溯生效的企图破产了，但是他还握有一张王牌，他知道要怎么打好这张对付戈尔巴乔夫的牌。叶利钦在摄像机前宣布："现在，讨论个轻松点的话题，我们可以颁布中止俄罗斯共产党从事活动的法令吗？"叶利钦用了"我们"，来指代他自己。戈尔巴乔夫惊呆了，俄罗斯所有的共产党组织突然被放在了砧板上。失去了党组织，他已经日益衰微的权力就所剩无几了。意识到将要发生的事情，戈尔巴乔夫问他的"盟友"："你在干什么？……我还没有……我们……我还没看到这些。"[16]

俄罗斯总统从容不迫地签署了法令，暂时禁止苏共在俄罗斯境内开展活动。当戈尔巴乔夫告诉他不能这么做时，叶利钦回答说，他只是暂时中止他们的活动罢了。俄罗斯代表鼓掌欢呼该法令的签署，他们继续质问处境艰难的苏联总统。戈尔巴乔夫发现要从叶利钦的打击中恢复过来很不容易。他事后回忆："那种情况下，叶利钦带着施虐的愉悦，显得幸灾乐祸。"

这是叶利钦性格的另一面，不为公众所知的一面，此时他既不是善于把握大众情绪的受欢迎的领导人，也不是权衡别人是否效忠于自己的工于心计的政客，也不是一个在意他人感受的敏感的人，叶利钦是一位掠食者。叶利钦一位重要的顾问事后回忆起他的老板忽然向苏联总统发难时，说道："这场景冷酷、恶毒、充满歹意。"[17]

叶利钦在和戈尔巴乔夫争夺权力的竞争中还取得了另一项重大胜利。随着安全部门的部长任命被推翻，苏共的活动被中止，戈尔巴乔夫几乎失去了他在国家的所有影响力，以及他的权力基石。

法令刚一签署，叶利钦就向他的受害者施展魅力。会议快要结束时，大获全胜的叶利钦公开将戈尔巴乔夫置于他的保护下，他向代表们保证苏联总统在政变中确实受到了沆瀣一气的阴谋者的迫害。会议一结束,叶利钦就对戈尔巴乔夫说:"米哈伊尔·谢尔盖耶维奇!我们经历了这么多、这么多事情,这么多动乱!你在福罗斯度过了艰难时刻,还不知道特别委员会的政变会带来什么后果呢,让我们搞一次家庭聚会吧,奈娜、赖莎……"

戈尔巴乔夫惶惑地望着叶利钦,可能他不知道是不是该把他的话当真。他对叶利钦说:"不,不适合搞这个,现在不是时候。"[18]

8月23日晚上,老布什和斯考克罗夫特在收看戈尔巴乔夫和俄罗斯代表会谈的电视转播时,看到了叶利钦对自己对手的羞辱。斯考克罗夫特评论道:"一切都结束了。"他告诉美国总统,戈尔巴乔夫"再也不是一个独立的表演者了,叶利钦在操控他。我想戈尔巴乔夫可能还不明白发生了什么"。布什表示赞成:"我担心,他可能已经懂了。"苏共的查禁是美苏之间在意识形态领域竞争中一个重要的里程碑,像老布什和斯考克罗夫特这样的冷战斗士有足够的理由拍手称快,然而,此时此刻更重要的是,戈尔巴乔夫的政治生涯还能否继续。[19]

布什已经预见了这个时刻的到来。初露端倪的莫斯科新政局开始于8月21日,随着欢欣鼓舞的叶利钦在政变后第一次在白宫发表演说,事态就变得愈加明朗。他听上去像是掌控全局的人,事实也确实如此。叶利钦在简短地打了招呼后,说道:"现在我来通报一下最新情况。"

布什回答:"请说吧。"

叶利钦开始说道:"俄罗斯总理西拉耶夫和副总统鲁茨科伊把戈尔巴乔夫总统毫发无损、健健康康地带回来了。我还向你通报国防部部长亚佐夫、总理巴甫洛夫和克格勃主席克留奇科夫都被监禁了。"西拉耶夫在白宫被围的关键夜晚待在家里,第二天回到了他的总统身边,现在他已回到了行动的中心。布什偶尔说上两句,表明他对此感兴趣,接着鼓励叶利钦继续往下说。叶利钦接着说:"根据我的命令,经我的批准,苏联首席检察官已经开始向所有政变参与者提起了诉讼。"

苏联的首席检察官依据俄罗斯总统的命令行事，可见此时的苏联很明显已经不是原来的苏联了。但是当时大家都忙于庆祝政变失败。布什对叶利钦说："我的朋友，你在这儿收获丰厚，你尊重法律，支持民主。祝贺你，你身处一线，坚守路障，我们所做的只是支持你而已。你还把戈尔巴乔夫安然无恙地带了回来。你让他重新掌权，你在全世界赢得了许多朋友。我们支持你的所作所为，祝贺你勇气过人。如果你现在愿意接受朋友的建议的话，那就休息一会儿，睡一会儿吧。"[20]

睡觉是叶利钦最后想到的事情。这次电话的通话时间是美国东部时间 8 月 21 日晚上 9 点 20 分，地点在肯尼邦克港，莫斯科时间是 8 月 22 日清晨。叶利钦刚刚宣布了政变失败，感谢了白宫守卫者。摆在叶利钦面前的是崭新的一天，他渴望在这天巩固他的权力，他不再和政变领导者相抗争，而是要和戈尔巴乔夫展开竞争。他们的战场不仅在莫斯科、俄罗斯和苏联，他们的战场还包括西方资本主义国家以及国际组织提供的平台。叶利钦的支持者们不仅让俄罗斯和苏联公众陷入了空前的进退两难之中，对于西方领导人来说也是如此：要么支持叶利钦作为民选总统，进行大刀阔斧的改革，要么仍旧忠于戈尔巴乔夫，向民主和改革说再见。

就在那天，叶利钦年轻的外交部部长科济列夫应欧洲理事会的邀请，到达了斯特拉斯堡。他要向欧洲领导人传递的主要信息是："是时候区分苏联政治的真伪了。"这番讲话和他几天前的发言大相径庭。首先，新的发言里没有对戈尔巴乔夫的善意表示。根据美国的外交报道，情况正好相反，科济列夫"反复批评'某些人'身居要位，却不致力于维护民主，他们从来都不是经选举产生的，所以他们的任职缺乏合法性"。这番话显然是针对戈尔巴乔夫的，他是议会选出的总统，而不是由人民选举产生的，这与叶利钦不同。

科济列夫还怀疑戈尔巴乔夫是否"有进行彻底改革的心理上的准备"。科济列夫继续演说:"据说戈尔巴乔夫受到'综合恐惧症'的困扰。"科济列夫说,戈尔巴乔夫会为了改革做任何事,但是这些事都必须在体制之内。"他担心如果现在支持他们的体制崩溃了,他和他的家人将一文不值,甚至无法活下去。"[21]

8月24日星期六,苏联总统彻底垮台了。那天早上他和叶利钦参加了在8月20日夜晚保卫白宫的战斗中牺牲的3位青年的葬礼。戈尔巴乔夫想利用他自克里米亚回来后首次在莫斯科人民面前公开亮相的机会,表达他对那些民主捍卫者的感激之情。他还想展示苏联国旗,并且追授3位青年"苏联英雄"的荣誉称号。人们都被感动了,但是,抵抗政变的真正英雄——叶利钦——并没有感动,他成功地抢走了戈尔巴乔夫的风头。俄罗斯没有这类奖章,戈尔巴乔夫也无权授予奖章。叶利钦只是请求3位青年的母亲原谅他,未能拯救他们的儿子。结果叶利钦又一次占了上风。[22]

葬礼结束后,戈尔巴乔夫前往克里姆林宫签署了许多法令。其中一项法令解散了内阁,取而代之的是以叶利钦的总理西拉耶夫为主席的委员会。在另一项法令中,戈尔巴乔夫提到了苏共领导层在政变中的态度,辞去了苏共总书记的职务。他还建议他以前的党内同事解散苏共中央,让地方党组织自行决定各自的命运。作为苏联总统,戈尔巴乔夫签署了法令,将苏共的资产交由地方苏维埃管控和保护。戈尔巴乔夫不准备继续领导一个对其没有威胁,但是被禁止开展活动的政党,尽管他曾以为苏共会对自己构成威胁。在他政变后立刻开始的政治斗争中,苏共没有什么价值。他在回忆录中用了数页的篇幅去证明,在1991年8月是苏共背叛了他,而不是他背叛了苏共。[23]

在1991年夏天,苏共党员因为士气低落,组织涣散,而无法成为真正的领导者;他们只是战士,无法成为驱动政变的力量,在紧急委员会向人民发出的号召中，没有提到任何与苏共或是其政策和理念有关的内容。是克格勃和军官领导了这次政变。然而，苏共官员作为一个团体，却是政变成功的最大获益者，一旦政变成功，将可能推翻叶利钦禁止国企成立党组织的命令。

1991年8月13日，也就是政变前5天举行的中央委员会书记处会议上，苏共领导们商谈了应对叶利钦此项条令的办法。政变似乎是重塑苏共政治垄断的唯一方法。但是，随着政变的失败以及戈尔巴乔夫辞去苏共最高领导人的职务，苏共曾用威权统治国家，手握武器凝聚起来的政治力量，将会兵不血刃地走向失败。当然，鲜血还会喷涌，但那是苏共高层想以自杀结束自己的性命，而不是接受审判。[24]

第一个死去的人是内务部部长普戈，他领导的警察机关和部队直接参与了政变。8月22日早晨，俄罗斯官员打电话给尚在家里的普戈，让他去开会。当包括戈尔巴乔夫的经济顾问格里戈里·亚夫林斯基在内的4个人来到了普戈家时，一位神情呆滞的老人给他们打开了大门，他们走进了屋。这位老人就是普戈的岳父。有人看到地上有一摊血迹。他们进入了卧室，54岁的普戈躺在床上，饮弹自尽了。他不愿被捕，所以选择了自杀。床边上，靠着他的是身受重伤的妻子。她还有意识，但是一句话也说不出来了。普戈的妻子很快在莫斯科医院去世。在那天早晨自杀前写的遗书中，普戈请求家人的原谅："我犯了错，有负于我一生的清白。"

另一位政变的支持者谢尔盖·阿赫罗梅耶夫元帅几天后在他的克里姆林宫办公室自杀。他曾是参与苏美削减武器谈判的专家之一。8月19日，也就是政变发生第一天，时任戈尔巴乔夫军事顾问的68岁的阿赫罗梅耶夫中断了在索契的休假，回到了莫斯科，他向自己的新领导——代理总统亚纳耶夫——作了汇报。他对亚纳耶夫说他赞成紧急委员会的决议，准备为决议的实现提供帮助。阿赫罗梅耶夫被交予的任务是搜集和分析有关各地局势的情报。亚纳耶夫还让他准备为自己起草一份面向苏联议会的演讲。阿赫罗梅耶夫充满热情地做着自己的工作。

在元帅自杀前写给戈尔巴乔夫的信中,他解释了支持政变的原因:"从1990年初直到现在,我都相信我们的国家正在走向毁灭。它很快就会瓦解。我要寻找一种方式大声疾呼……我明白作为苏联的元帅,我违背了军人誓言,犯下了军事罪行……除了为我所做的事负责,我没有其他选择。"除了遗书,他还附上了50卢布的支票,那是他欠下的克里姆林宫食堂的饭费。[25]

戈尔巴乔夫的助手梅德韦杰夫早就认识普戈和阿赫罗梅耶夫,后来他评价他们的自杀:"我理解他们的悲剧:我很清楚鲍里斯·卡尔洛维奇(普戈)是一个正直的人,他有自己的方式,他献身于某种思想,不接受政治阴谋和发迹主义。我对阿赫罗梅耶夫的正直、诚实也毫不怀疑。"普戈和阿赫罗梅耶夫都相信共产主义,认为苏联不能分裂。阿赫罗梅耶夫在二战时期就为此而战斗。普戈是"拉脱维亚狙击手"的儿子,他的父亲是列宁麾下效忠于革命的精锐部队的成员之一,普戈一生的大部分时间都掌管着拉脱维亚克格勃和拉脱维亚共产党,镇压民族主义者。政变曾给予他们希望,认为自己可以拯救那个他们赖以生存的世界,在那里他们得到事业发展的机遇,拥有了高官厚禄,在一定程度上还给予了他们某种认同感。对于普戈和阿赫罗梅耶夫这样的人而言,政变的失败既是他们个人的惨败,也是他们信仰的世界的崩溃。自杀使他们从现实世界得到解脱,因为在这个世界没人会把他们视为英雄,而把他们看作反对人民和背叛总统的罪犯。[26]

8月25日星期天晚上,也就是戈尔巴乔夫辞去苏共总书记、签署转移苏共财产的第二天,叶利钦签署了法令,获取了苏共的财产,63岁的中央委员会委员克鲁奇纳回到他以前的办公室与莫斯科政府的代表讨论财产转移的事项。晚上9点会议结束，此次会议开得让人并不高兴。克鲁奇纳是个友善的人，当他返回中央委员会时，惊讶地发现他的克格勃警卫没有像以前那样同他打招呼。克鲁奇纳神色沮丧而孤独，他回到了自己位于莫斯科市中心的高档公寓，他向妻子说了声"晚安"，对她说他还有些工作要做。8月26日凌晨5点，克鲁奇纳走上了自家的阳台，跳楼身亡。

克鲁奇纳自杀不是因为他对共产主义所抱有的信仰破灭了，不是因为苏共领导人和党员的所作所为，而是因为他认为自己违背了对领导人效忠的誓言，从今天获悉的信息可知，他还担心对党内财务的调查。8月25日晚上，在那个使克鲁奇纳感到意志消沉的会议即将结束时，他感受到了一个令人非常焦虑的信号：作为负责苏共经济的人物，他签署了几乎所有重要的文件，这些文件授权苏共资产秘密转移到了国内外企业的手中。莫斯科市政府官员瓦西里·沙赫诺夫斯基那日晚上会见克鲁奇纳时，对他说："我们需要就苏共资产召开特别会谈。"苏共事务管理局局长的脸色立刻变得苍白。他意外地结束了对话，承诺第二天再讨论这个话题。对他而言，这一天永远不会到来了。

苏共的资产是其领导人不想和俄罗斯官员讨论的话题。后来的调查显示，苏共的部分资金已经被转移到了国外，根据克鲁奇纳签署的备忘录，这些资金用于"正义"的共产主义事业，包括用于暗中支持全世界的共产党和共产主义运动，从美国到阿富汗都有。但是，大部分资金在戈尔巴乔夫执政的最后两年中，转移到了苏共官员与其商业伙伴新创立的商业银行和可疑的公司里。苏共官员已经遭到算计而下台，他们想把自己的政治权力转化成经济资源。这个办法可以让他们在党外也过上舒适的生活，同时还可以把国家从各派系之间无休止的、可能引起流血冲突的斗争中解救出来，不然的话，在国家过渡时期，他们将会失去一切，最终一无所获。然而，这个过程并非完全不流血。克鲁奇纳就是第一个受害者。[27]

独立的乌克兰

8月24日星期六,那是一个风和日丽的好日子,无数的乌克兰议会代表穿过人群,聚到了议会大楼前。没人数得清到底聚集了多少人:几千人、几万人,还是几十万人?就在这一天,叶利钦在白宫守卫者的葬礼上让戈尔巴乔夫倍感难堪;就在这一天,苏联领导人辞去了苏共总书记的职务。可是,8月24日这天,基辅发生的事情却在苏联掀起了一波更大的冲击波,力度之大,已经远远超过了那天在莫斯科所发生的一切。苏联第二大加盟共和国将宣布自己完全从苏联独立出去。

基辅的群众于8月24日聚集在市中心,这和几天前在莫斯科发生的集会可不一样,他们不是要捍卫议会,而是谴责议员中大多数共产党员都暗中支持政变。前一天,叶利钦已经签署了禁止俄罗斯共产党开展活动的法令,不仅困惑的戈尔巴乔夫完全知晓此事,成千上万激动的电视观众都了解了整件事情。许多聚集在基辅的民众认为乌克兰也应该这么做。动员群众的宣传册子称苏共是"一个犯罪的、反宪法的组织,它的活动必须终止"。一时间，应者如云。许多人带来了蓝黄色国旗和张贴画，要求对苏共进行纽伦堡式的审判。[1]

民众并不仅仅关心共产党的命运，不然的话，大家就会选择聚集在离议会大楼仅数条街区之隔的乌共中央委员会的办公楼了。他们没有这么做，因为乌共中央已经无权授予或是废止他们想要得到的东西了。民众带来的牌子上写着"乌克兰离开苏联"，他们想要的是国家独立。只有议会可以做到这一点。

集会人群中，大多数人是乌克兰反对派的支持者，他们态度坚决。就在数周之前，这些人中的许多人曾在基辅的街道夹道欢迎布什总统访问乌克兰首都。那次，他们带来的牌子上提出的也是这个要求。但是，他们现在并不是向曾经隐约信任的美国客人表达诉求，而是把矛头指向了本国的失败者——他们毫不信任的共产党官员。

美国驻基辅的代理总领事约翰·斯德潘丘克曾直接参与布什基辅之行的准备工作，现在位于基辅的美国领事馆由他掌管。那天上午，斯德潘丘克很难穿过议会大楼前聚集的人群。他后来回忆说："成千上万的人把大楼团团围住，愤怒的人群把冲天怒气洒向了共产党，洒向了一切。他们都聚集在那里，因为我身着套装，他们把我当成了共产党员，于是，有位女子拽下了我的外套，高声叫道'丢脸'，'可耻'。他们把我也当成了有罪的人。"躲在议会大楼里的乌共官员忽然发现自己成了被围困的少数派。斯德潘丘克在外交席就座，他回忆道："（我）能看见那些共产党员们都靠在窗户旁，注视着窗外集会的人群越走越近，他们在想这群人究竟能否让自己活着走出大楼。"议会大楼里的共产党员"都紧张不安，不停地抽着烟，走来走去。气氛很紧张。当然，大家都知道克拉夫丘克要发表演讲，但是无人知晓他到底会走多远"。

满头银发的乌克兰议会议长克拉夫丘克，在数周前老布什的来访中给美方留下了不错的印象，而且当时貌似一切尽在他的掌控之中，现在克拉夫丘克很明显处在了防守位置。不仅是乌克兰共产党，就连他本人在苏联政变期间的所作所为现在都受到了质疑和审判。此时议会的命运，围墙之外人群的命运，整个国家的命运，甚至他自己的命运都取决于他的立场。当议会大楼外的集会人士高呼"克拉夫丘克，可耻！"时，这位议长正在为自己的政治生涯奋力一搏。[2]

1991年8月18日发生的事件让克拉夫丘克吃惊不小。这件事不仅对他在乌克兰的掌权构成了重大挑战，同时还挑战了乌克兰的主权运动，而这个运动和克拉夫丘克的个人声誉和政治前途休戚相关。8月19日早晨，克拉夫丘克从自己的政坛主要对手——乌共第一书记斯塔尼斯拉夫·古连科——那里获知了戈尔巴乔夫被推翻的消息。古连科从郊外的住所打电话给他，让他赶到乌共中央委员会的总部。他们将会见紧急委员会的铁腕人物瓦伦丁·瓦伦尼科夫，他从克里米亚见过戈尔巴乔夫后，已经到达了基辅。

克拉夫丘克拒绝会见瓦伦尼科夫。他后来回忆道："我立刻明白了权力现在正在转移。我说道：'斯塔尼斯拉夫·伊万诺维奇，最高苏维埃是我们的权力机关，我是最高苏维埃的领导，如果瓦伦尼科夫想见我们，我们应该在最高苏维埃的办公室接见他。'"古连科不得不应允了。这象征着克拉夫丘克第一次不动声色地击败了他的对手。

就在一年前，55岁的古连科作为乌共第一书记，一直被视为克拉夫丘克登上乌克兰共和国权力巅峰的一个难以逾越的障碍。但是，随着乌克兰在1990年宣布其主权，其议会和议长的角色，也就是传统上作为最高苏维埃主席团主席的角色所具有的政治分量大大增加，这样一来，克拉夫丘克就成了乌克兰共和国的重要人物。目前，尽管在中亚地区这种趋势并不明显，因为在那些国家中央委员会的第一书记也兼任议会议长，但是在苏联其他各个加盟共和国,都出现了上述趋势。

克拉夫丘克后来回忆他等待古连科和瓦伦尼科夫时的感受,竟是如此毫无防范能力:没有任何军队和警察部队向议长汇报情况,他唯一能调动的武装就是3名配枪警卫。乌克兰共和国已经宣布了自己拥有主权,同时将共和国法律凌驾于苏联的法律之上,然而瓦伦尼科夫的突然驾到,说明共和国领导人拥有的权力不过是昙花一现。克拉夫丘克并不怀疑他面对的是一次政变。说戈尔巴乔夫生病不过是个幌子,因为克拉夫丘克几周前刚在克里米亚见到了戈尔巴乔夫。就在戈尔巴乔夫的福罗斯别墅里,与戈尔巴乔夫的女婿一起,那天晚上他们喝了0.75升的柠檬伏特加。

克拉夫丘克并没有向身边的人隐瞒他对紧急委员会的怀疑,他们居然宣称戈尔巴乔夫健康状况糟糕。在那天晚些时候接见二战老兵时,克拉夫丘克还向他们提起了喝伏特加酒的事。客人终于到了,古连科比瓦伦尼科夫及其随从先走了进来。[3]

主人与客人围着长桌就座——军方人士坐一边,文官坐另一边,瓦伦尼科夫正对着克拉夫丘克入座。瓦伦尼科夫先开口说道:"戈尔巴乔夫生病了,国家权力已经转到了新成立的特别情况紧急委员会。"据一位与会者回忆,瓦伦尼科夫还说道:"为了维护公共安全,考虑到首都的局势日益恶化,以及可能发生骚乱的危险,自8月19日凌晨4点起,莫斯科已经宣布进入紧急状态。我到基辅来是为了直接了解情况,如果有必要的话,至少在乌克兰某些地区宣布进入紧急状态。"瓦伦尼科夫特别提到了基辅、利沃夫、敖德萨和沃里尼亚西部地区的一座城市。

坐在桌子另一侧的文职官员已是见怪不怪了。会场上至少沉默了一分钟,古连科面无表情。最终还是克拉夫丘克打破了沉默,他看上去镇静自若,自信而不带侵略性。克拉夫丘克回答:"我们知道您瓦伦丁·伊万诺维奇,作为苏联国防部副部长是受人尊敬的,但是您还没出示任何凭证。另外，我们也没有收到莫斯科方面的任何指示。最后，也是最重要的一点是：依据法律规定，应由最高苏维埃宣布乌克兰全境或是某一地区进入紧急状态。我们知道基辅和其他地区的局势还是较为平静的，不需要采取特别措施。"[4]

瓦伦尼科夫之所以会来乌克兰，是因为莫斯科的政变者对要求独立的乌克兰反对党联盟——"乌克兰民族运动"——深感不安，担心该组织可能在基辅和乌克兰西部城市采取行动，反对政变。瓦伦尼科夫宣布："在乌克兰西部没有苏联的势力，都在'乌克兰民族运动'的掌控中。必须在西部各州宣布进入紧急状态。同时禁止罢工，查封苏共以外的一切政党及其报纸，停止并驱散集会。你们要采取特别措施，这样人们才不会认为你们在重蹈覆辙……军队进入全面战备状态，我们将采取一切措施，不惜流血牺牲。"克拉夫丘克坚持认为没有必要宣布进入紧急状态。如果将军认为确有必要的话，他可以亲自前往乌克兰西部，看看局势是否平静。[5]

瓦伦尼科夫改变了他的立场，他对克拉夫丘克说："你是掌权者，一切大事系于你一身，这是我个人对你的期望。首先，你要在电视和广播上露面，号召人们保持平静，慎重考虑当前形势。"当古连科和其他人离开办公室后，只剩下他们两人面对面，克拉夫丘克像老熟人那样问瓦伦尼科夫（当瓦伦尼科夫在乌克兰工作时，他们在基辅多次参加过中央委员会召开的会议）："瓦伦丁·伊万诺维奇，一旦你们成功了，你们会回到过去的制度吗？"他指的是改革前的政治秩序以及中央和共和国的关系。将军的回答是肯定的："我们别无选择。"此番回答对克拉夫丘克而言，可谓意味深长。他事后回忆说，他在那一刻意识到紧急委员会不会让事情维持原状，而是让时光倒转，一切都可能回到过去的时代。

反叛者不会失去什么，但是他们的胜利将意味着不仅克拉夫丘克的政治生涯将会终结，还意味着他可能被监禁。和古连科不同，克拉夫丘克要是和政变者站在一起的话，在政治上将一无所获，但是他也不准备反抗莫斯科的叶利钦。他自有不同寻常的对策，即在他的权力范围内尽可能避免授军方以口实，从而借此宣布乌克兰进入紧急状态。克拉夫丘克后来回忆："预感告诉我，要争取时间，不要采取任何不必要的行动，一切都会好的。"他采取了观望的态度，正因为如此，他后来遭到人们的猛烈抨击也算是事出有因了。[6]

乌克兰政府大多数人对政变所持的立场和克拉夫丘克是一样的。具有自由主义思想的副总理谢尔盖·科米萨林克后来回忆，没有谁真的支持政变。在那天召开的政府主席团会议上，科米萨林克把紧急委员会的做法形容成"公开地违宪"。然而，如果紧急委员会的行动得不到大家支持的话，它也就没什么可怕的。依据瓦伦尼科夫提出的方针，政府很快成立了特别委员会，尽管它的目的和瓦伦尼科夫的建议有所出入。政府颁布成立委员会的法令的标题就表明了他们主要的忧虑："鉴于出现的复杂局势。"如果乌克兰宣布进入紧急状态，那么议会和政府一直拥有的权力将被夺走。议会和政府一旦失去了权力，就难以挽回了。乌共委员会的主要任务是让反对派保持安静，把紧急委员会和军队挡在外面。[7]

处于乌克兰权力顶峰的人物中，只有乌共第一书记古连科能从政变中获益，当他见过克拉夫丘克和瓦伦尼科夫之后，回到了共产党总部，他发现莫斯科方面发来一份电报，要求乌共委员会支持政变。他召集主要的乌共官员开会，向他们通报了事态发展的情况和行动计划：乌共将根据莫斯科方面的电报，起草一份特别备忘录分发给各地的乌共委员会，要求他们尽一切可能支持政变。

依据古连科命令所起草的备忘录比莫斯科发来的电报要长得多，说明乌共对此很是激动。乌克兰中央委员会认为支持紧急委员会是其最重要的任务，因此指示并且命令乌共党员禁止参加任何集会和示威活动，同时强调维护苏联的统一是乌共最重要的任务。而紧急委员会的行为则被乌共领导人描述成"与绝大多数劳动者的态度和乌克兰共产党的原则立场都保持一致"。[8]

与此同时,克拉夫丘克开始平衡各方利益,他试图取悦每个人,同时紧握自己已经拥有的权力。他在8月19日傍晚时分,通过乌克兰广播和电视发表了讲话。瓦伦尼科夫已经就讲话内容提出了建议,但是乌克兰领导人自有他的主张。克拉夫丘克拒绝表示支持或是谴责政变。他号召大家耐心等待,保持镇静,假以时日才能判断局势。他对听众和观众说道:"最终,人民选举产生的集体组织将主导一切,但是,毋庸置疑,对于建立在法律基础上的国家而言,一切行为,包括宣布国家进入紧急状态都将依法行事。"他宣称,乌克兰不会宣布国家进入紧急状态。一份发自基辅的美国外交文件写道:"克拉夫丘克敦促乌克兰人展示自己的智慧、克制和勇气,重要的是不要和莫斯科对抗,因为这样一来,局势可能更糟。"[9]

克拉夫丘克在接受苏联电视新闻节目《时间》的简要采访时,试图采用同样的策略,可是不甚成功。他的一番言论——"要发生的事情终究是要来的,可能不是这种形式罢了"——让苏联听众着实吃了一惊。他辩称,在当前的局势下,无论是中央还是各个共和国都没有足够的力量处理好急迫的经济和社会问题,但是这种情况不会永远持续下去。克拉夫丘克认为考虑到乌克兰悲惨的历史,此次政变是可悲的,因为它加剧了人们对于重回集权时代的担忧。尽管克拉夫丘克给出了一些警告,但他在访谈结束时表明要保持经济运行的节奏,因此他的谈话给人们留下的总体印象是:最好的情况是他两面讨巧,最糟的情况是支持政变。与他形成鲜明对比的是,叶利钦在节目中公开表示抵抗政变,摩尔多瓦总统米尔恰·斯涅古尔则宣布他的国家会继续迈向独立。相较之下,克拉夫丘克的权衡策略看上去更像是对政变的间接支持。[10]

苏联政变不仅让乌克兰政府官员吃惊不小，也让乌克兰"国家民主主义者"深感震惊，这些自由反对派在数周前老布什访问乌克兰时，高举"乌克兰独立"的口号。距离8月1日布什在议会上发表演讲已经过去一段时间了，代表们分布在乌克兰各地，他们要么在选区工作，要么在休假。曾长期被监禁于古拉格集中营的维亚切斯拉夫·车诺维尔现在是乌克兰西部利沃夫地区政府的领导，在政变发生的前几天，他正待在拥有90万人口的乌克兰南部工业城市扎波罗热市。

一个月前议会宣布开始总统选举，车诺维尔是主要的民主派候选人，而扎波罗热市似乎是开启总统竞选的理想之地。1991年夏，扎波罗热市正举办乌克兰"第二届红芸香歌唱节"，在这届歌唱节上，歌曲突破了苏联模式的束缚，表现形式综合了传统民歌、配以摇滚和地下音乐文化。音乐节的压轴节目于8月18日在当地的足球体育场上演，正是在这天晚上，政变者出乎意料地前往附近的克里米亚，看望了戈尔巴乔夫。歌唱节变成了一场盛宴，那是赞颂乌克兰文化以及展现一度被压抑的、如今刚刚崭露头角的音乐新潮流的盛宴，然而，当地共产主义政府却无暇顾及此事。第二天上午，车诺维尔和其他多位民族民主派领导人按计划将离开扎波罗热市。对于他们中的很多人而言，离开扎波罗热市变成了一种煎熬，因为成千上万的游客惊闻政变的消息，于是纷纷拥向机场、火车站和公共汽车站，他们要尽快赶回基辅。[11]

8月19日上午，也就是政变发生的第一天，和车诺维尔住在同一家酒店的一位记者叩响了他的房门，告诉他莫斯科发生了政变。对于车诺维尔而言，他在苏联度过了15年的监狱和流放生涯，所以能从记者而不是克格勃的官员那里得知政变的消息，他应感到释然了。"如果我能在这里睡觉，做着梦，而不是待在监狱里，说明暴动不算太严重。"车诺维尔对喊醒他的人说道。

美国驻基辅的代理总领事斯德潘丘克也参加了"红芸香歌唱节",当时恰好和车诺维尔同住一家酒店,他急忙跑到车诺维尔的房间。斯德潘丘克看到车诺维尔正在给利沃夫市的克格勃和军方总部打电话,以探明究竟。车诺维尔已被选举为该地区的行政领导。喀尔巴阡山脉军区司令员对车诺维尔说,他的部队其实是反对政变的,只要乌克兰西部地区政府不宣布大罢工,他就不会干涉政府工作。车诺维尔向司令员保证,他一定竭尽所能地维护乌克兰西部地区的和平。[12]

车诺维尔听到政变时的第一反应基本上和克拉夫丘克是一样的:他们都急于和军方做交易,他们保证街市风平浪静,以此换得军方不干涉政府事务。叶利钦的亲密伙伴、列宁格勒市的民选市长阿纳托利·索布恰克也采取了这种策略。在市长助理弗拉基米尔·普京的帮助下,索布恰克和军方及克格勃达成了协议,他们维持街市的相对平静,作为交换,对克留奇科夫和亚佐夫负责的安全部队保持中立。采取这项策略是为了维护改革中取得的政治成果。作为乌克兰西部最大的中心地区的行政长官,车诺维尔下达了命令,可是他的反应并没有得到基辅反对派领导人的认同,他们中有些人主张采取激进的抵抗态度。[13]

乌克兰议会中地位最高的改革派领导人、副议长弗拉基米尔·格里诺夫那天早晨来到广播电台,他强烈谴责政变。他后来回忆起当时的态度说道:"如果这些官员彼此态度一致,那么在任何事情上,都不会有人和我的看法保持一致了。"格里诺夫是一个地道的俄罗斯族人,他是乌克兰东部地区哈尔科夫市选出的领导,他的所思所想代表了反对派的大趋势。尽管他和他的支持者并不赞成叶利钦"俄罗斯优先"的态度,但是他们还是和叶利钦以及俄罗斯自由民主党党员结成紧密的同盟。格里诺夫及其所在选区代表的是乌克兰东部和南部地区俄罗斯化的城市知识分子,他们主张在俄罗斯领导的联盟中建设民主的乌克兰。格里诺夫的盟友是第一批在扎波罗热等城市高举起反政变大旗的人。[14]

一面是克拉夫丘克的摇摆不定，一面是格里诺夫和叶利钦其他乌克兰盟友的激烈反对，车诺维尔和国家民主党党员深陷其中，左右为难。"乌克兰民族运动"是国家民主运动的联盟组织，包括许多民主党派和协会，该组织花了些时间起草了一份声明。这份声明虽然在政变第二天才发表，但却言辞犀利、态度鲜明地谴责了政变，并且号召乌克兰人民准备举行全国罢工，这样会使整个国家的经济陷入瘫痪状态。对乌克兰国家民主党党员而言，举棋不定的时候已经过去了。就在那天，利沃夫地方议会宣布莫斯科政变是非法的。位于东部地区的哈尔科夫市议会也做出相同反应，顿涅茨盆地的矿工准备举行罢工。"乌克兰民族运动"宣布8月21日中午开始举行政治大罢工。在乌克兰的每座城市里，民主激进分子到处传播叶利钦号召人民抵抗政变的消息。人们寸步不离地守着广播，收听"美国之音"、英国广播公司和其他西方电台播出的广播。从莫斯科白宫传出的消息越来越令人担忧。俄罗斯的民主能否熬过今晚，答案无人知晓。[15]

8月21日晚，也就是政变发生的第三个决定性的夜晚，克拉夫丘克在凌晨4点前被反对派代表打来的电话吵醒，对方要求克拉夫丘克召集议会的决策层——议会主席团——开个紧急会议。他得到消息，军队已经开始进攻俄罗斯议会大楼。克拉夫丘克的态度一如既往地模糊不清：深更半夜，对于莫斯科的局势谁也无能为力，还是等到白天开始上班时再召开会议吧。等到克拉夫丘克第二天早上赶到办公室的时候，局势已陡然急转。莫斯科方面传来的消息使人们相信，政变土崩瓦解了，一度被困白宫的叶利钦已然成为胜利者。

克拉夫丘克立刻照着反对派代表几日以来一直要求的那样，倒向了叶利钦。他随后宣布在整个政变期间，一直和被困的俄罗斯领导人及其团队保持联系。8月19日早晨，第一个接到叶利钦电话的共和国领导人是乌克兰议长。尽管他未能说服克拉夫丘克调动各方力量对抗政变,但是,叶利钦得到了克拉夫丘克的保证,不会承认紧急委员会。克拉夫丘克从未真正违背自己对俄罗斯总统的承诺。政变的最后一天,叶利钦告诉布什总统,他认为能够信任克拉夫丘克。看起来克拉夫丘克又一次在历史的抉择中站对了队伍。可是,乌克兰反对派的领导人可不这么看。得知政变失败的消息后,人们拥向了基辅的主要广场,他们高呼:"叶利钦!叶利钦!打倒克拉夫丘克!"对于乌克兰的议长克拉夫丘克而言,这一天以担心政变者可能发动军事镇压为开始,以担心自己在国家民主党派完全掌权后的政治前途为结束。[16]

8月22日,就是戈尔巴乔夫回到莫斯科的这天,克拉夫丘克终于同意召开议会的紧急会议。他提交了自己在新闻发布会上的议事日程,他说将在那天解释自己在政变期间为什么会举棋不定。克拉夫丘克希望议会谴责政变,使得议会就此掌控乌克兰境内的军队、克格勃和警察,成立国家警卫队,退出苏联的新联盟谈判。克拉夫丘克对媒体说:"没有必要急着签署新联盟协议。我认为目前苏联需要建立过渡时期新政府,或者成立一个9人左右的委员会,该委员会能够保护民主组织的各项活动。所有的政治形式都需要重新评估。然而,我确信我们应该立刻签署一项经济协议。"克拉夫丘克没有提到独立。他的提议完全瓦解了政变前苏联的权力核心,并且以共和国领导人组成委员会代替之。这是邦联制的纲领。[17]

第二天,克拉夫丘克就动身前往莫斯科,会见戈尔巴乔夫、叶利钦和其他共和国领导人。克拉夫丘克的莫斯科之行就发生在他前日向媒体发表讲话之后。共和国领导人成立的委员会当着戈尔巴乔夫的面,一致同意新的国防部部长、内务部部长和克格勃主席的任命。他们还讨论了新执行委员会的组成人选,该执委会将取代原来的苏联政府。最重要的是,新的官员都是由俄罗斯总统任命的。叶利钦否定了戈尔巴乔夫提出的国家安全部门部长的任职名单，因为他不会允许任何人攫取自己的胜利果实。

表面上看来，虽然共和国领导们仍然是苏联人，但是他们并不介意叶利钦在苏联迅速攫取独裁的权力。这些老到的政客都遵循传统模式，通过"拜占庭式的阴谋"（西方的一句谚语，因为拜占庭宫廷中经常充斥着皇室斗争，经常出现兵变、政变、阴谋），在党内一步步提拔上来的，俄罗斯总统曾是他们反对中央的盟友，可是面对眼前这位强势的总统，他们谁也没有表示异议。尽管他们中的许多人在数日前还支持政变，现在却异口同声地谴责起政变。他们谁也没有站出来反对叶利钦对苏共的攻击，尽管他们仍是共产党员。就在那天，哈萨克斯坦的领导人纳扎尔巴耶夫和塔吉克斯坦的领导人马赫卡莫夫退出了政治局和苏共中央委员会。[18]

但是，共和国的领导人并非全都站在叶利钦这边。尽管他们被迫在每件事上都同意叶利钦的意见，并且认可其所有的关于政府人事任命的决定，但是，他们又向戈尔巴乔夫允诺，他们将和他一起合作，努力达成新的联盟。第二天中央媒体发布的官方公告，特别强调了共和国领导人有意签署这样一份新联盟协议。那天，戈尔巴乔夫对美国大使施特劳斯说："就我们的联邦而言，我们已经确定要努力达成新的联盟协议。而且，这次我们决定所有的共和国领导人一起签署协议，而不是一个一个地签。"戈尔巴乔夫继续说道，集体签署新联盟协议意味着"根据以前确定的最后期限，有些事能稍微等一下。但是，对于乌克兰来说必须尽快做出决定"。[19]

事实上，克拉夫丘克可不准备匆忙做出决定。戈尔巴乔夫提到了布什总统在基辅发表的懦弱演讲，他对乌克兰领导人说，甚至美国总统也认为乌克兰的独立运动是没有"历史前途"的。克拉夫丘克的态度看上去模棱两可。当戈尔巴乔夫允诺乌克兰领导人在新联盟中将获得显赫地位，试图以此讨好他从而对抗叶利钦时，克拉夫丘克没"上钩"。戈尔巴乔夫问克拉夫丘克，乌克兰总理维托尔德·福金是否愿意帮助过渡时期的联合政府开个好头,这正是叶利钦希望俄罗斯总理伊万·西拉耶夫得到的位置。克拉夫丘克推诿道:"福金是一个很好的人选,但是他可能不想离开乌克兰。"事实上,福金已经拒绝了戈尔巴乔夫。[20]

克拉夫丘克那天在莫斯科目睹的一切坚定了他支持乌克兰独立的决心。他前往莫斯科时,计划建立由共和国领导人掌控的委员会,以此取代原来的苏联政府。但是叶利钦成功地把戈尔巴乔夫的提名者赶出了新政府,同时他还突然决定中止俄罗斯共产党的活动,此举大大改变了莫斯科的政治版图,其意义之大不逊于两天前在对抗政变领导者时获得的胜利。

相对于戈尔巴乔夫领导下衰落的苏联中央,由叶利钦掌控的一个强有力的中央正在形成。无论是克拉夫丘克,还是他在乌克兰政府和党内的同事都不想参与叶利钦领导的联盟。因为他们明白,赫鲁晓夫和勃列日涅夫统治时期的权力分享不可能恢复了;此外,在戈尔巴乔夫统治下的最后几年里,他们已经习惯于以前连做梦都不敢想象的自由。正如他们所看到的,现在中央除了带给他们比以前更多的不确定因素和麻烦,什么也给不了他们。克拉夫丘克现在面对着出乎意料的挑战,这一切再次考验着他的生存技巧。

在这场政变中,乌克兰议长克拉夫丘克第一次为自己赢得了不需要保护伞的名声:当真是人从雨中过,半点不湿衣。20年后,当被问及这个比喻是否属实时,克拉夫丘克带着难得的坦率,回答说:"原则上,这完全正确:我处事灵活、老到,我很少当人面说出事实真相,我很少畅所欲言。多年的经验告诉我,政治上的任何坦率或是公开都可能反过来将自己置于不利的境地。"他的这番回答已经比大多数的政治家要坦率了。1991年8月23日,在莫斯科淋雨而归的克拉夫丘克回到了乌克兰,他将要面对一场政治洪流。这次他不再需要雨伞了,要的是一件救生衣。人人都在猜测他到底能不能找到救生衣。[21]

8月24日早晨，民众仍然聚集在乌克兰议会前高呼："克拉夫丘克可耻！"看上去疲惫不堪的议会议长告诉代表们，他从未承认过政变是合法的，他的言论被实时转播到了议会墙外的集会人群那里。他提议要颁布反对派所倡议的大批法律，加强乌克兰的主权。他对代表们说道："必须颁布法令，明确现在驻扎在共和国边境的军队的地位。内务部队、苏联国家安全委员会（克格勃）和内务部必须服从乌克兰国家领导人的指挥。而且，他们不能卷入到任何苏联体系中去。剩下的就是协调行动的问题。另外，必须颁布适当的、相关的法律。至于将共产党从共和国执法机构中分离出去的问题也必须解决。"[22]

国家民主党想要的更多。他们的议会领袖哈伊尔·尤赫诺夫斯基院士主张乌克兰独立。作家弗拉基米尔·亚沃里夫斯基朗读了一篇名为《独立宣言法案》的文章，要求就此进行投票表决。议会陷入混乱之中。乌克兰共产党领导人古连科要求暂时休会。克拉夫丘克也表示同意，宣布休会片刻，以便议会各方总结各自对该问题的立场。要想通过该倡议，最大的困难是共产党人。[23]

独立宣言草案的主要作者之一是乌克兰共和党领导人列夫科·卢基扬年科，共和党显然是当时组织最好的政治力量。卢基扬年科一直致力于乌克兰独立运动，他在古拉格集中营度过了25年。他是乌克兰为了自由而斗争、为了自由而牺牲的象征，民主派人士希望由他来第一个朗读宣言。因为民主派内部的混乱，这份荣耀才落到了亚沃里夫斯基身上。

在政变发生的几周前，当布什总统和乌克兰政治领袖共进午餐时，卢基扬年科走到了布什身边，递给他一张写有3个问题的便条。其中两个问题和乌克兰反对派有关，第三个问题是关于乌克兰独立的。便条上用不太流畅的英语写着："既然俄罗斯帝国的瓦解已经是不可避免的事实，世界上最强大的国家——美国——政府能否帮助乌克兰成为国际关系中拥有主权的主体呢？"

在返回美国的飞机上，布什向他的苏联专家休伊特口述了一段有关卢基扬年科问题的备忘录："在今天基辅的午宴上，卢基扬年科先是很礼貌地向我打了招呼，然后是向克拉夫丘克主席。他是乌克兰最高苏维埃的代表。作为一位异见人士，卢基扬年科在监狱中度过了20多年，现在他代表的是独立运动——人民议会。"布什让休伊特准备做出回应。关于乌克兰是否被国际认可的问题，休伊特在8月5日起草的方案中给出了美国在该问题上的标准立场：苏联体制的转变只能"通过共和国和苏联领导人之间和平而诚恳的对话完成"。[24]

卢基扬年科不再相信对话。但是，他的确认为，粉碎政变将为他实现目标提供突破性的进展。在8月23日上午民主派代表召开的大会上，卢基扬年科提出，有关乌克兰独立的问题将在议会紧急会议上讨论，这着实让他的同事吃了一惊。他事后回忆起当时号召其他代表时，说道："这是一个很特别的时刻，此时此刻，我们应该解决根本性问题，并且宣布乌克兰是一个独立的国家。如果我们现在不这么做，也许我们永远也不能这么做了。共产党员一时有些迷惑，但是他们很快就会明白过来，他们毕竟占据多数。"

民主派代表明白他们手握实权的时间有限，所以他们不仅接受了卢基扬年科的观点，而且还把起草宣言的任务也交给了他。卢基扬年科亲选了另一位起草者，对他说："我们有两种写法，要么长篇大论，要么短小精练。如果我们长篇大论的话，宣言将不可避免地引起人们的讨论；如果我们写一篇短文的话，他们就没那么多机会对其品头论足了。让我们把宣言写得越短越好，这么一来，他们在讨论到底要在哪里加个逗号、什么地方需要修改的时候，就没什么发挥的空间了。"起草者确实是这么做的。美国驻基辅的代理领事斯德潘丘克后来谈起这篇宣言是如何简洁时，开玩笑说，这确实不同于美国的《独立宣言》。

当卢基扬年科在民主派召开的干部会议上把这份新鲜出炉的文章递给他的同事时，他们都赞成他的逻辑。经过大家的讨论，这份宣言没怎么改动，就在紧急会议刚召开时分发给了各位代表。[25]

尽管代表们支持卢基扬年科将独立问题交付议会投票，但是对于他们在这项议程中应处于怎样的位置才算合适，各位民主派领袖的意见仍有分歧。包括议会中职位最高的民主派人士——副议长格里诺夫——在内的部分代表主张，只有先中止共产党的活动，才能就独立问题进行投票。因为格里诺夫担心，除非先颁布禁止共产党活动的禁令，否则乌克兰独立的结果很可能是创造出一个由共产主义主导的国家。一些来自基辅的民主派代表也赞同他的观点。可是，对于共产党员占主导地位的议会而言，究竟能有多大的概率通过中止共产党活动的禁令，同时就独立问题进行投票表决呢？尽管有卢基扬年科和其他人的支持，成功的可能性还是微乎其微。他们首先代表独立，其次代表去共产主义，尽管要实现后者尚需时日。有位代表甚至扬言，他准备为此坐10年牢，只要那是独立的乌克兰的监狱。他的许多同事并没有这番雄心壮志，但是卢基扬年科的观点在与会代表中占据了上风。[26]

其实民主派来参加议会会议时，他们支持独立的立场更坚定了几分，共产党员对此深感惊讶。古连科要求暂时休会，克拉夫丘克也表示同意，这样共产党员们第一次可以作为一个集体共同讨论该议题。一直以来坚定地反对独立的代表们，发现自己现在已经身陷困境。共产党员在议会中占据大多数，但团结一致、形成合力的时代早已远去。曾经支持他们的克拉夫丘克和共产主义阵营，早就致力于推动乌克兰谋求主权，准备实现完全独立了。当紧张而困惑的共产党员来到议会大楼的观影厅时，他们的领导古连科要求他们支持独立，否则他们自己和乌共都会引火上身。

乌共的保守人士知道莫斯科的领导层基本上已经抛弃了他们，因为就在今天早些时候戈尔巴乔夫辞去了总书记一职，对此他们有些不知所措。据他们所知，叶利钦已经向共产党员大开杀戒，戈尔巴乔夫所说的"莫须有的迫害"何时席卷乌克兰只是时间上的问题。事实上，一切已经发生了——10万名聚集在议会大楼外的民众正在闹独立，也准备好了审判他们。集会民众仅仅满足于独立吗？许多乌共党员愿意向独立妥协，从而使他们免于遭受从俄罗斯刮来的反共浪潮，或许他们还能掌控乌克兰。

当反对派代表出现在会场，并且要求他们做出妥协时，原本还犹豫不决的乌共党员一点也不再迟疑了。反对派的建议是：关于乌克兰独立的全民公投将在12月1日总统大选后进行。这在许多人听起来是一个不错的解决方案：现在赞成独立宣言可以立刻保护他们，而将来的全民公投可能不会发生。乌共党员因此决定支持卢基扬年科。[27]

在开会的休息期间，克拉夫丘克给莫斯科打了电话，他这么做似乎遵循着乌共领导人事无巨细皆要请示莫斯科方面批准的老传统，然而，这一次情况正好相反。克拉夫丘克向叶利钦和戈尔巴乔夫通报了乌克兰议会发生的事情，告诉他们投票通过乌克兰独立已是在所难免了。叶利钦平静地接受了这一消息，但是戈尔巴乔夫明显有些不安。最终，他对克拉夫丘克说，乌克兰议会的投票结果并不重要，就像1991年3月乌克兰举行的全民公投表明，人民对苏联的支持是压倒性的。议会不能凌驾于公投结果之上。克拉夫丘克表示同意。打完电话之后，克拉夫丘克逐渐肯定了自己的想法：通过公投来表决议会是否应该就乌克兰独立问题进行投票。一项公投将因另一项公投的结果而被废止。精明的克拉夫丘克这次似乎又能成功地平衡各方势力了。[28]

就在会中休息的一小时里，克拉夫丘克准备让各方就乌克兰独立宣言进行投票。那天，他有力地推动了事件的发展，并且认为这件事能帮他渡过眼前的政治危机。他的爱国主义也可以算是动机之一吧。克拉夫丘克事后回忆说："当我们在为通过那项历史性的文件而奋斗时，我有怎样的感觉呢？我感到高兴。"他努力让那些不情愿的人投赞成票。他知道有两派领袖在这件事上意见相左，正如他后来回忆的那样，在接见地方团体的代表时，他告诉那些来自西部地区的代表，别纠结于那些传闻，说什么要先解散乌共，然后举行乌克兰独立投票。没有人知道他究竟对共产党员说了些什么，但是他传递的信息是清晰的，即希望他们能投票支持独立。

通往卢基扬年科一直以来梦想的乌克兰独立的道路上，只剩下最后一个障碍了，那就是赞成独立的议会法定人数不够。克拉夫丘克等待着代表们回到会场来，这将是一个缓慢的过程。对于支持独立的人来说，分分秒秒都是度日如年。有传闻称，克拉夫丘克已下令封闭连接议会和附近乌共中央大楼的秘密通道，因此共产党员不可能避开愤怒的示威民众而离开议会大楼。最终，登记的议员超过了300人。谁来朗读独立宣言？克拉夫丘克建议让卢基扬年科朗读宣言，然而，克拉夫丘克和人民议会的"联络员"——诗人德米特罗·帕夫雷奇科——却让克拉夫丘克朗读宣言。他希望议长本人来朗读决议；否则的话，共产党员可能会改变想法。克拉夫丘克在政变期间因为犹豫不决而遭受攻击，现在他又身处政治危机中，不得不同意此人的要求。[29]

他大声读道："1991年8月19日发生的苏联政变使乌克兰正蒙受着致命的危险，而数千年来，乌克兰一直努力成为一个国家。鉴于以上原因……乌克兰苏维埃社会主义共和国在此庄重宣布乌克兰独立，宣布独立的、由乌克兰人民组成的国家——乌克兰——诞生了……该决议自通过之时起生效。"[30]

克拉夫丘克请代表们投票表决。投票支持和反对乌克兰独立的票数，片刻之后就显示在克拉夫丘克身后的大屏幕上。议院忽然爆发出一阵欢呼声。代表们纷纷起身，彼此拥抱，此时很难分出谁是民主派，谁是共产党。整个议院洋溢着欢欣鼓舞的气氛。乌克兰议会已经就独立进行了投票表决,结果是346票赞成、2票反对、5票弃权。此时距离下午6点还有5分钟。外面的人群发出排山倒海般的欢呼声,庆祝投票通过独立。各国外交官纷纷赶往自己的领事馆发布报道。加拿大领事内斯特·格亚斯基就此事发表了报道,标题是《胜负已定》。[31]

晚上9点,在人群已经欢呼了数小时后,民主派胜利的象征——蓝黄相间的乌克兰国旗——已经被带到了议院。佩特罗·斯德派金是来自扎波罗热市哥萨克合唱队的主唱,他在大楼外不停地呼喊,嗓子已经哑了,可还是叫道:"把旗子插到议会大楼上去!"

尽管斯德派金和其他拥护者没能把蓝黄色的国旗插到楼顶,但是他们把国旗带到了议院内。这是典型的克拉夫丘克式的妥协。共产党代表们仍然把国旗看作民族主义而不是爱国主义的象征,可是克拉夫丘克违背了他们的想法,他同意人们把国旗带进了议会,并且承认民主在莫斯科取得了胜利:车诺维尔宣布,那面特殊的旗帜已经竖在了捍卫俄罗斯议会大楼的坦克之上。即使在莫斯科已经抛弃了共产党人之后,他们还是不能对竖立在莫斯科的胜利旗帜说不。[32]

拯救帝国

8月28日下午,也就是俄罗斯副总统鲁茨科伊飞往克里米亚救回苏联总统之后的一周,他再次飞往南方,这回他要拯救的是苏联。当他成功地完成了第一次任务之后,戈尔巴乔夫将他从上校提升为少将。鲁茨科伊正在前往基辅的路上,他要去处理因乌克兰宣布独立而爆发的俄乌关系的危机。他的计划是设法让乌克兰留在苏联,如果乌克兰坚持要独立的话,就让他们意识到这只能加剧乌克兰领土的分割。

一位来自亲叶利钦的《独立报》的记者,在报道鲁茨科伊及其同事的新使命时写道:"今天他们有机会把叶利钦的态度告诉乌克兰领导层,那就是,假如乌克兰退出'苏联',那么两国边界的协议也将随之失效。"简单地说,这意味着俄罗斯将废除自己与邻国乌克兰的现存条约,并且用分割领土来威胁乌克兰。报纸继续报道:"预计今天克里米亚在最高苏维埃会议上将会宣布独立。"乌克兰境内的自治共和国克里米亚的独立,将引起一系列的领土分割,从而可能导致苏联两个最大的共和国之间发生武力对抗。[1]

载着鲁茨科伊前往基辅的飞机从莫斯科郊外的伏努科沃机场起飞。陪同副总统一起前往的还有叶利钦的亲信兼顾问谢尔盖·斯坦科维奇,就在前几日,他刚刚设法把费利克斯·捷尔任斯基纪念碑从莫斯科市中心拆除了。但是从莫斯科出发去和乌克兰议会进行谈判的代表团成员并不都是"俄罗斯人",成员中还包括"苏联人"——苏联最高苏维埃及议会的成员。几天前,最高苏维埃和议会已经在莫斯科就此事展开协商。可是,就在载有鲁茨科伊和斯坦科维奇的飞机起飞前几小时,正在调查政变密谋者的最高苏维埃会议,突然被要求处理某项紧急事务。代表们暂时搁置分歧,选出俄乌谈判代表,并把他们派往基辅。《消息报》第二天报道:"这表明情况有点麻烦,这是对苏联议会的最后警告之一。客观地说,苏联正在分崩离析,而议会是其仅存的几个支柱之一。"

苏联议会代表团成员还包括叶利钦的亲密盟友——列宁格勒市市长和苏联的坚定拥护者索布恰克。《消息报》的同一篇文章报道,那天索布恰克让其他代表"关注主要事情:不要让苏联的权力体系随即土崩瓦解,对于和国家崩溃危机无关的问题,不要做毫无结果的讨论"。和索布恰克一同前往的还有代表俄罗斯的苏联议会议员和两位来自乌克兰的苏联议员。他们从克里姆林宫急忙赶往机场,因为他们想赶上俄罗斯副总统乘坐的飞机。就在数日前,没有人能想象得出这种情况。在政变前,俄罗斯和乌克兰领导人结成了最牢固的联盟,在8月最黑暗的日子里,他们努力维系着联盟关系,然而现在,他们却因边界问题发生了争执。与之相反的是,俄罗斯和苏联政治家,曾经看上去彼此之间存在难以逾越的鸿沟,如今却通力协作,拯救苏联。而且,叶利钦在其中起到了主导作用,而不是戈尔巴乔夫。事实上,根本没有戈尔巴乔夫什么事。[2]

叶利钦的立场之所以从削弱戈尔巴乔夫和苏联中央转变到与戈尔巴乔夫合作,支持苏联中央,最直接的原因是:自从苏联总统从克里米亚回来后，叶利钦在打压戈尔巴乔夫的运动中取得了胜利。8月22日，当戈尔巴乔夫试图告诉俄罗斯代表，如果俄罗斯不把各个加盟共和国团结在一起的话，俄罗斯将不再是俄罗斯。可是，戈尔巴乔夫遭到了嘘声和羞辱。8月28日，当俄罗斯和苏联联合代表团启程前往基辅时，叶利钦似乎大获全胜：不仅在俄罗斯，而且在整个苏联，他已经取代戈尔巴乔夫，成为最有权势的人。如何把各个共和国团结在一起成为叶利钦最大的担忧。当戈尔巴乔夫还主政克里姆林宫时，叶利钦及其团队希望中央做出更多妥协，然而，当中央政府发生政变之后，立场发生了转变，承认苏联加盟共和国的独立对于叶利钦以及他的顾问，在心理上和政治上都没有做好准备。他们准备让波罗的海国家独立，并且希望那些中亚国家不要再向中央要补贴了，但是没有谁曾经想象过属于斯拉夫民族的乌克兰要从苏联独立出去——这简直是噩梦般的情景。[3]

乌克兰宣布独立在全苏联可谓是一石激起千层浪，戏剧化地改变了苏联的政治面貌。1990年夏，在叶利钦领导的俄罗斯宣布主权后，乌克兰宣布主权，现在在所有仍然忠诚于苏联的共和国中，乌克兰带头走向了独立。在乌克兰之前已经宣布独立的波罗的海共和国，以及亚美尼亚和格鲁吉亚共和国都是由反对旧有的共产主义政权的力量掌控着。克拉夫丘克领导下的乌克兰成为第一个在共产党员占主导的议会中宣布独立的国家，如此一来，就为其他由共产主义者和前共产党官员掌控的共和国扫除了走向独立的障碍。8月25日，也就是乌克兰议会宣布独立后的第二天，白俄罗斯随即宣布独立；8月26日，乌克兰另一个邻居摩尔多瓦也宣布独立。遥远的阿塞拜疆在8月30日宣布独立。看着一个又一个共和国相继宣布独立，不仅是戈尔巴乔夫，就连叶利钦也深感惶恐惊惧。[4]

在8月24日之后先后宣布独立的共和国中，没有一个国家采取了乌克兰模式——以全民投票的方式通过独立宣言。然而，这些共和国都没有立刻脱离苏联的想法。那么，宣布独立能产生什么实际结果呢？暂时来说，宣布主权和宣布独立的主要区别是：如果说宣布主权使共和国法律凌驾于苏联法律之上，那么，宣布独立则使得共和国可以完全将苏联的法律弃之不理，只有共和国的法律才是有效的。共和国的正式独立还意味着他们的领导人将更有权势。[5]

8月24日是一个转折点，不仅因为在这天乌克兰宣布独立，还因为就在这天，3个波罗的海国家爱沙尼亚、拉脱维亚和立陶宛的独立得到了叶利钦本人的承认。在这天俄罗斯总统签署了3份信函，承认俄罗斯西边邻居的独立，同时没有附加任何条件，也没有就苏联时期的边界问题向3个新独立的国家提出质疑。叶利钦这么做使得数十万的俄罗斯族人被遗弃，他们中的大多数人在二战后从俄罗斯和苏联边界迁往这几个波罗的海国家。可是他们的担心并不是俄罗斯政府考虑的内容。

新的、民主的俄罗斯拒绝使用武力，拒绝施加经济压力，拒绝用法律或外交手段使波罗的海共和国留在苏联。无论是领土问题，还是少数族裔的权利在那时看起来都不是什么重要的问题。前些年，各共和国俄罗斯社区的许多成员曾反对他们的家乡、他们的国家走向独立，他们加入了由莫斯科资助并且由共产党员掌管的"国际阵线"，该组织支持1991年初莫斯科当局镇压波罗的海国家独立的做法。这一组织的领导人曾公开支持政变，可是现在他们担心遭到当地多数族裔的报复。叶利钦领导下的俄罗斯政府却严重忽视了他们的担忧。俄罗斯的盟友是塔林、里加和维尔纽斯的民主派，而不是和克里姆林宫的保守派站在一起的移居在外的俄罗斯少数族裔。[6]

其他共和国纷纷猜想，波罗的海国家是不是俄罗斯处理其他共和国独立问题的先例。情况很快明朗起来，这并不是俄罗斯的先例。波罗的海国家在叶利钦民主派的心目中有着特殊地位，可是对于政变前后其他苏联加盟共和国宣布独立的做法，俄罗斯政府并不予以承认。

格鲁吉亚1991年4月9日就宣布了独立，比爱沙尼亚和拉脱维亚早许多，可是并没有得到承认。没人清楚乌克兰宣布独立的做法将被俄罗斯人划入哪一类：波罗的海国家，还是格鲁吉亚？考虑到乌克兰议会投票前，叶利钦接到克拉夫丘克电话时的反应比戈尔巴乔夫要平静许多，或许大家会认为乌克兰的地位将得到俄罗斯的尊重和理解。结果却是平静只维持了一个周末。克拉夫丘克星期六致电叶利钦，把情况告诉了他，这就意味着只有等到8月26日星期一，俄罗斯方面才能做出反应。因为政变第一天密谋者承诺要召开的苏联议会终于于8月26日这天在莫斯科召开了。

在开幕式上，来自乌克兰的代表尤金·谢尔巴克朗读了乌克兰独立宣言的俄语译文。他事后认为这是自己一生中最重要的时刻，然而，当时他紧张得快说不出话来。一向忙碌的议院忽然沉默至极。他觉得议员的脸色开始变得苍白。戈尔巴乔夫满脸涨红，起身离开了大厅。戈尔巴乔夫忠诚的顾问梅德韦杰夫在日记中写道：那天来自共和国的代表们"异口同声地要求独立，完全无视中央和苏联体系的终结"。

苏联的支持者们提出了预警。坐在谢尔巴克旁边的索布恰克走上讲台，发表陈述："在民族独立的外表下，他们实际上想要换个面孔，继续维持共产主义体制。"他宣称他所目睹的事情是疯狂的，因为苏联是拥有核武器的国家，其解体将导致核武器管理的混乱。另一位代表团成员、莫斯科市副市长谢尔盖·斯坦科维奇也表达了自己的意愿，他希望乌克兰的朋友不要以民主之名搞破坏。俄罗斯道德权威德米特里·利哈乔夫院士宣称，苏联毫无约束地瓦解将导致边界战争。[7]

叶利钦阵营的许多人并没有把乌克兰独立看作是针对衰弱的中央政府的行为，反而认为这件事在民主俄罗斯的背后捅了一刀，民主俄罗斯在与共产主义巨人的角逐中已经胜出。此外，因为莫斯科权力的突然转移，出现了数日前难以想象的局面。到目前为止，俄罗斯仍然站在反对中央政府的最前线，和波罗的海国家携手共进，抢在乌克兰、白俄罗斯和大多数苏联加盟共和国之前颁布法律，宣示主权。如今，俄罗斯差不多取代了中央政府，它面临着前所未有的任务——该拿苏联怎么办？

当索布恰克、斯坦科维奇和利哈乔夫一起努力，企图在苏联议会上拯救苏联时，叶利钦已经命令他的新闻秘书、从经济学转行到新闻业的42岁的帕维尔·沃夏诺夫准备一份声明，声明的大意是：任何共和国如果打破在苏联框架下与俄罗斯的关系，俄罗斯有权提出领土诉求。这与两天前面对波罗的海国家独立所采取的政策截然相反。沃夏诺夫事后回忆，在处理俄罗斯和其他加盟共和国的关系问题时，叶利钦急于"羞辱戈尔巴乔夫"，因为后者未能把各个共和国笼络在一起。可是，让他恼羞成怒的是，俄罗斯总统很快发现自己所处的情况和戈尔巴乔夫是一样的。沃夏诺夫回忆说："俄罗斯总统很受伤。那时的想法是要'暗示'谈判各方——'就像你们看到的那样，叶利钦可不是戈尔巴乔夫。'"乌克兰宣布独立以及迈向独立的进程迫使俄罗斯方面要尽快发表声明。[8]

沃夏诺夫依令行事。总统声明起草完毕后，他在电话里向叶利钦读了一遍。对外发表的声明内容如下："俄罗斯联邦政府并不质疑宪法赋予每个国家及其公民的自决权。可是，边界问题是存在的，只有建立同盟关系，并且签署适当的条约，才能允许这一问题被搁置。协议一旦终止，俄罗斯保留提起修改边界的权力。"声明并没有点明俄罗斯可能会和哪个国家发生边界争议，但是，当沃夏诺夫在记者招待会上被问及叶利钦考虑的是哪个国家时，他指出是乌克兰和哈萨克斯坦。他后来回忆说，争议地区包括以前曾属于俄罗斯的领土：乌克兰的克里米亚和顿涅茨克，格鲁吉亚的阿布哈兹和哈萨克斯坦的北部地区。[9]

事实上，克里米亚是唯一在20世纪50年代从俄罗斯划出去的地方。

领土的交割发生在 1954 年，当时为了纪念莫斯科将哥萨克人居住的乌克兰地区纳入其保护国满 300 年，克里米亚由莫斯科交给了乌克兰。那时生活在克里米亚地区的 20 万土著鞑靼人已经流亡，留下来的居民大多数是俄罗斯族后裔，但是克里米亚半岛从地理上和政治上来说，却属于乌克兰。当时莫斯科中央政府的决策者认为克里米亚的割让是有意义的，俄罗斯和乌克兰当局也持相同的态度。然而，在沃夏诺夫的争议领土名单上，克里米亚是个例外：因为其他地区从未属于过俄罗斯。东乌克兰的顿涅茨盆地就属于这种情况；阿布哈兹地区也是如此，在苏联时期它曾在形式上独立，或是作为格鲁吉亚的一个自治区域。哈萨克斯坦在 20 世纪 20 年代成为一个独立的共和国，在 30 年代加入苏联，没有领土曾经正式地从俄罗斯划入到哈萨克斯坦。[10]

对于四面楚歌的戈尔巴乔夫而言，俄乌关系的危机给他提供了机遇。那天，他在苏联议会召开的会议上发言，告诉各位代表自己将竭尽所能地保持苏联的完整。戈尔巴乔夫宣称："在苏联内部不存在领土问题，但是当共和国脱离后，则不能排除出现领土问题的可能。"沃夏诺夫的声明也受到了俄罗斯民主阵营领导人的欢迎。许多人认为，乌克兰和白俄罗斯的独立只不过帮助了地方上的共产党精英继续大权在握，为了对付这些精英，民主派必须震慑他们一下。莫斯科民主派市长，同时也是叶利钦亲密盟友的波波夫出现在了中央电视台，宣布支持叶利钦对于那些企图脱离苏联的共和国所持的立场，他认为边界问题必须通过地区大选来决定。他特别提到了克里米亚、敖德萨和摩尔多瓦的德涅斯特地区。具有讽刺意味的是，波波夫提到的这些地方的精英曾经欢迎政变，这里大多数居民并不赞同莫斯科民主派的俄罗斯领导人。[11]

但是，并不是每个莫斯科人都赞成叶利钦和沃夏诺夫。就在沃夏诺夫发表声明的当天，7 位声望卓著的民主派人士在阿法纳西耶夫和邦纳的带领下签署了一份名为《我们欢迎帝国的崩溃》的倡议书。他们曾发表过无可指摘的反政变文书。他们承认一些脱离了苏联的共和国的领导层确实是在共产党的操控下，这些共产党人士曾经支持过政变，而且有可能镇压自己的人民，但是对抗这一切，需要的是各种民主力量采取联合行动，而不是重塑苏联。阿法纳西耶夫、邦纳和他们的同事写道："最危险的是，一旦苏联瓦解，俄罗斯将发表声明，宣布其对周边邻国领土和财产的主权。"

倡议书的起草者还指出，在帝国的废墟上重新构建民主共和国的新的共同体应该通过苏联的和平瓦解来实现。倡议书对俄罗斯领导层所采取的立场构成了明确挑战。同时该倡议书还提出了一个大胆的设想，该设想对于俄罗斯在接下来的几个月中，摸索制定新的对苏联中央以及对苏联共和国的政策将起到关键作用。可是，当时几乎无人认识到它的重要性。[12]

沃夏诺夫在声明中阐述的俄罗斯新方针，正是乌克兰、摩尔多瓦和哈萨克斯坦的领导人和议员们极为担忧的事情。乌克兰受到的威胁最大，因此它比其他直接或是间接受到了俄罗斯新态度影响的共和国更快亮明了自己的立场。8月27日，沃夏诺夫发表声明的这天，乌克兰民族运动联盟也发表了自己的声明，声明指责"刚刚民主化的俄罗斯领导"和1917年的布尔什维克一样具有"帝国的野心"。那时，在无产阶级革命的旗帜下，布尔什维克粉碎了乌克兰的独立运动，摧毁了乌克兰的民主机构。乌克兰议会主席团发布的一份文件还原了历史的真相。乌克兰议会的声明中指出乌克兰不会诉求俄罗斯的领土，但是愿意在1990年11月经叶利钦签订的俄乌协议的基础上，就俄罗斯方面可能提出的诉求进行商讨。那份协议确认了俄罗斯和乌克兰之间的现存边界。克拉夫丘克要求召开记者会，宣布这份主席团声明，他告诉记者自己已经致电叶利钦，并且就沃夏诺夫发表的声明和叶利钦进行了商谈。第二天，俄罗斯总统命令鲁茨科伊和斯坦科维奇前往基辅处理当前的局势。[13]

俄罗斯和苏联联合代表团于8月28日下午飞往基辅,他们要向新独立的乌克兰领导人解释俄罗斯总统及其民主派的立场,他们此行是带着预定任务的。此次基辅之行的主要目的是阻止或推迟乌克兰独立,而不是要回有争议的领土。叶利钦亲信的话让沃夏诺夫大吃一惊:"你认为我们需要那些领土吗?我们需要的是:让纳扎尔巴耶夫和克拉夫丘克知道自己的位置!"当然,他们在苏联的合适位置就是和俄罗斯联手,并且受控于俄罗斯。

作为苏联代表团成员之一,和鲁茨科伊等人一起飞往基辅的议员谢尔巴克事后回忆起索布恰克曾对他说过的话:"你们乌克兰人怎么会想从俄罗斯独立出去?我们毕竟是一体的。"在谢尔巴克看来,索布恰克和斯坦科维奇都极不相信乌克兰所宣布的独立。说着地道的乌克兰语的鲁茨科伊表现得格外居高临下,他质问乌克兰代表时,用贬义的说法指代乌克兰:"哦,你们盘发的乌克兰人已经决定分离出去了,是吗?"他在询问乌克兰议会代表时,对乌克兰民族也使用了一个贬义词。[14]

在登机之前,谢尔巴克致电基辅,告知基辅的同事,莫斯科代表团将到达。乌克兰广播电台随即播出了两则议会声明。第一则声明号召乌克兰所有的政治力量团结起来,捍卫乌克兰的独立。第二则声明向为数不少的乌克兰少数族裔做出保证,乌克兰的独立不会威胁到他们的权利。那天,主席团还颁布了一项法令,规定乌克兰全境的征兵中心都必须接受乌克兰当局的管辖。乌克兰领导层正在巩固自己的政治地位,让民众对即将到来的俄乌外交冲突有所准备。

就在飞机从俄罗斯飞往基辅的途中,乌克兰广播电台播出了第三份声明。一位"乌克兰民族运动"的领导人通过广播号召基辅人民前往议会大楼,捍卫乌克兰的独立。回应号召的人比乌克兰议会就独立问题进行投票时的人还多,议会大楼很快就被基辅市民团团围住,他们急于捍卫乌克兰的独立——这仍然只是他们的梦想。看到那么多人决心捍卫他们刚刚宣布的独立，谢尔巴克还是惊诧不已。[15]

不知鲁茨科伊和他的同事希望在基辅受到怎样的接待，不过肯定不是这种。代表团成员斯坦科维奇后来回忆："在基辅，有半天时间他们都不让我们下飞机，质问我们到这个独立国家来的目的是什么。"鲁茨科伊号召斯拉夫人要团结，并且声明此行的目的是就乌克兰宣布独立一事制定俄乌关系发展的纲要。

直到代表团做出保证，他们才被带到议会。然而，迎接他们的并不是由前共产党员占据主导地位的议会主席团，而是民主派领导人。索布恰克和斯坦科维奇发现坐在桌对面的是来自乌克兰民主阵营的老朋友和同盟者。后者试图说服这些俄罗斯代表，独立后的乌克兰绝不是共产党的避风港。斯坦科维奇向接待委员会的成员做出承诺，莫斯科代表团并不打算提出领土问题，也不会质疑乌克兰做出独立决定的权利。他的保证打破了坚冰。[16]

俄罗斯代表和苏联议员与乌克兰民主代表举行会谈后，又和克拉夫丘克率领的乌克兰官方代表团坐下来进行了商谈。他们的会谈持续至深夜。代表们不停地走出会场，告诉聚集在议会大楼周围的人群，谈判进行得如何，试图以此平复民众的情绪。索布恰克想绕开顽固的带头者，直接向人民呼吁，这么做的后果却很严重。当他对人群说："让我们团结在一起吧，这很重要。"民众回应他的口号是："不！""可耻""乌克兰不要莫斯科！"

午夜过后，克拉夫丘克和鲁茨科伊终于召开了新闻发布会，通告他们会谈的情况，结果令乌克兰领导人很满意。双方同意建立应对过渡和商讨经济协议的联合机制。乌克兰人很高兴看到这个结果，但是俄罗斯人却深感失望。斯坦科维奇回忆说："谈判进行得很艰难，我们未能达成成立联盟的方案。"这意味着他们没有找到彼此作为同一个国家继续存在下去的共同基础，对于苏联的未来而言，这可真是一则坏消息。苏联两个最大的加盟共和国不能找到让双方都满意的彼此共存于一国的方案。时间将会证明，即使是乌克兰人同意的协议也是暂时的——基辅的政治家已经开始寻找另一种、后来被称为"文明离婚"的方案。[17]

在基辅，那场进行至深夜的谈判虽然让斯坦科维奇深感失望，但是却鼓舞了纳扎尔巴耶夫，他正在为俄罗斯接管苏联政府而焦虑不安，因为他想要掌控自己国境内的苏联军队。那天，这位哈萨克斯坦领导人给叶利钦拍去了一份电报，让鲁茨科伊代表团也到哈萨克斯坦来一趟。电文如下："鉴于到目前为止，没有文件清楚地声明俄罗斯放弃对自己邻国的领土诉求，哈萨克斯坦的社会抗议正在与日俱增，结果将难以预料。这种局面可能会促使共和国采取类似于乌克兰的措施。"这份威胁要以乌克兰为榜样，直接宣布独立的电文出自另一个拥有核武器的国家，它确实奏效了。鲁茨科伊、斯坦科维奇和索布恰克给飞机加油之后，不是飞回莫斯科，而是转向向东飞去。他们在哈萨克斯坦的首都阿拉木图签署了一份类似于在基辅发表的宣言。在鲁茨科伊和纳扎尔巴耶夫共同召开的记者会上，鲁茨科伊向记者们保证，俄罗斯和哈萨克斯坦之间不存在领土问题。[18]

俄罗斯的官员不论是在基辅还是在阿拉木图，都把沃夏诺夫的声明看作是流氓政客的言论，竭力与之撇清关系。事态的转变使缺乏政治经验的新闻秘书惊讶不已，他后来写道：

> 我永远不会忘记那种奇怪的感觉：我打开电视，听见鲁茨科伊和斯坦科维奇正在对集会的基辅人发表讲话，他们句句诅咒："你们放心，那个自以为了不起的新闻秘书会受到惩罚的。"我焦急地等待着鲁茨科伊回到莫斯科。我到他的办公室问他："沙夏，你为什么让我做替罪羊？"副总统拿了瓶酒放到桌上："啊哈，帕维尔，孩子，我能怎么做呢？这是你我必须要干的脏活。"

不仅仅是鲁茨科伊和斯坦科维奇，就连叶利钦本人在达成了这些协议后，也试图将自己和这次失败的政治行动撇清关系。沃夏诺夫后来记起来："只有鲍里斯·尼古拉耶维奇（叶利钦）给我打了电话，在我们相识与合作的这么多年里，他从未如此严厉地对我说话。'你犯了极其严重的错误'……既然话已经说出去了，我就应该闭口不提，最后，我只好装聋作哑，仿佛在任何场合都未曾提到过争议领土这回事。"一切后果都让沃夏诺夫承担了。[19]

8月28日，也就是在两天前，叶利钦和新任的俄罗斯代表们刚使戈尔巴乔夫屈从于他们，并且接管了中央政府，可是，这些胜利者却发现自己又深陷于另一个巨大的困境之中。原来以为克拉夫丘克和纳扎尔巴耶夫会成为联盟高官，可是很明显，他们拒绝加入联盟。形势日渐明朗，其他加盟共和国的领导在和俄罗斯总统和苏联总统的博弈中，并不只是无足轻重的小棋子。这些共和国有自己的打算，它们联合起来的实力太强大，以至于博弈中互相对抗的两位棋手根本无法操控它们。曾经团结一致的俄罗斯政治力量现在混乱无序。在叶利钦的顾问中，有人想代表中央和其他共和国谈判，有人建议加强不对等的叶利钦-戈尔巴乔夫联盟，还有人认为失去了乌克兰和白俄罗斯的苏联，只剩下那些"非民主"的中亚共和国，为这样的联盟去斗争没什么意义。最终，叶利钦核心团队以外的那些人则表示欢迎帝国的崩溃，无论出现什么结果都呼吁苏联解体。[20]

在对抗日渐顽固的共和国领导人时受到了阻力，叶利钦的官员深感困惑不安，而这一切的发生恰巧赶上叶利钦本人在承受了极端压力、经历了狂热的行为之后，他身心俱疲，事情往往就是如此。甚至在共和国边界危机爆发之前，叶利钦就对自己的助手说，他想离开莫斯科，休假两周。叶利钦的警卫队长科尔扎科夫曾回忆说："政变和人事调整之后，鲍里斯·尼古拉耶维奇想休息一阵子。"

8月29日，在拉脱维亚的首都里加，人们在俄罗斯使馆的开放日活动中见到了叶利钦。记者想知道在莫斯科方面身陷危机的时刻，是什么原因促使叶利钦来到了拉脱维亚。事实上，身心疲倦的叶利钦决定到波罗的海的海滨城市尤尔马拉来度假，现在这里既不属于俄罗斯，也不属于苏联了。

科尔扎科夫回忆说："鲍里斯·尼古拉耶维奇和我在海边漫步，海风拂面，海鸥高鸣，孩子们在海滩上挖掘出了一块块宝石。那些在白宫度过的一个个不眠之夜，以及政敌间你死我活的斗争仿佛已成为很久以前发生在另一个时空的事情。"在接下来的几天里，叶利钦会给他的同事打打电话，签署一些文件，偶尔回莫斯科参加一下1991年9月2日召开的人民代表大会——苏联的"超级议会"。但是，他不在莫斯科的这段时间却给自己的政敌创造了重新夺回阵地的机会。[21]

虽然戈尔巴乔夫和他的顾问在几天前已被赶出了政治舞台，但是俄罗斯总统和其他共和国领导人之间日益加剧的危机使他们试图发动政治反攻。戈尔巴乔夫重回苏联政治舞台的中心始于8月28日召开的苏联议会。

那一天，叶利钦动身前往拉脱维亚了，鲁茨科伊代表团则飞往了基辅。这时，戈尔巴乔夫发现自己自从政变以来，第一次因屈从于叶利钦和俄罗斯领导层而受到指责，因为他赞成任命叶利钦的总理西拉耶夫担任联盟政府的领导。戈尔巴乔夫的经济顾问梅德韦杰夫在8月28日的日记中写道："成立由西拉耶夫领导的委员会激起了轩然大波。大家说，就是因为这个委员会，苏联的政府机构才被俄罗斯取代的。大家指责总统对叶利钦唯命是从。"

西拉耶夫赶来给戈尔巴乔夫救场了，他解释说，其他共和国也会受邀加入他的委员会。可是，许多代表并不接受他的这番言论。戈尔巴乔夫现在让这些代表同意对内阁进行清算，而通过修改宪法组建起来的这个内阁，成立的时间还不到一年。戈尔巴乔夫施谋用计，决定发表自政变以来自己对俄罗斯总统及其行为的第一通批评。他说道，一旦政变结束，无论是俄罗斯总统，还是俄罗斯的议会或政府都没有权利违背宪法，要求获得中央政府才有的特权。俄罗斯政府在政变失败后打算趁乱接管苏联的中央银行就是违法的，戈尔巴乔夫的顾问对此表示抗议。在那天的晚些时候，叶利钦签署了暂停接管的协议。戈尔巴乔夫及其团队高兴地宣布，他们在和俄罗斯政敌的较量中赢得了第一个胜利。[22]

苏联人民代表大会是有权修改宪法的"超级议会"，9月2日，就在大会召开的那天，戈尔巴乔夫赢得了另一场重大胜利。会议一开始，纳扎尔巴耶夫就宣读了《苏联总统和共和国最高领袖的声明书》，也就是大家所知道的"10+1"，"10"指的是10个同意该声明的共和国，"1"指的是戈尔巴乔夫代表的中央政府。几天前，莫斯科的报纸还大肆报道在"9+1"或"10+1"的模式中，那个"1"应该是俄罗斯，而不是中央政府，但是没有几个人大代表愿意接受这个观点。纳扎尔巴耶夫宣读的声明把中央政府又带回了政治舞台，戈尔巴乔夫也重新回到了政权角逐的游戏中。这是苏联总统取得的重大胜利。

这份声明本身是各方妥协的产物，在声明中，中央政府在苏联事务中所起的实际作用，被降低至政变以前根本无法想象的地步。戈尔巴乔夫和共和国领导人在大会召开的前一个晚上经过开会讨论，才产生了这份声明，它也反映出新的政治现实——叶利钦在莫斯科的权力越来越大，而其他共和国领导人在苏联事务中的权力也在与日俱增。克拉夫丘克也来到了莫斯科，他宣称乌克兰正在将自己的独立宣言付诸行动，但是，在全民公决正式通过独立宣言之前，以防万一，他还是准备参加联盟协议的谈判。俄罗斯总统一直坚持苏联要实行联邦制，可是，克拉夫丘克早前已经告诉过叶利钦，对于乌克兰来说，唯一能接受的方案是实行邦联制。纳扎尔巴耶夫则认为乌克兰宣布独立已经使原先的苏联联邦制政体不合时宜了，他也支持建立邦联制的想法。可以想象，苏联不再是一个拥有独立主权的国家，而是若干个国家的联盟，形成一个执行外交和军事政策的联合体。

除俄罗斯之外的两个最大的加盟共和国的领导人组成了统一阵线，戈尔巴乔夫和叶利钦也别无选择，不得不屈从于他们的要求。戈尔巴乔夫、叶利钦和其他共和国领导人认可了纳扎尔巴耶夫发表的声明，并在上面签了名。这份声明要求起草新的联盟宪法，同时提出了一整套针对所谓的"过渡时期"的措施。提议包括：用制宪议会取代现在的最高苏维埃和人民代表大会；制宪议会的代表由各个共和国议会的代表组成；成立新的由苏联总统和共和国领导人组成的执行机构——国务院；由共和国代表组成经济委员会，以此取代现在濒临垮台的内阁和备受争议的由西拉耶夫领导的委员会。

另外，纳扎尔巴耶夫还建议签署新联盟条约，同时让加盟共和国自行决定本国经济、安全的综合协议的内容，以此保证共和国公民的权利和自由。加盟共和国还表达了它们想加入联合国的想法。纳扎尔巴耶夫的声明实际上描绘出一幅蓝图——不是叶利钦所希望的那样，由俄罗斯接管中央政府，而是由所有的共和国共同接管。同叶利钦的接管命令一样，这份声明的内容也违反了现有法律，与宪法精神不符。让人大代表感到惊讶的是，声明居然要求人大会议认可这种侵犯宪法的行为，然后再自行解散。在戈尔巴乔夫和叶利钦的回忆录中，他们两人都对纳扎尔巴耶夫发表的声明极尽赞美之词，还为它的合法性辩护。与此同时，他们竭力促成人大会议通过这份声明，然后自行解散。[23]

纳扎尔巴耶夫刚读完声明就立即宣布休会，这使得人大代表没有机会提问或是发表意见。会场笼罩在惊惧的气氛中，但是短暂的休会使代表们有时间冷静下来，以免情绪失控。戈尔巴乔夫的亲密助手梅德韦杰夫也参加了会议，他在回忆录中写道："本质上讲，作为挽救国家的最后一个机会，做出这样的决定已是不可避免。当然，从表面上看，这么做不太民主，可那时的局势就是如此。"这么说可是淡化了当时剑拔弩张的局面，苏联"超级议会"的许多代表并不打算妥协。争辩整整持续了四天。[24]

奥博连斯基代表在大会的讲台上发言："我十分尊敬的哈萨克斯坦总统纳扎尔巴耶夫同志，正在扮演着传奇人物阿纳托利·热列兹尼亚科夫水手（在喀琅施塔得起义中牺牲的水兵，战斗英雄）。"他指的是1918年初，布尔什维克的军队在波罗的海舰队的水手热列兹尼亚科夫的带领下，强行驱散俄罗斯制宪议会的事件。他继续说道："共和国的领导在苏联政权的最终解体上起到了破坏性的作用。或许，现在是时候停止像对待一个妓女那样对待宪法，用它来迎合那些谄媚者！"不管奥博连斯基是否考虑到了叶利钦和戈尔巴乔夫，他在发言的最后要求后者辞职。叶利钦已经从波罗的海度假而归，并且主持了那次会议，他后来回忆："像叛国、阴谋和掠夺国家这种词都从大会讲台上抛了出来。"

然而，经过数日的激烈辩论，戈尔巴乔夫和其他共和国的领袖不断吓唬威胁，最终使人大代表们妥协了。据叶利钦所言："当人们说那些脏话攻击戈尔巴乔夫时，他总是控制不住自己，最后当代表把他挤到墙角时，戈尔巴乔夫走上了讲台，威胁说，如果人代会不愿自行解散的话，将会被强制解散。这番话冷却了一些发言者的怒火，关于国家元首理事会的提议，毫无阻碍地通过了。"大会同意通过纳扎尔巴耶夫的声明，并且自行解散，但是只有他们得到承诺才会这么做：尽管"超级议会"不复存在了，但是最高苏维埃，或是无权修改宪法的苏联议会要保留。戈尔巴乔夫事后说他对此项决定感到满意。毕竟这么一来，他在和共和国其他领导人进行斗争时，又多了一个可利用的苏联机构。[25]

人大会9月5日完成了自己的工作。第二天，戈尔巴乔夫召开了国务院第一次会议，国务院由他和各位共和国领导人组成。叶利钦还记得，"在新的局势面前，戈尔巴乔夫唯一能做的就是把那个分崩离析的共和国拧在一起"。无论以哪种方式，戈尔巴乔夫回来了，并且扮演着虽然明显不及以往但仍然重要的角色，叶利钦和其他共和国的领导人对他扮演的角色暂时还算满意。

作为领导人之一的亚美尼亚议会议长列翁·捷尔-彼得罗相在接受莫斯科周报《论据与事实》的采访时，谈到了做出这种新安排的本质原因："如果叶利钦允许中央复活，那么戈尔巴乔夫还有在位的可能。然而，现在需要让戈尔巴乔夫成为能稳定各方的因素。"[26]

苏联中央和加盟共和国之间持续争斗的阶段结束了。那些尚未准备脱离苏联的共和国为自己赢得了做出最后决定的时间。俄罗斯总统支持其他共和国谋求主权，背叛中央，承认波罗的海国家的独立终结了历史旧的一章，而乌克兰宣布独立则翻开了新的一章，在这一章里俄罗斯开始感到自己同时要为中央和其他共和国的命运负责。就在苏联"超级议会"通过纳扎尔巴耶夫的声明后不久，叶利钦也签署法令，取消了他之前颁布的法令中侵犯了苏联权利的内容。戈尔巴乔夫和叶利钦达成了暂时的一致：他们现在都要承担维护帝国的责任。

叶利钦和他的政府很快搬进了克里姆林宫的一幢大楼里。他要求并且得到了与戈尔巴乔夫一样的高级防弹豪华轿车。叶利钦的警卫队长科尔扎科夫回忆说："两位总统精诚合作，达成妥协。米哈伊尔·谢尔盖耶维奇能占鲍里斯·尼古拉耶维奇上风的地方不再是克里姆林宫，而是他的位于郊区的新奥加廖沃别墅。其他共和国的领导也聚在那里。戈尔巴乔夫喝着他最喜欢的亚美尼亚产的25年白兰地，在餐桌前表现得像个沙皇。叶利钦对他很不满，言辞犀利，但叶利钦的同事不支持他这么做。"自从1917年以来，莫斯科再次出现了"一山二主"的局面。没人知道克里姆林宫的权力分享能持续多久，没人知道如果一方决定不再维护摇摇欲坠的联盟协议，将会发生什么。[27]

现在，促使两位总统走到一起的两个因素，并不受他们自己控制：一个是俄罗斯以外其他加盟共和国的领导人，他们不希望戈尔巴乔夫和叶利钦谁比谁更有权势；另一个是美国总统，他仍然忠实于戈尔巴乔夫，想依靠戈尔巴乔夫－叶利钦的联盟使衰弱但仍然稳定的苏联继续存在下去。对叶利钦而言，就像在政变时的情况一样，他和美国以及和其他西方国家建立关系的唯一方法就是他要表示愿意与戈尔巴乔夫合作。8月24日，叶利钦对来访的美国大使斯特劳斯说："现在，戈尔巴乔夫和我暂时走得较近。"叶利钦请斯特劳斯告诉美国总统，他与戈尔巴乔夫在一起工作。斯特劳斯总结了他此次拜访的印象："这个人（叶利钦）在意自己的权威和新地位，但是，他同时又希望传递出一个信息：他正在和戈尔巴乔夫合作，但是他处于优势地位。"[28]

|第四章|

走向分裂

THE LAST EMPIRE

当戈尔巴乔夫及其顾问们请求立法给予波罗的海国家更多特权时，其他共和国感到了不公正待遇，并且要求拥有与波罗的海国家相同的待遇。如果戈尔巴乔夫及中央政府拒绝这类要求，其他共和国就会开始自主行动。

左右为难的华盛顿

乔治·布什坐在他肯尼邦克港家中的海景阳台上，沐浴着阳光，盯着远处岩石上成群的海鸥，那里也是他经常钓鱼的地方。此时是1991年9月2日的午后，莫斯科的人民代表大会要开始审议了。几个小时前，布什已向世界宣布，美国正进行着与波罗的海国家爱沙尼亚、拉脱维亚和立陶宛恢复外交关系的工作。这几个国家如今已重新获得一战之后二战之前所拥有的独立地位。在美国看来，这些波罗的海国家对于苏联未来的走向有着至关重要的作用。好几个月以来，美国白宫一直在推动苏联高层承认立陶宛的独立。现在，随着美国与这些国家外交关系的恢复，新的问题是：下一步该怎么做？华盛顿方面应该帮助其他类似的加盟共和国获得独立，还是竭力挽救苏联呢？这成了今后几个星期乃至几个月当中，美国政府的工作日程中最主要的问题。[1]

1991年9月2日是总统假期的最后一天。布什总统刚刚吃完了午餐，喝了一杯雪利酒，他陷入了沉思。"47年前的今天我在小笠原群岛被击落以后，"他向录音机口述着,"世界以及我的生活发生了太多改变,真的太多了。"1944年9月2日,年仅20岁的乔治·布什中尉开着"复仇者号"飞机,从被誉为最后的帝国的"圣哈辛托号"航空母舰起飞。"复仇者号"与另外3架鱼雷轰炸机一起,负责攻击日本在父岛列岛上的军事设施。布什的飞机还未抵达目的地就被日本的防空炮击中,但是这位年轻的中尉仍然成功地抵达了目标上空,并且还投下了炸弹,之后开始返回航空母舰。烈火吞噬了战机,布什和两位战友跳伞逃生,坠入茫茫大海。只有两个降落伞包打开了,而布什成为了唯一的幸存者:他在救生筏上漂浮了4个小时之后,被一艘美国潜水艇救了上来。布什中尉被授予"飞行十字勋章",并从此开始了新的职业生涯,经历了许多重大事件。这一切使3个人的生命都拥有了意义(不算其他更多人的话)——就是布什自己,以及他在战斗中失去的两位战友。[2]

而近半个世纪以来,世界也确实发生了很大改变。1944年9月,美国的强大盟友——斯大林——完全占领了罗马尼亚和保加利亚,斯大林的指挥官们大举进攻塔林和里加,重新夺取爱沙尼亚和拉脱维亚的首都。这两个城市曾于1940年夏天被苏联强占,在希特勒进攻苏联之后被纳粹占领。富兰克林·罗斯福政府曾反对苏联的强占行为,但是到1943年,罗斯福又告诉斯大林,美国不愿在这个问题上与其展开一场战争,这个表态意味着承认苏联接管这一事实,而这一事实也于1945年上半年在雅尔塔会议上得到了默认。冷战期间,美国一直采取平衡的方法,既承认苏联对波罗的海国家的实际控制,又拒绝承认苏联对于这些地区拥有主权。虽然关闭了爱沙尼亚、拉脱维亚和立陶宛的驻美大使馆,但是美国政府在冷战期间一直承认这3个波罗的海国家的公使馆的主权,并一直与其保持着合作。[3]

35岁的尼古拉斯·伯恩斯,当时在国家安全委员会和白宫驻波罗的海美国社团联络处任职员,后来回忆道:

我们一开始就非常重视波罗的海国家。我们从不会承认苏联对他们的强制性兼并。我们虽然承认了苏联对亚美尼亚、土库曼斯坦和乌克兰的主权，但我们从不会承认其在波罗的海国家的主权。我们要让波罗的海这些国家的公使馆保持开放，要保护1940年这些国家交给我们托管的黄金。美国国会强烈希望波罗的海国家能获得自由，其中有一个很有影响力且很活跃的波罗的海社团，叫作波罗的海－美国联合国家委员会，我作为白宫职员，与他们保持了频繁的联系。我们政府非常想去支持波罗的海的权益。[4]

冷战时期，作为美国对外政策思想的重要组成部分，美国对波罗的海国家的独立长期以来一直表示支持，尽管支持的热情时高时低。根据这一思想，一战后波罗的海国家本是独立的，但之后被苏联不合法地攫取了。但美国对摩尔多瓦、乌克兰西部地区和白俄罗斯西部地区又采取了不同的策略，这些国家在一战后被合并进了罗马尼亚和波兰之中，但在1939年《苏德互不侵犯条约》签订之后，它们和波罗的海国家一起被苏联兼并了。这样区分有一个很特别的逻辑：因为不同于波罗的海国家，后者没有一个在一战后得到独立，或被国际法承认。因此，美国对外政策专家认为，应该对波罗的海国家进行特别处理，他们认为波罗的海国家与波兰、匈牙利和捷克斯洛伐克是同一类的。按照这个逻辑，苏联仅仅从东欧地区撤离还不够，还需要让波罗的海国家恢复独立。[5]

莫斯科很难认同或完全理解这一逻辑。对于苏联来说，波罗的海国家并不是东欧国家，而是俄罗斯帝国时期的既有领土，是1917年俄罗斯革命时期因被帝国主义干涉而失去的领土。苏联曾在《苏德互不侵犯条约》中重新获得并在1941年后再次失去该地区，又在同希特勒激战后再次得到该地区。在莫斯科看来，西方盟友已经在德黑兰和雅尔塔会议上接受了这一新的地缘政治事实。对于苏联国家领导人来说，放手让波罗的海国家独立是不可想象的事，这些人有着固化了的冷战思维，认为只有保持对波罗的海地区的继续管控，才意味着真正结束了自1917年革命以来西方对俄罗斯的不公正待遇。维持对波罗的海国家控制的更直接的原因是：这些国家的脱离会为苏联内部其他共和国树立一个榜样，并可能导致苏联的终结。就像苏联外交部部长谢瓦尔德纳泽曾向马特洛克所说，波罗的海国家并不是被武力抢占的唯一国家。[6]

对于戈尔巴乔夫及其强硬路线派来说，再次使用武力也是一种方法，但这种方法未能得到彻底贯彻。在对外政策的实施中，摆在他们面前的主要阻碍就是美国及其他西方国家的立场。1991年初苏联派出军队镇压之后，布什已经用最简单易懂的语言向戈尔巴乔夫说明，一旦苏联对波罗的海国家使用武力，后果将会怎样。在一封1月24日由马特洛克大使转交给戈尔巴乔夫的信中，布什表示将根据苏联对波罗的海国家的表现，视情况决定如何与苏联进行经济合作以及提供资助，此时苏联的经济已经危如累卵。

"我希望您能与波罗的海国家新任领导人一起，朝着和平解决冲突的方向做出努力。"美国总统写道，"但是，鉴于俄罗斯还没有积极努力的表现，也未朝这个方向做出转变，我只能对此做出应对。因此，如果您不立刻采取积极行动，我将会冻结我们之间的很大一部分经济合作，其中包括进出口信用担保、商品信贷公司信用担保、对苏联在国际货币基金组织和世界银行中'特殊伙伴地位'的支持以及大部分受美国支持的技术援助项目。甚至，即使《双边投资协定》或者《税务协定》完成谈判，我也不会把它们提交给美国参议院，使其获准通过。"

信中一段以苏联对待波罗的海国家的视角叙述了美国对苏联经济援助的历史。"尽管苏联封锁了立陶宛的经济，我还是尊重您的个人要求，并且签署了贸易协议。"布什写道,"您曾向我保证,会与波罗的海国家和平处理一些分歧。几个星期后,您就会解除经济封锁,并且与立陶宛以及其他波罗的海国家的领导人开始对话。从那时起,我们的经济合作范围扩大了,去年12月12日,为了帮助您的国家应对在冬天到来时面临的艰难处境,我采取了一些措施,此时我们的经济合作关系达到了顶点。"布什解释说,苏联军队对波罗的海国家的军事干预使美方无法继续对苏联施以经济援助。"令人遗憾的是,"信中写道,"最近两个星期发生了这么多事情,在波罗的海国家里至少有20人因此丧生,良知让我不能而且绝对不会继续对苏联进行援助了。"[7]

"没有任何人希望苏联解体。"这是布什写给戈尔巴乔夫信中的一句话。他并不想误导苏联。布什及其政府的确没有想要通过以推动波罗的海独立的方式扼杀苏联。1988年,苏联外交部副部长阿纳托利·阿达米申向美国副助理国务卿托马斯·西蒙斯请求道,"千万、千万、千万别在波罗的海国家开辟第二战场了"。他被告知,美国并没有此类意愿,也就是说美国政策的目的并非想促使苏联解体。直到1989年、1990年甚至1991年情况也都是这样的。但是无论布什怎么理解自己及其政府的所作所为,推动波罗的海国家独立确实促成了苏联的解体。

戈尔巴乔夫在其执政的最后两年里对西方经济援助越依赖,就越想要解决波罗的海危机,给予这些难以控制的共和国更大的自主权。而这是一种倒退。根据苏联宪法,波罗的海国家与其他联邦共和国有着相同的权力,包括苏联最大的3个共和国——俄罗斯、乌克兰和哈萨克斯坦。而一旦启动这样的改革,苏联宪法将形同虚设,失去效力。因此,当戈尔巴乔夫及其顾问们请求立法给予波罗的海国家更多特权时,其他共和国感到了不公正待遇,并且要求拥有与波罗的海国家相同的待遇。如果戈尔巴乔夫及中央政府拒绝这类要求,其他共和国就会开始自主行动。结果自1988年秋天爱沙尼亚宣布独立起，苏联的加盟共和国开始一个接一个地宣布独立，并最终在1990年夏季苏联面临解体。政变后的独立宣言也是在波罗的海事件之后发生的。[8]

美国深知，促使波罗的海国家独立就意味着削弱戈尔巴乔夫的力量，也意味着削减美国在世界其他地区的利益。波罗的海独立与美国全球规划并不一致。"我们甘冒风险，精诚合作，许多事影响了世界、影响了我们自己。"布什在1991年1月23日写给戈尔巴乔夫的信中这样说，"我想到了军控，阿富汗、古巴、安哥拉以及其他地区的问题也是如此。你也可能会自然而然地谨慎处理德国和波兰问题，他们都不愿回到与苏联的旧关系之中。"总之，就像时任美国国家安全副顾问盖茨所注意到的，布什政府面临着非常棘手的局面：推动波罗的海国家独立的做法将削弱美苏对话。[9]

而且还有美国国内政治的问题。布什从未赢得共和党右翼的完全信任，因此不得不密切关注着波罗的海裔美国人的倾向。多年后他这样回忆："上自美国-波罗的海社团负责人，下至我一直保持密切联系的'专家'，我都通过媒体向他们做了大量的宣传，让他们接受戈尔巴乔夫的'新思维'以及不伤皮里的改革。"但7月在飞往莫斯科和基辅的前夜，布什还是收到一封由45名国会议员签署的联名信，信中催促他利用这次峰会，"有效地向苏联人施压，让他们与波罗的海国家领导人进行直接和实质性的对话"。

波罗的海国家独立问题不仅仅是布什与戈尔巴乔夫谈话的重要议题，还是与叶利钦以及克拉夫丘克（布什在访苏期间将要会见的两位苏联加盟共和国领导人）谈话的重要议题。但是戈尔巴乔夫引用了苏联法律——正如布什所知，宪法使这些国家脱离苏联成为不可能的事。美国总统发现，一面是戈尔巴乔夫要弄手腕，在波罗的海国家独立的问题上并不屈从于美国；另一面是国内持久的批评，布什被夹在中间，左右为难。很明显，受美国国内波罗的海国家移民组织及共和党内支持者的压力，布什总统及其顾问将会按照美国国内政治的要求去做，他们希望对外政策中的一项项难题最终能水到渠成地解决。[10]

从某种角度上来说，他们的确等到了这一结果。布什想让戈尔巴乔夫给予波罗的海国家实质上的独立，而苏联政变的失败使布什看到了希望。布什在录音机中录下了8月21日的日记："如履薄冰的戈尔巴乔夫在军队和克格勃（苏联国家安全委员会）等问题上，尤其担心他的政治权力。因此我们可以借此在古巴、阿富汗和波罗的海国家等问题上取得进展。"波罗的海国家在苏联政变之前或政变发生时就已经宣布独立了，他们还需要苏联议会通过决议，以使其独立变得合法，因此波罗的海国家领导人又一次求助于美国总统了。苏联政变刚失败，华盛顿就收到了立陶宛议会领导人维陶塔斯·兰茨贝吉斯送来的信："总统先生，您能向戈尔巴乔夫先生提出建议，让他支持我们的决议吗？这样问题就能解决得更快更有效。"兰茨贝吉斯认为这也将是戈尔巴乔夫证明其民主态度的最后机会。"虽然我们指望戈尔巴乔夫还会参与波罗的海国家独立的问题，这样能从某种程度上挽救他的政治颜面，但我们并不清楚他到底还能在位多久。"兰茨贝吉斯这样说道。他让布什立刻"重申对立陶宛独立的支持"。[11]

然而自苏联政变发生以来，让布什宣布美国承认波罗的海国家的压力也陡然增加了。8月23日，美国共和党参议员斯雷德·高登写信给布什，要求美国承认和宣布"对波罗的海国家的任何军事行动都将完全破坏苏联与这些国家的关系"。苏联政变期间，这位参议员还想在波罗的海国家启动紧急状态。但美国确实在承认波罗的海国家问题上落于人后。8月20日和21日，爱沙尼亚和拉脱维亚两国宣布独立之后，一些中小国家就立刻予以承认，冰岛是其中最早的。随后，布什给戈尔巴乔夫拍去电报，说美国已经等不了了，将在8月30日宣布承认波罗的海国家独立。戈尔巴乔夫问布什能否延迟到9月2日，戈尔巴乔夫希望他的国务院能在那一天承认波罗的海国家。结果，新国务院直到9月6日才建好。[12]

可布什再也等不了了。在戈尔巴乔夫最初提议的9月2日，也就是布什在肯尼邦克港度假的最后一天，他宣布承认波罗的海国家独立。午饭后，欣赏着海上的景致，海景阳台上的布什对着他的录音机说道："今天我开了一个媒体见面会，我承认了波罗的海国家的独立。我与爱沙尼亚和拉脱维亚的总统通了电话，几天前也和立陶宛的领导人兰茨贝吉斯进行了谈话。我告诉他们我们下一步的行动，我告诉他们为什么我们等了这么多天才宣布承认。我想要做的，就是运用美国的权力与威望，不摆架子，不做带头的那个人，而是鼓励戈尔巴乔夫在解放波罗的海国家问题上加快进度。"在几天前写给兰茨贝吉斯的信中，布什写道："苏联武力兼并立陶宛的行为，我们一直未予以承认，而且在之后的51年里，可以很自豪地说，在很多艰难时刻我们都站在立陶宛人民的一边。"[13]

9月初，度假回来的布什开始思考如何处理与苏联之间的关系，这是其议程中的首要问题。无论布什本人还是其顾问都对下一步行动没有头绪：面对瞬息万变的局势，美国白宫的处理方式依然是随机应变。大家认为在这种情况下，这是唯一合理的做法。也许是这样吧。但美国总统自己也承认："对于苏联正在发生的事情，我认为美国不需要装作能扮演重要角色，引导其结果。"布什和他的国家安全顾问斯考克罗夫特也担心美国过多的行动会再一次导致政变。"美国的要求或声明可能会事与愿违，反而刺激苏联强硬派。"布什和斯考克罗夫特写道。[14]

9月5日，莫斯科议会宣布抛弃宪法、解散议会。布什也在当天召集了国家安全委员会，对苏的主要安全议题是削减核武器和物资储备问题，但会上还是用了大量时间讨论其他对苏战略的问题，目前白宫对此还未形成完整的框架。美国总统开篇说道："波罗的海国家终于获得自由了，也在该地区掀起了独立运动的浪潮，我们面临着复杂的形势。"事实也确实如此。美国政府认为对苏联其他地区独立运动的政策应与对波罗的海国家的政策有所不同，对波罗的海国家有益的政策却会为乌克兰带来不良影响。即使和中央保持一致，与这些共和国对立，谁又能代表现在的苏联中央呢？是叶利钦革命派，还是老练的戈尔巴乔夫自由改革派呢？媒体一致在批评布什支持戈尔巴乔夫而忽略叶利钦，布什现在是否应该完全转向叶利钦呢？"尽管叶利钦是一个英雄，一个纯粹的英雄，但一个月后他又会变成什么样呢？"几年后，布什及其国家安全顾问回忆起这段艰难的局势时，美国总统这样写道。[15]

那天布什向其顾问们询问意见，并提醒他们做选择一定要小心谨慎。他向大家说："我们不能瞎忙。"房间里只有一个人对布什提出的小心谨慎无动于衷，那就是50岁的国防部部长——理查德·切尼。他当时也参与了这一会议。不像斯考克罗夫特和总统，切尼认为美国有能力且应该掌控苏联局势。他对大家说："我认为事态发展远没有结束，我们还能建立一个权威政权，一年以后，一旦事态发展不利，到时候我们就会奇怪为什么当时我们不采取更多措施。"他更倾向于积极主动的战略："我们应该领导并左右局势。"[16]

切尼力主美国政府加强与苏联加盟共和国的联系，这实际上将加速苏联解体，最终使苏联这一威胁得以消除，并使五角大楼的预算得以削减。国防部部长并不认为应将对波罗的海国家的政策同对乌克兰的区分开来。他认为如果这些地区想要独立，那美国就应该支持它们。当时，他建议在所有苏联共和国设立美国领事馆。对切尼来说，斯考克罗夫特所提出的，以美国为首的"七国集团"对那些国家的援助都要经过苏联中央，这一观点是"旧思维的典型"。在布什及斯考克罗夫特的回忆录中，他们评价切尼的提议内容空虚，但又"在加速苏联解体的问题上毫不掩饰"。

对于切尼的强势，还是詹姆斯·贝克（时任美国国务卿）给予了回应。贝克是布什的私人朋友，而且白宫的人都知道，他对于布什的观点有着举足轻重的影响。同切尼一样，贝克认为，美国应该站在左右苏联发展的立场上。贝克照本宣科地读着其职员为他准备的备忘录："虽然事情终会有个结果，但就像政变时一样，我们的话曾经、也将对领导人的未来行动产生重要影响。"在参加这次会议之前，贝克就已向媒体公布了美国应在该地区实行的五项基本政策。这也向苏联的加盟共和国领导人传达出信息，美国对于他们有怎样的期望。这些原则包括和平进行国家自决、不侵犯现有边界、尊重民主及其法律、尊重人权尤其是少数民族的人权，最后是尊重苏联的国际义务，因为美国国务院决不能允许正与戈尔巴乔夫就《削减战略武器条约》谈判的成果化为乌有。

贝克及其国务院顾问们并不想让戈尔巴乔夫失望，因为他还是做了很多促进美苏关系的事情的。对他们来说，戈尔巴乔夫及其政府班子既熟悉又和善可亲，行为还有章有法。而国务院里没有谁与叶利钦及其外交部部长科济列夫相熟，更不要提其他共和国领导人了。与谢瓦尔德纳泽走得比较近的一些人曾警告美国国务卿，苏联中央正在瓦解，民族主义正在膨胀。政变后为贝克准备的国务院备忘录指出："当前共和国纷纷宣告独立的做法极可能导致共和国之间发生领土、经济以及军事争端。"贝克还在国家安全委员会的会议上发言："我们应该把在这些共和国开设领事馆的事情缓一缓，并且尽可能地增强苏联中央的权力。"同时他还急切地指出了苏联解体可能会带来的一些问题，尤其可能会带来暴力流血冲突，以及核扩张。[17]

切尼并没有被这些话语说服，他觉得政府正在错失机遇。"现在在乌克兰问题上我们应该怎么做？"他问道。他提出了苏联第二大共和国——乌克兰——宣布独立之后，摆在美国政府面前最大的问题，并强调"我们要拿出对策"。

布什总统问乌克兰是否会加入联盟。切尼回答道："不可能。苏联的自然解体对我们是有利的。如果完全出于自愿，联盟有可能结成；而一旦失去民主，演变成一些小国，对我们更为有利。"

贝克回应道："苏联的和平解体才对我们有利，我们可不想要第二个南斯拉夫。"

斯考克罗夫特站在贝克一边，他向国务卿问道，如果不支持苏联，就会面临流血冲突，那么他是否会选择支持苏联？"按照《赫尔辛基协定》的规定，和平改变国界才符合我们的利益。"国务卿的回答正是斯考克罗夫特想要的。

斯考克罗夫特接着说："但是如果苏联解体带来了流血冲突，我们是否应该反对解体？"贝克建议继续坚持现有政策，与共和国领导人保持合作，但是不支持苏联解体。切尼对此并不同意，在他看来，与共和国加强联系可以得到更多。

那天的议程之中，唯一由布什总统提议施行的是核裁军，这也是极其重要的一项议程。参谋长联席会议主席科林·鲍威尔将军也参与了那天的会议，他认为只要核武器在苏联军队的手中，而不是在那些政客的手中，它们就是安全的。鲍威尔有着多年的核外交经验，其间他认识了许多苏联高级军官，因此他倾向于相信他们。他并不相信当前的新一波领导人，而且并不同意将其他共和国的核武器转移到俄罗斯。如今，苏联中央仍在，军队仍处于掌控之中，美国还有一个也许是最后一个在对苏的核外交中取得成果的机会。布什让切尼为削减核武器准备一份提议，这既能省钱，又能显得布什政府面对苏联局势发展并非只是被动应对。布什决定尽可能地推动事态往之前的方向发展——核裁军。这也是美国人民想要的。戈尔巴乔夫仍然是值得托付的，因此他们将帮助苏联尽可能地维持下去。[18]

贝克对于政变后苏联产生的变化很是满意，他于9月10日飞到莫斯科参与了一场人权大会的开幕式,这一大会是由欧洲安全与合作委员会赞助的。他形容这趟旅程是"超现实"的。在俄罗斯白宫旁边,他看到人们为纪念3周前死去的年轻人而摆放的鲜花和路障。在大会中,他听了立陶宛外交部部长做的演讲。他向布什写道:"如果在两个月之前,有人和我们说立陶宛独立,其外交部部长将于9月到莫斯科,在欧洲安全与合作委员会会议上进行一场别开生面的演讲,我们一定会觉得这个人喝高了。"

自1975年签署《赫尔辛基协定》,苏联接受了其领土内尊重人权的义务之后,人权问题一直是苏联外交政策中饱受诟病之处,因为苏联高层一直在忽视这些义务,那些试着监督人权政策的政治异议分子都被投进监狱。这也成为西方反对苏联的宣传工具,成为苏联政治语汇中的污点。苏联的官员只有在戈尔巴乔夫的带领下,才开始逐渐支持尊重人权的观点。随着异议分子被释放,他们组织人民阵线,甚至在波罗的海国家以及其他共和国中夺取了权力,因此莫斯科的人权大会的召开显示出苏联正进行着巨大变化。[19]

1991年9月,对于参观莫斯科的美国和其他西方国家游客来说,有太多兴奋和令人惊讶的事情。人权是一例,向西方人开放又是一例。贝克将与西拉耶夫会面,他是叶利钦的总理,事实上也是新联盟政府的领导。他们会见的地点是斯大林、现已锒铛入狱的总理巴甫洛夫和其他强硬派分子曾用的办公室。贝克还参观了原克格勃主席克留奇科夫的办公室。该楼的新主人,即戈尔巴乔夫和叶利钦委任的自由主义者巴卡京,已在路边恭候这位美国国务卿很久了,他向媒体承认自己"有点紧张",随后将其引进楼内。

戈尔巴乔夫和叶利钦对待美国来访者,就像其下属和其他共和国领导人对待美国来访者一样友好。贝克急切地想要回到美国在政变之前的对苏议程,并且想得到布什在莫斯科峰会上没能从戈尔巴乔夫身上得到的东西。随着波罗的海国家最终得到解放，这些议程就包括莫斯科当局停止向支持的阿富汗和古巴政权提供援助。贝克回忆道："考虑到苏联难以确定的未来，我们比任何时候都想要立刻'锁定'以前在那里得到的收益。"他向戈尔巴乔夫和叶利钦挑明，美国的经济援助取决于苏联能否取消对古巴和阿富汗的援助。"他们抢着要接受我的提议，事实上，他们相互竞争，都想跟我们合作。"贝克在回忆录中这样写道。已不再代表苏共的戈尔巴乔夫告诉美国国务卿："没错，我们在意识形态问题上花费了 820 亿美元。"

戈尔巴乔夫不仅同意终止苏联对古巴援助，还同意在克里姆林宫即将举行的联合新闻发布会上宣布这一决定，对此，贝克感到很是惊喜。这一决定甚至都没征求菲德尔·卡斯特罗的意见。这也成为美国对外政策的重大战果：苏联所有的驻军都将从古巴撤出，而且苏联从 1992 年 1 月 1 日起将停止向古巴提供援助。苏联对阿富汗的援助也将在这一天终止。在听到贝克的要求之后，叶利钦回答道："我会让戈尔巴乔夫这么做的。"之后他就给苏联总统打去了电话，并向贝克保证关于截止日期肯定会让戈尔巴乔夫接受。苏联和美国都决心停止向各自在阿富汗的人员提供援助，第二天双方就在莫斯科宣布了这一协议。

在莫斯科发布声明前 6 个小时，亲苏联的阿富汗领导人穆罕默德·纳吉布拉被告知，苏联将撤回对其的一揽子年度援助，对此纳吉布拉表现得很坚强，但几个月后他就会失去权力，并于 1996 年被塔利班绞死。媒体上刊登的他尸体的照片是麻烦来临的前兆，但在 1991 年 9 月没人能预测到接下来阿富汗将要发生的一系列悲剧。当时，贝克为取得这样一个大胜利而心满意足。美国大使斯特劳斯递给了他一张纸条，上面写着："今天这些会议绝对是历史性的！"贝克把纸条还给了他，并且写道："这么说，真是轻描淡写了！"[20]

苏联为什么会如此配合呢？新任苏联外交部部长鲍里斯·潘金，也是唯一在政变结束之前就对此进行公开谴责的人，因此受到奖赏，得到了最高外交职位。他是这样解释苏联对美国让步的原因的："我们向美国寻求经济援助，也做好了让步的准备——因此我们在波罗的海国家独立问题上做出了让步。我们从第三世界撤出，降低与古巴交往的规模，也是如此。一方面，努力维持这些关系耗费巨大，我们已无力承受了；另一方面，抛弃这些国家可以表明我们友善的态度。美苏双方在发表的声明中都故意强调两国关系的亲善，但对我们来说，其实是经济原因迫使我们这么做，美国人也心知肚明。"

多年之后，当潘金坐下来撰写回忆录时，在试图回忆、分析并且为自己的外交政策辩护时，他有理由强调其中的经济动力。即便原因确实如此，这份回忆录还表明在1991年秋天那段重要的日子里，苏联在国际场合的行为不仅仅是被纯粹的经济原因驱动的，还有一个很重要的原因就是意识形态革命，它使人们彻底颠覆了原有的社会主义观念，包括对世界的看法和苏联应该扮演什么样的国际角色。这一革命的发展是一个酝酿已久、潜移默化的过程，开始于苏共中央对外联络部和外交部的一些亲自由主义的官员和顾问们，苏联政变失败促使革命迅速发展。

叶利钦和戈尔巴乔夫完全赞同这种新趋势。在戈尔巴乔夫第一次与潘金会面的时候，他说："我们必须去除偏见，改变朋友的优先次序。亚西尔·阿拉法特、卡扎菲现在还称我们是朋友，但那仅仅因为他们还想着我们能有一天回到过去，仅此而已。"于是，共产主义思想几乎被他们从对外政策中剔除出去了。苏联对美国的经济和文化成就产生了崇拜之情，加上自由主义思想与这一感情相结合，从而主导了苏联对外政策的走向。[21]

"我们盼着被接纳，"潘金写道，"那段时间占据领导层的全部思想就是成为'文明国家'。"在与贝克第一次会面时，这一欲求就引导着潘金的行为。一开始他就递给贝克一份内部备忘录的复印件（这一复印件本来是准备给戈尔巴乔夫的），详细解释对阿富汗、东欧、以色列和古巴等国的所有事务上，苏联已准备完全转变立场。潘金可能想表明，从今以后，苏联外交政策将不再对"文明世界"有任何保留。当贝克很惊讶地看着这份备忘录时，潘金告诉他："我希望我们在很多问题上都能做到相互理解。但是我只有一个请求：即便我们将要达成的协议更倾向于你方原有立场，而背离了我们自己的立场，也不必向媒体宣布这些让步是您所要求的。这其实是我们这些处在决策位子上的人受西方观念的影响而做出的决定。"[22]

这些话说得比教皇还要博爱无私。对于苏联外交资产低价抛售背后的意识形态的原因，贝克尚不能作出全面的评价，但是经济原因却是显而易见的。曾任经济委员会（现在该机构发挥着临时政府的作用）领导的西拉耶夫告诉贝克，俄罗斯的经济形势很"严峻"。他的任务不是改善经济，政府也没有能力进行改善了，而主要是防止经济形势的恶化。莫斯科市的民主派市长、政变期间叶利钦坚定的支持者波波夫，告诉贝克，中央已经名存实亡了，加盟共和国和各大城市，比如莫斯科都在自行其是。他承认："冬天的时候莫斯科甚至难以为继。"他接着就寻求援助，尤其还提到了鸡蛋、奶粉以及土豆泥。"你们军队的这类物资，保存期限超过3年就要扔弃，但是我们却能全盘接受这些过期的物资。"贝克被这段话惊呆了，他在回忆录中写道："这么直白地承认国家所面临的问题，曾经这个国家的领导人还宣称要'打倒西方'呢。"贝克在曾经的帝国之都圣彼得堡短暂停留时，曾拜访该市市长索布恰克及其助手弗拉基米尔·普京，他们也对即将到来的冬天忧心忡忡。

新的民主党派的领导人都试图改变，但还未完全做好执掌国家的准备。与他们会面之后，贝克写信给布什，建议对苏联暗中实行"马歇尔计划"（官方名称为"欧洲复兴计划"，是第二次世界大战结束后美国对被战争破坏的西欧各国进行经济援助、协助重建的计划，对欧洲国家的发展和世界政治格局产生了深远的影响）："事实很简单，这是一场豪赌，我们赌这里的民主党派会赢。他们的成功将会让世界变成体现我们的价值观和希望的世界……民主党派的失败却会带来一个更加险象环生、危机重重的世界，我丝毫不怀疑如果他们不能掌控局面，将会被一个排外的、右翼的、独裁的势力代替。"[23]

贝克在莫斯科几乎每场讨论中都要碰到中央与加盟共和国之间的关系这个大话题。新任国防部部长沙波什尼科夫对贝克说："请不要急着承认这些新成立的共和国。"贝克因此按兵不动。布什领导的美国白宫还没有明确宣布其对外战略，因此贝克在该政策的实施上有很大的自由度。贝克在莫斯科和圣彼得堡的讲话似乎验证了他之前的判断，即苏联中央聚满了民主党派，助中央一臂之力也就是助民主一臂之力。贝克在苏联告诉每一位听众，中央和加盟共和国之间必须做出适当的安排，这样西方才能知道与谁商讨经济改革以及给谁提供人道主义救援。

贝克想要为苏联的共和国总理们准备一场晚宴。1991年3月，美国大使马特洛克在其大使馆与各共和国领导人开完会之后，曾提议举行一场晚宴，但被戈尔巴乔夫及其随员搅黄了。但贝克的这次宴会与上次明显不同，现在各共和国首脑唯一相信的政治领导人就是贝克，将他看作是诚实的调解人。在苏联各种新兴势力之间，贝克利用形势调解矛盾、缓解紧张、消除怀疑。他在苏联中央和共和国领导人之间穿针引线。他向乌克兰总理福金保证美国会把人道主义援助分给每一个共和国，而贝克也得到了他的承诺：乌克兰将和俄罗斯及其他后苏联时期的共和国签署经济条约。[24]

布什总统完全支持贝克在莫斯科与各个共和国领导人面对面交谈的做法。布什为了使苏联延续，尝试了各种外交手段。这并非易事。9月25日，曾在基辅招待过他的乌克兰议会议长克拉夫丘克到访美国白宫，布什在招待他的同时，也有机会对这个问题的重要性进行新的审度。3天前，5000名来自当地美籍乌克兰裔组织的示威者集聚于白宫对面的拉法叶公园，以表示他们对乌克兰独立的支持，并且还强烈要求布什改变美国政府在共和国独立问题上的既有态度。那时，布什仍然因其"懦弱的基辅演讲"而备受指责。"波罗的海国家的问题上你落后了，乌克兰的问题上请做第一。"一个示威者的标语上这样写道。

与不到两个月前到访基辅时相比，布什发现克拉夫丘克更为自信，但不太和善了。之前布什到访基辅，克拉夫丘克曾同意要抵抗这位美国总统所说的"自杀式民族主义"。布什的思想仍然未变，除了波罗的海国家，他反对任何苏联的加盟共和国宣布独立，但克拉夫丘克已完全转变立场了。他支持乌克兰独立，并不仅仅是因为莫斯科的民主胜利危及自己这个老党员，从而想出这样的对策。克拉夫丘克这样对北美的媒体说："人民造就了独立。因此12月1日，也就是即将到来的全民公投那一天，人民将见证我们的独立，我们将开始建造我们新的国家——乌克兰。"[25]

克拉夫丘克向全世界兜售着他的乌克兰独立理念，他利用访问美国白宫的机会向世界说明，一个世界上最有权力的政治领导应该是什么样的。他关于苏联的结论是布什及其顾问们不想听到的："苏联实际上正在解体。现在没有国家政府，也没有最高苏维埃了。"克拉夫丘克在发言的最后说道："苏联将不会以任何常规的形式存在。现在大家都在忙着争夺权力，一些成员的权力要大过另一些成员，因此我们不能处在这样一个联邦中。"他明显指的是戈尔巴乔夫和叶利钦，以及俄罗斯想要在新联盟中起的作用。克拉夫丘克要求美国支持乌克兰民主制度，他认为这会成为国家独立的动力。他还希望与美国建立直接的外交关系，希望美国允许乌克兰贸易代表团访问，希望美国最终承认乌克兰独立。克拉夫丘克并没有仅仅寻求援助，也拿出了一些诚意，他说，乌克兰希望能成为一个无核国家。

布什并没有被打动。他在回忆录中这样写道，克拉夫丘克"似乎并没有理解自己提议的深层含意和涉及的复杂性"。在此前一天,布什曾与苏联外交部部长潘金会面,潘金向他保证,虽然政变之后当前这段时期出现了共和国独立的浪潮,但几周前各共和国领导人已经认识到他们必须一起合作了。这与同克拉夫丘克的谈话中所感受到的情况并不一样。根据布什的回忆录,乌克兰领导人让他"体会到共和国对苏联的不满"。布什向克拉夫丘克承诺,会支持他们的民主和经济改革,并且提供食物和人道主义援助。布什还告知他截至目前,美国对苏联中央政府和共和国之间的关系所持的态度:美国并不想干预苏联正在发生的改变,但希望那里的政治形势变得清晰。他还希望制订一个可行的经济计划。与对待波罗的海国家的态度不同,承认乌克兰的独立必须等待公投的结果。

这次谈话,原本预计为45分钟,结果延长为一个半小时,布什示意时间已过了,克拉夫丘克又赶紧提出他最后的要求,也是出乎布什意料的要求。克拉夫丘克首先感谢布什提供食物和人道主义援助,然后提出乌克兰其实需要的是资金和技术。乌克兰的要求与苏联中央代表仅仅要求食物援助截然不同。克拉夫丘克说道:"我们面临严峻的形势……苏联已经得到了食物援助,但乌克兰还没得到。如今我们还要向苏联偿还债务。当苏联得到援助的时候,我们正(以象征性的价格)将6万吨的肉和牛奶运往苏联……我们想从你们那里贷款,同时购买技术,邀请企业来乌克兰投资。我们会渡过难关的。"克拉夫丘克的言论反映出一个简单的事实,即乌克兰是一个食物生产国,而非食物进口国,因此他的利益诉求不同于别的共和国。商业和投资是乌克兰的首选,而非食物供应。

布什放下伪装,向克拉夫丘克问了一个很直接的问题,这个问题也揭示了当时美国政策的主要前提:"你没想过你们迟早会和苏联中央成立经济联盟吗?我们认为这是促进投资的必要步骤。"克拉夫丘克回答道:"如果中央能够做点什么我很高兴,但是中央做不了任何事情,我们是在浪费时间，苏联是一个大国，整个国家不可能快速推进经济改革。"

两位领导人没能达成任何共识就告别了。这位乌克兰来访者在之后的媒体见面会上试图用最礼貌的话去批评布什对戈尔巴乔夫的偏爱。"我坚信布什总统开始改变他的思维方式了。"他向媒体说道。随后，克拉夫丘克将布什的立场总结为：他希望苏联继续存在。而核武器安全一直都是布什的首要议程。克拉夫丘克尊重这一立场，他相信这也与美国人民的利益一致。[26]

布什确实希望苏联能够存在下去。因为苏联能否继续存在对他的安全议程很重要，他的议程重点关注的仍然是苏联核武器问题，冷战正酣的时候也是如此。在美国总统与越来越难对付的克拉夫丘克会面期间，那份3个星期前在国家安全委员会会议上布什要求准备的核裁军提案，已由切尼和国防部专家起草好了。该提案被立刻发给美国的西欧盟友以及莫斯科的戈尔巴乔夫。9月27日，布什与英国首相梅杰、法国总统密特朗以及德国总理科尔通电话，向他们解释自己为什么这么做，并寻求他们的支持。他还与戈尔巴乔夫通了电话。表面上看，这份提案是美国单方面削减核武器的计划，美国将销毁战术核武器以及洲际弹道导弹的多弹头导弹分导装置。而实质上，这份提案是想要苏联也照着做。就像斯考克罗夫特对北约秘书长曼弗雷德·沃纳所说的："我们没有协商的计划，这是一次单边行动。当然，如果苏联拒绝了我们的提案，我们可能不得不重新考虑此事。"[27]

最终，该项提案的成功与否取决于苏联的答复。9月27日，布什在与戈尔巴乔夫电话交谈时，布什说："我们愿意说出我们要做的事情，同时，我们希望苏联也能采取类似的行动。比如，我们会取消单弹头以外的其他洲际弹道导弹，如果苏联也这么做，我将甚感欣慰。"

戈尔巴乔夫好像对此很感兴趣，但却不做出任何具体的承诺。"乔治，谢谢您的坦诚。"他向美国总统说道，"既然您要求我们采取行动，因为有太多需要说明的，所以我只能在原则上给您一个答复，一个肯定的答复。"

布什说，他理解戈尔巴乔夫的做法，并且问戈尔巴乔夫是否能将他最初的肯定答复公之于众，戈尔巴乔夫同意了。[28]

戈尔巴乔夫与布什谈话时一些苏联高级军官也在场，戈尔巴乔夫刚刚与他们研究完美国提案的文本。弗拉基米尔·罗波夫将军，新任苏联总参谋长，对此持怀疑的态度。据斯考克罗夫特的说法，销毁战术核武器的提案在多个方面是符合美国的国家利益的。在德国，由于两德统一，美国这类武器被视为已经过时了：如果发射，这些导弹将会砸在如今已属于波恩的德国东部领土上。在韩国，首尔政府为了在外交层面上与朝鲜接触，所以不希望看到这类武器。太平洋的其他国家如日本和新西兰政府则反对核潜艇进入它们的港口。因为是美国单边提议销毁战术核武器，因此长期谈判以及后续确认的问题就不存在了。

戈尔巴乔夫的对外政策顾问切尔尼亚耶夫通话时也在场，按照他的说法："罗波夫将军试图'施加压力'：这么做恐怕对苏联不利，他们想欺骗我们。我没有看到任何互惠之类的内容——即使米哈伊尔·谢尔盖耶维奇手指布什的文本，据理力争。"与布什通完电话后，戈尔巴乔夫与将军们闲聊，把几天前他和夫人看到的一段剧情以及感受告诉了将军。那个剧情是根据桑顿·威尔德（美国老派的乐观主义者，提供娱乐而毫不说教的作家）1948年的小说《三月十五日》改编的，戈尔巴乔夫告诉这些惊讶的将军们，罗马共和国的最后时光和如今他们所处的时代有一些类似的地方。"戈尔巴乔夫的性格很复杂，既有真诚浪漫之时，又会装傻充愣，故意表现出对这些新将军的信任。"切尔尼亚耶夫在他的日记中写道。不管怎样，戈尔巴乔夫最终说服了这些新军事首脑们和自己站在一起，结果是，比起前任军事领袖，这些人更加容易合作。

潘金在他的回忆录中写道："1991年8月动乱之后，军队里的很多人即使没有积极地支持过政变，也都心照不宣地赞成过政变者的主张，对此他们颇感尴尬。因此对于那个提案，苏联军方的沉默其实是很容易预料到的。"本着这一态度，切尔尼亚耶夫将布什的提案归功于戈尔巴乔夫"新思维"的国际影响力，切尔尼亚耶夫也曾为该理念的形成出了力。"你们没发现因为新思维，新的美国政策出炉了，与我们的新关系也出现了？"在布什与戈尔巴乔夫进行完电话会议之后，切尔尼亚耶夫向其他持怀疑态度的将军们问道。很显然他们并没有发现这一点。切尔尼亚耶夫的话即使美国人听了也会吃惊，但戈尔巴乔夫不会，他一直相信他有能力转变国际政治的局势。

8天之后的10月5日，戈尔巴乔夫打电话给布什，不仅接受了美方的提案，还请求他在核裁军的道路上走得更远。戈尔巴乔夫提出了一个为期一年的核试验禁令，还提议邀请其他核大国与美苏共同削减核武器库。苏联将销毁其战术核武器，在分导式多弹头武器上进行谈判，并且单边削减70万地面部队。美国人对此感到惊讶，这回轮到他们讨论新提案了。布什回忆道："我们之间的立场有很多不同之处，但总的来说提案还是积极的，而且即将变成现实。"这次布什赌赢了。苏联人当然愿意接受削减军事预算一事，这和美国人是一样的，此事无疑对两个国家都有好处，对全世界也是如此。美苏双方在1991年秋季达成的协议为之后的《第二阶段削减战略武器条约》奠定了基础，布什和叶利钦将于1993年1月签署该条约。[29]

几天后，布什再次召集国家安全委员会开会，其间宣布了一个好消息。上次会议他们所讨论的削减核武器库的计划现在成功了。不过，苏联的发展前途暗淡，该支持苏联中央还是支持共和国的问题依然悬而未决。当这些问题重新被提出并进行讨论时，切尼又一次试图改变现有的支持苏联中央的战略。"这次还是切尼力排众议。"盖茨回忆道，他参与了那次会议。与会者尽管大体上同意支持苏联民主和经济改革，但是仍然没有就怎样做才是最好的达成共识。"支持苏联中央让我们站在了改革的对立面上。"切尼说道。贝克对此并不同意:"苏联中央那些人就是改革者。"贝克总结了自己的观点:"我们的政策不应该促使苏联分裂成为12个共和国。我们应该遵从我们的原则,支持他们想要的。"会议结束了,但结论并不清晰,这也意味着美国将继续在苏联中央和共和国之间保持平衡,即在戈尔巴乔夫和叶利钦之间保持平衡。[30]

俄罗斯方舟

9月25日，俄罗斯时间正午刚过，美国总统布什给叶利钦打电话询问他的健康状况，并向他提供医疗上的帮助。"我从报纸上得知你可能需要一些医疗照顾。如果你愿意，我很乐意为你提供全华盛顿最好的医疗设施。"布什对电话另一头的叶利钦说。8月和命运作斗争的叶利钦依然疲惫和虚弱，几天前他还觉得胸口有些疼痛。几周前简短的休假并没有缓和他的身体状况，他需要更好的休息。叶利钦在与布什通话结束时表达了谢意。"真是太感谢您了！"他说。

八一九事件后，布什总统与克里姆林宫的两位总统——戈尔巴乔夫和叶利钦——都通了电话。"我们都知道，戈尔巴乔夫已经失势，而叶利钦正在强大，布什总统已经开始在戈尔巴乔夫与叶利钦之间左右逢源。"国家安全委员会的工作人员伯恩斯回忆道，他经常充当布什与莫斯科通话时的电话记录员，"我们致力于同戈尔巴乔夫和叶利钦协调合作，所以每次布什总统与戈尔巴乔夫通话后，通常他都要致电叶利钦。"很明显，叶利钦被这些细致的关心打动了，9月25号在通话结束前他对美国总统说道："谢谢您，总统先生，非常感谢您个人对我的关心，这份感激之情我真是难以言谢！"两位总统同意不向媒体披露他们的谈话内容。叶利钦说："这是为了不让某些人太过担心。"[1]

这些天，俄罗斯人民从媒体上了解到的不是叶利钦的健康状况，而是他在北高加索地区取得的外交成就——他与哈萨克斯坦的纳扎尔巴耶夫通过谈判，达成了阿塞拜疆和亚美尼亚在纳戈尔诺-卡拉巴赫地区的停火协定，而这个地方正是苏联改革时期第一个发生种族冲突的地区。叶利钦在电话里对布什说："对于纳戈尔诺-卡拉巴赫问题，我们面临巨大的挑战，但我们还是让双方坐到谈判桌前并签署了协议。"叶利钦同时还告诉布什他的另一个短期度假计划。那天，总统发言人沃夏诺夫宣布总统叶利钦将去度假："不是为了放松，而是为了在宁静的环境下制订长远计划和完成新书。"

放松身心以及接受必要的治疗才是叶利钦总统在不到一个月的短暂时间里又一次离开首都的真正原因。他在索契附近一个名为波查洛夫的政府大宅里度假，那里靠近黑海。他在新书回忆录方面没有取得实质性的进展，但是却有足够的时间与纷至沓来的拜访者讨论自己的"长远计划"。他的贴身保镖、警卫队长科尔扎科夫，为他安排网球比赛和俄罗斯桑拿，但在莫斯科却流传着他酗酒的消息。戈尔巴乔夫的发言人切尔尼亚耶夫在他的日记里写道："人们说他会变成一个酒鬼，镇上唯一的救护车停在宅院旁边随时待命。"[2]

无论传言是真是假（人们不可能期待戈尔巴乔夫的助手能善待叶利钦），叶利钦选择了一个对俄罗斯新政府而言最不恰当的时候离开了莫斯科。"总统的行为就像当年的拿破仑在奥利特利茨击溃奥地利和俄国军队后在里维埃拉度假作诗一样。"俄罗斯议会中一位叶利钦的支持者说道。叶利钦的重要顾问布尔布利斯回忆说："国家将要毁灭了。"苏联政府混乱不堪，俄罗斯政府又尚未掌控局面，根本没人管事。许多年之后布尔布利斯说道："要权力没有权力，讲责任没有依据，这种情形绝不会长久。无论如何，一个有效的政府必须尽快建立。但是叶利钦却跑去了索契。"[3]

叶利钦留下三个争夺权力的阵营，一个以戈尔巴乔夫为中心，另两个在他自己的政府中。叶利钦的离开让他们之间的关系开始紧张。叶利钦政府的一派想着手进行激进的政治和经济改革，那就意味着切断与其他共和国的经济联系。另一派想稳扎稳打，与苏联其他加盟共和国携手推进改革。对戈尔巴乔夫而言，他想以全新的名义恢复原来的苏联，中央越强大越好。然而中央政府内部混乱不堪，各个共和国不再交税给莫斯科，并利用它们刚得到的权力发行货币，购买俄罗斯的工业品。在俄罗斯的工业中心，食品问题越来越突出。1991年10月是一个决定苏联国家命运和前途的关键时期。叶利钦必须做出选择，但是他从容不迫。[4]

9月27日，俄罗斯总理西拉耶夫辞职，自8月末以来，他还兼任苏联过渡政府的领导人。他的辞职使俄罗斯政府内部分裂的事情公之于众了。西拉耶夫发觉自己无法胜任这项工作，既代表中央又代表苏联最大的共和国。其他共和国领导人谴责他亲俄，然而许多俄罗斯政府成员却指责他正在为中央谋取更多的利益。他写了一封信，建议暂停叶利钦签署的多项有关接手苏联财产以及征收俄罗斯关税的法令。这之后来自俄罗斯政府的攻击就愈演愈烈了。西拉耶夫希望8月政变后签署的诸多法令能够暂停，直到与其他共和国协商之后再决定。他的反对者把这封信看作他企图重塑中央的证据。[5]

在俄罗斯与苏联之间，西拉耶夫最终选择了后者。叶利钦帮他做出了决定，他在9月中旬致电西拉耶夫，建议他继续掌管苏联的经济大权。在俄罗斯权力金字塔的顶端，西拉耶夫在官僚斗争中败给了叶利钦的贴身随员——总统从自己的家乡斯维尔德洛夫斯克市（即叶卡捷琳堡市）带到莫斯科来的那帮人。在和贝克私底下的一次谈话中，纳扎尔巴耶夫称这些人是"斯维尔德洛夫斯克黑手党"。其中有居于叶利钦之下的俄罗斯第二大有影响力的国务卿布尔布利斯、总统办公厅的首脑和政府第一副手。然而西拉耶夫提倡保守改革，提倡和其他共和国配合协调。布尔布利斯却主张进行激进的改革——"电击疗法"的改革，与之相伴的是迅速实现价格自由化，最初人民的生活水平会急剧下降，但是这项改革在波兰获得了成功。[6]

布尔布利斯和他的支持者们，其中包括俄罗斯外交部部长科济列夫和信息部部长米哈伊尔·波尔托拉宁，他们把俄罗斯的利益放在首位，企图从中央攫取更多的权力，并希望能够尽快付诸行动。他们不想为了和共和国保持一致而暂缓俄罗斯的改革，因为这些共和国要么不支持他们的策略，要么还没准备好和他们一起走上快速的经济社会改革之路。布尔布利斯只好把改革的希望寄托在一些年轻的经济学家身上，他们自从8月下旬以来一直忙于分析讨论俄罗斯的经济状况。[7]

经济学家们聚集在政府度假村——阿尔汉格尔庄园。8月19日就在这里，叶利钦和他的随员惊闻了发生在莫斯科的政变。35岁前途似锦的学者叶戈尔·盖达尔带领着这群人。盖达尔在改革时期曾供职于苏共两份重要刊物《共产党人》和《真理报》，并担任其经济栏目的编辑。这个圆脸、孩子气的盖达尔出生在苏维埃的特权世界里，他的祖父和外祖父都是著名的作家。其中，阿尔卡季·盖达尔是苏联迄今为止最著名的儿童文学作家，这个国家的每个青少年都读过他在1940年出版的畅销小说《铁木儿和他的伙伴》，书中描述了主人公铁木儿在莫斯科郊外的一处宅邸与一群恶棍搏斗的故事。铁木儿其实是阿尔卡季·盖达尔的儿子，也是叶戈尔·盖达尔父亲的名字，他的父亲后来成为苏维埃高级海军将领，而且还担任过《真理报》的军事记者。叶戈尔·盖达尔在国外度过了他美好的童年和青年，先是在南斯拉夫，然后又去了古巴，那时他父亲是一个记者。

1980 年，盖达尔从久负盛名的莫斯科大学毕业，获得经济学硕士学位，加入了苏联共产党，随后进入莫斯科的经济研究所和智囊团工作。他先是将研究重心转向了苏联的经济改革，随后以南斯拉夫和匈牙利实施的市场化改革为模型进行研究。俄罗斯的改革进程使得盖达尔有机会在党内一些主要刊物上推广自己的改革理念。他还建立了自己的研究所，并领导了一群年轻的经济学家研究苏联政府的改革方案。据戈尔巴乔夫的经济顾问梅德韦杰夫说，盖达尔"参与许多国情分析，并为政府部门建言献策"。数月来，戈尔巴乔夫一直思考进行经济上的激进改革，他甚至赞成"500 天过渡到市场经济的计划"，这项计划是以斯坦尼斯拉夫·沙塔林为首的经济学家在 1990 年 8 月提出的。然而后来，他们提出了一项"缩水"的改革版本，既不包括实施机制，也没有操作时间表。[8]

1991 年 8 月政变之后，俄罗斯总统府成为盖达尔的主要客户。他的主要联系人和资助方是布尔布利斯。两人第一次相识是在俄罗斯白宫被围期间，当时盖达尔前来保卫新生的俄罗斯民主。在 8 月下旬，盖达尔是最早一批支持俄罗斯政府接管苏联机构的人，因为他觉得那是让苏联继续存在的唯一希望。盖达尔后来描述了自己设想的帝国被拯救的场景："戈尔巴乔夫立刻放弃了自己的职位，并且把这个职位传给了苏联最大的加盟共和国的总统叶利钦，而叶利钦合法地让联盟的政治体制听命于自己。他运用其作为全俄罗斯人民的领导核心的绝对权威，以保证两个权力中心的合并。"

盖达尔的模式在当时并没有实现，因此他责备俄罗斯政府的举棋不定和被动犹豫。几周后，俄罗斯政府却出其不意地给了盖达尔和他的团队一个意想不到的机会，他们可以检验自己所倡导的经济模式，使他们的经济计划在市场改革领域从理论走向实践。之前的几个月他们一直在努力推进这个计划，但是戈尔巴乔夫政府拖了他们的后腿。现在情况危急，俄罗斯政府不得不实施这项计划。盖达尔和他的团队开始着手改革。他们坚信如果不立即采取措施稳定局势的话，在一两个月之内，经济将不可避免且不可逆转地走向崩溃。[9]

正如盖达尔后来回忆的，那时他和他的团队已经明白，"没有政治上的联盟，就无所谓经济上的有效联盟。显然，联盟不可能一蹴而就"。因此他们认为俄罗斯应该单独行动。为了振兴低迷的市场，首先要放开物价，激励国有企业和集体所有制企业重新开始商贸活动。但是，除非大规模削减政府支出，包括食品补贴等，否则这种自由化将不可避免地导致金融体系的崩溃，那将会导致社会动荡。然而年轻的经济学家们觉得不论是他们还是政客们都别无选择——他们必须铤而走险。他们希望这种"休克疗法"能快速激活苏联濒临崩溃的经济，为国有资产私有化以及全面过渡到市场经济开辟出一条道路。[10]

布尔布利斯和其他俄罗斯政府官员一同前去拜访了在阿尔汉格尔庄园的盖达尔及其团队，他们一致认为除了"休克疗法"，别无选择。尽管风险很大，但如果叶利钦不付诸实施的话，他的支持率也会像戈尔巴乔夫一样直线下降，爆发的人民革命会把他和他的团队都赶下台。布尔布利斯询问了细节，盖达尔以及那些年轻的经济学家提出了自己的预测和建议。在俄罗斯国务院和他们进行一番讨论之后，布尔布利斯飞往索契，准备向叶利钦本人兜售自己拯救俄罗斯经济和维护总统权力的计划。他带给叶利钦的备忘录以"俄罗斯过渡时期的策略"为题，然而大家通常都称它为"布尔布利斯备忘录"。没人能猜测叶利钦对此做何反应。"正如他们所说，大家都在等待，不是每天而是每小时都期待着将会发生些什么。"布尔布利斯后来回忆道。[11]

布尔布利斯和叶利钦在黑海岸边一直谈论了很久。科尔科扎夫给他们准备了食物。布尔布利斯回忆说："如果说我们所继承的传统是可怕的，那么,现在的局势其实已经极端紧张,鲍里斯·尼古拉耶维奇对此心知肚明。"布尔布利斯坐在躺椅上争辩说,他认为盖达尔的经济计划是他们唯一的希望。

叶利钦的第一反应是断然拒绝:"我不能这样做。你什么意思?"

但是布尔布利斯却要坚持。正如他后来总结的:"盖达尔的计划之所以是好的,就是因为他的观点有与之配套的实施步骤和方法:法律,接着是法令;法令,接着是法律和解决方案。建议和实施步骤均一目了然。"

盖达尔的基本前提之一是俄罗斯无力支援其他共和国:俄罗斯的现有资源要用于克服当前危机,并且在没有引起社会剧变的前提下实现跳跃式地迈入市场经济。于是问题来了——是否需要建立一个经济和政治的联盟中心?他在回忆录中写道:"客观地讲,俄罗斯不需要一个经济中心来监督自己,并且分配自己的资源。但是,其他共和国却对这样的一个中心感兴趣。这些共和国已经控制了本国财产,他们还试图利用苏联机构重新分配俄罗斯的财产和资源,从而满足他们自己的利益。假设这样的一个中心在共和国的支持下能够存在,不管机构由哪些官员组成,他们客观上实施的政策一定会违背俄罗斯的利益。"

布尔布利斯问叶利钦:"我们应该怎样对待其他共和国?"没等对方回答,他就自己说道,"我们应该谨慎地跟他们合作,但是不提供他们吃的和喝的。"

叶利钦后来逐渐倾向于布尔布利斯的建议。"只能这样做吗?没有其他方法了?"他问道。

布尔布利斯坚持道:"没有了。"

叶利钦又问了一遍:"没有其他可能吗?"布尔布利斯说没有。俄罗斯总统最后屈服了:"如果实在没有别的方法,那我们就试试看吧。"

在索契,布尔布利斯遇见了俄罗斯政府中的竞争对手——西拉耶夫一派的成员。他们正设法说服叶利钦采取更为谨慎的策略，但布尔布利斯还是信心满满地飞回了莫斯科。如果叶利钦能够将布尔布利斯备忘录中的计划变成现实，俄罗斯将会开辟出一条史无前例的道路：不是把帝国放在首位，而是在即将到来的洪流中构建属于自己的诺亚方舟。[12]

正如1991年8月所发生的一样，叶利钦出乎意料地离开首都为戈尔巴乔夫创造了一个绝佳的政治机会。戈尔巴乔夫想重返苏联的政治舞台中心，主要办法就是让其他共和国领导者们尽快签署新的联盟条约。

戈尔巴乔夫在政变后与叶利钦和其他共和国领导们的首次会面是在8月23号，他们坚信导致政变发生的旧联盟和旧联盟条约已经失效了。在会面后几天里，戈尔巴乔夫致电他的高级顾问沙赫纳扎罗夫，询问是否应该制定一个新的联盟条约。这个问题让沙赫纳扎罗夫大吃一惊："我从来也没有想过这样做。"他甚至怀疑协商能否恢复。

戈尔巴乔夫坚持认为："如果我们缩手缩脚，将会失去一切。他们会让整个国家毁于一旦。"沙赫纳扎罗夫指出，这些共和国希望从中央得到更多好处。戈尔巴乔夫说："是的，但我们应该告诉他们没有联盟，他们都将不复存在，俄罗斯也一样。这对大家都不好。"[13]

9月10日，贝克也在莫斯科，戈尔巴乔夫再次说服叶利钦加入谈判。叶利钦同意了，但条件是新的联盟条约要建立一种邦联制，一种中央主要处理防务和对外关系的分权制度。这也是乌克兰领导人克拉夫丘克早先坚持的立场，哈萨克斯坦的纳扎尔巴耶夫在政变之后也持同样的立场。尽管戈尔巴乔夫想要建立联邦制而不是邦联制，但他除了接受叶利钦的提议别无选择。9月下旬，叶利钦不在莫斯科的时候，沙赫纳扎罗夫找到了布尔布利斯和叶利钦的法律顾问谢尔盖·沙赫赖，讨论了新条约的细节。布尔布利斯给戈尔巴乔夫的顾问详细介绍了新政策的优先权：那个"牺牲自我，甘愿替别人堵枪眼，充当苏联'捐赠者'和救世主的俄罗斯"已经结束了。俄罗斯需要时间"自己照顾自己并积蓄力量"。

布尔布利斯和他身边的人都不相信戈尔巴乔夫企图振兴苏联市场的方式，能够解决苏联面临的经济问题，并且符合俄罗斯的经济利益。共和国借助金融手段用本国无价值的货币榨取俄罗斯的自然资源。"这就是我们为何要拯救俄罗斯并加强自身独立，将我们和其他国家分开来的原因。"布尔布利斯和沙赫赖说，"之后，当邦联制步入正轨，所有人都会支持它，苏联的问题就迎刃而解了。"他们向中央的代表保证。现在俄罗斯想要建立一个邦联政府，而不是一个混乱的联邦。他们还想让俄罗斯成为苏联的法定继承国家，这样俄罗斯在邦联中就会有主导权。为了实现这一目标，他们准备与苏联中央走到一起，因为他们把中央视为俄罗斯与其他共和国的调解者。这么做，即使不能保证戈尔巴乔夫掌权，至少也能让他留在政治舞台上。布尔布利斯说："我们理解，戈尔巴乔夫仍然和以前一样，是一位杰出的改革者，也一直在国际舞台上扮演重要角色。如果谈判进程能按照俄罗斯的计划进行，我们将需要一个协调组织来制定防务战略，发展外交事务。戈尔巴乔夫是这项工作的不二人选，没有人能比他做得更好。"[14]

简单来说，布尔布利斯的提议内容如下：政变后，用俄罗斯体系完全接管中央的努力失败了。由于共和国领导人和布什采取的立场，叶利钦必须和中央政府合作。他的顾问准备把中央变为一个同盟。如果戈尔巴乔夫配合的话，叶利钦将实现并维持俄罗斯在联盟中的霸主地位。在形式方面，俄罗斯的提议是建立在邦联制基础之上的，从这个意义上说，与叶利钦和戈尔巴乔夫几周前达成的非正式协定内容是一致的。但那却不是戈尔巴乔夫从即将到来的谈判中想要得到的。他的终极目标是建立一个有着强大中央的联邦国家，而且他准备不惜一切代价来实现它。

当叶利钦在索契休假时，正在奋力一搏的苏联总统出乎意料地得到了两位最忠诚的同盟者的支持：莫斯科市市长波波夫和圣彼得堡市市长索布恰克。他们数百万的市民只有指望共和国的食物补给才能度过漫长的冬天，因此他们迫切地希望重建联盟，而戈尔巴乔夫是他们实现目标的唯一希望。"苏联和共和国对列宁格勒的供给已经停止了，我们已经接收不到来自乌克兰和哈萨克斯坦的供应了。"10月2日，索布恰克在戈尔巴乔夫召开的政治委员会上作报告，"以现在的供给来看，我只能供养10位圣彼得堡市民。如果情况没有改变的话，我会禁止向乌克兰供应拖拉机，切断那些不能履行义务的共和国的生产线。"普京当时是索布恰克手下掌管对外事务的副官，他后来回忆起索布恰克对莫斯科局势的愤怒。"他们在做什么？他们为什么要摧毁国家？"索布恰克这样对普京说。[15]

尽管俄罗斯、乌克兰和哈萨克斯坦共和国的领导人，对建立一个新联盟的计划持保留意见，但他们却都需要达成重建共同市场的经济协议。戈尔巴乔夫曾说要在签署政治条约之前，先签署一份经济条约。但就在10月1日讨论经济条约的共和国首脑会议即将召开的前几天，他突然改变了计划，坚持政治条约要在经济条约之前签订。他认为，经济上的需求会迫使共和国领导人签署他的联盟条约草案。

这突然改变的立场不仅使共和国领导们惊讶不已，连戈尔巴乔夫自己阵营里的人也感到恐慌。格里戈里·亚夫林斯基，经济协议的主要草拟者，打算辞职了。当他告诉切尔尼亚耶夫那里发生的事情时，这位戈尔巴乔夫忠诚的副官勃然大怒。切尔尼亚耶夫在他的日记中写道："戈尔巴乔夫在做什么？他是想自我毁灭吗？这样的话就不会有联盟协议！他是疯了吗：难道他没有看见俄罗斯正在激怒大家，而且其他共和国也会分道扬镳，到那时候被'完美孤立'的俄罗斯将会继续向其他国家发号施令，并且绕过戈尔巴乔夫去'拯救'众人，而他将彻底成为多余的人！！！"[16]

戈尔巴乔夫显然认为他可以应对这个突然的转变，因为就像切尔尼亚耶夫所描述的：俄罗斯总统和共和国领导人都需要他。这些共和国对叶利钦的霸权行为感到不安，希望苏联中央能约束俄罗斯日益膨胀的野心。叶利钦则相反，需要借助中央政府这个媒介来对共和国施加影响。感受到政治形势的转变，戈尔巴乔夫再次使用曾经对于党内干部屡试不爽的伎俩——威胁辞职。"我不会参加苏联的葬礼。"在俄罗斯总统叶利钦动身去索契的前几天，戈尔巴乔夫告诉他。但这个把戏不但没有奏效，反而造成了事与愿违的结果。1991年10月1日召开的经济论坛的主持人纳扎尔巴耶夫拒绝了戈尔巴乔夫把经济条约和政治条约捆绑在一起的建议，他坚持经济条约才是共和国首先需要考虑的内容。戈尔巴乔夫实际上被挡在了此次会议之外，可是会议却取得巨大成功：包括俄罗斯和哈萨克斯坦在内的8位共和国总理，签订了一项旨在恢复共和国之间商业和经济纽带的条约。[17]

戈尔巴乔夫像以往那样拒绝放弃这个想法。他坚持在10月11日召开的国务院会议议程上增加政治条约的内容，届时各个共和国的领导人将齐聚一堂，共同讨论经济合作的议题。他也让其顾问向共和国提交一份新的联盟协议草案。这份协议是由代表叶利钦的沙赫纳扎罗夫和沙赫赖共同起草完成的，草案反映了邦联制的政治构想。但是在草案提交给共和国领导人之前，戈尔巴乔夫还要进一步改动它的内容。他希望用"联盟国家"代替"国家的联盟"，增加了联盟宪法的条款，并且提出应该通过民众投票选出联盟总统，而不是由议会选举产生。沙赫纳扎罗夫反对改动草案，并提醒戈尔巴乔夫他之前已经同意建立邦联国家，也就是一种"国家的联盟"，而不是"联盟国家"。戈尔巴乔夫很是不悦，反驳道："你在教训我吗？我不需要你告诉我这些，我在大学里学过。关键不在于措辞，而是问题的本质。最好写成'联盟国家'，我不希望听到任何人反对。"经过戈尔巴乔夫改动的提案提交给了各个共和国。[18]

令戈尔巴乔夫大失所望的是，讨论政治条约的议程已经从10月11日的国务院会议日程中删除了。乌克兰的领导人克拉夫丘克告诉戈尔巴乔夫，直到 12 月 1 日乌克兰就独立问题进行公投之前，乌克兰议会已经投票通过，将暂不参加新联盟条约的谈判。戈尔巴乔夫很明显对乌克兰立场的重大改变感到不安。因为克拉夫丘克先前是参加谈判的，前提是如果乌克兰公投没有通过议会投票宣布乌克兰独立的结果，那么乌克兰将加入联盟，也就是克拉夫丘克认可的邦联制国家。现在乌克兰完全退出了谈判。戈尔巴乔夫提议国务院呼吁乌克兰议会终止自己的决定——暂不参加条约的前期谈判。

克拉夫丘克说："乌克兰议会坚持自己的决定。"

"上帝与你同在，我们都该扪心自问。"这是戈尔巴乔夫的回答。[19]

对政治联盟的讨论已经撤出了日程表，所以经济协议在 10 月 11 日召开的国务院会议上变成了中心议题。戈尔巴乔夫的首席经济顾问亚夫林斯基阐述了协议的内容。这是亚夫林斯基第三次试图说服施政者接受其经济转型方案。第一次是在 1990 年，他提出实现苏联市场经济转型的 500 天计划。该计划实施不久，就被戈尔巴乔夫在当年秋天终止了。1991 年 7 月，亚夫林斯基与哈佛大学的杰佛瑞·萨克斯一起准备了另一套经济改革的方案，并且在伦敦召开的"七国峰会"上陈述了自己的方案。第一世界的领导人认为这套方案论证得不充分而弃之不理。现在亚夫林斯基提出了一个改良版的计划，以适应岌岌可危的苏联新形势。

切尔尼亚耶夫参加了这次会议，他认为亚夫林斯基向国务院提交的协议草案非常好。他认为亚夫林斯基的陈述"对于无知的共和国领导人来说是一次学识的灌输和文化的启蒙"。切尔尼亚耶夫认识到共和国领导人没有能力掌握市场经济的基本原则，对此他惊讶不已。戈尔巴乔夫的助手在日记中写道："尚古主义很引人注目。"切尔尼亚耶夫很清楚地认识到，那些在苏联计划经济时代成长、逐级被提拔起来的共和国领导人中，很少有人能对市场经济的原则了如指掌。尽管亚夫林斯基一直努力劝阻他们，但是他们仍然坚持共同管控中央银行，因为他们很清楚共和国的利益以及自己作为国家领导人的利益。[20]

共和国领导人的立场不会给共同金融领域带来什么好结果，这也让切尔尼亚耶夫和潘金坐立不安。潘金是苏联外交部部长，同时也是莫斯科自由主义的拥护者。他们两人都参加了这次会议。之后潘金在回忆录中说，他在目睹了国务院的争论后感到无比震惊，曾经无所不能的中央"现在被挤到一个小房间，一半的代表是独立的共和国的领导人"。潘金恐惧地看着这些新领导人，他们决定着国家一切人事的命运。"国务院中这些陌生的新人是谁？这些来自苏联边远地区的新可汗又是谁？"他回忆道。

潘金说克拉夫丘克让他想起果戈理塑造的一个人物——即一个"有着强烈的自我满足和妄自尊大"的"胖"男人。阿塞拜疆的领导人穆塔利博夫让潘金想起一段话："一个年轻的街头恶棍，长大以后和他的坏伙伴失去联系，但他从来不能改掉自己的坏习惯。"土库曼斯坦的领导人尼亚佐夫就像是一位"一流的集体农场的场主"。吉尔吉斯斯坦的阿卡耶夫则像"20世纪20年代地方上的教育工作者"。实际上，47岁的阿卡耶夫是苏联著名的光学专家，以前担任过吉尔吉斯斯坦科学院的领导。他是中亚领导人中唯一反对政变的总统。对于潘金而言，所有的共和国总统都有一个共同特征：他们都是乡巴佬，不知道如何管理一个大国。[21]

潘金和切尔尼亚耶夫都感到沮丧，几十年来，他们这些受过良好教育、思想开明的党政干部不得不服务于由各地方高层派驻到莫斯科的党内大佬。在戈尔巴乔夫身上，他们最终找到了一个能根据他们的标准，乐于学习并改变自己以及自己的国家的乡下人。但是戈尔巴乔夫现在迅速失势，就像他所热爱的国家一样濒临瓦解。摆在他们眼前的是，权力转移到了一群殖民管理者那里，他们发现这些人比以前的高层更不开化，以前的高层因为在莫斯科待了数年，已经了解了帝国的错综复杂。而如今，野蛮人正在接管苏联。

刚从索契度假回到莫斯科的叶利钦，在国务院会议中大部分时间里都沉默地坐在一旁。"6个小时的国务院会议中，愠怒的叶利钦就像回到了以前他常常参加的政治局会议，不怎么开口说话。"切尔尼亚耶夫在他的日记中这样写道。俄罗斯总统的态度很好理解。尽管他曾私下支持布尔布利斯的方案，这套改革方案将使俄罗斯走上经济改革的快速路，但同时置其他共和国的想法和经济需求于不顾。从政治上讲，他无权反对当前讨论的这份经济协议，尽管此协议将使共和国有权自行发行货币，而且正如布尔布利斯所言，这份协议将冲击俄罗斯的市场，使卢布贬值，并且掏空俄罗斯的资源。叶利钦沉默的另一个原因是，他的政府在经济改革的问题上仍有很大分歧。此外，他曾答应过戈尔巴乔夫支持经济协议，这也是他向布什做出的许诺。

布什在10月8日晚上出人意料地给正在索契度假的叶利钦打去了电话，两天后叶利钦返回莫斯科。布什重申了之前给叶利钦的承诺，即如果需要的话，这位俄罗斯领导人可以去美国进行治疗。但是这并非布什打电话的主要目的。美国驻莫斯科大使馆通知白宫，俄罗斯政府正打算不再继续支持经济协议，白宫方面对此消息十分紧张。"很明显这是苏联内部的事情，与我并没多大关系，"布什说道，"但是我仅仅希望与您分享一些我的观点。自愿结成经济联盟是明晰产权、确定权责的重要步骤，这样做有助于推动人道主义援助，以及后续即将提供的经济投资。"布什想要以此劝诱俄罗斯总统加入经济联盟。

叶利钦向布什承认，自己的政府在这个问题上确实存在分歧，但是他做出保证，会尽量签署这份经济协议。布什明摆着是站在戈尔巴乔夫这边的，叶利钦甚至怀疑布什的做法可能代表着苏联总统，叶利钦强调他会和戈尔巴乔夫一起工作。叶利钦告诉布什："我打电话给戈尔巴乔夫总统，我们约定于10月11日在莫斯科会面，听取报告，随后俄罗斯将签署协议。"

叶利钦表现出一副俄罗斯利益真的被牺牲了的样子。"我知道我们所得最少，事实上我们甚至会失去一些东西。"他告诉布什，"但是我们还是会为了挽救联盟这一更为宏伟的政治目标而签署协议。尽管最高苏维埃很难通过这份协议，但是作为总统我确实有这个权力。"[22]

乍看起来，叶利钦对布什信守了承诺。但是10月18日晚上，这位俄罗斯总统与其他共和国领导人到克里姆林宫签署了一份协议，宣布建立"独立国家"的经济共同体。其中，对中央银行的控制和货币发行的问题上，各方都有所妥协，苏联银行将由中央银行代表和共和国银行代表共同组成的委员会进行管理，但是共和国银行必须接受货币发行数量上的限制。然而，没有任何迹象表明叶利钦想要支持这项协议，他立刻说俄罗斯将不会批准这项协议，除非对俄罗斯很重要的、针对特定领域的30个附加协议也能得以签署。[23]

此前一天，俄罗斯总统曾发表演讲，矛头直指试图恢复苏联的做法。他宣布俄罗斯正在削减大部分苏联部委的经费，他指出"要尽快把整个帝国的体系清除干净，然后建立起耗资较少的共和国体制"。9月，俄罗斯将国内油气公司国有化，并且接管了曾经上缴给苏联的税收。通过扩充俄罗斯国库，并使苏联破产，俄罗斯领导人获得了对抗中央的强大武器。在10月中旬，俄罗斯议会投票宣布，包括戈尔巴乔夫的国务院在内的苏联机构都和俄联邦没有任何关系。叶利钦对国家计划委员会也颁布了类似政令。国家计划委员会是苏联的经济规划机构。布什的电话虽然让叶利钦签署了经济协议，但是美国总统无法确保叶利钦能够真正尊重协议，或使他不再做出进一步削弱苏联的行为。[24]

盖达尔原本受鹿特丹大学的邀请正在荷兰访问，突然接到叶利钦的紧急电话，让他返回俄罗斯，因为叶利钦要见他。盖达尔知道这通电话意味着什么，即他作为学术顾问的舒适生活要结束了，他要进行俄罗斯历史上最不受欢迎和最痛苦的改革。尽管盖达尔并没有期望可以监督改革的实施，但他也不打算拒绝改革。当他告诉父亲等待他的将是什么的时候，这位曾经作为苏联战地记者去过古巴和阿富汗的老人，没能掩饰住自己的担忧，但是他仍然祝福盖达尔说："如果你确定这是唯一的选择，就按你能想到的最好方法去做。"[25]

盖达尔认为，他们的计划是唯一能够阻止经济崩溃的方法，布尔布利斯及其团队也是这么想的。他还坚信叶利钦是唯一一个敢于冒险实施改革的政治家。盖达尔记下了从阿姆斯特丹回来之后，自己和俄罗斯领导人会面的直接感受："作为一个政治家，叶利钦对经济的理解很到位，对于国家的情况有基本认识，他知道发起改革意味着要承受巨大的风险，他还知道如果一味被动地等待机遇，将给国家带来多大的伤害。"盖达尔的朋友相信，盖达尔已经为叶利钦的个人魅力所折服，而且可能会持续很多年。[26]

叶利钦也被这位年轻人折服了。他认为盖达尔是俄罗斯知识分子的代表，"不像政府机构里沉闷的官僚，那些人总是隐藏自己的观点，但会不顾一切地捍卫自己的利益"。叶利钦欣赏盖达尔的另一个特点，就是他能用简单的话语说清楚复杂的经济问题。叶利钦写道："听他讲话，你可以清楚地明白我们所采取的路线。"他还有一个别人之前从未提出的计划，这个计划反应迅速，一针见血，一年之内就能见成效。已经有人打算支持该计划了。而且，盖达尔还让叶利钦相信，如果他不对经济做出重大调整的话，他将会走向与戈尔巴乔夫同样的命运，因为戈尔巴乔夫也一直承诺改革，但是从不行动，如今他被迫出局了。[27]

为叶利钦引荐盖达尔的布尔布利斯，相信两人在文化上也能建立亲密关系。同他那一代的大多数苏联人一样，叶利钦从小就熟知和崇拜盖达尔的祖父——阿尔卡季·盖达尔——的作品，而且就像其他乌拉尔人一样，叶利钦一直以来对盖达尔外祖父巴维尔·巴若夫的著作抱有最高的敬意。

巴若夫曾将乌拉尔民间文学整理成一本名为《孔雀石箱》的故事集。当布尔布利斯回忆起叶利钦与盖达尔第一次见面的场景时，这样说道："这是一个奇妙的组合，大家都是突然意识到，我们来自同一片土地，发源于同一个火山口，我们同根相连。"逐渐壮大的克里姆林宫"斯维尔德洛夫斯克黑手党"在最意想不到的地方聚合了。

布尔布利斯所指的同根相连，不仅是地理意义上的，也是指思想上的。盖达尔的祖父和外祖父都是忠实的布尔什维克，曾参加过1917年的革命。布尔布利斯相信盖达尔和叶利钦都对早期布尔什维克主义有着特殊的历史和文化感情。"那个人有一点乌托邦气质，一种神奇的布尔什维克式的勇气，忠诚于理想。"布尔布利斯这样评价盖达尔，"而且他身上既有历史和文化的积淀，也有社会主义和浪漫主义的情怀。"盖达尔的祖父和外祖父都曾镇压过反抗社会主义的农民起义，现在他们的孙子选择引领国家回到旧时代，回到那个造反的农民捍卫私有财产的时代。但是过程都极其痛苦。当年布尔什维克对资本主义大力抨击，如今社会主义经济制度也面临着同样的抨击。但这次盖达尔不会囚禁反对者。[28]

尽管叶利钦在索契的海滩上对布尔布利斯备忘录给予了肯定，但是直到他与盖达尔会面之前，他都没有将其公之于众，而且也没有做出最后决定。但是一旦他下定决心之后，事情就有了突飞猛进的发展。叶利钦计划在10月28日俄罗斯国会代表会议（即俄罗斯最高议会）上阐述自己的改革计划，并且请求授予总统特权，保证该计划的实施。在会议即将召开的前几天，关于改革的内容以及叶利钦将要进行的演讲传到了戈尔巴乔夫同僚那里。10月22日，戈尔巴乔夫的副官梅德韦杰夫在他的日记中写道："看来将会宣布全面放开物价，但是，不会提到任何关于在货币流通或控制财政赤字等问题上加强银行管控的问题……接下来的几天将决定事情的走向，但是俄罗斯领导层显然倾向于走极端路线——共和国的完全独立。"[29]

戈尔巴乔夫本人对即将到来的叶利钦的演讲一无所知。叶利钦在10月25日打电话给布什，告诉他俄罗斯政策将迎来重大转变。"根据我们在重大问题上进行讨论的传统，"他说，"我将宣布有实质内容的经济计划和规划，而且我们将迅速放开物价，同时，进行私有化、金融和土地的配套改革。这一切会在接下来的四五个月内完成，也可能是6个月。这项工作将使我们一劳永逸。尽管会增加通货膨胀，降低人民生活质量，但是我有人民的授权，我们已做好准备了。明年就可以看到结果了。"叶利钦说可以派外交部部长科济列夫到华盛顿去，解释俄罗斯的改革计划。布什也表达了与其见面的兴趣。布什说道："听起来像是一个野心勃勃的规划。我恭喜您做出了艰难的决定。"他们像老朋友一样结束了对话，最后叶利钦告知布什，他在两个星期的假期中收获颇多。"我现在充满能量，能打网球，我的心脏也很好。"他向布什保证道，"我身体很好。"[30]

1991年10月25日，布什与叶利钦进行了交谈。3天后的10月28日，俄罗斯总统在议会上发言，这可能是俄罗斯议会短暂的历史中，最具有决定性意义的一次演讲。"在这俄罗斯历史上最重要的时刻，我需要大家的帮助。"叶利钦的演讲是这样开场的。这场名为《给俄罗斯人民和俄罗斯联邦人民代表大会的呼吁书》的演讲持续了近一个小时："此时此刻，我们将要决定俄罗斯未来几年和几十年的命运，将要决定这一代和下一代的俄罗斯人将如何生活。我坚定地请求议会无保留地开启全面改革之路，希望改革能获得各阶层群众的支持。"叶利钦宣布政府正在计划放开物价，削减开支，包括减少食物补贴。

> 改革的第一阶段最为艰难。人民的生活水平将会有所下降，但是，不确定因素会减少，前途将更加明朗。最重要的是，我们不是空喊口号，而是付诸行动，最终我们将摆脱困境，跳出流沙，它已使我

们愈陷愈深。如果我们今天踏上改革之路，秋天我们就能收获果实。如果我们不抓住切实的机遇，逆转不利局面的话，我们将沦为赤贫，而我们已有数百年历史的国家将走向毁灭。

在谈及苏联中央和共和国的关系时，叶利钦继续说道："俄罗斯的改革是朝着民主的方向，而非帝国的方向。"叶利钦宣布11月1日之后，也就是演讲后的3天，俄罗斯将不再资助苏联大部分部委。共和国间的机构仅仅负责协调各共和国之间的关系，俄罗斯不允许恢复旧时代的、无所不能的中央。但是叶利钦并没有完全放弃联盟。乌克兰的领导层拒绝签署经济协议，叶利钦鼓励乌克兰加入经济联盟，并且威胁说任何共和国只要"人为"采取同俄罗斯割裂的政策，俄罗斯就会要求按照国际价格支付其购买的能源。他希望前苏联共和国也能够签署一个政治协议。在没有这种协议的情况下，叶利钦说，俄罗斯将会宣布其对苏联的合法继承，而且接管苏联机构和财产。俄罗斯此举遭到了乌克兰和哈萨克斯坦领导人的反对。[31]

第二天，叶利钦请求议会授予他一年的特别权力。不管经济转型的结果如何，1992年都不举行总统大选。他本人将领导俄罗斯政府，并且保证承担改革的全部责任。他所有的请求都被批准了。"这个最受欢迎的总统最终准备实施最不受欢迎的措施。叶利钦担任神风突击队的指挥。"《独立报》中的一篇重要文章这样写道。

其他共和国对此事的反应，至多算是谨慎的。乌兹别克斯坦总统卡里莫夫说："乌兹别克斯坦60%的物资来自境外，其中大部分来自俄罗斯，因此俄罗斯价格的自由化会影响到乌兹别克斯坦，我们不得不采取防御性措施。"这听起来好像不仅是对旧苏联的终结，还是对维护共同市场的经济协议的终结。[32]

俄罗斯的方舟正在远离苏联的码头。

幸存者

10月底，马德里皇宫，西班牙国王官邸的管理员收到来自政府的通知，要求他们把一幅最瑰丽的画作从墙上取下来。这幅油画描绘的是查理五世，16世纪初期神圣罗马帝国皇帝和西班牙国王。这次取下画作并不是为了装修，而是要放到仓库里。因为皇宫正在为10月29日将要召开的中东问题国际峰会做准备，而这幅屠杀了众多穆斯林的基督教统治者的画像显然不合时宜。马德里从众多城市中脱颖而出，击败了华盛顿、开罗、日内瓦和海牙，成为40多年来以色列和巴勒斯坦领导人首次进行高级别会晤的最适当场所。巴以领导人同意与埃及、叙利亚和该地区其他国家领导人会面，共同讨论和平问题，这次峰会推动了1993年《奥斯陆协议》的签订，同时也促成了以色列近几十年来的相对和平。[1]

如果美国和苏联没有达成新的合作意向，马德里会议就不会召开，这两个冷战期间的超级大国在中东地区问题上较劲了几十年，在阿拉伯国家和以色列的冲突中，资助、武装对方的反对派。布什和戈尔巴乔夫是这次会议的共同主办人。"布什总统和戈尔巴乔夫总统请您接受此次邀请。"可能来参会的人都收到了这封信，其中包括欧洲和中东国家的元首以及巴勒斯坦解放组织的领导人。他们都答应本人或者派出高级别代表团来参会。

7月，布什在莫斯科访问期间，双方就马德里峰会达成了意向。而早在8个月前的巴黎，人们已经开始为马德里峰会的召开铺路搭桥。欧洲的国家元首在1990年11月与美国和加拿大的领导人进行了会晤，这次会议被人戏称为"冷战期间的和平会议"。他们利用最近的东欧事态的进展、柏林墙的倒塌和铁幕的消失促成了《巴黎宪章》的签署，标志着新欧洲得以诞生了——这个文件消除了东西方在体制和意识形态方面的隔阂，为成立"欧洲安全与合作组织"奠定了坚实的基础。[2]

贝克相信此时此刻，冷战真的结束了。他的想法与其说是基于《巴黎宪章》的签署，还不如说是因为苏联的所作所为。苏联的领导人和美方就几个月前萨达姆·侯赛因领导下的伊拉克入侵科威特的问题达成了共识，这是自1945年雅尔塔会议之后，苏联第一次与美国携手解决重大的国际危机。在巴黎，为响应布什总统的直接请求，戈尔巴乔夫同意和美国联合起草一份联合国安理会决议——授权对萨达姆使用武力。戈尔巴乔夫驳回了强硬派顾问的观点，信守了自己的承诺，给布什及其国际联盟攻击萨达姆并将其赶出科威特，并包围伊拉克提供了时机。[3]

美国在海湾战争取得胜利之后，美国在该地区的利益陡增，这给华盛顿创造了推动以色列与其阿拉伯邻国之间召开和平会议的机会。在莫斯科政变失败以及任命潘金为苏联外交部部长之后，苏联表示支持此项具有新动力的倡议。苏联在1967年"六日战争"后，终止了与以色列的外交关系，两国关系直到1991年10月才得以恢复。出乎华盛顿意料的是，苏联这么做并没有征询他们在该地区的主要盟友——叙利亚——的意见。中东的一切事务都朝着美国希望的方向发展。那时，布什向到访的中东贵宾——

巴林酋长——评论了苏联的新政："我们并不认为他们的回归是为了威胁我们在中东地区的利益。"贝克将开始与中东领导人举行一系列的会晤，不论是会见以色列总理伊扎克·沙米尔，还是会见叙利亚总统哈菲兹·阿萨德，贝克都自信地说："苏联还是完全支持我们的。"[4]

戈尔巴乔夫完全支持美国对中东未来的计划，但是苏联内部的形势使戈尔巴乔夫在国际舞台上即将做出的承诺大打折扣。这种危险的状况与国际政治中近期发生的另一件大变动颇有些相似。1990年11月的巴黎峰会，打开了通往马德里和平会议的大门，然而，此次峰会却是英国首相撒切尔夫人最后一次出席国际会议。当她在法国首都进行谈判时，她本人所在的保守党核心成员在英国议会的一次投票迫使她辞去了首相一职。对于英国人来说，这是第二次世界大战之后波茨坦会议的重演，因为丘吉尔也曾因英国选民的迅速流失而被迫离职。现在有充分的理由相信，马德里会议可能也是另一位国际政坛重量级人物的告别演出，此人正是戈尔巴乔夫。

在动身前往马德里的前夜，布什在其日记中这样写道："最近的情报表明，戈尔巴乔夫的在任时间可能不长了。"几分钟前，布什已经在录音机中录下了这么一段话："简报指出，这可能是我最后一次和他共同参加这种性质的会议。时光难以倒流。"

> 我很清楚，现在的戈尔巴乔夫和中央政府都已经今非昔比了。他一直在失势。我很想知道他现在的心情。他在核武器问题上仍然很重要，但对于所有的经济事务，在我看来共和国将越来越自行其是。弄清楚他的心情会很有意思。我记得不久前他对叶利钦简直无法忍受。1990年6月，当他来戴维营时还清楚地说，叶利钦不会有什么前途。可是，现在一切都变了。[5]

10月28日下午，戈尔巴乔夫离开莫斯科前往马德里时情绪低落。现在，在苏联首都，叶利钦才是大家关注的焦点。即将到来的美苏峰会和国际和平会议，这样通常会成为头版头条的新闻，如今已经退居成次要事件。而且，媒体对戈尔巴乔夫的报道常常很不利。苏联外交部部长潘金回忆道："'不存在的国家的使者'是莫斯科新闻里典型的标题。"戈尔巴乔夫对这些小事相当敏感。在马德里，一个记者天真地问道："你要离开莫斯科，那么谁将接任你的职位？"这位苏联总统反唇相讥："我还是总统，没有人要接替我的位置。每个人都在做着自己应该做的事，在自己的岗位上各司其职。没人要让我下台。"[6]

赖莎答应陪她的丈夫一同前往马德里。从8月份中风到现在，她的身体已经恢复了一些，但视力却更差了。今后的生活中，克里米亚的经历会一直困扰着她。她不再去克里姆林宫，因为叶利钦在那里。当戈尔巴乔夫的权力明显不及以往了，她发现周围的人与她疏远不少。她与戈尔巴乔夫的忠实助手切尔尼亚耶夫起了冲突，所以切尔尼亚耶夫到现在还躲着她。出于这个原因，起初切尔尼亚耶夫拒绝去马德里，但戈尔巴乔夫希望他来。在飞往马德里途中，切尔尼亚耶夫和其他总统助理讨论峰会的议程时，赖莎坐在机舱另一端的沙发上看书。

她的新书《我希望》9月份已在美国上市，还登上了《纽约时报》畅销书排行榜，但是这里可没什么人与她分享激动之情。1990年6月带她前往卫斯理学院参加毕业典礼，并启发她创作了这本书的芭芭拉·布什并没有前往马德里。而这本身就降低了美苏会晤的重要性，使正式访问降格成工作访问。直到最后时刻，苏联方面还不知道当他们抵达马德里时，谁会接待戈尔巴乔夫夫妇。随后消息传到了总统专机——西班牙首相费利佩·冈萨雷斯和他的妻子卡门·罗梅罗已经到达了机场。潘金回忆说："我觉得这个消息会使总统开心点。"[7]

冈萨雷斯对苏联总统表示出极大的尊重。这将是两个盟友和两位知己的会面，虽然不能像朋友见面时那样随意。戈尔巴乔夫对冈萨雷斯有一种天然的亲切感。冈萨雷斯是农夫的儿子，他是从西班牙工人社会党总书记的位置走上去的，最后当上了首相。对于冈萨雷斯而言，他是真正尊重戈尔巴乔夫的。听闻8月政变后，在西方领导人中，他是最坚持自己原则立场的人。当法国总统密特朗差不多要接受既成事实，而布什起初还优柔寡断之时，冈萨雷斯立即发布了一份自己起草的公报，谴责了政变事件。现在他对戈尔巴乔夫说："米哈伊尔，在那些日子里，在我的印象中，西方接受了那个既成事实，并且准备屈从于政变了。"

冈萨雷斯认为西方领导人已经表示过乐意接受戈尔巴乔夫的出局，所以他们很可能会再次这样做。冈萨雷斯告诉戈尔巴乔夫："我的结论是，当今西方国家领导人怀疑苏联是否能够维持下去，因此，他们将从可能的情况出发考虑问题，其中也包括苏联的解体，这令人很沮丧。"冈萨雷斯的话给戈尔巴乔夫留下了深刻的印象，这从他几年后写的回忆录里都看得出来。在他执政的最后几年中，当国内局势恶化，戈尔巴乔夫可以在出国访问的时候散散心，和西方的朋友交流。但这样的日子即将结束，甚至在西方，他也没有自己的主场。他的影响力在削减，成了越来越可悲的人。[8]

里根政府时期美国国务卿亚历山大·黑格在为戈尔巴乔夫作的政治讣告中写道："戈尔巴乔夫先生是昨日领袖。我们欠他一个很大的人情，因为他没有采用武力的方式来阻止这个帝国的分裂。但是就国家的未来而言，他将成为传奇。"美国和苏联的记者都明白谁在真正操控着马德里会议。《真理报》报道，西班牙外交部的协议负责人在通气会上告诉记者："播放曲目由美国规定，芭蕾舞团成员由参会者组成，我们只为他们提供舞台。"《纽约时报》中的一篇文章表达了同样的意思。文章指出，白色的帐篷搭在了苏联大使馆的入口处，而布什和戈尔巴乔夫与会之前曾在此会面。"帐篷的策略在某方面说明了苏联国力的衰退。"艾伦·考维尔写道，"美国人提议，西班牙人搭建，苏联人同意。"[9]

10月29日，也就是戈尔巴乔夫到达马德里的第二天，他与布什在苏联大使馆的新楼内吃了工作餐。据戈尔巴乔夫的外交部部长潘金回忆，此次会面是"温暖甚至亲切的，尤其是当照相机转动起来时"。开始时双方就7月最后一次会面后的局势交换了看法，话题自然地转向了苏联政变，这使得戈尔巴乔夫感到更加不安。

"试图推翻您是愚蠢的行为。"布什对戈尔巴乔夫说。

"将军们有时会这么做。"戈尔巴乔夫回答，还拿斯考克罗夫特将军开了个玩笑。

"如果斯考克罗夫特或者贝克想要我的工作，我可以让给他们。"布什开起了玩笑。

但是戈尔巴乔夫可开不起这个玩笑。"我不想放弃我的工作。"他对布什说。

布什提出了一个不可忽视的可能性："这也许是一个不恰当的问题，您有没有考虑过政变的再次发生？"戈尔巴乔夫回答说，他相信他更有胜算。他将希望寄托在将要签订的新的联盟条约上。

当戈尔巴乔夫全力向美国总统传达他对苏联未来所持的谨慎乐观态度时，布什在核安全方面显示出了更大的兴趣。他想趁戈尔巴乔夫还能做主的时候，最大限度地削弱苏联的核力量。"我想听听您的意见，"布什说，"现在中央还能发挥作用，您还有筹码。"

戈尔巴乔夫向布什保证，美国总统不用担心任何事情。他说："乔治，您从媒体上获得的很多信息都是不可靠的。媒体也许是出于工作需要而这样说的。"他继续说着多少有些言过其实的政治说辞，但是克拉夫丘克已经承诺乌克兰将成为无核国家，哈萨克斯坦总统纳扎尔巴耶夫也说过要做无核国家，叶利钦最近刚承诺他支持中央政府掌控军队。[10]

核武器是美国的首要问题，而对于苏联来说金钱才是最重要的。戈尔巴乔夫需要美国大笔的援助。"我们都明白其中的利害关系。"他说道，"苏联发生的事件将会对全世界产生影响。"戈尔巴乔夫明确说道，"坦白地说，100亿至150亿美元对我们来说不是一笔大数目，偿还这笔债务也不是大问题。"而美国方面从未考虑借出这么一大笔资金。"我可以告诉您我现在能做什么，"布什回答，"我们只能借出15亿美元帮助您解决中央和共和国过冬的问题。抱歉令您不悦，我回国以后会和别人商量，看看我们还可以给你们提供哪些帮助。"戈尔巴乔夫回答说需要35亿美元，以便在下一个收获季到来之前解决粮食危机。贝克加入了对话，并表示美国最多只能提供15亿美元的援助。据悉，贝克私下对戈尔巴乔夫的翻译帕拉日琴科说："在我们重新考虑之前，赶快收下这15亿美钞吧。感觉太少吗？我们不可能提供更多了。"

这就是援助计划协商的结果。各个共和国对苏联债务的立场让布什和他的顾问感到担忧，因为共和国领导人未曾就此表态，也不急于偿还债务。如果布什政府不拯救戈尔巴乔夫，不保护他的人民免受饥荒之苦，他们将会面临更大的压力。于是，布什政府准备慷慨解囊，援助数目远大于几个月前大家的预测。但这笔钱仅仅是用来帮助苏联度过饥荒，防止国家发生暴乱。因为暴乱将会给强硬派以可乘之机，并置核武器于危险境地。对于戈尔巴乔夫来说，因为7月在伦敦举行的"七国峰会"上他没能成功说服布什提供重要的经济援助，所以，此次美国的提议也许并不出乎意料。他将来甚至会满意于布什的帮助。

虽然布什和戈尔巴乔夫都认为，马德里和平会议的主要任务是为中东地区冲突双方提供会面和谈判的机会，可让人惊讶的是，在召开预备会议时，此议题几乎不受关注。布什希望苏联人继续敦促叙利亚和巴勒斯坦首脑参与到和平进程中来。戈尔巴乔夫承诺努力促成此事，但是他也提出了自己的要求。苏联的全球战略缩小至斯拉夫世界和东正教世界，这是沙俄传统的竞技场，同时也包括未来几十年俄罗斯对外政策的重点。戈尔巴乔夫希望美国能说服它的土耳其盟友，对待希腊族塞浦路斯人更加友好一些，并希望美国能促使联合国更加积极地参与南斯拉夫危机的处理，因为南斯拉夫危机已经产生了第一批受害者。但戈尔巴乔夫收效甚微：布什承诺不支持塞浦路斯，但对于南斯拉夫也持怀疑态度。[11]

毫无疑问，在他们会面之后举行的新闻发布会上，大多数问题仍是苏联的局势问题，而不是中东和平进程的问题。切尔尼亚耶夫在他的日记中写道："布什不希望在一群重量级人物中表现得与众不同，米哈伊尔·谢尔盖耶维奇却使得布什难以低调……他摆出一副一切尽在掌控的模样。"但是据帕拉日琴科所说，听众对此并没有多少印象。他在描述美国代表团的反应时写道："当他们看戈尔巴乔夫时，他们的表情充满了怀疑、冷漠和漠不关心……对于他们来说，戈尔巴乔夫已经是个失败者。"当天，帕拉日琴科感觉到"一个时代确定即将终结"。潘金指责布什几乎没有为戈尔巴乔夫提供什么帮助。他感觉到，除去友好的表象，一些重要的东西已经消失不见了。潘金回忆道："我渐渐明白了问题的实质，媒体关于苏联解体以及戈尔巴乔夫政治处境堪忧的猜测激怒了他。他知道布什总统同样听说了这些消息，他希望布什可以表示给予一些帮助，释放一些信号。但是布什什么也没有做。"[12]

即使布什释放了一些信号，潘金也听不到。在马德里期间，他心情苦闷。他将成为一个空壳部长。潘金在马德里已经得到消息：叶利钦在其有关经济改革的讲话中表示，潘金掌管的部门将成为刀俎上的鱼肉，叶利钦要求部门的规模削减至原来的十分之一，甚至威胁要砍掉全部预算。

马德里会议前夜，俄罗斯外交部部长科济列夫所做的关于削减开支的声明引起了华盛顿的一片骚动。布什和贝克命令美国驻俄罗斯大使施特劳斯尽快会见科济科夫，商讨这一问题。在马德里会议即将召开的前几天，叶利钦对苏联的中央部门，包括国际武装力量等组织，开展了大规模的削减行为，他的做法对美国和平解决巴以问题构成了重要威胁。科济列夫向施特劳斯表示，他之前所说的话仅仅是一种抗议，因为苏联外交政策忽视了俄罗斯。所以看起来这个问题已经被解决了。但是现在，身在马德里的潘金明白了，即使科济列夫做出了保证，叶利钦已经动手去做，并且宣布了他的财政削减计划。[13]

潘金试图保持勇敢的姿态，他告诉全球媒体"鲍里斯·尼古拉耶维奇的说法只是一个比喻"，但是局势仍然面临失控。他在苏联外交部的部下开始了暴动，由部门重要人员联合签名的请愿信已经送到了仍在马德里的潘金手上，信中要求潘金回到莫斯科。潘金说，这份请愿信"急切申明，与维持中东和平相比，我更应该赶回国内挽救外交部"。但他拒绝立刻赶回去。直到他确信自己的国际使命已完成，才会回国。[14]

外交部的请愿信显示出在强调了苏联外交的光鲜表象背后是政府每天的悲惨处境。在莫斯科，苏联体制的崩溃正在一步步加快，这不仅对苏联代表团的人，对许多身处马德里的人来说，都是一个想要忘记的噩梦。毕竟，它扰乱了实现西方几代领导人长久以来的梦想——使中东地区保持持久和平。现在，当这个梦想就要实现的时候，他们能够依靠的、可以推动该进程的伙伴却要消失了。

美国通过各种方式延续该梦想，他们帮苏联中央派送代表到国外，让苏联在宏大的中东盛会中发挥作用。苏联人抓住了机遇。像那些古老的贵族，虽然已经把所有的财富都输给了暴发户，但依然不愿放弃他们奢侈的生活方式，苏维埃的领导人来到马德里参加他们最后的舞会。虽然每个人都对苏联人的出席表示感谢，但会议本身只会被视为美国的极大成功。会议的主要组织方和赞助方贝克在会后收到了数十封祝贺信,根本没有提苏联一个字。[15]

戈尔巴乔夫马德里之行的真正亮点是他与布什、冈萨雷斯一起出席西班牙国王胡安·卡洛斯一世的邀请晚宴。在那儿,这位苏联领导人得到了他一直以来所渴求的全部精神支持。在回忆录中,戈尔巴乔夫称这次晚餐和4小时的会话是"真正独一无二"和"惊人的坦率"。戈尔巴乔夫和他的夫人回忆起了他们在克里米亚半岛所经受的考验,稍后赖莎和皇后一起先行离开,只剩下了4位男士。胡安·卡洛斯国王本人也是军事政变的幸存者,他所领导的国家也有自己的民族主义问题,最具代表性的是巴斯克分裂主义,他对戈尔巴乔夫非常支持。冈萨雷斯也是如此。来自西班牙国王的宴请使得戈尔巴乔夫的整个旅行变得很有意义。尽管他面对各种问题,承受种种羞辱,可是马德里会议最终为他之前进行的所有外交访问画下了圆满的句点,此刻他鼓足斗志,充满能量,准备回国继续战斗。[16]

另一个给予戈尔巴乔夫精神鼓舞的是一个意想不到的角色:密特朗总统。他在戈尔巴乔夫等人返回莫斯科的路上,邀请他们夫妇二人到他位于法国南部的宅邸看一看。戈尔巴乔夫夫妇欣然接受了邀请。与冈萨雷斯不同,在政变最初的、最艰难的时刻,冈萨雷斯已经站到了戈尔巴乔夫这一边,密特朗总统的第一份声明被许多人解读成接受既成事实。但他在政变最后一天改变了立场,戈尔巴乔夫身边的人谴责苏联驻巴黎的大使有失礼的表现。现在密特朗坚持看好戈尔巴乔夫。他想支持戈尔巴乔夫维持苏联的斗争,并且当这位苏联领导人造访其宅邸时,密特朗不止一次地表达这种支持。

切尔尼亚耶夫在日记中写道,密特朗告诉戈尔巴乔夫,"几个世纪的历史告诉我们,法国需要一个同盟来维持欧洲的平衡关系。今天我们是德国人的好朋友。但如果德国的东部和北部力量薄弱的话,就是非常危险的。

因为德国人一直在试图朝这个方向渗透"。戈尔巴乔夫对他的说法再同意不过了。的确，两个领导人几乎同意所有的事情，包括德国的经济扩张威胁、美国和以色列之间过度亲密的关系以及维持南斯拉夫的必要。他们讨论了欧洲的新格局，看法总是不谋而合。[17]

戈尔巴乔夫的状态很好，当两位总统的妻子和助手也加入谈话后，戈尔巴乔夫还是说个没完没了，直到正餐后的白兰地和咖啡也端上了桌。切尔尼亚耶夫记得，"密特朗坐在一把大椅子上，用自己深刻的洞察偶尔'打断'这漫无目的的闲谈……他充满倦容的脸上挂着和蔼又谦卑的笑容"。切尔尼亚耶夫是戈尔巴乔夫的新思维——"欧洲共同家园"——的倡导者之一，也是决定苏联未来在欧洲命运的设计师之一，他在日记中是这样描述此次会见的："在可怕的 20 世纪即将结束时，两个欧洲的伟人如此迥然不同，又彼此心照不宣。"但是即便如此，他还是注意到了密特朗私底下的表现和在公众面前的表现截然不同。在他们非正式的会晤之后紧接着举办的新闻发布会上，像布什之前表现的那样，密特朗几乎没有给戈尔巴乔夫提供多少支持。这件事，至少戈尔巴乔夫的助理是这么认为的。帕拉日琴科对切尔尼亚耶夫说："他的朋友们已经认为他出局了。"

在乘坐飞机回国时，戈尔巴乔夫召集了他的顾问，一边吃午饭，一边分享他此次西班牙和法国之行的感受以及对未来的构想。西方领导人对苏联的未来表现出的担忧让他欣慰和感动。戈尔巴乔夫说，上策就是支持叶利钦推动经济改革，同时推动新联盟条约的签署。所有人都表示同意。"在飞机上，唯一对成功报以悲观态度的人是戈尔巴乔夫夫人。"帕拉日琴科后来写道，"尽管她说得不多，可是她深切的担忧显而易见。"[18]

就像戈尔巴乔夫在克里米亚经受了严峻的考验后回到莫斯科一样，从某种程度上说，当他从马德里回来的时候，面对的也是完全不同的国家。因为这个国家又一次被改变了，改变者正是叶利钦。叶利钦决定进行全面的经济改革，而这一切恰好是戈尔巴乔夫之前一直不想做、现在也没有时间去做的事，但叶利钦的所作所为给每个人都留下了深刻的印象，包括戈尔巴乔夫的顾问们。"这些天可以说是起着决定性作用的大日子。"从马德里返回的途中，切尔尼亚耶夫在他日记里这样写道，"毫无疑问，叶利钦在俄罗斯议会上的发言是一个重大突破，一个全新的国家、一个不同以往的社会将要形成。"

叶利钦迫切想让大家知道，他在俄罗斯议会演讲中所提及的内容是他确实要做的事。俄罗斯削减了苏联各个主要部门的经费。大学教授发不出工资，学生没有奖学金。切尔尼亚耶夫估计到11月中旬，仅在莫斯科就有5万左右的部委人员失业。因为俄罗斯撤走资金，苏联的金库早已空空如也，所以他和总统办公厅的工作人员第一次领不到工资了。食品短缺成为日常生活的写照。戈尔巴乔夫从马德里返回后重新焕发出力量，他感觉自己还有机会夺回曾经丢失的政治地盘。11月4日，在所有共和国领导人都出席的国务院会议上，戈尔巴乔夫抨击叶利钦，指责他实施改革的计划不够缜密。[19]

"回顾已经发生的一切，"戈尔巴乔夫说道，他指的是叶利钦价格自由化改革引起的消费者恐慌，"通常来说，在莫斯科每天要售出1800吨面包，但是昨天，已经达到2800吨了！人们疯狂地抢购货物，商家开始囤积。市场被甩到了一边：商家坐等涨价。"戈尔巴乔夫在叶利钦走进屋子之前就开始了抨击，叶利钦迟到了，但在叶利钦到达会场之后，戈尔巴乔夫仍然继续批判。"这就是延误时机所要承受的代价。"戈尔巴乔夫在叶利钦出现后公开说。"那些绕桌而坐的人相互窃笑，"潘金回忆说，"角色逆转了，现在轮到戈尔巴乔夫斥责叶利钦浪费时间。"[20]

戈尔巴乔夫借助他在马德里所恢复的世界领导人的光环提出了他的主要目标，即维持苏联。"西方害怕苏联解体。"他告诉共和国领导人，"我向你们保证这就是我在马德里所有谈话的主题，他们不能理解我们这里发生了什么。正当我们终于走上民主之路、清除集权主义的残余时……他们说苏联必须作为国际体系的支柱之一而存在下去。"叶利钦无动于衷。他要求与会者坚持原来的议程，以此破坏戈尔巴乔夫想就联盟协议的签署重新展开讨论的企图，因为议程里并不包括这一项。但是俄罗斯总统基本上对联盟的设想并无敌意，他甚至表示支持继续维持联合武装。戈尔巴乔夫的发言人格拉乔夫得出这样一个结论：叶利钦没有摧毁苏联的直接计划。[21]

在接下来的日子里，戈尔巴乔夫扮演起了自己的传统角色——保护俄罗斯的自治共和国免受俄罗斯政府的"暴政"。他对叶利钦的攻击步步紧逼，愈演愈烈。叶利钦对待车臣共和国的态度就受到了质疑。11月9日星期六，正是"1917年布尔什维克革命"纪念假期中的一天，切尔尼亚耶夫发现他的老板在办公室打电话。戈尔巴乔夫对切尔尼亚耶夫说："他（叶利钦）在干什么？他到底要干什么？如果他这么做，成百上千的人会被杀害。"

前一天晚上，中央电视台宣布俄罗斯总统签署了一项法令，宣布车臣进入紧急状态。车臣曾是俄联邦境内的自治共和国，不久前刚刚宣布独立。现在戈尔巴乔夫正在和他的安全部部长们进行磋商，试图阻止流血事件的发生。戈尔巴乔夫继续对切尔尼亚耶夫说："我听说，他（叶利钦）派到那里的人拒绝执行任务。议会同样如此，所有的派系和团体正在展开讨论，争论不休。他们现在团结一致对付'俄罗斯人'了。军队逼近时，造反派已经组织了妇女和小孩走在队伍的最前面。蠢货！"最后一个词是献给叶利钦和他的团队的。[22]

俄罗斯与车臣冲突于1991年11月突然爆发，紧接着席卷了整个北高加索地区。其根源要回溯至19世纪，俄罗斯征服了这片土地。二战期间，斯大林要求所有车臣人重新定居在哈萨克斯坦，以惩罚他们的不忠。赫鲁晓夫允许车臣人和印古什人（另一类北高加索人，与车臣人有着相同的流放经历，都想要建立自治共和政府），在20世纪50年代后期返回北高加索。30年后，"新思维"和"政治公开性"改革的实施使车臣人有机会寻求自身身份，谋求主权和独立。从这个层面上讲，他们与苏联其他民族并无差异。[23]

1991年6月，叶利钦在俄罗斯总统选举中获胜后，于1990年秋季成立的具有独立倾向的组织——车臣全国代表大会——宣布：车臣共和国与印古什共和国分离。一位47岁名为焦哈尔·杜达耶夫的将军成为车臣领导人。一个月前他辞去了驻爱沙尼亚的苏联战略轰炸机编队总指挥的职位，因为在那里他目睹了波罗的海共和国追求主权与独立的运动，杜达耶夫希望他的家乡也能如此。他们的人口比爱沙尼亚共和国仅仅少一点，根据苏联的人口普查，在爱沙尼亚和车臣，各有近100万和近75万的本族人，俄罗斯和其他的斯拉夫人在爱沙尼亚占四分之一，在车臣则是三分之一。但是爱沙尼亚和车臣又是如此不同，前者有苏联共和国的身份，其争取独立的权利获得了布什和叶利钦的认可和支持。另一方面，后者的共和国地位是自称的，不被任何人承认，更别提独立了。[24]

在8月政变中，杜达耶夫支持俄罗斯总统。"我们控制着局势，组织武装团体，限制内务部和克格勃发挥作用，然后接管了部队、通信和铁路枢纽。"杜达耶夫回忆起当时他发给叶利钦报告中的大致内容。莫斯科政变的失败强化了杜达耶夫在车臣的权力，但并没有使得他成为车臣的领导人。在官方层面上，权力仍然属于那些支持政变的既有领导人。9月6日，杜达耶夫在共和国的首都格罗兹尼发动政变。他的支持者拥进政府大楼并且接管了那里。共和国议会的领导被迫辞职。格罗兹尼市市长在造反派接管大楼时从办公室的窗户跳窗自杀，在这场夺去了无数人生命的冲突中，他是第一个政治牺牲品。[25]

叶利钦和他的顾问，也包括俄罗斯议会代理议长——车臣人卢斯兰·哈斯布拉托夫——发现他们处在一个艰难境地。这些在车臣的反对派是以前的苏共干部，他们反对车臣独立，然而，以杜达耶夫为首的支持者却支持车臣独立。在9月和10月上旬，叶利钦的顾问，其中包括哈斯布拉托夫和副总统鲁茨科伊先后拜访了格罗兹尼，他们通过谈判，达成了协议，原共和国议会解散。选举很快就进行了，但是令俄罗斯当局大失所望的是，这并不是产生新的共和国议会的选举。[26]

10月27日，该选举遭到了俄罗斯族人的联合抵制，并且被指责在多处违反了选举法，可是杜达耶夫将军还是被选为车臣领导人，他颁布的第一条法令就是宣布车臣的政治主权，看起来要解体的不仅仅是苏联，还有俄罗斯联邦。11月7日，叶利钦颁布了法令，宣布车臣处于国家紧急状态。在第二天，内务部队被派往格罗兹尼市附近的汉卡拉机场。1500名身着警服的士兵准备进入格罗兹尼市内，废黜新政府，并且逮捕杜达耶夫及其随从人员。11月8日的晚间新闻中，整个国家都了解到了叶利钦的法令。一切已经公之于众。[27]

车臣人拒绝被胁迫，他们继续为从俄罗斯完全独立出去而努力着。次日，杜达耶夫将军正式就职担任车臣第一任总统。一天后他颁布一项法令，宣告叶利钦颁布的车臣进入紧急状态的法令无效。当地警察开始对付这些叛国者，因为这些人接管了警署和克格勃机构，甚至开始武装民兵，杜达耶夫早期的法令之一就是要动员全国所有年龄在15岁到55岁的男子入伍。驻守车臣的苏联军队的军营被团团包围，俄罗斯与外高加索国家——亚美尼亚、阿塞拜疆以及格鲁吉亚共和国——的铁路要道已被封锁。

11月10日，为了让世界关注俄罗斯在车臣采取的军事行动，3名车臣武装分子劫持了一架载有171名乘客的苏联飞机，并且使其改变行程飞往了土耳其。把惊恐不安的人质留在了安卡拉机场之后，劫持者飞回了格罗兹尼，在那里他们被当作民族英雄而受到欢迎。这是车臣宣布独立以来制造的首个恐怖袭击，主犯是26岁的沙米利·巴萨耶夫，几个月前，他曾参与俄罗斯白宫的保卫战。若干年后，他领导的组织占领了位于戈尔巴乔夫的老家斯塔夫罗波尔地区的一家医院，挟持该院的所有患者作为人质。[28]

受叶利钦委派监督车臣一切军事活动的副总统鲁茨科伊发现自己身处困境，杜达耶夫对独立武装力量的成功动员只是鲁茨科伊一行人面临的问题之一，同样严重的还有苏联当局对他们下达的命令的蓄意破坏。苏联内务部部长维克多·巴尔尼科夫曾担任俄罗斯内务部部长，他并不赞成内务部队攻打车臣。这对于鲁茨科伊的计划是致命一击。警察和内务部队是俄罗斯领导层唯一可动用的、可以在车臣执行紧急任务的武装力量。军队仍在苏联的管辖之下，克格勃也是在苏联的管辖之下，因此刚开始俄罗斯官员决定不在格罗兹尼动用军队。没有苏联军事部门的合作与支持，鲁茨科伊无法执行叶利钦的命令。

只是一切明白得太晚了。当鲁茨科伊和议会议长哈斯布拉托夫开始向苏联安全部长寻求帮助时，他们都拿戈尔巴乔夫的话做挡箭牌，拒绝出兵援助。在11月7日，叶利钦给戈尔巴乔夫写了一封信，他仅仅告知苏联总统自己将要在车臣使用武力的决定，完全没有寻求建议或帮助。这封信还写明叶利钦也将把自己的决定告知联合国秘书长。叶利钦和他周围的人明显误判了俄罗斯的独立程度。他们可以削减戈尔巴乔夫的办公经费，削减苏联各部委的经费开支，可以在媒体上羞辱和嘲笑戈尔巴乔夫，不让苏联总统干涉国家的经济和社会事务，但是戈尔巴乔夫依然是莫斯科国际利益的唯一代表者，他控制着苏联的军队、情报机构以及内务部队。既然安全部门的部长不愿意让自己的军队受叶利钦的调遣，戈尔巴乔夫也就给了他们一个完美的借口。[29]

随着车臣行动陷入危境，俄罗斯议会主席团召开会议，讨论当前的局势，并在11月9日发布了两条法令。一是指示俄罗斯总统全面掌控俄联邦境内的内务部队；另一个是谴责叶利钦针对苏联部长的法令，在执行过程中存在诸多问题。法令写道："建议俄罗斯总统评判行政机构各位领导的行为。"简单地说，意思是要开除苏联部长。问题是叶利钦没有权力这样做。在要求无果之后，俄罗斯议会军事法庭主席团的巴拉尼科夫（即联邦内务部部长）和鲁茨科伊，决定打电话给戈尔巴乔夫。

当时正在戈尔巴乔夫办公室的切尔尼亚耶夫，在他的日记中写道，戈尔巴乔夫先是听鲁茨科伊发牢骚，然后把话筒放在一边，搁置了10分钟，读起了桌上的报纸，任凭鲁茨科伊发泄他的不满。根据切尔尼亚耶夫所言，戈尔巴乔夫随后告诉俄罗斯副总统："亚历山大，冷静一点，你并不在前线，你应该从山上开始封锁、包围并阻止他们的进攻，这样一来，一个车臣人也无法突破，然后逮捕杜达耶夫，隔离其他所有的人——你是怎么了？难道你不知道接下来会发生什么吗？我已经得到消息，在车臣，没有人支持叶利钦的法令。他们已经联合起来反对你。别失去了理智。"戈尔巴乔夫又回到了自己的世界里，再一次游刃有余。[30]

没有苏联中央的支持，俄罗斯当局在11月10号下令撤回已经派往格罗兹尼的内务部队。俄罗斯议会投票废除了叶利钦宣布车臣进入紧急状态的法令。据称，这份法令是鲁茨科伊帮忙起草的，现在却因为执行该法令而受到指控，承担失败的责任。叶利钦让他的新闻秘书沃夏诺夫准备一个新闻稿，说明总统一直主张使用政治途径解决车臣问题。总统对他的新闻秘书说："你知道，我们当中有些人，用坦克摧毁车臣就像他们在阿富汗炸毁村庄一样容易。"叶利钦指的是鲁茨科伊，他和杜达耶夫将军都是参加过阿富汗战争的老兵。[31]

叶利钦在莫斯科附近一个名为扎维多沃的狩猎胜地度过了车臣危机中最关键的日子。11月7日是十月革命纪念日，也是苏联精英们向来要大肆庆祝的节日。长久以来，叶利钦一直是这群精英分子中的重要一员，他自然也对这个节日另眼相待。庆祝活动显然不止一天。11月9号，戈尔巴乔夫想和叶利钦一起召开会议讨论车臣危机，但是扎维多沃那边的电话却说，总统喝醉了。戈尔巴乔夫不得不放弃开会的想法。戈尔巴乔夫对切尔尼亚耶夫说："和鲍里斯·尼古拉耶维奇刚说了几句话，也就几秒钟，我就明白谈话是没有意义的，他说话语无伦次。"戈尔巴乔夫后来告诉哈斯布拉托夫说这次会议不得不推迟，因为叶利钦现在已经醉得"不是他自己了"，哈斯布拉托夫曾致电要求恢复车臣的秩序。[32]

不管叶利钦这么做是有意还是无意，然而，他在第一次车臣危机最关键的时刻把自己孤立起来，而让他的助手去执行自己的法令，这一决定深刻地影响了事情的结果。几个月前，那个曾动员自己的武装力量抵制进入国家紧急状态的人，当俄罗斯领土内再次上演这一幕时，却消失不见了。只有他能够从戈尔巴乔夫那儿夺过武装力量，但是此刻他拒绝了，或者他根本办不到。就像早些年戈尔巴乔夫对待波罗的海国家独立运动的态度一样，在车臣共和国的问题上，叶利钦不愿意全力支持强硬派。在这两件事中，外部因素也起了一定的作用：布什掣肘戈尔巴乔夫，同样戈尔巴乔夫也制约着叶利钦。

新成立的俄罗斯第一次展示自己的武力，可结果却向公众尴尬地显示了叶利钦的权力其实有限。另一方面，戈尔巴乔夫却品尝着自己的胜利果实。根据切尔尼亚耶夫所言："叶利钦在宣布车臣进入紧急状态之后的笨拙表现'启发'了他。"但是戈尔巴乔夫并不准备充分利用对手的失态。他告诉他的顾问："我会救他，当今局势不允许削弱他的权力。"叶利钦是否配合对于戈尔巴乔夫自己，对于其为苏联的生存所进行的奋斗而言，是至关重要的。没有叶利钦的支持，可能就不会有联盟。在回忆录里，戈尔巴乔夫回忆他和叶利钦关于车臣事件的谈话，他对叶利钦说："我们的国家被两个环套在一起，一个是苏联，一个是俄联邦，如果第一个环断掉了，另一个也会随之被毁掉。"[33]

新联盟条约最终被列入国务院的议事日程，开会时间定在11月14日，也就是车臣共和国事件失利后不久。在会议召开的前一天晚上，戈尔巴乔夫让条约的主要谈判者沙赫纳扎罗夫去伦敦与美国前国务卿基辛格展开对话，此次活动是日本《读卖新闻》报社组织的。戈尔巴乔夫的想法发生了明显的转变，就在几个礼拜之前，他还拒绝沙赫纳扎罗夫出访美国的请求，说："你是怎么了？你什么意思？去美国？我们马上就要签订联盟条约了，这之后再去吧。"沙赫纳扎罗夫争辩说条约在12月份之前是不会签订的，戈尔巴乔夫不以为然。但是现在他竟然同意让他的助手去了。[34]

10月末，叶利钦在议会发表经济改革演讲的第二天，沙赫纳扎罗夫给过戈尔巴乔夫一个备忘录，里面直接对戈尔巴乔夫提出的建立一个单一国家的、拥有强大中央及具有约束力的宪法的新联盟提出质疑。"这个时候，恢复苏联几乎是不可能的。"沙赫纳扎罗夫这样写道。

> 除了哈萨克斯坦的纳扎尔巴耶夫和土库曼斯坦的尼亚佐夫，事实上几乎所有的共和国都义无反顾地向全世界证明它们是独立国家。叶利钦最后发表了声明，他也准备背水一战，不留退路了。当然他是正确的，俄罗斯没有其他路可以走了。不应该抓住要逃离的同伴的衣服不让他们走，不应该恳求或是强迫他们留下，而是应该让他们照顾好自己。一旦俄罗斯复兴，他们会回来，如果不是所有人都愿意回来，那就随他们吧。俄罗斯在周边国家中将足以保持自己的政治和经济影响力。

这是布尔布利斯、沙赫赖和其他俄罗斯谈判者递交给沙赫纳扎罗夫的方案，这也最终成为俄罗斯制定与前苏联其他共和国相关政策的基础。

沙赫纳扎罗夫也争辩说，坚持恢复强大的中央只能是徒劳无功，戈尔巴乔夫如果能接受叶利钦和其他共和国领导给他分配的角色，比如军队的总指挥官、核问题的首席谈判者、共和国国际政策的协调员、新联盟成员间争端的调停者，将是最好不过了。沙赫纳扎罗夫写道："米哈伊尔，对于国家，对于像你这样改变了历史进程的人，这可能都是一个会产生巨大影响的决定性时刻。认识不到这一点，或者暂时不肯放弃对联盟的某些过分要求的话，就会犯下悲剧性错误。"[35]

沙赫纳扎罗夫不仅对戈尔巴乔夫提出了异议，提出了解决方法，而且还递交了辞呈。他在备忘录中写道：良心不允许我继续站在错误和徒劳的行列。戈尔巴乔夫没有接受他的辞呈，相反，让他去和基辛格谈判。此时正值国务院会议中讨论条约的关键时刻，如果这个副手不能给予百分之百的支持，那么把他送到伦敦更加安全。问题是他不是唯一一个对戈尔巴乔夫的策略失去信心的副手。11月13日，就在至关重要的国务院会议将在新奥加廖沃召开的前一天，切尔尼亚耶夫在他的日记里写道："在新奥加廖沃，摆在议程上的新联盟条约不会被通过的，我已经看到了新的景象！克拉夫丘克根本不会来……乌克兰不会派人来的。列文科一直恳求所有领导人出席会谈……到晚上仍然不清楚他们是否会过来，所有这一切看起来像是戈尔巴乔夫的负隅顽抗。"尽管他最信任的副手们或公开地或背地里背叛了他，但戈尔巴乔夫没有被吓倒。他会为国务院通过他的联盟条约斗争到底，有了这个条约就会有强大的联盟中央。[36]

11月14日，国务院对条约进行的讨论起初证实了沙赫纳扎罗夫最坏的担忧。在其他共和国领导者的支持下，叶利钦反对建立一个拥有宪法的联盟国家。尽管克拉夫丘克拒绝参加国务院会议，已于10月份返回了乌克兰，叶利钦还是毫无疑问地赢得了大多数共和国领导的支持，其中也包括哈萨克斯坦的纳扎尔巴耶夫，这些共和国领导人经常来莫斯科。戈尔巴乔夫曾经正式同意在邦联制构想的基础上展开谈判，如今他公然背弃了联邦和邦联的二元论。他告诉与会者："我绝对坚持联盟国家，如果我们不创立联盟国家，我预言你们会走入困境的。"

叶利钦也不屈服："我们会创立一个国家联盟。"

戈尔巴乔夫不遗余力地斗争着，以离开会议作为威胁。他告诉众人："如果没有国家，我不会参与这个改革过程，立刻就退出，这是我的原则立场。如果没有国家，我想我的使命也结束了。我不可能支持一些无组织的东西。"

叶利钦以及国务院其他成员试图以联邦条约的有利之处说服戈尔巴乔夫。他们说在邦联制国家里，军队、交通系统、生态和太空计划都将由中央控制。戈尔巴乔夫听不进去，他站起来收拾自己的文件表示要离开会场。共和国领导人有点恐慌，要求休息一下。叶利钦私底下会见了戈尔巴乔夫，他们达成了妥协：新的政治体系被称为主权国家联盟，将组成一个"民主联邦制国家"。国家没有宪法，但是总统必须由所有国家的人民共同选举产生。

尽管新的草案有不少缺点，但是戈尔巴乔夫非常满意，虽然在宪法一事上被否决了，但这一草案就总统选举做出了规定。共和国领导人同意在国务院下一次会议上草签新联邦条约。潘金当时也在新奥加廖沃，他注意到："戈尔巴乔夫的脸上既不安，又兴奋。"当国务院的成员走向出口时，没有人确切表示会对媒体开口。但是戈尔巴乔夫的新闻秘书安排记者挡住了出口。苏联总统让共和国领导一个接一个地对着麦克风做出声明，表示支持联盟国家。叶利钦宣布："我们已经同意建立一个联盟——民主的、邦联国家的联盟。"[37]

戈尔巴乔夫看起来得意扬扬，他似乎得到了之前人们认为不可能得到的东西，这些人中就包括他最亲信的顾问。他的翻译官帕拉日琴科看着电视上的新闻发布会，后来在回忆录中写道："几乎所有人都很惊讶，在11月14日晚，当电视直播中播放着叶利钦和其他人对着麦克风，重复着一句话，'联盟将会存在，会有一个联盟国家'时，戈尔巴乔夫看起来确实像个赢家。我和我的同事看着电视直播，我感到他们和我一样，对戈尔巴乔夫的成功都很惊讶。"[38]

| 第 五 章 |

人民的声音

THE LAST EMPIRE

毋庸置疑,克拉夫丘克和他的对手们发起的独立运动创造了一个独立国家,而他们中间将有一人会领导这个国家。

期　待

　　戈尔巴乔夫坐在新奥加廖沃政府度假别墅的办公室里。这是11月25日的下午，11天前曾举行过一场国务院会议，今天将举行第二次会议。这次他不是仅仅威胁离开会场，而是真的这么做了。现在，他焦急地想知道下一分钟会发生什么事。11月14日，他把叶利钦和其他共和国领导人带到电视摄像机前，让他们表示未来将结成某种联盟。可是自那天起，莫斯科及周边地区已经发生了很多变化。

　　最主要的变化还是政策制定者的心情。大家都在等待12月1日举行的乌克兰公投，除了戈尔巴乔夫，人人都预计公投会以压倒性的优势选择独立。乌克兰领导人、叶利钦和其他共和国领导人，还有华盛顿的布什及其顾问都这么认为。在接下来的几天里，乌克兰政局的发展将极大地改变各个共和国之间的力量均衡，改变各个共和国与戈尔巴乔夫之间的关系，以及布什与这位苏联领导人之间的关系。11月25日，各位共和国总统聚集在新奥加廖沃，讨论戈尔巴乔夫提出的新联盟条约，而他们的行为使人们看到了即将到来的变革。

这一天，他们本应在联盟条约上签字，这份条约是他们在上次国务院会议中经过辩论达成的。与以往一样，又是叶利钦最先提出问题，他抛出了关于未来联盟的性质问题。他声称上次确定的名称"邦联国家"毫无意义。条约应该约束而不是成立一个由主权国家组成的联盟或邦联，这样的联盟或邦联，俄罗斯议会将不予以承认。

白俄罗斯、乌兹别克斯坦和土库曼斯坦的领导人都支持叶利钦。他们拒绝在条约上签字，提出要将未经签字的条约提交到议会讨论，这么一来就成功地使自己与这份条约撇清关系。戈尔巴乔夫大怒，指责叶利钦失信于上次会议做出的承诺。"那又怎样？"叶利钦回应道。他在11月14日会议结束后的第二天对媒体说，他做了太多的妥协："此一时彼一时。在（俄罗斯）最高苏维埃的小组和委员会里……他们对（条约）进行了讨论，他们认为这样的草案不会被通过。"似乎这样说还不够，叶利钦指出一个不应被忽视的问题——乌克兰代表缺席会议。他怀疑乌克兰是否会同意加入一个"邦联国家"。叶利钦宣称："没有乌克兰，就不会有联盟。"

白俄罗斯议会议长、57岁的舒什克维奇是白俄罗斯民主反对派成员，也是8月政变的反对者，他认为鉴于条约的重要性，共和国领导人还需要10天时间来研究这份条约。推迟签订条约会让乌克兰也有可能加入联盟。叶利钦提议："让我们等到12月1日再说。"戈尔巴乔夫试图扭转劣势，他说，"如果我们拒绝"，指拒绝支持联盟条约，"将是给分裂主义者送上了一份大礼"。大家对他的话充耳不闻。戈尔巴乔夫终于气急败坏，决定采用威胁离场这个屡试不爽的策略。"如果你们觉得协议没有必要，那就明明白白讲出来。"他对共和国总统们说，"也许你们应该私下开会决定，或者你们继续在这里，我们走……想想哪个对你们更重要——是人民还是分裂分子。"在说了几句告别的话之后，他在几位助手的陪同下离开了房间。

戈尔巴乔夫待在自己的办公室里差不多一个小时了。造反的共和国领导人们会不会想明白了，然后叫他回去？4月份，在一次苏共中央委员会会议中，当会议提出要投票决定是否罢免他的总书记职务时，他愤然离场。委员会做出让步，取消了投票，戈尔巴乔夫重新掌控了苏共。但是这次的情况更加复杂。没人想赶他下台，他领导的政党已经不复存在，他领导的国家已经混乱不堪。共和国领导们只是拒绝重建这个国家，而如果没有这个国家，戈尔巴乔夫就没有任何作用，也没有国家可以统治。他们也不愿意去办公室请他回去。显然，这些共和国领导们已经决定慢慢来，不愿被戈尔巴乔夫牵着鼻子走。

经讨论，他们派代表去找戈尔巴乔夫——一个是被戈尔巴乔夫认定为叛乱的罪魁祸首叶利钦，戈尔巴乔夫这么想也不无道理，还有一个是友好一点的舒什克维奇。叶利钦不太愿意去，但是舒什克维奇自有他的如意算盘。他们穿过大楼的玻璃走廊，欣赏着金色的森林美景，走向戈尔巴乔夫的办公室时，舒什克维奇提醒叶利钦，之前曾邀请他访问白俄罗斯，讨论两国经济关系事宜。舒什克维奇提出白俄罗斯方面会在布列斯特附近一个名为比亚沃维耶扎（白塔）（比亚沃维耶扎原始森林位于布列斯特以北70公里，横跨白俄罗斯及波兰边境，是欧洲现存唯一的原始森林）的政府狩猎场款待这位俄罗斯总统。叶利钦欣然同意。

叶利钦刚走进戈尔巴乔夫的办公室，就对他说道："现在我们来拜见联盟的可汗了——请用您高贵的手接见我们。"戈尔巴乔夫显然松了一口气，觉得自己成功了，他用同样的口吻回应道："你看，鲍里斯沙皇，所有的事都可以通过诚实的合作解决。"他们在影射中世纪晚期的俄罗斯历史，当时国家统治者承认金帐汗国［又称钦察汗国、克普恰克汗国、术赤兀鲁思，大蒙古帝国的四大汗国之一，以突厥民族为主，13世纪上半叶蒙古人建立的封建国家。1242年，成吉思汗长子术赤的第二子拔都结束西征，建立了东起也儿的石河（额尔齐斯河），西到斡罗思，南起巴尔喀什湖、里海、黑海，北到北极圈附近的辽阔广大的钦察汗国］可汗的宗主权。这个类比当然不太准确：俄罗斯君主在推翻可汗的统治之后，才开始自称沙皇。沙皇不会承认高于自己的任何权威，"鲍里斯沙皇"也不会违背这一传统。戈尔巴乔夫后来对他的顾问们说，叶利钦和他说话时，"扬起鼻子，几乎是唾沫横飞"。叶利钦和舒什克维奇带给戈尔巴乔夫的最多只能算是个挽回颜面的提议：各共和国领导人会保留联盟条约中的"邦联"国家称谓，但是要先将条约提交到各共和国议会进行讨论后再决定是否签署。这并不是戈尔巴乔夫希望得到的妥协。

戈尔巴乔夫回到会议室继续开会。会议结束后，他来到电视摄像机前，告诉众人，国务院已经决定把条约提交到各国议会讨论，并把这一决定视为对该条约的支持。这一招文字游戏没有骗得过大家。戈尔巴乔夫后来回忆道，记者们问："谁该负责？是谁破坏了签字？"他缄口不言。他心里确信叶利钦并不是单独行动。根据切尔尼亚耶夫所说，这位苏联总统一直怀疑"叶利钦和克拉夫丘克合谋从两面击垮联盟"。[1]

戈尔巴乔夫早就觉得乌克兰领导人冥顽不灵。政变后，乌克兰的精英们集合在克拉夫丘克身边，民调显示，越来越多的民众支持独立，克拉夫丘克行事愈加大胆。9月份，他访问了加拿大和美国，这让他的独立倾向昭然若揭。他参加了上次在10月份举行的国务院会议，那次会议讨论的是经济问题，没有讨论联盟协议。在那次会议上，他对国务院说，乌克兰议会已经通过了一项决议，声明在公投前暂缓乌克兰参加新联盟协议的讨论。乌克兰代表实际上已经投票抵制所有的联盟制度，选择与各共和国建立直接联系。对他们而言，联盟已经名存实亡。[2]

但是戈尔巴乔夫不这么认为，他从未放弃这个已经背叛苏联的共和国。戈尔巴乔夫有着一位俄罗斯父亲和一位乌克兰母亲，他认为俄乌关系破裂将是一场个人悲剧。虽然戈尔巴乔夫觉得自己是俄罗斯人，但是他了解并爱唱乌克兰民歌。他还相信自己比任何人都了解乌克兰社会的情绪。"不要傻了，列昂尼德·马卡罗维奇！"他会在电话中这么对克拉夫丘克说，"你的公投肯定会失败：3月份还有70%的人投票赞成联盟。"戈尔巴乔夫说的是在1991年3月的苏联公投中，乌克兰投票支持新联盟。戈尔巴乔夫呼吁俄乌团结时也暗使阴招。在与助手及外国领导人的私下谈话中，在公共呼吁中，他反复威胁乌克兰可能发生的民族冲突，这么做就算不是煽动实际冲突，也是在乌克兰少数民族中引发紧张情绪。[3]

打民族牌来破坏公投，这是戈尔巴乔夫的顾问沙赫纳扎罗夫在1991年10月10日的一份备忘录中提出的建议。令沙赫纳扎罗夫失望的是在共产党解体之后，乌克兰内部没有政治力量准备阻止所谓的"加利西亚民族主义者"。俄罗斯领导人决定不对乌克兰施加领土方面的压力，这也让他不太高兴。沙赫纳扎罗夫向戈尔巴乔夫提议："不仅要公开重申，还要以官方的口吻说明俄罗斯对克里米亚、顿巴斯和乌克兰南部的立场。"他写道："应该清楚明白、毫无顾忌地说明这些地区历史上就是俄罗斯的一部分，如果乌克兰想退出联盟，那俄罗斯不会放弃这些领土。"

沙赫纳扎罗夫还提出了其他建议，其中包括在克里米亚和乌克兰东南部发起反独立运动。"与尼古拉·巴格罗夫同志达成一致，"沙赫纳扎罗夫写到这位克里米亚议会领袖时说，"在克里米亚开展活动。共和国全体人民应该知道，如果乌克兰宣布退出联盟，克里米亚将在第二天脱离乌克兰，并被俄罗斯兼并。"沙赫纳扎罗夫建议在总统行政班子里成立一个由乌克兰著名诗人波利斯·奥利尼克领导的特别小组，并派几十名俄罗斯知名人士前往乌克兰组织反独立游行。戈尔巴乔夫早年曾用国家资金建立并支持虚假政党来推进自己的政治主张，现在他的资源非常有限，连实施沙赫纳扎罗夫一半的建议都不可能；到了10月份，演讲和采访是他唯一可用的手段了。在 10 月下旬与布什在马德里举行的会谈中，戈尔巴乔夫提到了乌克兰的俄罗斯人问题，指出这是乌克兰不会离开联盟的原因之一。[4]

到了 10 月底至 11 月初召开马德里会议时，乌克兰不仅成为戈尔巴乔夫议程上的重要问题，也是布什政府情报机构关注的焦点。戈尔巴乔夫的翻译官帕拉日琴科后来回忆说，在西班牙国王胡安·卡洛斯举行的宴会上，戈尔巴乔夫给国王留下了很好的印象，而布什则向苏联总统提了许多关于乌克兰的问题。他问戈尔巴乔夫："你认为克拉夫丘克会赢得选举吗？"戈尔巴乔夫向布什保证说克拉夫丘克确实会赢。"那你认为这之后，他会加入你的某种联盟或联合体吗？"布什又问道。戈尔巴乔夫回应说，他对克拉夫丘克的态度不太确定，但是他知道乌克兰和俄罗斯会继续在一起："这两个国家是一棵树上的枝干，没人能将它们分离。"布什将话题转向即将到来的美国总统选举。帕拉日琴科注意到布什显然很关心选举结果，但是他看不出宴会上谈论的这两个话题——乌克兰和美国总统选举——之间有什么联系。实际上，确实有联系。[5]

布什总统与美国乌克兰裔群体之间的关系还没从 8 月他在基辅发表的那次懦弱演讲的失误中恢复过来。11 月 5 日，乌克兰裔美国人对布什发起了攻击，一开始被认为只不过是个政治麻烦，现在演变成了一个严重的政治问题。当天在美国参议院的一场特殊竞选中，宾夕法尼亚的选民抛弃了美国前司法部长迪克·索恩伯勒，他是布什精心挑选出来接替去年在飞机失事中去世的参议员约翰·海因茨的人选。民主党候选人哈里斯·沃福德后来居上，取得了对共和党宠儿索恩伯勒的决定性胜利，他的助选团队就是后来比尔·克林顿起用的竞选专家保罗·贝加拉和詹姆斯·卡维尔。这场失败对于布什总统来说非常尴尬：索恩伯勒之前已经辞去了司法部长一职，因为他相信自己能赢得这个席位。

因为大家认为索恩伯勒是总统的人，民主党的谋士们总是努力把他与布什联系起来，而民调显示自海湾战争之后，布什的支持率从最高点开始大跌。美国经济衰退是罪魁祸首，但是政治问题也脱不了干系。民调显示，曾在冷战中支持共和党的东欧族裔选民现在正改变立场，因为他们认为政府不够果断，先是在波罗的海国家独立问题上，现在在乌克兰、亚美尼亚和其他苏联加盟共和国的问题上也是如此。民主党总统候选人则搭上了这趟民族主义的便车。阿肯色州州长比尔·克林顿批评政府没有支持苏联各共和国希望独立的诉求。要想阻止东欧选民离开共和党阵营，就得立即采取措施。[6]

曾经在冷战中支持共和党的乌克兰裔美国人现在觉得被共和党出卖了。当布什总统在基辅发表那番懦弱的演讲之后，他们发誓要在投票站里报复共和党，他们还在报纸上和会议厅里声讨政府。甚至面对共和党人的提醒，白宫也没真正重视起来。9月16日，汉克·布朗（科罗拉多州共和党人）在给布什总统的一封信中敦促白宫基于乌克兰议会的宣言，承认乌克兰独立，但是没有得到回应。

乌克兰裔族群的领袖动员他们的追随者游说共和党代表和民主党代表。他们在国会山的游说终于在11月21日取得了成果，当天美国参议院通过了由参议员丹尼斯·德孔西尼（亚利桑那州民主党人）提交的决议，该决议敦促政府在12月1日公投之后承认乌克兰独立。德孔西尼毫无顾忌地抨击了政府中的共和党对手。"令人羞愧的是，在支持波罗的海国家独立50年之后，美国政府只是第37个承认这些勇敢民族的国家。"德孔西尼说，"这种虚伪不应在乌克兰问题上再次上演。"[7]

乌克兰裔美国人的重要报纸《乌克兰周报》此前倾向支持本届政府，但是现在登满了谴责布什不帮助乌克兰并阻碍乌克兰争取独立的文章和来信。《乔治，要谨慎》，这是11月24日该报社论的题目，文章要求美国赶紧承认乌克兰独立。在同一期里，该报的专栏作家、福特总统的前特别助手迈伦·库罗巴斯将矛头指向布什的国家安全顾问斯考克罗夫特将军。

"是他因为自己的轻蔑,低估了鲍里斯·叶利钦在俄罗斯的人气;是他帮助草拟了布什总统在基辅的演讲;是他因为对米哈伊尔·戈尔巴乔夫的仰慕而极力维护苏联。"库罗巴斯写道。他认为斯考克罗夫特对戈尔巴乔夫的仰慕决定了其思考苏联命运的角度,这一点他错了。但是斯考克罗夫特确实看不起叶利钦,确实参与草拟了布什在基辅发表的演讲稿,从马德里回来后,他确实对助手说过,尽管戈尔巴乔夫现在只是前苏联中央的一个幽灵,但是美国所实施的政策不应给他造成任何伤害。[8]

岸谷之变将至。11月的最后两周里,美国国家安全政策小组召开了无数次会议,讨论乌克兰的局势。大家就一点达成了共识:每个人都预期乌克兰将以压倒性的投票结果取得独立,也知道这会是美国对苏联政策的一个分水岭。但是除此之外,布什的外交政策顾问们的意见并不统一。国防部和国务院在9月份划定的分界线依然十分清晰。切尼同往常一样推进共和党人之间的联系,现在正在敦促尽快承认乌克兰独立。国防部保罗·沃尔福威茨的助理史蒂芬·海德里后来说:"我们当时认为如果没有乌克兰,一个倒退的俄罗斯永远不可能重建苏联。鉴于乌克兰拥有巨大的资源、人口和地理优势,俄罗斯对美国的威胁永远不可能像苏联那样巨大。因此这会成为影响美国政策的一个重要因素,有必要搁置所有重要的原则,因为从战略角度来说,一个独立的乌克兰就是一份保险单。"[9]

詹姆斯·贝克则主张采取一个有利于苏联中央和戈尔巴乔夫的更加谨慎的方案。贝克关于这个问题的主要专家还是谢瓦尔德纳泽,11月中旬谢瓦尔德纳泽被戈尔巴乔夫召回政府,取代了潘金。谢瓦尔德纳泽在苏联内政和国际政治中都比他的前任更具分量,他担心俄乌之间可能因为克里米亚和乌克兰东部地区发生冲突——戈尔巴乔夫在马德里曾提醒布什警惕这个潜在的问题。即使乌克兰人民投票支持独立,贝克仍希望推迟承认乌克兰独立，主张利用承认乌克兰独立作为"胡萝卜"，从而使美国在诸如核武器等敏感问题上，能够影响乌克兰领导人的决策。

那么，现在就看斯考克罗夫特将军的观点了。"斯考克罗夫特总体上很谨慎，"白宫助理新闻秘书罗曼·波帕迪乌克写道，"尽管抱有同情，但是他不太愿意将苏联各共和国的民族事业推到前台。"波帕迪乌克后来成为首位美国驻乌克兰大使，他批评斯考克罗夫特过于谨慎，但也认识到背后的原因。他后来写道："一个超级大国支持另一个超级大国的解体，只会造成强烈反弹，导致直接的政治冲突。"[10]

11月25日，就在叶利钦和苏联共和国领导人拒绝签署戈尔巴乔夫的新联盟协议的当天，《华盛顿邮报》刊登了一篇题为《美国官员关于回应乌克兰独立问题的分歧》的文章。这篇文章将政府内部的分歧公之于众，写到贝克反对承认这个即将独立的国家。贝克非常生气，怀疑是切尼的幕僚将信息泄露给媒体。尽管文章既援引了国务院官员的话，也援引了国防部官员的话，但是消息却是从国防部泄露出去的。五角大楼内部一位不愿意透露姓名的人士告诉记者，美国是时候和那些决定承认乌克兰独立的国家一样，"抢占先机"了。必须在本周晚些时候召开的北约理事会会议之前做出决定。[11]

第二天，支持尽早承认乌克兰独立的人在国会动员他们的支持者。来自两党的许多国会议员都支持切尼，他们写信给布什总统，一些美国政界新星纷纷签名，如纽特·金里奇、南希·佩洛西、莱昂·帕内塔、里克·桑托勒姆等。信中写道："我们知道您现在正在考虑政府中包括国防部部长切尼在内的某些成员的意见，他们建议美国应该成为第一批承认乌克兰独立的国家。总统先生，这是明智的建议。美国支持乌克兰人民，支持自由和民主，而不是支持刚刚重组的由共产党人所统治的克里姆林宫，这一点非常重要。"后面又提到了戈尔巴乔夫和他的圈子："那些认为克里姆林宫继续控制乌克兰军事、经济和社会政策会对美国有利的人错了。美国现在有机会与独立的俄罗斯和独立的乌克兰快速推进大规模销毁核武器和实施广泛自由的市场改革的谈判。让我们做这场运动的先驱，不要笨拙地亦步亦趋。"议员们敦促布什展现出海湾战争时的决心。[12]

对于政府内外支持乌克兰独立的人而言，这封信很适时。11月26日，当这封信发出之时，美国总统与他的外交政策顾问们召开了一场决定性的会议。第二天，北大西洋理事会将举行会议讨论乌克兰局势，国内要求承认乌克兰独立的政治压力正在与日俱增，布什及其顾问最终制定了一项策略。他们会承认乌克兰独立，但是不会立即承认，而是会延迟几周。总统会派特别密使在公投之后立即前往基辅，向乌克兰领导人承诺美国会承认他们争取到的自由。

贝克在他的回忆录中极力美化会议所达成的妥协，他写道，参加会议的人接受了国务院"延迟承认"的提议。他在《华盛顿邮报》那篇关于政府内部分歧文章的复印件的背后写道："科济列夫说俄罗斯的温和派支持我们的方案——说'不'或马上说'是'都是错误的——乌克兰的温和派也这么认为。"他在下面这句话前画了好几个星号："急着承认会导致混乱＋内战——有风险，等几周就没事了。"[13]

那天，一份写着北大西洋理事会会议谈话要点的电报发送到美国驻布鲁塞尔北约总部大使的手中。电报的发送人预计在即将到来的乌克兰公投中，亲独立的选票有绝对的优势，预计乌克兰政府会在公投后立即宣布独立。"我们的问题不在于是否要承认乌克兰独立，而是如何承认及何时承认。"电报中反对在承认乌克兰独立的问题上附加预先设定的西方条件，内容如下："我们不支持对乌克兰附加条件，不会要求乌克兰必须达到什么条件才予以承认以及与之建立外交关系。""相反，我们认为所有北约国家和我们每个人都应向乌克兰传递一些信息，告诉他们我们在做决定时要考虑哪些因素。"

电报中提出的要求包括维持苏联中央对乌克兰核力量的既有控制，该国领导须履行成为无核国家的目标承诺，遵守苏联签署的关于武器控制的国际协定，以及遵守《赫尔辛基协定》（又称《赫尔辛基宣言》。1975 年 8 月，在芬兰首都赫尔辛基举行了关于国际安全与欧洲合作的会议，美国、加拿大以及除阿尔巴尼亚、安道尔的其他欧洲国家签署了这项协议，旨在改善共产主义阵营与西方国家的关系），承认二战后有关边界的条款，承诺支持并保护人权。电报草拟人很清楚关于乌克兰独立的决定将为美国和北约对于苏联共和国的政策开一个先例，包括对格鲁吉亚和亚美尼亚的政策。[14]

在 11 月 26 日白宫举行了具有决定性意义的会议之后，布什终于可以开始修复与乌克兰裔群体以及其他有东欧背景的选民之间的关系了。几天前，新任命的中央情报局局长罗伯特·盖茨已经朝这个方向迈出了第一步。11 月 17 日，在上任刚刚几周后，盖茨在纽约广场饭店向一个乌克兰裔美国社团做了主旨演讲。这个活动是为了给布什政府中级别最高的乌克兰裔美国人——白宫副发言人罗曼·波帕迪乌克——颁发"年度最佳乌克兰裔侨民"奖，该奖由位于纽约的美国乌克兰研究院授予。

从公众的反应来看，盖茨的演讲是成功的。纽约著名教育人士及总统研究中心主任拉尔夫·戈登·霍克西参加了这一活动，他后来称赞盖茨做了一次"出色的"演讲。盖茨对民主和暴政进行了杰弗逊式的对比阐述，俘获了听众的心。盖茨利用这一机会消除政府与乌克兰裔美国社群之间的分歧。他还同乌克兰驻联合国代表团团长赫纳迪·乌多文科进行了会谈。后来《美国新闻与世界报道》将布什政府承认乌克兰公投结果的决定归功于这位新上任的中情局局长在国内辩论中采取的立场。[15]

11 月 27 日上午，在美国政府决定承认乌克兰独立的第二天，乌克兰裔美国人团体领袖受邀前往白宫。这个 15 人的代表团与布什、斯考克罗夫特、国家安全委员会的艾德·希威特以及其他外交政策顾问在罗斯福大厅进行了长达半小时的会面。代表团由乌克兰国家协会会长塔拉斯·斯马加拉领头,这位克利夫兰人一直支持共和党,是《乌克兰周报》的发行者,最近对布什不太友好。1988 年,斯马加拉担任乌克兰裔美国人支持布什委员会会长。1991 年 9 月,在布什的弟弟乔纳森·布什带领的纪念巴比亚尔大屠杀 50 周年美国代表团中,斯马加拉也是其中一员。

现在斯马加拉告诉总统,乌克兰独立是不可避免的,美国承认乌克兰独立对于乌克兰裔美国人群体是"至关重要的问题"。他提醒说布什曾在 20 世纪 70 年代和 80 年代初支持乌克兰民族自决,但是之后在《乌克兰周报》关于此次会议的报道中,没人提到布什在基辅演讲的不当言论。乌克兰裔美国人群体的领袖向布什转达了"乌克兰民族运动"领导人的呼吁,呼吁布什政府支持该国争取独立的努力,并停止向戈尔巴乔夫提供经济援助。理由是戈尔巴乔夫正在发起一场反对他们事业的媒体战,在"乌克兰民族运动"的领导人看来,这场媒体战会变成公开进攻。"乌克兰民族运动"领导人问道:"戈尔巴乔夫可能会进攻乌克兰,谁该为此负责?"[16]

布什愉快地告诉这些一直饱受煎熬的乌克兰裔美国支持者,他的政府已经决定承认乌克兰独立。他还说明美国不会立即承认,但是人们都没听进去,大家只听见了自己最想听到的话——美国终于要承认了。参加会议的人终于可以将这个好消息确切地告诉他们在乌克兰的朋友以及其他乌克兰裔美国人了,那些人曾批评他们在共和党总统似乎力挺戈尔巴乔夫、出卖乌克兰之时,竟然还坚定地支持共和党。离开白宫后,这些群众领袖争相告诉记者,布什承诺美国"欢迎乌克兰独立",并且承认"推进"这项工作。《华盛顿邮报》报道说:"可是,没有提到日程安排。"[17]

布什愿意承认乌克兰独立的新闻很快得到一位白宫官员的证实,他在非正式场合提到,决定是在前一天的白宫会议上做出的。他指出,这一决定是之前切尼和贝克所持立场的折中方案。贝克再一次在乌克兰独立问题上取胜，他批评乌克兰裔群体领袖和媒体忽视"我们立场的微妙"。乔治·布什在回忆录中写道，他很遗憾此事泄露给了媒体。但是此前与贝克一样持谨慎态度的盖茨在回忆录中仅仅写下，"因事态发展而采取的权宜之计取代了原则"。他没有谴责乌克兰裔美国人领袖将此事泄露出去。

实际上，乌克兰裔美国人领袖在会后告诉媒体之事，并没有出乎布什及其顾问的意料，鉴于政府在政策上的这一大调整，媒体也不会对政府立场的细节问题吹毛求疵了。共和党已经在宾夕法尼亚州失去了一个保险席位，布什自己的民调支持率也在下滑，东欧族裔选民大声地发泄自己的不满，白宫不能再维持之前对戈尔巴乔夫的支持了，何况他现在只不过被斯考克罗夫特称为"中央的幽灵"。这次变化，对于布什本人来说并不情愿，但从政治上看是有必要的，是迟早得做的事。戈尔巴乔夫失势了，不幸的是他可能把美国总统也拖到政治深渊。这一泄密不仅立即得到白宫的证实，白宫方面还提供了更多关于决策过程的细节，这是告诉全国和全世界美国外交政策大转变——放弃戈尔巴乔夫及其联盟计划——的一个便捷方式。这打破了长期以来的传统，没有人事先同戈尔巴乔夫商量，也没有人提醒他会有这个声明。严格地讲，那也不算正式声明。[18]

11月30日，在白宫泄密3天后，也就是乌克兰公投的前一天，布什总统致电戈尔巴乔夫，解释美国政策的转变，戈尔巴乔夫也早已知晓。这场谈话是两位领导人都不愿进行的。当戈尔巴乔夫的助手切尔尼亚耶夫告诉他，布什要与他通电话时，戈尔巴乔夫不悦地问："什么事？"他告诉切尔尼亚耶夫，"我不接！"在犹豫了一会儿后，他同意接这个电话："我在哪儿，就让他们把电话接到哪儿吧。"戈尔巴乔夫觉得自己被美国总统出卖了。美国白宫的泄密破坏了他正在进行的反乌克兰独立活动，而他本来曾得到布什和其他西方领导人的全力支持。现在西方支持的幻象突然消失，原来不过是一场骗局，这将更加激励乌克兰人去投票并推动乌克兰走向独立。[19]

戈尔巴乔夫的翻译官帕拉日琴科最先在美国有线电视新闻网听到这个消息。"不管布什的决定有什么样的细节内容，"他告诉切尔尼亚耶夫，"这个声明都是一个真正的打击。"切尔尼亚耶夫表示同意。他代表戈尔巴乔夫草拟了一份公开声明予以回应，宣布华盛顿的消息"引起了困惑"。这份声明在莫斯科都没有达到任何目的，更别说华盛顿了。原本效忠于戈尔巴乔夫的《艾泽斯提亚报》在头版对该声明进行了批评。文章的作者认为，尽管华盛顿泄密确实是在公投前对苏联事务的干涉，但是戈尔巴乔夫公开驳斥白宫毫无意义，因为民调显示超过80%的乌克兰人都支持独立。这篇文章旁边就是一篇题为《乌克兰：还有一天磨难就会获得自由》的文章。如果还有人没跟得上形势的话，这个人就是戈尔巴乔夫，而不是布什。但是切尔尼亚耶夫对他的杰作非常自豪，认为戈尔巴乔夫的声明起了效果，促使布什于11月30日给被他抛弃的盟友打了电话。[20]

当电话最后接通时，布什立刻告诉戈尔巴乔夫想谈谈乌克兰问题，他很关心最近从苏联方面发出的声明——清楚地指向切尔尼亚耶夫的声明。"您知道我们作为民主国家的传统，我们必须支持乌克兰人民。"布什如此说道。他试图给药丸抹上点糖衣："我们认为承认乌克兰独立会将他们带回联盟协议的进程中来。"在听完布什的话后，戈尔巴乔夫开始了攻击："白宫对外泄露，说美国正在认真考虑承认乌克兰独立——尤其在公投前泄露这件事，对此我不想掩饰，这么做是消极的，看来美国不但想影响局势，还想进行干涉。"

戈尔巴乔夫继续说，乌克兰人投票赞成独立，不是投票赞成分裂。他提到了南斯拉夫事件。"如果乌克兰有人说他们要从联盟中分裂出去，而有人说会支持他们，"戈尔巴乔夫暗指布什愿意承认乌克兰独立，"那这就意味着1200万俄罗斯族人和其他民族的人民会成为外国公民。"他指出叶利钦会对乌克兰与俄罗斯的边界地区提出声索权，克里米亚和乌克兰东部顿巴斯煤炭产区的俄罗斯少数族群也是潜在的易引爆的问题。戈尔巴乔夫此举是听取了上个月沙赫纳扎罗夫关于乌克兰少数民族的建议。

切尔尼亚耶夫亲历了此次会谈，他总结了戈尔巴乔夫的话："独立并不是分裂，分裂已将南斯拉夫先扯成正方形，再分成十等份！"戈尔巴乔夫要布什小心不要助长分裂主义者。他对布什说："美国每个州都有主权，但是我们只把贵国看作是一个强大的统一体。"

"确实如此。"美国总统回应道，但是他不打算做出丝毫让步，他说，"承认乌克兰人独立的愿望将为解决阻碍政治经济改革的棘手问题铺平道路。"布什向戈尔巴乔夫保证他不想把事情搞得更复杂。"我在国内也遇上了一点压力，"布什说，指的是他在国内碰到的乌克兰裔问题，"我无法体会您经历的一切，但是现在人民给了我很大压力，所以我多少可以理解您的处境。"

没有对话，这场谈话由两段独白组成。虽然双方避免发生公开冲突，但是都知道他们的立场无法调和。电话没法拉近他俩的距离。布什和戈尔巴乔夫之间的政治联盟现在已是过去式了。切尔尼亚耶夫觉得参加谈话的美方人员贝克比布什更关心戈尔巴乔夫的困境和联盟的未来。"贝克可以更加自由地进行判断，没有那么多来自各方面说客的压力，因而更加坦诚！"切尔尼亚耶夫在当天晚些时候的日记中写道。通话结束后，他坐下来起草了一份关于这次谈话的新闻稿。戈尔巴乔夫急切地希望在乌克兰公投前一天用通电话这个事实，而不是通话内容，来获取政治优势。他试图用自己的泄密来抵消几天前布什间接泄露给媒体的新闻所造成的负面影响。根据切尔尼亚耶夫的日记，此次声明的目的是"向克拉夫丘克和他的同伙们施压"。[21]

对于戈尔巴乔夫而言，在与布什进行这场艰难的谈话之前，他刚刚与叶利钦展开了一场同样艰难的会晤，他认为叶利钦是导致他近来麻烦不断的主要根源。联盟即将资不抵债，那天上午戈尔巴乔夫恳求叶利钦的救援，现在控制着石油和燃气收入的俄罗斯人已经停止资助联盟机构。世界第二大超级大国破产了。戈尔巴乔夫依然控制着军队和外交使团，然而却没有钱支付自己职员的工资。

苏联的金库已经空了。就在前一天，在一次联盟议会会议上，戈尔巴乔夫请求代表们批准他在6月份提出的要求中央银行给国家机构和企业发行680亿卢布的贷款。他还请求批准新增900亿卢布的贷款。这实际上就是要求增发货币，许多代表都表示反对。虽然有一次联盟议会会议通过了发放贷款的决议，但是在俄罗斯代表的影响下，议会最终并没有批准这项决议。俄罗斯政府准备发起一项激进的经济改革，想不计代价地避免又一轮通货膨胀。戈尔巴乔夫政府没有资金了。"实际上，俄罗斯政府就是在年底否决了一项临时联盟预算，"戈尔巴乔夫的经济顾问瓦吉姆·梅德韦杰夫在他的日记中写道，"这样的话，依靠（联盟）预算的机构就会大规模欠薪。"[22]

同一天，国家银行停止向联盟机构支付所有款项，包括军队和总统行政机构。现在由谢瓦尔德纳泽领导的外交部是唯一的例外。叶利钦还记得西方领导人对他早前削减外交部经费的计划反应消极，因此继续从俄罗斯金库向外交部供应资金。部委官员已经听到了警报，他们期望这些部门能被俄罗斯接手，对此戈尔巴乔夫无能为力。"我们该怎么办？"切尔尼亚耶夫在他的日记中写道，"俄罗斯还是有钱付工资的，但是米哈伊尔·谢尔盖耶维奇什么都没有！"

在11月30日与叶利钦及其顾问会面时，戈尔巴乔夫已经无牌可出了。他唯一的希望就是羞辱他的对手，直到对方不得不给钱。"他是这么说的，"切尔尼亚耶夫在日记中写道，"'中央'不能没有支持。"在长达4小时的会议结束时，叶利钦同意拨一部分款。他的经济顾问还要算算具体如何操作。当戈尔巴乔夫在办公室与布什通电话的时候，专家们正在旁边的核桃室开会。核桃室因使用核桃木装修而得名，以前是政治局开会的场所。当苏联与美国的冷战打得难解难分之际，曾在那间屋子里开会的苏联领导人，恐怕连做梦也想象不到苏联将会面临这样的问题。[23]

联盟已处于弥留之际。它甚至已不再流血：在资金方面，它的血早已流淌殆尽。戈尔巴乔夫谈判得来的解决方案不过是一口氧气。但是不管前几日经历了多少失望，他也没有放弃。在与布什的谈话中，戈尔巴乔夫急于向他汇报自己取得的一项难得的政治功绩——就在前一天，他挽救联盟的努力得到了政治协商委员会的全力支持，其中包括圣彼得堡（原列宁格勒）市市长索布恰克，以及"改革之父"雅科夫列夫。委员会委员现在支持戈尔巴乔夫挽救联盟，他们中的许多人都是地方代表团的发起人，这是全联盟议会的第一个民主团体。他们中的一些人认为要正式组成反对阵营，以此对抗叶利钦破坏联盟的企图。

叶利钦的长期盟友索布恰克当晚出现在电视上，强烈声明支持联盟。但是委员会委员的声音在新俄罗斯内部并没有多少影响力。他们没有形成设想中的反对阵营，他们影响公众舆论的能力也有限。委员会委员叶戈尔·雅科夫列夫在政变后被任命为苏联广播电视局局长，他对自己的员工已经失去控制。"叶戈尔·雅科夫列夫抱怨说电视台正在被人从他手里'夺走'，"切尔尼亚耶夫在日记中写道，"他不再是那里的领导了。'俄罗斯人'现在控制着电台。"切尔尼亚耶夫又说道，11月29日播出的电视新闻节目中，"有的评论公然冒犯米哈伊尔·谢尔盖耶维奇的'乌克兰政策'"。[24]

几天前，切尔尼亚耶夫和亚历山大·雅科夫列夫这两位自由派党员得出一个结论，他在日记中写道："不论我们喜欢与否，俄罗斯除了独立别无他选。戈尔巴乔夫挽救联盟的努力只是毫无希望的挣扎。"11月29日，在戈尔巴乔夫得到索布恰克和其他改革派领导人支持的当天，切尔尼亚耶夫交给他的上司一份对联盟议会议员的演讲稿，呼吁为新联盟协议投票。私下里，他写道："我自己也不相信这份协议……但是我还是写出来了！"还是在那天，他向戈尔巴乔夫提交了一份备忘录，这次他很确信，他建议戈尔巴乔夫："调整自己的定位，转向国际事务和捍卫文化方面……向国内展示他的世界威望，并从中获得支持。不要依靠联盟协议。此外，虽然政变后议会选举了他，并且认可了选举的结果，但是不要依靠议会做出的决定，也不要依靠苏联的《宪法》！"这不是要挽救联盟的计划，而是要拯救戈尔巴乔夫本人，如果他确实无法成为政治人物的话，也应该成为一位历史人物。[25]

戈尔巴乔夫则向所有愿意听他讲话的人呼吁，他预计苏联的解体将意味着空前的人类灾难。在接受白俄罗斯《人民报》采访时，戈尔巴乔夫又习惯性地提到了南斯拉夫，在那里，塞尔维亚人和克罗地亚人之间的冲突已经迫使数十万男女老少背井离乡，逃离冲突地区。他认为苏联即将发生的事情会让南斯拉夫的悲剧相形见绌，因为新的国界的划分会产生少数民族问题。他的论点集中在俄罗斯人身上，他们是帝国曾经的主人，可是在新独立的国家中将会面临歧视。

戈尔巴乔夫说："7500万人生活在'小祖国'的边界之外。"他指的是生活在苏联人民民族意义上的"家乡"以外的俄罗斯族。"那么，他们都是二等公民，共和国领导人保证他们之间签署的双边协议会保障一切，但不要被他们的保证蒙蔽了。我不相信他们会解决这个问题。我们必须维持一个国家，这样会为每个人提供法律保护。"戈尔巴乔夫然后提到共和国地区说俄语的居民，他们不懂当地语言，因此无法充分参与政治事务。他告诉记者："不管他们愿意与否，波罗的海共和国的一些居民会沦为二等公民。"

尽管白俄罗斯记者的问题对叶利钦提出了公开批评，并设法让戈尔巴乔夫对其主要政敌展开攻击，但是苏联总统并没有上钩。无论他对叶利钦持什么看法，他尽量不在公开场合攻击他。在谈到克拉夫丘克时，戈尔巴乔夫就没有那么克制了。当谈到克拉夫丘克竞选乌克兰总统时，戈尔巴夫告诉记者："总体来说，这是一个美好的共和国……但是看看他们是如何利用独立这个观念的：在我看来，这绝不仅仅为了竞选活动。"然后戈尔巴乔夫打起了他的少数民族牌，说他希望看到一个团结的乌克兰，又将注意力吸引到乌克兰大量的俄罗斯少数民族上。"如果他们想把乌克兰从联盟中分裂出去，"戈尔巴乔夫说道，"生活在那里的1200万到1500万俄罗斯人该何去何从，还有谁需要他们？我支持不会破坏联盟的民族自决。"[26]

克拉夫丘克及其乌克兰的支持者认为戈尔巴乔夫不断表达对乌克兰东部地区命运的担心，实际上是在试图煽动共和国内部的民族冲突，并利用它来挽救联盟。但乌克兰的俄罗斯少数族裔将何去何从，并不只是戈尔巴乔夫的宣传策略。在戈尔巴乔夫的团队中，那些早已放弃联盟的幕僚也在担心因领土分割而造成的问题，他们认为这些地方自古以来就是俄罗斯的领土。"总体而言，如果不是为了乌克兰和克里米亚，一切都好说，而后者是不能放弃的。"切尔尼亚耶夫在日记中写道。[27]

戈尔巴乔夫和切尔尼亚耶夫担心的问题将在即将到来的乌克兰公投中得到答案。戈尔巴乔夫身边的人不相信克里米亚和乌克兰其他聚居大量俄罗斯人口的地方也会投票赞成独立。此时，进退维谷。俄罗斯主导的联盟的前景取决于乌克兰的投票结果，而后者又取决于乌克兰东部和南部地区的俄罗斯族裔的选票。

乌克兰公投

11月的最后几天里,克拉夫丘克都忙着开展竞选活动。定于12月1日举行的全民公投将与乌克兰总统选举同时进行,谁要想成为独立之后的乌克兰总统,就必须同时赢得两场竞选。

克拉夫丘克是一位经验老到的政工干部,但是作为一位面向公众的政客,他还只是个新手。他记得布什在7月份访问基辅时,曾建议他:注视着人民的眼睛,你就会立刻明白他们会不会投票给你。克拉夫丘克不像西方政客那样走街串户地逐一登门拜访选民,但是他也不回避与各类人群的接触。有一次,他差点为此送命。那次他视察乌克兰中部城市文尼察的一家百货商场,他的安保负责人告诉他,有上万名群众聚集到商场前的广场想要见他。安保人员和当地警方都没有足够的人手来控制人群,估计现场有两万名群众。克拉夫丘克拒绝从后门走。"要我像个贼一样从群众中逃走吗?他们中的很多人马上就要给我投票了。"他在回忆录中写道,"真是荒谬!"竞选经验尚浅的他否定了安保人员的意见,他走上前去,面对广场上的群众开始发言。

他的政治直觉很快得到了验证，群众高喊："克拉夫丘克万岁！"但是人潮汹涌，后排的人推搡着前排的人，争相一睹中间这位领导人的风采，整个人群变得越来越骚动不安。克拉夫丘克突然感到一阵剧痛，听到了一声断裂声——那是自己的手指。人群中有人抓住了克拉夫丘克的手，想同他握手，却弄伤了他的手指。"我环顾四周，情形让人觉得有点害怕，"克拉夫丘克写道，"如果那个不牢靠的军事警戒线没撑住，我们就会被挤垮。"克拉夫丘克在当地人持续高呼"万岁"声中挤出了广场——这说明大家支持他本人以及他所提倡的政策。当他离开文尼察时，对胜利更有信心了，但是他的手指弄伤了，鞋子也给踩坏了：安保人员把他拉出人群时，为了让自己不摔倒，他只能踮着脚走路。对于民主竞选的这一面，布什没有给他什么建议，谁会想到前苏联官员不懂如何控制人群呢？[1]

11月初，也就是大选前的一个月，克拉夫丘克以超过30%的民众支持率在民调中领先。他的主要对手、曾经当过政治犯的现任利沃夫地方政府领袖车诺维尔，在投票预测中以12%以上的支持率跟随其后。克拉夫丘克的竞争者们觉得局势对他们很不利，因为克拉夫丘克拥有中央和地方各个国家机构的全力支持。确实如此，在当时的情势下，他不仅是国家机构必不可少的一部分，还是国家最青睐的继任者和最后的希望。前共产党的精英们虽然一开始对独立持反对或怀疑态度，但是现在已经全力支持。8月，乌克兰议会里占多数的共产党人投票赞成独立，条件是在3个月后把这一决议交由公投来决定。这让他们有机会在必要时改变决定，但是8月24日之后，没有发生需要改变道路的事情。[2]

不可否认，投票支持独立并没能挽救乌克兰共产党，1991年8月底，乌克兰共产党不仅被暂时禁止开展活动，而且还被完全取缔了，几个月后共产党在俄罗斯也被彻底禁止。然而，两国的过程却大有不同。在乌克兰，共产党官员没有受到公开羞辱，也没有被剥夺以前的资产，而是由一个党派的官员平静地将共产党的资产转交给另一个党派：这一过程是在当地苏维埃的监督下完成的，而地区和城市委员会通常由前共产党官员控制。对于前共产党的大多数精英来说，独立已成为新的信仰，克拉夫丘克则是先知，他会拯救他们免受叶利钦式的疯狂批判，还会把他们从当地民主人士和民族主义者手中解救出来。克拉夫丘克和独立才是他们能够继续掌权的入场券，两者相互补充，缺一不可。如果克拉夫丘克当上总统，他们就会竭尽所能支持独立，而如果他败给亲叶利钦的民主阵营，或败给国家民主阵营，他们就会采取一切手段破坏独立。[3]

克拉夫丘克自知重任在身。就在 8 月乌克兰宣布独立后不久，情况日渐明朗，克拉夫丘克必须找到一个方法说服选民——尽管曾是共产党官员，但他才是领导自己的人民和国家赢得主权的最佳人选。他也得说服人们为支持独立而投票。为了达到这一目标，他必须安抚地方精英派，说服他们不要打分裂主义牌；安抚具有相当规模的少数民族和信教群体，他们可能在失去了联盟中央的介入和保护之后，不敢继续住在一个由乌克兰人主导的国家；还要赢得苏联军方指挥官的支持，联盟或俄罗斯领导层都可能让他们充当反对乌克兰独立的特洛伊木马。

让选民相信他才是乌克兰总统的最佳候选人，这似乎并不难。因为有 5 位总统候选人与克拉夫丘克竞争，乌克兰的民主选票分为好几个阵营。俄罗斯化的东部城市的知识分子曾在苏联改革时期投票给叶利钦派的民主党人，现在他们找到了自己的代言人——第二副议长弗拉基米尔·格里诺夫。格里诺夫是与俄罗斯交界的哈尔科夫市的俄罗斯族人，他是民主觉醒的产物，最早也最坚定地反对政变。他也是在 8 月 24 日投票反对独立的为数不多的代表之一，他并不是反对独立本身，而是不想让国家由乌共统治。然而，随着乌共被官方取缔，他接受了乌克兰独立的想法，并且相信这是当时绝大多数人民希望的。他后来回忆说："在开展竞选活动的过程中，很明显人们的情绪是倾向于乌克兰独立。当你见到民众，你无法忽视这种情绪。"[4]

国家民主阵营的主要候选人车诺维尔讲述自己的人生故事，以此显示他与克拉夫丘克的不同经历，同时宣称自己一直就是反共人士，并且坚持己见，从不随波逐流。车诺维尔一直以来都是一位政治异见人士，在1967年第一次被捕，他在狱中有足够的时间思考乌克兰的未来。他认为独立的乌克兰应该是联邦国家。当车诺维尔在1990年春天的第一次民主选举中当选利沃夫地方政府领袖时，他提出了自己的构想：建立乌克兰联邦，同时允许加利西亚（这是一个由3个州组成的历史悠久的地区，行政首府在利沃夫）自治。但是在总统竞选中，他淡化了联邦制，因为他认为在当时这会破坏独立的目标。[5]

车诺维尔在国家民主阵营中的一些对手认为，他要求得太少，说得太迟了。乌克兰独立宣言的主要执笔者卢基扬年科继续指出，车诺维尔是一名联邦主义者，而联邦主义会损害乌克兰，因为这会鼓励俄罗斯的帝国野心，并为分裂主义提供法律基础。"乌克兰民族运动"的正式候选人车诺维尔和"乌克兰民族运动"最强大、最有组织的政治力量乌克兰共和党的领袖卢基扬年科分道扬镳，在民主集团内部造成分裂，却让克拉夫丘克渔翁得利了。乌克兰国家民主阵营中的一些成员站出来支持克拉夫丘克，让阵营中的选票进一步分化。许多早期支持乌克兰独立的知识分子相信，克拉夫丘克的当选将是乌克兰取得团结和独立的唯一机会。[6]

对于许多乌克兰知识分子来说，选克拉夫丘克代表着两害相权取其轻。民族阵营的人怀疑，如果不加以严密监督，他可能会屈服于莫斯科的压力。来自格里诺夫阵营中亲叶利钦的民主党人认为，他对民族主义人士过于温和了。两个阵营都不会忘记他之前的共产党背景。即使如此，那些不相信车诺维尔或格里诺夫会赢的人还是准备忍痛割爱，战略性地把选票投给克拉夫丘克。正如国家民主党议员瑞莎·斯科里克对《乌克兰周报》的一位加拿大记者所说的那样，克拉夫丘克恰逢其时，是这一职位的不二人选。他是唯一可以和共产党精英人士对话的独立派候选人，在 8 月 24 日乌克兰独立的投票过程中他就展示了这一点。据斯科里克所说，克拉夫丘克知道他无路可退。"他是一位极其聪明的人，"她对记者说，"说他是一位具有崇高道德水准的人，我不敢苟同……但是，话说回来，这个时刻我们需要的是英雄还是超高的外交手段呢？"[7]

克拉夫丘克在回忆录中写道，除非乌克兰投票赞成独立，否则赢得总统职位将毫无意义。他不想成为莫斯科统治下的一个省的省长。竞选初期，在他的领先地位得到了稳固之后，克拉夫丘克认为最佳的竞选策略不是为自己竞选，而是为乌克兰独立竞选。这一招对选民很是奏效。赞成独立的民众人数稳步增加：9 月底达到 65%；11 月初的民调显示达到将近 70%。共有 80% 的选民计划在竞选中投票。超过 70% 的这道坎具有重要意义——这正是 1991 年 3 月戈尔巴乔夫发起的新联盟公投中乌克兰选民的支持率。这一结果是戈尔巴乔夫争取维持苏联存续下去的重要武器。

克拉夫丘克面临一个巨大的挑战。他不仅要击败 3 月公投的结果，还需要得到乌克兰各地区 50% 以上的支持率。否则，乌克兰独立的合法性将受到来自国内和莫斯科方面的质疑，更别提西方了。不能听天由命。克拉夫丘克和他的支持者花了很长时间商讨 12 月 1 日对公众问询的措辞。民调专家告诉他们，在问人们是否支持独立的同时，还要问人们是否认同乌克兰议会 8 月份通过的独立宣言，这样效果会更好。几十年来，苏联在乌克兰东部的宣传中一直贬低"独立"这个词。但是议会的批准赋予了这个词以及这个概念一种新的合法性，会吸引保守的选民。在公投的前夜，议会主席团向乌克兰民众发出呼吁，做最后的说服。该声明表示不支持独立就意味着支持附庸。几乎没人希望自己的共和国继续附属于莫斯科。

乌克兰独立的支持者们，无论是克拉夫丘克和格里诺夫，还是车诺维尔和卢基扬年科，他们在各自的竞选中面临的一个主要问题就是乌克兰地域文化的多元性。这正是沙赫纳扎罗夫提议戈尔巴乔夫为阻止乌克兰日益高涨的独立运动而打的牌，而戈尔巴乔夫也向任何愿意听他讲话的人不厌其烦地重申这个问题。虽然民调预测乌克兰整体会强烈支持独立，但是每个地区的支持率有所不同。加利西亚地区的支持率最高，之前该地区被奥地利和波兰统治。在加利西亚的捷尔诺波尔地区，参与民调的选民中有超过92%的人支持独立。克拉夫丘克的故乡沃利尼亚紧跟其后，预计将有近88%的选民支持独立，该地区曾在一战和二战之间属于波兰，但从来不是奥匈帝国的一部分。基辅和乌克兰中部地区也跳上了独立的马车，但是乌克兰东部和南部一些省份对独立的支持率刚刚超过50%。这些地区曾经在19世纪俄罗斯帝国统治之下完全成为殖民地，在苏联时期还有大量俄罗斯人拥入。在那里，克拉夫丘克遥遥领先于主要对手车诺维尔。对于许多人来说，如果真的实现独立，克拉夫丘克的当选意味着不会采取激进的民族主义政策。[8]

10月23日，克拉夫丘克飞往乌克兰最不愿独立的地区——克里米亚自治共和国——说服当地议会支持乌克兰独立。克里米亚是一个半岛，通过一条宽7千米的狭长地带与乌克兰本土相连，一条宽4.5千米的刻赤海峡将它与俄罗斯分开。克里米亚在1954年前属于俄罗斯联邦，在赫鲁晓夫执政时期，因为经济原因被转交给乌克兰，在1991年2月之前都属于乌克兰25个州之一。这一切在1991年1月克里米亚公投之后改变了，克里米亚从此不仅获得了自治，还获得了成为新联盟协议签署方的权力。1991年初，戈尔巴乔夫和中央忙于提升自治区的地位，以此制约联盟各共和国具有主权意识的领导人。这一策略的实际效果不大。1991年8月，戈尔巴乔夫邀请克里米亚议会议长尼古拉·巴格罗夫前往莫斯科签署联盟协议，巴格罗夫委婉地拒绝了。大家已经很清楚乌克兰不会参与这一协议。

但是，1991年秋天，乌克兰领导人在克里米亚遇到的问题并非全是戈尔巴乔夫的错。1991年2月，基辅当局同意授予克里米亚自治地位，一部分原因在于它是该国唯一一个乌克兰族是少数民族的地区（乌族人口仅占四分之一）。超过67%的人口由俄罗斯族组成，俄罗斯族主导了克里米亚的政治和文化。克里米亚没有乌克兰语学校，乌克兰族人在日常生活中很少使用乌克兰语，只有一半的乌克兰族人把乌克兰语视作母语——这一切都表明他们的乌克兰身份感并不强。基辅政府还有一个担心就是，克里米亚驻扎着苏联黑海舰队的将士，还有反对乌克兰独立的退伍军人。1944年被指控在德国人占领期间通敌而被斯大林驱逐出半岛的克里米亚鞑靼人开始返回他们的故土，这使得民族之间的平衡变得更为复杂。[9]

在克里米亚议会计划为地方公投法投票的当天，克拉夫丘克来到克里米亚，这一法律将把克里米亚脱离乌克兰的问题正式摆上桌面，并由民众投票来决定。他成功说服了克里米亚议会推迟启用这一法律，并取消公投。他的论点很简单：如果克里米亚是乌克兰的自治区，其议会将有足够的权力解决地区内部问题，而不受基辅的干涉。1954年以来与基辅共事的前共产党精英人士同意推迟对该法律的投票。他们在议会中的对手，即以克里米亚共和运动为代表的支持公投的反对派，在政治较量中败下阵来。

尤里·梅什科夫，共和国运动的领袖，是为数不多反对8月政变的克里米亚代表之一，他宣布绝食以示抗议。他将议会的冲突定义为一次民主对抗共产主义的斗争。然而，在克里米亚政治里，没有什么是明确定义的。不久，4名女记者——一名乌克兰人，一名鞑靼人，两名俄罗斯人——宣布绝食抗议由梅什科夫的支持者们挑起的克里米亚民族仇恨的升级。克拉夫丘克一方最终占了上风：没有单独针对克里米亚独立的公投。克里米亚的选民来到投票站只需回答一个问题：是否支持乌克兰独立？与叶利钦对待车臣问题的方式不同，克拉夫丘克试图通过政治手段使克里米亚在乌克兰共和国内实行自治。[10]

克里米亚已经在1991年初获得自治，现在基辅又对其另眼相看。乌克兰外喀尔巴阡地区的精英对此非常羡慕，该州在二战前隶属于捷克斯洛伐克。他们也想要自治。南部的敖德萨和东部的顿巴斯煤炭区最可能得到同样的地位。随着联邦主义在乌克兰总统竞选中变成了一个肮脏的字眼，车诺维尔向敖德萨精英承诺，会给他们一个自由经济区。克拉夫丘克则带着另一种讯息周游全国，他愿意让乌克兰有历史争议的地区实现广泛的经济自治，他数了一下总共有12个地区。地方精英基本满足于克拉夫丘克提供的条件，因为他们大多数人都不会投给车诺维尔。有传言称如果克拉夫丘克失败，东部和南部地区的精英就会宣布脱离基辅而独立。

对基辅方面来说，在12月份的公投即将到来之际，该地区的离心倾向是一个挑战。对乌克兰邻居的影响则是另一方面，不管这些邻居是属于苏联还是不属于苏联。8月末，叶利钦的发言人帕维尔·沃夏诺夫发表声明后，形势变得明朗，根据公投的结果，俄罗斯将对克里米亚及东部某些地区宣誓主权。外喀尔巴阡地区的匈牙利人将目击他们的同胞穿越边境，而北部布科维纳，一个在两次大战期间属于罗马尼亚，如今住满了乌克兰移民的广阔地区，罗马尼亚民族运动不断加强。如果说捷克斯洛伐克人和匈牙利人在争取乌克兰领土的问题上毫无作为的话，罗马尼亚人就没那么好说话了。

在乌克兰公投的前夕，罗马尼亚议会通过了一项决议，呼吁不承认北部布科维纳的公投结果，因为罗马尼亚把该地区称为"古罗马尼亚的土地"。乌克兰外交部部长阿纳托利·兹连科在首次正式访问布加勒斯特的路上得知罗马尼亚的这一决议。他决定终止访问，当夜在火车过境前下了车。第二天早上,罗马尼亚外交部部长因为不知道他的乌克兰客人忽然改变了计划,还在布加勒斯特火车站白白地等他。乌克兰人非常严肃地对待他们的领土完整问题。实际上,他们别无他选:战后乌克兰的领土包括那些在 1939 年之前属于波兰、捷克斯洛伐克、罗马尼亚和俄罗斯的领土。[11]

其他国家比如俄罗斯和罗马尼亚对乌克兰领土的索要,以及乌克兰各地区的离心倾向,都与乌克兰的少数民族问题密切相关。俄罗斯族是最大的少数民族,有 1100 万人口,主要居住在东部和南部的乌克兰城市。因此,当克拉夫丘克和其他总统候选人在克里米亚或乌克兰东南部地区进行竞选活动时,都对此感到担忧。他们传递的信息大体一致:希望乌克兰的俄罗斯族人在这里感觉到家的温暖。许多人确实这么觉得。两种东斯拉夫语言——俄语和乌克兰语——很相似,并且东部中心城市的多数乌克兰人在日常生活中转而使用俄语,这让俄乌差异不怎么明显,使得俄罗斯人对于自己在乌克兰独立的前景很有信心。作为一个群体,他们不反对乌克兰独立这个想法,或许还能从中受益呢。

乌克兰的俄罗斯族人都明白苏联不行了,苏联经济正在做自由落体运动。乌克兰的每个人,包括俄罗斯族人,都愿意尝试新的事物。牛津大学研究生玛塔·迪克切克在乌克兰做档案研究,同时也担任《卫报》的自由撰稿人,她为了完成报社布置的任务——了解乌克兰人民的情绪——而走遍了这个国家。后来她根据自己了解到的情况做了如下总结:"我在政变之前和政变之后都倾听人民的声音,我发现人们真的想要改变,而且意愿很强烈。无论在哪儿,这都是我听到的最基本的想法。大家说混乱够了,腐败够了,一切都够了,我们想要其他东西。可以带来改变的东西就是乌克兰独立。"[12]

在对选民的呼吁中,克拉夫丘克主要强调的不是民族主义,而是经济独立,他借助于深深印在该国居民心中的神话,即乌克兰是一个超级经济强国，是欧洲的谷仓，喂饱了俄罗斯和其他苏联共和国。乌克兰报纸登了一则新闻——后来发现全是假的——说，德意志银行的专家认为乌克兰才是最具经济潜力的苏联共和国。在苏联时期，乌克兰的生活水平通常高于俄罗斯的各省份，1991年秋天乌克兰农产品消费市场比俄罗斯市场繁荣得多，因此要说服乌克兰各族人民选择独立以实现经济繁荣并不困难。

到了11月，苏联中央银行削减了对乌克兰的给付，使得大量的乌克兰机构和企业难以支付工资和薪金，这么一来，政治和经济独立的需求更是不言自明了。叶利钦关于经济改革的讲话扰乱了俄罗斯消费市场的稳定，导致了莫斯科物价上涨，商品纷纷撤柜。从俄罗斯政府领薪水的莫斯科人纷纷坐上南下的火车，前往乌克兰购买农产品。对此，在乌克兰东部传统亲俄地区，那些囊中羞涩的乌克兰人和俄罗斯人不允许北方来的人离开火车站，实际上是为了捍卫乌克兰市场及农产品价格。在诸如第聂伯罗彼得罗夫斯克这样的乌克兰工业中心，双方的冲突已是家常便饭。不管对于哪个族的人来说，独立似乎成了走出困境的唯一方法。[13]

犹太人是乌克兰第二大少数民族，有50万乌克兰公民是犹太人。在苏联统治时期的最后几十年里，他们是受歧视的民族之一，乌克兰政府如今试图向他们展示宽容。1991年10月，国家民主党党员发动攻击，前乌共党员落荒而逃，乌克兰政府1991年秋天在基辅首次为巴比亚尔深谷被屠杀的犹太人举行公开纪念。对于数万名参加纪念仪式的犹太人来说，这是他们生命里第一次公开承认自己犹太人身份的时刻。对于数万名非犹太人来说，这是他们第一次公开承认自己的邻居被压迫这一事实。

戈尔巴乔夫派了一名私人代表——"改革之父"亚历山大·雅科夫列夫——前去参加巴比亚尔的纪念活动。布什派了一支由他弟弟乔纳森带领的美国名人代表团参加了纪念仪式。克拉夫丘克会见了这个代表团，并在纪念会上发表了演讲，呼吁包容和尊重人权和人类生命。"亲爱的朋友们！"克拉夫丘克向来自不同民族、具有不同宗教信仰的观众说道，"乌克兰人和犹太人之间的历史关系既复杂又跌宕起伏，曾经谱写过光明与黑暗的篇章。我们任何人都无权忘却。可是，我们记住这一切不是为了重新揭开旧伤疤，而是为了不让悲剧重演。希望我们着眼于是什么将我们团结在一起，弥合我们两个民族之间的分歧。"克拉夫丘克曾经目睹沃利尼亚的犹太人大屠杀，也知道被纳粹征召的乌克兰警察参与了犹太人大屠杀，演讲的最后他用意第绪语代表乌克兰政府向犹太人致歉。[14]

11月1日，乌克兰议会通过了一份《乌克兰民族权利宣言》，该宣言确保所有民族的公民享有平等权。11月16日，上千名代表聚集到敖德萨，参加由"乌克兰民族运动"和乌克兰议会联合举办的全乌克兰民族大会。参会代表压倒性地通过了支持乌克兰独立的决议——只有3票反对。一位《洛杉矶时报》记者惊奇地发现：一位哈西德派犹太人和一位乌克兰人都身着哥萨克风格的服饰，腰侧佩剑，一起前来参加大会，在敖德萨剧院前和平呼吁各自的事业。这与乌克兰以前试图获得独立时的情况大有不同。1918年1月，之前表示支持独立的乌克兰议会犹太人代表却投票反对独立。紧随其后的是亲民主联盟分裂、连年内战，以及无数次的清洗和屠杀，这些在犹太人记忆中留下了深深的印记。现在两个民族看到了一个能解决他们各自问题的共同办法。1991年11月，支持独立的犹太人达到60%，比俄罗斯人58.9%的支持率还高出一点。[15]

11月20日，克拉夫丘克在第一次全乌克兰宗教论坛上讲话。这位曾自封为乌克兰首席无神论者的克拉夫丘克（在他的监管下，乌克兰共产党中央委员会的意识形态部对全国的宗教组织进行监督）向宗教领袖寻求原谅，他并不是代表已垮掉的政党，而是代表现在的国家。随着共产主义和无神论失去了吸引力，宗教回到公共领域，宗教各派开始对社会产生越来越重要的作用。乌克兰的东正教教区占全苏联的三分之二，乌克兰也是苏联大部分新教徒的家乡，这片土地被认为是苏联的圣经地带。随着苏联的新思维和政治公开性改革，这里已然成为一个宗教战场。克拉夫丘克呼吁宗教间的宽容和对独立的支持。他希望宗教领袖致力于各自宗教机构的独立，但是要避免由此产生的冲突。11月20日，乌克兰16个宗教组织的领袖承诺支持政府的宗教政策。这实际上就是支持独立的表态。[16]

驻扎在乌克兰领土上的苏联军队的命运是让克拉夫丘克感到担忧的另一个主要问题。当瓦连尼科夫大将在政变第一天来到议会办公室会见他时，克拉夫丘克就已经意识到乌克兰政府根本无法抵御苏联军队。政变失败后，乌克兰政府立即接管了内务部在其领土上的军队，并以此建立一支国家卫队。但是这不足以威慑驻扎在乌克兰并受莫斯科指挥的苏联军队。乌克兰被认为是在全球战争中苏联防御结构中的第二梯队（第一梯队是苏联控制的东欧），苏联在此总共驻军70万人。

8月27日，乌克兰宣布独立后的第三天，克拉夫丘克召集驻乌克兰的苏军高级指挥官开会。他希望他们能够接受乌克兰独立这一新的政治现实，并着手组建独立的乌克兰军队。这些军队大佬不相信乌克兰议会的决议会影响到他们。有莫斯科在背后支持，他们提出苏军应该继续在统一指挥下保持团结。克拉夫丘克的军事改革呼吁只得到了一位参会军官的积极响应，他就是47岁的空军指挥官科斯坦廷·莫罗佐夫少将。莫罗佐夫这位思想开明的军官同情乌克兰的民主运动，他是在场唯一一位曾抵制政变领袖下达的让军队处于戒备状态命令的军官。现在他成为会上唯一一位建议独立的乌克兰应该建立自己的军队的军官。这让他成为众矢之的，他可能不再有晋升的机会，甚至可能无法保住现在的职位。

他以前的部下焦哈尔·杜达耶夫将军于1991年春天离开苏联军队，并领导车臣共和国争取独立，现在莫罗佐夫和他的部下一样坚定地站在反莫斯科阵营之中。他已经无法回头了，他的生命和事业从今往后将和乌克兰的独立紧密相连。8月27日，会议后的一周，乌克兰议会以压倒性投票通过了任命莫罗佐夫出任乌克兰首位国防部部长。他赞同将乌克兰建成一个无核国家，愿意放弃世界第三大核武器库。然而，他反对将核武器转交给俄罗斯，而希望将核武器在乌克兰销毁。外交委员会主席和乌克兰语推广协会会长德米特罗·帕夫雷奇科向莫罗佐夫提出了一个问题，莫罗佐夫的回答赢得了议会的支持和肯定。当被问及是否能学会乌克兰语时，用俄罗斯语向议会讲话的莫罗佐夫给出了肯定的答案。他告诉帕夫雷奇科，他将很高兴在大家的帮助下学习乌克兰语。这一回答让国家民主党很满意，此前他们不能肯定是否可以将这个尚未完全诞生之国的国防大权交给一个有着典型俄罗斯姓氏的将军。

莫罗佐夫实际上是乌克兰人，他有一半乌克兰血统。他在乌克兰东部出生并接受教育，那里大部分人都说俄语或夹杂着俄语的乌克兰语，他在学校学习过标准乌克兰语，但是在军队里已经有30多年没用过了。他被委任在基辅指挥空军，对于莫斯科的总参谋部来说这是个巨大的失误。根据苏联军队不成文的法律，任何情况下都不可以让乌克兰族军官在乌克兰担任高级职务。同样的规则也适用于在本国服役的其他共和国军官。杜达耶夫将军是后来车臣独立的领袖，他曾在乌克兰莫罗佐夫手下服役，但是他无法在本国担任指挥官。即使在乌克兰，他想要晋升至将军也并非易事。他曾因为得知晋升后跳了一支列金卡舞——高加索地区多民族表演的一种民族舞蹈——而被控犯了民族主义错误。

莫罗佐夫之所以能绕过苏联对少数民族军官提拔的限制，是因为他的档案文件显示他是俄罗斯人，而非乌克兰人。当他在1991年秋天宣布支持乌克兰独立时，莫斯科的指挥官们，包括他的前领导、时任苏联国防部部长的沙波什尼科夫元帅，都不敢相信自己的耳朵。他曾两次问莫罗佐夫究竟是不是乌克兰人。莫罗佐夫半开玩笑地回答说他的个人档案显然有误。

据莫罗佐夫后来回忆，对于指挥官来说，拥有一半俄罗斯血统就意味着是俄罗斯人。他的个例表明了俄乌关系的复杂性，随着乌克兰族的俄罗斯化，两国文化和身份也在20世纪变得更加模糊。在苏联，像莫罗佐夫这样父母来自不同民族的人，可以自由选择国籍。许多人选择俄罗斯作为护照国籍，但是在乌克兰出生和成长的他们，认为后者才是真正的故乡。莫罗佐夫就是其中之一。[17]

语言、身份和忠诚是莫罗佐夫在担任乌克兰军队总设计师的职务上必须解决的三大问题。语言的重要性在1991年10月凸显出来，当时他会见了一位到访的美国学者兹比格涅夫·布热津斯基。这位卡特总统的前国家安全顾问在乌克兰议会通过该国非核地位的决议的前一天到访基辅。在与这位新任命的国防部部长进行正式会谈之后，布热津斯基问莫罗佐夫可否私下聊聊。莫罗佐夫后来回忆说，他同意了，但是有点困惑——他不会说英语，而布热津斯基也不打算说俄语。最后他们找到了一个沟通方式：波兰裔的布热津斯基说波兰语，而莫罗佐夫说乌克兰语。这样他们彼此都能听得懂对方的话了。布热津斯基私下问的一个问题是：乌克兰军队应该用乌克兰语还是俄语？莫罗佐夫回答说从俄语换过来会有困难，但是他觉得应该用乌克兰语。布热津斯基很喜欢这个答案，莫罗佐夫所说的一句话令他永生难忘："保卫国家的命令应该用这个国家的语言来下达。"[18]

然而在那时，语言问题必须等一等，不仅因为国防部部长本人还在私下补习乌克兰语，还因为莫罗佐夫和克拉夫丘克所选择的征兵模式不包括或甚至不允许即刻引入一种新的语言。只有当乌克兰采取波罗的海国家的模式，新独立国家的政府要求苏军撤出其领土，并重新招募军队，这才有可能。克拉夫丘克和莫罗佐夫认为这在乌克兰行不通。70万苏军无处可去。俄罗斯在未来几年还要继续应对遣散和安置从东欧撤回的军队的问题。基辅只能统领苏联军队，并将其乌克兰化，除此之外别无选择。

这对士兵来说相对容易：在乌克兰征召的士兵会取代来自其他共和国的士兵。对于没有委任令的军官来说，这也不是问题，因为他们都是本国人。但是军官都是从苏联各地征召来的。莫罗佐夫和他的手下不想遵守旧苏军的国籍政策。护照国籍只是决定军官命运的条件之一。如果护照显示乌克兰国籍，他不一定会待在乌克兰，并且如果护照显示俄罗斯或亚美尼亚国籍，他也不一定被遣送出境。同样重要的是军官的出生地和家庭关系，以及与乌克兰的其他联系。最后也是最重要的，军官必须表明愿意为乌克兰服务。如果这些条件都符合，他就会受到欢迎，语言学习可以再等等。克拉夫丘克试图在乌克兰的多民族人口之上建立一个政治国家，莫罗佐夫也用这一原则招募乌克兰军官。

核武器问题给乌克兰独立提出了另一个挑战。莫罗佐夫想要一支独立的乌克兰军队，但是最初他和他的政治领导都没有质疑乌克兰领土上的核武器由莫斯科指挥的原则。但是当莫罗佐夫同另一位新认识的美国朋友进行了一番谈话之后，他的想法动摇了，这位友人正是尼克松政府的国家安全顾问和国务卿基辛格。在他们初次会面时，基辛格似乎半睡半醒，但是他问这位部长的问题却显示出了异常清晰的思维。当基辛格问莫罗佐夫和乌克兰领导人会如何处理他们领土内的核武器和战略武器时，莫罗佐夫的回答与以往一样：战略武器由莫斯科中央管控。似乎昏昏欲睡的基辛格接着又问了一个直接的问题："那么，独立是什么呢？"这个提问推翻了莫罗佐夫之前对这个问题的所有考量。乌克兰要想接管其领土上的战略核武器，就会被国际社会遗弃，但是如果乌克兰领导人真拿独立当回事的话，他们就不能让国内的重要部队向莫斯科汇报，而是向基辅汇报。莫罗佐夫由此得出结论：战略武器应该转移至俄罗斯，因为失去它，总比在国内留一个特洛伊木马要好。

1991年秋天的大部分时间里，莫罗佐夫要组建乌克兰自己的军队的计划一直只是个设想。莫斯科当局拒绝基辅接管驻扎于乌克兰的军队，提出莫罗佐夫在继续担任苏联驻乌克兰空军指挥官（并继续听从苏联总参谋部的命令）的同时，兼任乌克兰政府官员。莫罗佐夫回忆说，他们不想宣布"国防部部长"这个头衔。莫罗佐夫要求从莫斯科调任一些自愿帮助组建乌克兰军队的乌克兰籍参谋官。他们被派往了基辅，但是自那以后，以前的同事就不再信任他们了。

莫罗佐夫将他的总部设在基辅市中心的一座前乌共大楼里。他在人手和资金方面都极其紧缺。莫罗佐夫主要用电话与驻地人员进行沟通，北美的乌克兰侨民捐了几部传真机。一开始，他还开着之前担任空军指挥官时用的车。莫罗佐夫为数不多的手下依靠驻乌克兰各部队的志愿者搜集当地情报。有些部队中，他的军官们甚至充当卧底。莫罗佐夫本人也很难被乌克兰军事地区的指挥官接受，因为他们的军衔都比他高。

11月，谣言四散而起：基辅军区指挥官维克多·切切瓦托夫将军已下令逮捕莫罗佐夫，他曾经在政变时随瓦连尼科夫大将拜访了克拉夫丘克。还有报道说戈尔巴乔夫批准在11月28日，也就是公投的前两天，驻乌克兰部队将在乌克兰举行军事演习。尽管莫罗佐夫谴责了这些计划，但是时下身为国防部部长的他却很难控制军队在乌克兰领土上的所作所为。[19]

12月1日周日的上午，克拉夫丘克在基辅中心的一个投票站，将一张选票投入投票箱中，乌克兰和国外记者的几十台照相机记录下了这一历史瞬间。与很多同胞一样，克拉夫丘克在早上投票。从投票站发来的早期报道显示投票情况不错。

在农村，大多数人都起得早，带头开始投票。在基辅南面的科丁，有70%到80%的登记选民在上午10点前完成投票。一位当地妇女告诉西方记者这一事实后，流下了泪水。她为她的乡亲们感到自豪，她坚信他们会投票赞成独立。在基辅，和在农村一样，许多人和自己的家人一起带着孩子去投票。一些人投完票后不愿意回家，还待在投票站附近，讨论公投可能的结果及意义。一些乌克兰裔美国人和加拿大人回到故乡见证这一历史性时刻，这一经历让他们动容。《乌克兰周报》的克里斯蒂娜·拉帕查克对一位美联社记者表达了许多乌克兰裔美国同胞的感受："我觉得那天所有地方都出现了幽灵——那些没有幸运地活到投票这天的人的幽灵。我们的祖先都来了，每一个曾遭受过苦难、每一个曾梦想他们的子孙可以看见自由的人都来了。我们就是他们的子孙。"[20]

8月底，乌克兰政府的一位部长谢尔巴克曾登上莫斯科全联盟议会的演讲台，朗读了乌克兰独立宣言。他后来回忆说，各政治派别和社会团体汇聚在一起为独立投票。人人都怀揣着希望和期待：国家民主党希望获得独立并快速推进乌克兰文化；前乌共领导希望为自己及家人寻找一个逃离莫斯科控制的避风港；大多数民众相信乌克兰是联盟最富裕的共和国，希望从贫穷而又无法预测的俄罗斯分离出去，远离政治和军事冲突。乌克兰裔美国人曾在投票开始前成功说服布什总统承诺承认乌克兰独立，这让乌克兰精英相信他们不仅可以宣布独立，还能赢得独立。[21]

公投的结果比支持乌克兰独立的最乐观人士的期望还要好。12月1日的投票率达到84%，其中90%的选民支持独立。克拉夫丘克曾预测不少于80%的选民会支持独立，当时戈尔巴乔夫把他叫作梦想家，但是即使是克拉夫丘克也没有料到这一事实。公投的一周前，曾经被囚于古拉格的议会代表斯捷潘·赫马拉告诉他，支持率会超过90%，克拉夫丘克说他疯了。可是，赫马拉猜对了：公投的最终结果是90.32%的人支持独立。

正如民调预测的那样，加利西亚的捷尔诺波尔州的投票几乎是一致支持独立，投票率超过97%，有将近99%的选民支持独立。几周前，克拉夫丘克差点在乌克兰中部城市文尼察被崇拜者踩踏，那里支持独立的票数超过95%。东部和南部的支持率稍稍逊色，但是也很高。敖德萨州有超过

85%的人投票赞成独立。顿巴斯地区的卢甘斯克州是乌克兰最东部的州，投票的支持率超过83%，邻近的顿涅茨克州支持率达到近77%。即使在乌克兰当局最头疼的克里米亚，也有超过54%的人投赞成票。在苏联黑海舰队所在的塞瓦斯托波尔，这一数字达到57%。

克拉夫丘克在12月2日凌晨2点得知公投最初的结果。毋庸置疑，克拉夫丘克和他的对手们发起的独立运动创造了一个独立国家，而他们中间将有一人会领导这个国家。与大家期望的一样，除了在加利西亚，车诺维尔的票数领先之外，克拉夫丘克在乌克兰其他各州都获得领先。从全国来看，克拉夫丘克得到61%的选票，车诺维尔获得23%的选票。克拉夫丘克取得最强劲的表现是在卢甘斯克州，他在那里得到76%的选票。在克里米亚，他得了56%的选票，而车诺维尔的得票为8%。虽然戈尔巴乔夫做了悲观的预测，但是乌克兰并没有因民族冲突或地方分离主义而四分五裂。当天上午晚些时候，克拉夫丘克致电戈尔巴乔夫，通告公投和总统竞选的结果，戈尔巴乔夫简直不敢相信。他恭喜这位乌克兰领导人取得了总统竞选的胜利，但是没有提到公投。[22]

第二天，戈尔巴乔夫撕毁了他的顾问沙赫纳扎罗夫准备的致乌克兰公民讲话稿。自此，沙赫纳扎罗夫不再为如何打民族牌破坏乌克兰独立运动提建议了，他已经完全接受俄罗斯对乌克兰公投的立场了。叶利钦身边的人不得已接受了这一不可避免的事实，也准备认可乌克兰公投的结果。沙赫纳扎罗夫在讲话稿中写上了恭贺乌克兰的"历史性选择"。戈尔巴乔夫命令他的另一位助手切尔尼亚耶夫准备一份新稿子，内容包括"所有人都独立了，但是并非所有人将独立变成反对联盟的武器……不幸等着乌克兰人——生活在那里的人和遍布全国的人都是如此……这对俄罗斯人更是如此"的话。切尔尼亚耶夫听从了。第二天，戈尔巴乔夫发布了一份对全苏联议员的讲话。"你们每个人都有权反对联盟，"讲话稿写道，"但是由人民选出的领导人必须考虑到所有后果。"他警告代表要提防民族冲突。

12月2日晚，苏联总统打电话给叶利钦时，切尔尼亚耶夫也在戈尔巴乔夫的办公室里。戈尔巴乔夫提出要和叶利钦见面，讨论这个新情况，也许还要会见克拉夫丘克和哈萨克斯坦领导人纳扎尔巴耶夫。俄罗斯总统对此回应道："这么做没用的，乌克兰独立了。"他提出建立一个由俄罗斯、乌克兰、白俄罗斯和哈萨克斯坦组成的四国联盟。戈尔巴乔夫断然拒绝了："那我将处于何地？如果这么决定，我就离开。我不会像一块大粪似的在冰洞里打滚。"戈尔巴乔夫不会支持建立一个让他依附于叶利钦并沦为敌人配角的联盟，叶利钦不会容忍一个让戈尔巴乔夫对他指手画脚的联盟。[23]

1991年12月3日，布什要他的助手接通克拉夫丘克的电话，他想祝贺这位新当选的总统取得竞选胜利，并以压倒性的得票取得独立。布什告诉克拉夫丘克，美国人民欢迎这个新民主国家的诞生，并会派遣一个代表团与之讨论核裁军、边界问题、人权和少数民族权利问题。克拉夫丘克告诉布什一个好消息：叶利钦已经联系他了，俄罗斯承认了乌克兰独立。他会在下周六会见叶利钦，与他讨论新形势并协调双方政策。[24]

斯拉夫三国一体

布什最先从叶利钦那里得知俄罗斯与乌克兰领导人会面的计划,他在乌克兰公投前夜同叶利钦通了话。俄罗斯总统对布什说,为了维护与乌克兰的良好关系,如果乌克兰支持独立的选票超过70%,俄罗斯就应该立即承认乌克兰独立,这着实让布什有些吃惊。

"立即?"布什问道。

"是的,我们必须立刻这么做,"叶利钦回答道,"否则我们的立场将会不明确,这没有必要,尤其是我们即将迎接新的一年和新的改革。戈尔巴乔夫还不知道,他还以为乌克兰会签字。"

叶利钦却不这么认为。"现在只有7个国家愿意签署联盟协议草案——5个伊斯兰国家和2个斯拉夫国家(白俄罗斯和俄罗斯)。"他告诉布什。他解释说,如果乌克兰不加入联盟,俄罗斯就会有麻烦:"作为斯拉夫国家的俄罗斯和白俄罗斯有2票,而伊斯兰国家有5票,我们不愿看到这样的局面。"几分钟后,他又说:"我现在同少数几位重要顾问一起在认真考虑如何维持联盟，但也在考虑如何与乌克兰保持关系。我们与乌克兰的关系比与中亚共和国的关系更重要，我们一直致力于维护这一关系。另一方面，我们不能忘记伊斯兰原教旨主义这个因素。"

虽然叶利钦对戈尔巴乔夫推动的联盟协议的前景有些质疑，但是他对俄乌关系的未来很乐观，也对可能的、包括上述两国的新联盟持乐观态度。他对布什说："我认为新任乌克兰总统不会与戈尔巴乔夫展开谈判，而会与俄罗斯进行会谈。"叶利钦实际上就是告诉布什，他与克拉夫丘克在即将开始的会议中将持有的立场。他不想加入一个没有乌克兰的新联盟，认为俄罗斯必须与乌克兰形成某种联盟关系。因此，他会在戈尔巴乔夫支持的新联盟协议框架外与乌克兰开启商谈。对于中亚共和国，他想削减对其的补助，但会继续在那里维持某种形式的影响。现在，俄罗斯总统主要关心保密问题。叶利钦请求布什不要向任何人披露他们谈话的内容，他指的是戈尔巴乔夫。布什同意了。[1]

叶利钦向布什展示的是一项大胆的新政策：俄罗斯不会再像8月底那样，用分割领土来威胁乌克兰。相反，他欢迎乌克兰独立，还会背着戈尔巴乔夫与主权国家乌克兰商讨联盟协议。很明显，这会打破戈尔巴乔夫改革苏联的希望，但是俄罗斯和乌克兰间的新联盟实际上意味着什么，还不甚明了。联盟的条件是什么，俄罗斯能向乌克兰精英提供他们在戈尔巴乔夫那里无法得到的，在实际独立的情况下想要得到的东西吗？如果两位领导人达成妥协的话，这会让伊斯兰共和国感到满意吗？包括叶利钦在内，似乎没人知道这些问题的答案。希望在即将到来的俄乌总统会面时能给出答案。

12月2日，当公投的最初结果公布后，叶利钦发布了承认乌克兰独立的声明。俄罗斯是继波兰和加拿大之后第三个承认乌克兰独立的国家。叶利钦希望克拉夫丘克与自己商谈，而不是与戈尔巴乔夫，他也需要在开启俄罗斯激进改革之前与乌克兰明确关系。俄罗斯总统想要在莫斯科城外，在戈尔巴乔夫视线之外的地方与乌克兰总统会面，而乌克兰公投后不久，机会就来了。叶利钦将正式访问白俄罗斯，这次访问是叶利钦和白俄罗斯议长舒什克维奇在新奥加廖沃府邸，在由戈尔巴乔夫主持的一场国务院会议的间隙商议决定的。此次访问原计划定于11月29日，但因为关注乌克兰公投而被推迟。现在访问定于12月7日，这将成为乌克兰公投后最重要的一个事件，它将决定苏联的命运。[2]

12月7日星期六上午，叶利钦率领俄罗斯代表团抵达白俄罗斯首都明斯克，代表团包括俄罗斯政府的二把手、国务卿布尔布利斯，掌管经济改革的副总理盖达尔，外交部部长科济列夫，以及叶利钦的法律顾问沙赫赖。46岁的布尔布利斯是顾问团中最年长的一位。最年轻的两位顾问盖达尔和沙赫赖，都是35岁。这次访问的官方目标是签署俄罗斯和白俄罗斯之间的协议，将俄罗斯供应石油和燃气一事提上日程。但是在对白俄罗斯议会的讲话中，叶利钦告诉代表，他访问明斯克只是旅途的第一站，促进俄白合作只是其中一个目标。"斯拉夫各共和国的领导人将会考虑4个或5个版本的联盟协议，"叶利钦对白俄罗斯议员说，"也许3位国家首脑的会面将是历史性的。"[3]

叶利钦心里有些什么想法呢？其中一个想法来自外交部部长科济列夫，他为叶利钦起草了一份4页纸的备忘录，内容是关于联盟改革可能出现的架构。然而，这份备忘录是匆匆拼凑而成的，不能作为未来政策的蓝图。科济列夫在前往明斯克的前夜，在塞瓦莫斯科酒店与8月政变中他的主要西方联络人温斯坦会面，此人曾是波士顿大学的历史学教授，也是位于华盛顿的民主基金会会长。俄罗斯外交部部长问他的美国朋友：联邦、联盟和联合体有何不同？同一天，在与到访的匈牙利首相安塔尔·约瑟夫会面时，布尔布利斯为将来后苏联时期的组织起草了几份计划：一份计划提议，除了波罗的海国家，其余所有苏联加盟共和国组建成一个松散的邦联制国家；另一份计划提议，由俄罗斯、乌克兰、白俄罗斯，可能再加上哈萨克斯坦组成一个联盟。[4]

成立斯拉夫联盟的想法最先由苏联时期最著名的俄罗斯作家亚历山大·索尔仁尼琴提出。他曾是斯大林劳改营的阶下囚，著有《古拉格群岛》，这本书在西方广受好评，但是在苏联被禁止出版。作为诺贝尔文学奖的获得者，索尔仁尼琴在 1974 年被苏联当局驱逐出境。他在佛蒙特过着流亡生活，1990 年他写了一篇题为《重建俄罗斯》的论文。论文开篇写道："共产主义的时钟已经停摆，但是它坚实的大厦还没有坍塌。因此，我们不是要获得自由，而是不让自己被瓦砾压垮。"索尔仁尼琴是一位传统的俄罗斯民族主义者，他依然用革命前的眼光看待俄罗斯人、乌克兰人和白俄罗斯人，他认为他们都属于同一个俄罗斯民族。他提议广义的俄罗斯人应该摆脱帝国的重担，建立一个自己的国家，包括俄罗斯、乌克兰、白俄罗斯和被斯拉夫人殖民统治的哈萨克斯坦北部。索尔仁尼琴将后者称为"南西伯利亚"。[5]

1990 年 9 月，《重建俄罗斯》一文在苏联发行量最大的报纸《共青团真理报》上发表，在苏联引发广泛讨论。几个月后，3 个斯拉夫共和国和哈萨克斯坦的领导人交给戈尔巴乔夫一份备忘录，提议建立一个其他共和国可以加入的主权国家联盟，当时这一想法具有重要的现实意义。然而，戈尔巴乔夫扼杀了这一构想，政治风向右转，在对波罗的海国家使用了武力之后，他实际上成了被苏联旧领导层的强硬派挟持的人质。1991 年 3 月，叶利钦、克拉夫丘克和白俄罗斯领导人开始就建立一个斯拉夫联盟进行谈判。戈尔巴乔夫脱离强硬派阵营，忽然转向共和国领导人那一边，包括支持新联盟协议，使得斯拉夫国家联盟谈判戛然而止。

叶利钦在乌克兰公投之后立即向戈尔巴乔夫建议组建一个斯拉夫联

盟，但是这位苏联领袖听不进去。他需要中亚共和国来挽救自己的联盟计划，并继续掌权。同时，在叶利钦的阵营里，没人知道基辅会怎么回应。布尔布利斯后来回忆说，公投后，当他和俄罗斯政府中的其他人开始"在书面和口头上称乌克兰人是自由人，我们觉得必须组织起来。现在最重要的问题是，如何与狂欢庆祝的乌克兰打交道"。[6]

12月7日下午，克拉夫丘克带着几位顾问飞往明斯克，与同天抵达白俄罗斯的俄罗斯总统叶利钦举行会晤。当天上午，克拉夫丘克还会见了布什总统的特别代表——助理国务卿托马斯·奈尔斯。他告诉这位美国客人，他要带一系列建议前往明斯克，这些建议将会促成乌克兰与俄罗斯和白俄罗斯签署双边协议，并可能建立像欧盟那样的国家共同体。从克拉夫丘克的回忆录中可以看出，乌克兰领导人当时只想要一件事：将乌克兰独立变成一个政治现实。但是要取得成功，乌克兰人需要俄罗斯的合作。在与叶利钦即将展开的政治竞争中，公投结果是克拉夫丘克的王牌。"这次会面中，"克拉夫丘克后来回忆道，"主要的不同在于乌克兰全体人民的意志已经通过公投表达出来了，我带着这个结果而来。此外，我已正式成为总统。"[7]

陪同这位新上任的乌克兰总统出访明斯克的随行人员包括总理福金，这位59岁的采矿工程师来自乌克兰东部。与叶利钦的前总理西拉耶夫一样，福金是苏联计划经济制度的产物，尽管他支持乌克兰经济自主，甚至也支持乌克兰独立，但是他担心包括所有共和国在内的苏联单一经济体，一旦解体之后可能发生的连锁反应。乌克兰国家民主力量在乌克兰议会反对派阵营中有两位代表，他们均来自共和国的知识界。一位是林业和生态专家米哈伊洛·霍洛彼茨，另一位是建筑设计师弗拉基米尔·克雷扎尼夫斯基，他们在1990年春季的首次自由选举中步入政坛。在议会，他们加入了国家民主人民委员会，反对克拉夫丘克和8月政变前他在乌共的势力。

乌克兰代表团在明斯克受到白俄罗斯议会议长舒什克维奇的欢迎。"我们在机场受到了非常热烈的欢迎。"霍洛彼茨回忆道,"白俄罗斯最高委员会首长舒什克维奇是一位物理学教授,待人极其友善,他也是一位杰出的外交官和睿智的政府首脑。"霍洛彼茨显然发现彼此志趣相投。舒什克维奇能在共和国登上最高位置是改革的结果,也是政变失败的结果。舒什克维奇于1934年在明斯克出生,他长期致力于科研和教学,并在36岁时获得了无线电电子学的博士学位,这是他的第二个博士学位——以当时的标准来说确实是一大成就。1986年,他成为母校白俄罗斯国立大学的副校长。

苏联改革极大地推进了舒什克维奇的职业生涯。1989年,他入选苏联议会,并且加入了民主派的"地区间代表团",该代表团成员有苏联著名异见派人士、苏联氢弹之父萨哈罗夫,曾是历史学家和共产党员的共产党政权激进批评者尤里·阿法纳谢夫,以及后来在民主竞选中当选的莫斯科和列宁格勒(圣彼得堡)市市长波波夫和索布恰克。第二年,他又入选了白俄罗斯议会,并成为第一副议长。1991年8月,舒什克维奇抵制政变,签署了反对政变者的倡议书。9月,随着强硬派在政变后失去对议会的控制,舒什克维奇当选议会议长,同时成为白俄罗斯的实际领导人。[8]

白俄罗斯是为苏联军工体系提供主要电子产品的生产国,它也因此闻名全国。它被视为小康之国,其中一部分原因是其乳业的成功,当苏联其他地区乳制品短缺的时候,白俄罗斯人民却能够得到牛奶、黄油和奶酪。1986年4月26日,切尔诺贝利核电站反应堆爆炸,这所核电站就位于与白俄罗斯交界的乌克兰南部,这给白俄罗斯的田园农场带来了灭顶之灾。灾难发生的头几天里,风将核电站近70%的放射性微粒吹到白俄罗斯,毒害了该国五分之一的可耕地。虽然如今白俄罗斯在农业生产方面依然可以自给自足,但是在能源方面非常依赖俄罗斯和其他共和国。1991年12月叶利钦访问明斯克时,确保俄罗斯石油和天然气的供应成为白俄罗斯领导人的首要任务。[9]

当12月7日下午乌克兰飞机降落在明斯克时，舒什克维奇告诉克拉夫丘克，对于即将到来的会议，白俄罗斯在政治议程方面有如下安排：发布一份声明，宣告戈尔巴乔夫失去统治能力、新联盟协议谈判陷入僵局、经济政治局势变得更加严峻。当天早些时候，舒什克维奇在叶利钦抵达明斯克时，与俄罗斯总统交换了这个想法。但是克拉夫丘克似乎无动于衷，告诉舒什克维奇他到白俄罗斯不是为了这个宣言。舒什克维奇不知道该说些什么，他没有安排其他议程。他告诉克拉夫丘克，当天晚些时候在域斯格里的猎场别墅举行会议，叶利钦也会参加。[10]

"为什么在域斯格里？"克拉夫丘克吃惊地问道。舒什克维奇回答说那里可以逃离日常政府事务的压力和记者的注意，这是好事。域斯格里是赫鲁晓夫时期为苏联高级领导人修建的一座国有猎场别墅，距离波兰边境只有8千米，位于白俄罗斯境内的比亚沃维耶扎（也译作别洛韦日）森林里。第一次世界大战前，该地区属于俄罗斯帝国，一战和二战之间属于波兰。1939年《苏德互不侵犯条约》又使这片森林成为了苏联领土。二战期间，比亚沃维耶扎森林沦为游击战场，并成为当地犹太人逃离大屠杀的避难所。[11]

1957年，赫鲁晓夫统治时期，比亚沃维耶扎森林被宣布为国家保护区。同年，赫鲁晓夫第一次去这里狩猎度假。当地人后来回忆说赫鲁晓夫是一位神枪手，仅次于他的匈牙利同行卡达尔·亚诺什。另一位喜欢造访域斯格里的政治家是赫鲁晓夫的继任者勃列日涅夫。最受比亚沃维耶扎的猎手们追捧的猎物是一种珍稀的欧洲野牛，波兰人和白俄罗斯人称之为zubr（欧洲野牛）。很少有猎手能杀死一只野牛，大多数人对野猪就很满意了，但是他们都喝过各种名为朱波罗夫卡的野牛草伏特加。1991年6月，有人建议戈尔巴乔夫将域斯格里作为他与德国总理科尔会面的场所，但是后来他们在基辅会面了。12月，白俄罗斯主办方为即将在域斯格里举行的斯拉夫峰会准备了无限量供应的朱波罗夫卡。[12]

乌克兰代表团抵达域斯格里后，没有等叶利钦来就去打猎了——以此显示对俄罗斯"不顺从"。叶利钦的警卫队长科尔扎科夫当时就注意到了，他后来这么描述这位乌克兰总统："他总是想显示出'独立'的行为，以此强调自己的独立性。与此相反，舒什克维奇作为东道主，很友好地接待客人。"舒什克维奇尽力缓和叶利钦当天早些时候向白俄罗斯议会赠送"友好礼物"时带来的不利影响。礼物是17世纪沙俄对白俄罗斯奥尔沙市的宪章，宪章将其归于沙俄保护之下。叶利钦及其顾问把它看作是俄白友谊的象征，应该在未来加以仿效，而白俄罗斯议会民主派反对党却视其为俄罗斯帝国主义的标志。叶利钦的礼物换来了"耻辱！"的抗议声。俄罗斯总统不知所措，后来将此事怪罪于他的顾问。[13]

　　叶利钦在白俄罗斯总理维亚切斯拉夫·克比奇的陪同下来到域斯格里。在由议长和总理组成的白俄罗斯权力集团中，总理是更具权势的人物。同克拉夫丘克一样，55岁的克比奇出生于两战期间被波兰占领的领土，但是他的职业生涯更多是与工业而非意识形态联系在一起，相较于克拉夫丘克，这一点与叶利钦更相似。克比奇的职业生涯起步于苏联工业界，后晋升至明斯克高科技企业的首位董事长，后来成为明斯克共产党城市委员会秘书。在戈尔巴乔夫改革之初，他成为白俄罗斯政府的代理首脑，1990年他被任命为总理。1991年9月，克比奇成为白俄罗斯议会议长选举的体制内候选人，但是在政变后的氛围里，他没能获得突然激进化的代表们的支持。作为临时的妥协，他接受了舒什克维奇的当选。舒什克维奇作为形式上的最高首脑，克比奇仍然掌控着白俄罗斯政府，该政府由前工业企业管理层和共产党官员组成。如果白俄罗斯像俄罗斯和乌克兰那样设立总统一职的话，他希望自己成为白俄罗斯总统。[14]

　　1991年12月7日晚，3个共和国参加的斯拉夫峰会以晚宴开始。晚宴上，叶利钦姗姗来迟，其他人都在等他。这位俄罗斯总统刚坐下，就发现自己正对着克拉夫丘克，两人的强强对话，使其他与会者，包括白俄罗斯领导人，都变成谈判过程的见证者。他们的会谈持续了一个多小时。其他人只是说了几句话，祝贺3个东斯拉夫国家的友谊，试图缓和会谈的气氛。

叶利钦一开始履行了几天前对戈尔巴乔夫的承诺，当时他告诉了苏联总统他即将与乌克兰和白俄罗斯领导人会面。他将戈尔巴乔夫和共和国领导人几周前在新奥加廖沃讨论的联盟协议文本放到会议桌上，并代表苏联总统要求克拉夫丘克签字。叶利钦又说，他会紧随其后的。"我记得克拉夫丘克听到这番前言时苦笑了一下。"白俄罗斯外交部部长切赫·克拉夫琴科后来在回忆录中写道。戈尔巴乔夫提出并由叶利钦带到域斯格里的协议赋予了乌克兰修改协议文本的权利，但是只有在签署后才生效。即使克拉夫丘克曾经打算根据自己的特别条件加入联盟，这也是一个陷阱。克拉夫丘克不会跳入这个陷阱。戈尔巴乔夫没有提出新内容，叶利钦只带着戈尔巴乔夫的首肯去了比亚沃维耶扎。克拉夫丘克拒绝签字。[15]

克拉夫丘克拿起了他的主要谈判武器。为了重新获得主动，他向叶利钦和舒什克维奇展示了乌克兰公投的结果。"我根本没有料到，"他后来回忆道，"俄罗斯人和白俄罗斯人会对投票结果如此惊奇，尤其是在传统的俄语区——克里米亚和乌克兰南部及东部地区。大部分非乌克兰人（乌克兰共有1400万非乌克兰族人）如此积极支持政治主权，这对于他们来说是个意外。"

据克拉夫丘克说，叶利钦对此尤其印象深刻。他问："什么，顿巴斯也投票赞成？"

"是的，"克拉夫丘克回答道，"没有一个地区的票数低于一半。你看，情况已经大大改变了，我们必须寻找其他解决办法。"

随后，叶利钦另辟蹊径，他谈到了俄罗斯和乌克兰的共同历史、传统友谊和经济联系。克拉夫琴科觉得俄罗斯总统真诚地试图挽救联盟。克拉夫琴科回忆道:"但是克拉夫丘克并不妥协,他面露笑容,神色安静,避开了叶利钦的争论和提议。克拉夫丘克什么都不想签!他的观点再简单不过了。他说道,乌克兰在公投时就已经决定了自己的道路,这条道路就是独立。苏联已不复存在,议会不会允许他参与建立任何形式的新联盟。乌克兰也不需要这样的联盟:乌克兰人不想把一个枷锁换成另一个枷锁。"[16]

叶利钦的得力干将布尔布利斯也将埋葬新联盟的想法归因于克拉夫丘克。"在这里,确实,克拉夫丘克是所有联盟反对者中最坚持也最固执的一位,"他后来回忆道,"很难说服他有一丁点融合的可能。尽管他是个明理之人,但是他觉得公投结果制约了他的选择。克拉夫丘克向我们解释了上百遍,对于乌克兰而言,根本不存在联盟协议的问题,融合是不可能的。这根本是痴人说梦:任何联盟,甚至改良过的联盟,无论有没有中央都不可能实现。"讨论陷入了僵局。叶利钦的法律顾问沙赫赖后来回忆说,乌克兰代表团中的民族运动的代表抱怨说:"我们在这儿什么都做不了!让我们回基辅吧。"另一个版本则是,克拉夫丘克对叶利钦说:"回到俄罗斯后,你的身份是什么?我是乌克兰人民选出的总统,你的职责会是什么——戈尔巴乔夫的下属,和以前一样?"[17]

既然克拉夫丘克拒绝签署联盟协议,叶利钦宣布没有乌克兰的话,他也不会签字,克拉夫丘克认为事情迎来了转折点。此时,他们才开始探寻一个替代苏联的新结构。克拉夫琴科将讨论方向的改变归功于乌克兰总理福金。福金并没有直接反驳克拉夫丘克,而是用另一种方式表达了自己的观点。克拉夫琴科回忆道:"福金一直援引拉迪亚德·吉卜林(英国小说家、诗人,出生于印度孟买)的话,开始说起血缘的召唤,兄弟同胞的团结,说起了大家的民族同根。在温柔的语调和言辞烘托之下,他说的一切都显得很对。当克拉夫丘克开始反驳时,福金提出了经济问题。"据说,直到那时克拉夫丘克才说:"那么,鉴于大多数人希望达成一个协议……那就让我们想想这个新结构该是什么样子。也许，我们确实不应该分开。"[18]

会议桌上的谈话进入了更具建设性的阶段。叶利钦坚持认为会议不应该光说不做。俄罗斯总统建议专家起草一份3个斯拉夫共和国之间的协议，由各国领导人于第二天签署。大家都同意。克比奇后来回忆道，叶利钦问沙赫赖和科济列夫有没有做什么准备。他们回答说只有尚不成文的草稿。叶利钦命令"少壮派"与白俄罗斯人和乌克兰人一起起草一份新协议。专家走后，叶利钦发泄了对戈尔巴乔夫的不满。据这位俄罗斯总统说，戈尔巴乔夫在国内外都失去了信誉，西方领导人担心苏联将难以挽回地走向解体，而核武器将会失控。据克比奇所说，叶利钦告诉大家："必须让戈尔巴乔夫下台。受够了！……不陪这位沙皇玩下去了！"

对白俄罗斯人来说，这次会议的结果完全出人意料。他们原本准备了一份旨在警告戈尔巴乔夫的声明，警告他如果不向共和国妥协，这个国家就会分崩离析。他们考虑过可能建立一个松散的联盟……但是完全不要联盟吗？白俄罗斯的领导层没人料到事态会如此发展。"宴会后，白俄罗斯代表团几乎所有人都聚集到克比奇的小屋子里，只有舒什克维奇不在。"克比奇的一位警卫米哈伊尔·巴比回忆道，"他们开始就说，乌克兰不想留在苏联了，所以我们得想想现在该怎么办，如何向俄罗斯靠拢。"战略决策似乎当场就定了：白俄罗斯会追随俄罗斯，要么加入一个新联盟，要么退出既有联盟。宴会后，白俄罗斯人邀请两个代表团的成员去蒸桑拿放松一下。乌克兰代表拒绝了，但是大多数俄罗斯代表，包括盖达尔、科济列夫和沙赫赖都接受了。[19]

桑拿过后，"少壮派"与克拉夫琴科和其他白俄罗斯专家聚集到盖达尔的小屋来讨论协议文本，俄-白联系更进了一步。乌克兰人没有来，但是他们的立场好比房间里的一只大象，没有人能忽视。即使在商定协议题目时都考虑到了乌克兰的立场：《成立民主国家联合体协议》。"联盟"出局了,"联合体"入选了。当天晚宴上,乌克兰人尤其坚持废止"联盟"的字眼。"克拉夫丘克甚至要禁止这个词,"布尔布利斯回忆道,"就是应该把它从词典里、从意识里、从经验里赶走。既然不存在联盟,也就不存在联盟协议。"另一方面,"联合体"这个词没有负面含义;实际上,它有积极含义。克拉夫琴科后来写道,在起草会上,他和同事们"想到英联邦共同体,这似乎正是后帝国时代一体化的理想案例"。

对文件名称达成一致后,专家们不知道从何入手。盖达尔拿出了俄-白协议草案救了场:俄罗斯代表团带来这份协议是为了与白俄罗斯人在明斯克进行双边谈判的。克拉夫琴科回忆道:"盖达尔取出了文件,并且在我们的帮助下,开始将它从双边协议修改成一份多边协议。这个工作花了很长时间,一直持续到凌晨5点。"整个文本都是盖达尔手写的,因为住所没有打字机和打字员。凌晨5点,安保人员离开会场去找打字机和打字员。他们要几小时才能回来。当草稿完成时,参加夜间会议的代表终于可以上床休息了,这时已是莫斯科时间早上6点,他们听到莫斯科电台在苏联国歌的旋律中开始了每日播报。熟悉的歌词响起:"'伟大的俄罗斯'把各个自由共和国,结成永不分离的联盟。"而伟大的俄罗斯和白俄罗斯的代表们已倒在床上,为了将这个"永远的"联盟变成一个有时限的联盟,他们累得精疲力竭。苏联的倒计时开始了。[20]

新一轮谈判于12月8日早餐后开始,在早餐上,俄-白友谊有了一次奇特的展示。叶利钦赠给舒什克维奇一块手表,以感谢他所谓的"支持俄罗斯总统"的做法。前一天晚上,叶利钦在晚餐后差点摔下楼梯,最后关头被舒什克维奇扶住。早饭前,俄罗斯和白俄罗斯专家将他们花了整整一夜完成的协议稿交给了睡得足足的乌克兰代表。后者认可了这份协议稿,只提出一个告诫——联合体是"独立"国家,而非"民主"国家的。大家一致同意:完全民主对于苏联大多数共和国来说还只是一个梦想。[21]

在吃过早饭、饮过"苏联"牌香槟之后，3位斯拉夫领导人来到台球室，这里已经改成一个会议厅。谈判人员为：叶利钦和布尔布利斯代表俄方，舒什克维奇和克比奇代表白俄罗斯，克拉夫丘克和福金代表乌克兰，这对乌克兰总统来说是有利的。叶利钦的重要幕僚，包括盖达尔、科济列夫和沙赫赖与准备不甚充分的乌克兰和白俄罗斯幕僚在隔壁房间里。克拉夫丘克立即掌控了整个谈判过程，他自告奋勇提出起草一份新协议，全然无视俄－白专家团前一夜通宵准备的协议稿。"我拿了一张白纸和一支笔，说道，我来写吧！"克拉夫丘克后来回忆道，"我们就那么开始了。我们自己起草，自己修改，没有助手。按照惯例，这简直是不可能的——国家首脑自己起草政府文件。"[22]

前一夜，克拉夫丘克拒绝派他的人参加俄－白专家团。实际上，他觉得他无人可派，他后来回忆说："我没有专家。"如果说他的总理福金不愿意埋葬苏联的话，他的"乌克兰民族运动"的顾问们则非常乐意，但是他们缺乏政治经验和法律知识。克拉夫丘克依赖的是：个人的谈判技巧、乌克兰的公投结果、叶利钦对戈尔巴乔夫的憎恨以及"少壮派"想尽快推进俄罗斯经济改革的愿望。前一天的工作晚宴上，他打了一手好牌，断然拒绝签署戈尔巴乔夫的协议或加入任何改良形式的联盟，单枪匹马地赢得了第一轮谈判的胜利。这迫使叶利钦改弦更张，不得不开始构思另一个协议。克拉夫丘克的目的达到了：他同意签署协议的做法已经成了乌克兰让步的象征。如果让他的人与俄罗斯和白俄罗斯人共同起草协议的话，就意味着他必须认可某份协议稿，成为起草过程的一部分；然而，克拉夫丘克想继续左右事情的发展。[23]

克拉夫丘克带着简短的手写笔记。这是1991年初他和叶利钦发起斯拉夫联盟协议时准备的旧稿，但是当时被戈尔巴乔夫拒绝了。1991年秋天，乌克兰议会的专家对其进行了修改，克拉夫丘克在前夜也对其进行了研究：

他忙到凌晨3点才上床睡觉。俄罗斯方面主要是布尔布利斯，他在口袋里藏了自己的笔记。这些领导人带着前一夜俄罗斯和白俄罗斯专家准备好的文件和这些手写的笔记，开始对文本逐条讨论。乌克兰代表霍洛彼茨后来回忆说，12月8日上午他在顾问办公室，在最初30或40分钟里，台球室里悄无声响。后来，显然有事发生，布尔布利斯和福金出来与专家进行了简短的商谈。又过去了15分钟，最后专家听到一声"万岁"——领导人就协议的第一条达成了一致。在叶利钦的倡议下，他们举起香槟庆祝胜利。后面的过程就顺利了。[24]

成立独立国家联合体的协议由14个条款组成。3位领导人同意建立联合体，并承认各独立共和国的领土完整和既有边界。他们宣布希望联合控制核武器，也宣布愿意减少军队，并争取全面核裁军。联合体的潜在成员国将拥有宣布中立和无核地位的权利。联合体的成员资格向所有苏联加盟共和国和其他赞成协议目标和原则的国家开放。联合体的协调机构将不会设在莫斯科——也就是曾经的沙俄帝国以及正在消失的苏联和当下的俄罗斯首都——而会设在白俄罗斯首都明斯克。

3位领导人保证履行苏联缔结的国际协议和承担的国际义务，但是宣布自签署该协议之时起，苏联法律在各自国家的领土上无效。协议的最后一段写道："联合体成员国领土上的前苏联机构将终止运营。"文件开头宣布："我们，白俄罗斯共和国、俄联邦和乌克兰，作为签署1922年联盟协议的苏联创始国……在此宣布苏联终止其作为国际法主体和地理政治现实的存在。"[25]

苏联的三大创始国不仅离开苏联，还共同解散了苏联，这一想法要归功于叶利钦的法律顾问沙赫赖。苏联宪法保证共和国有权离开联盟——3个波罗的海共和国经过了漫长的斗争之后，在1991年9月兑现了这一权利。但是沙赫赖的想法还不止这一点：俄罗斯、乌克兰和白俄罗斯不仅要离开联盟，还要解散联盟。苏联是由4个苏维埃社会主义共和国于1922年12月成立的：俄罗斯，乌克兰，白俄罗斯，以及后来分成格鲁吉亚、亚美尼亚和阿塞拜疆共和国的外高加索联邦。当外高加索联邦在1936年撤销，联盟的未来将由3个余下的创始国决定——这就是沙赫赖的想法。[26]

据克比奇所说，在整个协议被领导人批准后，布尔布利斯倡议将解散苏联的声明附在这份文件的后面。据说布尔布利斯告诉叶利钦这份文件缺少一个条款，这让叶利钦吃了一惊。"我们应该在协议一开始就否定1922年的联盟协议。"布尔布利斯说，"只有这样，我们的协议才能在法律上绝对正确。"几位领导人同意了。如果说同俄罗斯和白俄罗斯一起离开联盟对克拉夫丘克而言是件好事的话，这个解决方案并没有让叶利钦满足，因为这不仅让俄罗斯与前帝国的大部分疆域分离，而且没有给予他任何在该地区维持影响力的法律依据，甚至还让戈尔巴乔夫得以继续执掌残余的联盟。如果俄罗斯离开苏联，但联盟不解散，戈尔巴乔夫还会继续待在联盟的所在地莫斯科，但是俄罗斯首都莫斯科又不属于联盟。这样戈尔巴乔夫和俄罗斯总统之间的较量还会继续，会比之前更加惨烈。完全解散联盟是满足叶利钦及其团队的唯一解决方案。[27]

域斯格里的签署仪式于下午2点在狩猎别墅的大厅里进行。桌子从其他房间里搬来，椅子从起居室搬来。克比奇的任务是找来一块桌布，最后他在餐厅找到了。他的下一个任务是安排记者参加一个非常简短的仪式。雅科夫·阿莱克森奇克是为数不多的参加该仪式的媒体代表之一，他注意到叶利钦"状态欠佳"。显然，叶利钦用来庆祝达成协议条款的"苏联"牌香槟不只是影响了苏联解散的进程。报社记者被告知不要向叶利钦提问。但是仪式一结束，心情很好的叶利钦决定对记者们说几句。当时，白俄罗斯总理发言人根据先前的上级指示，忽然打断了叶利钦："鲍里斯·尼古拉耶维奇，什么都没必要说，所有事都很明确！"叶利钦吃了一惊，他对记者说："好，既然你们都明白的话……"然后就突然离开了房间。记者招待会也就此结束。[28]

克拉夫丘克记得叶利钦那天压力很大。他考虑得长远，思考着现在他的盟友和敌人与戈尔巴乔夫不可避免的冲突。"鲍里斯·尼古拉耶维奇显然很紧张，"克拉夫丘克在回忆录中写道，"他担心戈尔巴乔夫可能会赢得纳扎尔巴耶夫的支持。"哈萨克斯坦的纳扎尔巴耶夫是中亚最有影响力的领导人，戈尔巴乔夫之前正是借助中亚共和国的支持，驳回了斯拉夫领导人的提议。此外，哈萨克斯坦是除了俄罗斯、乌克兰和白俄罗斯唯一一个在本国领土上拥有核武器的共和国。该国还拥有大量的斯拉夫人口，过去曾被认为会加入一个由斯拉夫人主导的联盟。叶利钦命令他的手下往哈萨克斯坦首都阿拉木图挂电话，但是他们被告知纳扎尔巴耶夫正在乘飞机前往莫斯科。克拉夫丘克后来回忆说："我叫鲍里斯·尼古拉耶维奇不要担心，感觉这一进程无法逆转了。"他的安抚没有达到预期的效果。[29]

叶利钦很固执，他坚持要赶在这位哈萨克斯坦领导人在莫斯科与戈尔巴乔夫会面前，同纳扎尔巴耶夫通话。他让他的警卫队长科尔扎科夫安排此事，但是在纳扎尔巴耶夫降落到莫斯科之前，科尔扎科夫什么都做不了。他试图说服莫斯科伏努科沃机场空中交通管制部门的领导给纳扎尔巴耶夫乘坐的飞机打电话，但是没有奏效。这位将军直截了当地回复说，他听命于另一位领导，不会接受叶利钦安全部门领导的命令。科尔扎科夫在他的回忆录中写道："双头领导危险重重，因为在那段时间里，大家无视权威，谁的账都不买。众人不再把戈尔巴乔夫当回事，而是嘲笑他。但是叶利钦也无法获得权柄。"后来人们知道，根据戈尔巴乔夫的命令，空中交通管制员禁止任何人在哈萨克斯坦总统的飞行途中与他联系。[30]

在这位哈萨克斯坦领导人抵达莫斯科后，叶利钦最后终于同纳扎尔巴耶夫通了电话。叶利钦竭尽全力说服他，说联合体实际上实现了他在1990

年希望建立的四方联盟的想法。纳扎尔巴耶夫答应会来域斯格里。克比奇甚至派了一辆车去机场接这位老朋友，但是纳扎尔巴耶夫没有出现。开始的消息是说他得给飞机加油，后来又说他不来域斯格里，而是去明斯克，而且不是立即，是第二天。有传言称戈尔巴乔夫用摇摇欲坠的苏联总理的职位吸引他留在莫斯科。"纳扎尔巴耶夫不会来的消息让所有人都很郁闷，"白俄罗斯外交部部长克拉夫琴科回忆说，"那时我们才开始猜测戈尔巴乔夫说了什么话让纳扎尔巴耶夫改变了计划。戈尔巴乔夫准备直接动用武力吗？"此时，白俄罗斯克格勃领导爱德华·希尔科夫斯基说了句不祥的话："毕竟，只用一个营就能把我们这里所有人逮捕。"[31]

希尔科夫斯基没有开玩笑。当天早些时候，他曾对总理克比奇说："维亚切斯拉夫·弗兰采维奇，这绝对是一场纯粹的政变！我向莫斯科、向（国家安全）委员会汇报了所有事……我在等待戈尔巴乔夫的指示。"

克比奇听到后大吃一惊。"我不是一个怯懦的人，"他后来回忆道，"但是那个汇报让我毛骨悚然，双手冰凉。"克比奇问他的秘密警察首长："你觉得指令会来吗？"

这位克格勃对此深信不疑："当然了！确切地说，我们面临的是严重的叛国罪，是背叛。不要误解我，我不得不做出反应。我发了誓的。"

这不是克比奇想听的。他说："你至少应该提前告诉我啊！"

希尔科夫斯基回答道："我怕你不会同意。我也不想把你牵涉进来。如果发生什么事，我会负全责。"显然，他尽了最大的努力效忠于两位领导。[32]

克比奇没有把他与希尔科夫斯基的对话告诉舒什克维奇。但是，他很可能对叶利钦和克拉夫丘克说了些什么。叶利钦和其他人都决定应该离开比亚沃维耶扎。纳扎尔巴耶夫还在莫斯科，毋庸置疑，戈尔巴乔夫已经知道了域斯格里商谈的结果。域斯格里与其他世界的通讯现在恢复了，记者有机会向新闻媒体和报社发送报道了。公开是防止冲突的最好方法。当代表们聚集在狩猎别墅的大厅里等待出发去机场时，现在已是独立国家的领导人们却在叶利钦房间里进行会谈。他们的第一个电话是打给有实权逮捕他们的人——苏联国防部部长沙波什尼科夫的。8月政变之后，是叶利钦坚持任命沙波什尼科夫担任国防部部长的，在域斯格里会议前的几个月里，这位部长已经向俄罗斯总统表明了自己的忠心。

叶利钦在莫斯科时间晚上10点前接通了沙波什尼科夫的电话。他告诉这位联盟部长，3个斯拉夫国家正在建立一个新的机制——独立国家联合体。他在电话里念了协议中关于军事的部分。沙波什尼科夫对战略部队在统一指挥下保持团结的条款很满意。叶利钦还有一招巩固沙波什尼科夫对他的忠心，并让他远离戈尔巴乔夫。当天，3位斯拉夫总统签署的文件中包括一份关于建立联合体国防委员会的法令。委员会的第一份指令就是任命沙波什尼科夫担任独联体战略部队总指挥。沙波什尼科夫接受了这一任命，他相信"3位共和国的领导发起的事业显然让事情更加明确，可以帮助社会走出死胡同"。[33]

刚与叶利钦结束谈话之后，沙波什尼科夫就接到了消息异常灵通的戈尔巴乔夫打来的电话。"那么，有什么新闻吗？"他问道，"毕竟你刚刚与叶利钦通话了。白俄罗斯那里怎么样了？"沙波什尼科夫不知道该如何回答。"他就像一只在煎锅上挣扎蠕动的草蛇。"戈尔巴乔夫后来回忆道，"最后他说他们打电话给他，问他对未来国家结构中的联合武装部队有什么想法。这当然是在说谎。"据沙波什尼科夫所说，戈尔巴乔夫告诉他："我警告你，不要插手与你不相干的事！"然后就挂了电话。沙赫赖后来说戈尔巴乔夫当晚试图联系各军区的指挥官。面对国防部部长的实际叛变，戈尔巴乔夫显然试图获得沙波什尼科夫下属的支持。但是，他未能成功。盖达尔后来说戈尔巴乔夫连一个忠诚于他的团也没找到。叶利钦和他的人也联系了地面的军事指挥官。域斯格里的一个电话错误地接到了戈尔巴乔夫的新闻秘书安德烈·格拉切夫那里，叶利钦的助手原本是想联系沙波什尼科夫的第一副部长帕维尔·格拉乔夫，他在8月政变中曾救过叶利钦一命。[34]

在域斯格里，得到了沙波什尼科夫的支持，3位领导人开始考虑致电戈尔巴乔夫了。叶利钦不愿意出头，这个任务就交给了会议主持人舒什克维奇。但是在舒什克维奇接通戈尔巴乔夫电话之前，叶利钦给布什总统打去了电话。据克比奇所说，叶利钦故意在其他人同戈尔巴乔夫说话前打电话给布什。据说有人建议他先同戈尔巴乔夫说话，他反驳说："不可能！首先，苏联已经不存在了，戈尔巴乔夫不再是总统了，他没资格告诉我们该怎么做了。其次，为了避免夜长梦多，最好让他看到这已是既成事实，无法逆转了。"舒什克维奇支持这一想法。据克比奇说，他觉得致电华盛顿就是为了确保莫斯科不会报复。克拉夫丘克后来也是这么解释的。"这样做就让世界知道我们在哪里，以及我们批准了什么文件。"他后来回忆说，"正如他们所说的，什么都可能发生。"[35]

莫斯科时间晚上10点刚过，叶利钦就接通了远在华盛顿的布什的电话。打电话的是俄罗斯外交部部长科济列夫，他必须先说明自己是谁，为何打这通电话——他对于华盛顿还是个无名小卒。根据美方对此次谈话的备忘录，这次通话持续了将近半个小时，从华盛顿时间下午1∶08持续到1∶36。叶利钦告诉布什在白俄罗斯达成的决定。他特别强调了斯拉夫领导人希望对核武器维持联合控制，并会接受苏联的国际义务。叶利钦告诉布什，他刚与沙波什尼科夫谈过，并获得了纳扎尔巴耶夫的支持，纳扎尔巴耶夫应该会飞往明斯克签署协议。不管叶利钦是否认为纳扎尔巴耶夫会加入，还是只想操纵局势并从中渔利，他还是代表4个苏联共和国对布什谈话，而不是3个。"我们很认真。"叶利钦说，"这4个国家的国民生产总值占苏联的90%。"叶利钦承认戈尔巴乔夫还不知道他们的决定。和以往一样，布什很谨慎。他让叶利钦侃侃而谈，只是偶尔用"我知道了"这样的话来回应他的独白。布什承诺会研究一下协议的文本，然后再给他答复。叶利钦的主要目的达到了：布什知道了这一信息，并且没有立即反对他们的提议。[36]

可以想象舒什克维奇的任务是最不招人待见的：告诉戈尔巴乔夫，他认为由自己统治的国家已经不复存在了。舒什克维奇后来回忆说，

> 我用几句话告诉了他："我们签署了某某宣言，内容如下……我们希望建设性地推动这一方案，而放弃其他方案。"戈尔巴乔夫说："你们意识到你们做了什么吗？！你们知道国际社会会谴责你们吗？会引起众怒的！"我已经能听见叶利钦对布什说话："你好，乔治！"科济列夫正在翻译。戈尔巴乔夫继续说："一旦布什发现此事，会怎么样？"我说："鲍里斯·尼古拉耶维奇已经跟他说了，他反应正常……"接着，在电话的另一端，戈尔巴乔夫沉默了……然后我们道了别。

戈尔巴乔夫勃然大怒，要求跟叶利钦说话。根据戈尔巴乔夫的回忆录，他对叶利钦说："你得到美国总统的同意，但在我背后做的这件事是一个奇耻大辱，会让你颜面扫地！"[37]

戈尔巴乔夫希望第二天在莫斯科见到这3位斯拉夫领导人。克拉夫丘克和舒什克维奇都不想去莫斯科。对叶利钦来说，他别无选择。他们同意叶利钦作为代表去同戈尔巴乔夫会谈。叶利钦在离开域斯格里时对克拉夫丘克说："我真不想回去面对他。"有人提醒叶利钦和克拉夫丘克，一旦他们离开域斯格里地区的空军基地，戈尔巴乔夫就可以下令击落他们的飞机。根据美国外交人员听到的传闻，叶利钦于12月9日凌晨抵达莫斯科，他喝得醉醺醺的，只得被抬下飞机。

在苏联（现在是俄罗斯）的首都，戈尔巴乔夫忠实的助手切尔尼亚耶

夫听到了夜间新闻。他在日记中写道："半夜里电台刚刚播报了叶利钦、克拉夫丘克和舒什克维奇宣布苏联作为国际法主体存在的终止。"[38]

乌克兰总统的飞机显示的是飞往莫斯科，然而其实是飞往基辅。在域斯格里时，为了谨慎起见，克拉夫丘克没有打一个电话，也没有告诉家人他的行程安排。当他最终到达基辅城外的住处时，他看到有武装人员守在那里。他不知道会发生什么事情，并做了最坏的打算。后来知道这些人是派来保护他的。安全回到家后，他对他的妻子说了域斯格里发生的事。"那么我们不再属于联盟了？"安东尼娜·克拉夫丘克问，"全结束了？"他回答道："似乎是的。"克拉夫丘克当晚没有回戈尔巴乔夫的电话，他不再视苏联总统为上司了。[39]

白俄罗斯领导人决定留在域斯格里，没有飞回白俄罗斯首都，也就是3位斯拉夫领导人指定的联合体首都明斯克。他们回到狩猎别墅后立刻去睡觉了。在位于比亚沃维耶扎森林边缘的维斯库利村，猎场领导谢尔盖·巴柳克很晚才回到家，他给已入睡的妻子带来了一个令人震惊的消息："苏联散伙啦！"他的妻子一时没有明白其中的意思。"半睡半醒的，我不能理解发生了什么，也不知道该怎么办。"塔妮娅·巴柳克回忆说，"但是他既兴奋又紧张，一直在重复：'苏联没了，没了。'"[40]

| 第 六 章 |

再见了,帝国

THE LAST EMPIRE

戈尔巴乔夫希望能保存从参议院大楼上降下的苏联国旗,把它当作一个纪念品,可是,他已经力不从心了。那些克里姆林宫的守卫者不再遵从他的命令了,他们拿走了国旗。在经历了长达74年的统治之后,苏联红旗被红白蓝三色的俄罗斯国旗代替。

森林之外

1991年12月9日，签署《别洛韦日协议》后的第二天，叶利钦在一列护卫森严的车队护送下抵达克里姆林宫。他来见戈尔巴乔夫这位已经名存实亡的苏联总统。叶利钦的警卫们做了最坏的打算。警卫队长科尔扎科夫上校在他那"尼瓦牌"运动型多用途汽车——"苏联吉普"——的前排座椅上放了一把手枪。科尔扎科夫和一位部下陪同叶利钦来到戈尔巴乔夫的办公室，在将近两个小时的会谈期间一直等在接待室，他们与戈尔巴乔夫的警卫们面对面共处一室。他们担心，戈尔巴乔夫没有在比亚沃维耶扎做的事——逮捕煽动苏联解体的人——现在在克里姆林宫可以放手去做了。会面之前，叶利钦已致电这位苏联领导人，请求他确保安全。戈尔巴乔夫喝道："什么，你疯了吗？"叶利钦回应道："不是我，也许，是别人。"[1]

当天早些时候，戈尔巴乔夫的助手梅德韦杰夫在前往克里姆林宫的途中，用手机接通了上司的电话，苏联总统表现得不屈不挠。梅德韦杰夫应戈尔巴乔夫的要求，向他汇报已准备了一份关于维持联盟经济的必要性的报告，戈尔巴乔夫回应说："现在需要的不是这个，而是别的东西。"戈尔巴乔夫当天已经会见了他的法律专家。切尔尼亚耶夫从一位参加会议的克里姆林宫员工口中得知："米哈伊尔·谢尔盖耶维奇怒不可遏，说要辞职；他要告诉所有人该何去何从……他要'发飙给他们看看'。"但是俄罗斯副总统鲁茨科伊得知比亚沃维耶扎的决定后大吃一惊，他冲到戈尔巴乔夫的办公室，要求以叛国罪逮捕这"3个醉汉"，戈尔巴乔夫拒绝了。他叫沙赫纳扎罗夫起草一份致全国的"详尽的讲话稿，讲清楚明斯克协议中克拉夫丘克和其他参与者的角色"。[2]

戈尔巴乔夫以为克拉夫丘克会和叶利钦及舒什克维奇一起来他办公室。"让他们向全国、全世界和我解释清楚。"戈尔巴乔夫对他的新闻秘书格拉切夫说，"我已经跟纳扎尔巴耶夫说了此事——他很愤怒，也在等着叶利钦的解释。"纳扎尔巴耶夫和叶利钦准备在中午会见戈尔巴乔夫，但是舒什克维奇和克拉夫丘克都没有见他的意思。白俄罗斯议长打电话给戈尔巴乔夫的参谋长列文科，告诉他自己不来了。据列文科说，舒什克维奇对他说，"（他）几乎要哭了"，说他得补个觉，把事情想清楚——比亚沃维耶扎的所有事情都发生得太快了。但是，如果戈尔巴乔夫和叶利钦认为需要他来，他还是会来。几分钟后，戈尔巴乔夫想用一句模糊的承诺让克拉夫丘克和舒什克维奇到莫斯科来。

克拉夫丘克没有回复戈尔巴乔夫半夜打来的电话，因此苏联领导人决定再给他打个电话。"那么，你会来莫斯科吗？"这是戈尔巴乔夫的第一个问题。当克拉夫丘克给出了一个礼貌但否定的回答之后，戈尔巴乔夫使出了浑身解数试图改变他的主意。"这是什么意思？"克拉夫丘克后来回忆戈尔巴乔夫当时说道，"你是（苏联）（国家）委员会成员，你怎么能不来？……联盟还在。"克拉夫丘克回答说，联盟已经不存在了。戈尔巴乔夫震惊了，他问："你的意思是你不来了？"一贯彬彬有礼而又闪烁其词的克拉夫丘克，这次直截了当地说了"不"。他想，对自己而言，"我和其他人都受够了旅途奔波了"。谈话结束了。戈尔巴乔夫失望地叹了口气，说"那么，好吧"，然后就挂了电话。克拉夫丘克后来回忆说，他不去莫斯科的原因之一是他怀疑有圈套。他在回忆录中写道："我觉得他们不会让我们走的；他们会把我们留在那里，直到我们声明放弃在比亚沃维耶扎保护区签署的协议。"叶利钦离开域斯格里后有可能被捕的事也一直盘旋在他的脑海里。[3]

叶利钦把他的警卫留在接待室，走进戈尔巴乔夫的办公室，苏联总统已经在纳扎尔巴耶夫的陪同下等着他了。虽然纳扎尔巴耶夫之前做出承诺，但他最终没有去域斯格里，也没有去明斯克，现在显然站在了戈尔巴乔夫的阵营里。叶利钦先对戈尔巴乔夫说，从4年或5年期协议到乌克兰以准会员身份加入斯拉夫联盟，他把任何可以想到的联盟协议都向克拉夫丘克摆明了。叶利钦说，鉴于克拉夫丘克冥顽不灵，独立国家联合体是那种形势下唯一可行的方案。但是，戈尔巴乔夫心里想的主要问题并不是建立独联体，而是解散苏联。"你们三人聚到一起，但是谁允许你们这么做了？"据当天晚些时候戈尔巴乔夫对顾问们所复述的，他当时说道："国家委员会没有给出指示，最高苏维埃也没有给出指示。"

叶利钦表示抗议，并威胁离场。戈尔巴乔夫制止了他，但是讨论的语气并没有什么改变。戈尔巴乔夫问："告诉我，明天我要怎么对人民说？"叶利钦回答："我会说我要接替你的位置。"他指责戈尔巴乔夫与俄罗斯副总统鲁茨科伊背着他勾结在一起。戈尔巴乔夫反唇相讥："你和布什串通一气。"纳扎尔巴耶夫后来回忆说："就这样吵了40分钟，我在那里都觉得很羞耻。"苏联总统要求对联盟的未来举行公投，但是这次暴风骤雨般的会见以妥协结束：《别洛韦日协议》的文本将被送往各共和国议会进行研究和评估。叶利钦后来告诉克拉夫丘克："我不想再和任何人进行这样的谈话了。"[4]

戈尔巴乔夫没有打算逮捕叶利钦，但是他也不会放弃自己的立场。他相信新成立的独联体是不合法的，也不会长久，而联盟可以并且应该得到拯救。其后两周，莫斯科将目睹自8月政变失败以来最大的人类政治闹剧，戈尔巴乔夫和叶利钦各自发力，忙于争取各共和国领导人、议会、高级军事指挥官和国际社会的支持，而苏联的未来和世界政治秩序都在此一举。在莫斯科，只有一个人的话会让焦急的领导人听得进去，那就是来访的美国国务卿贝克。问题是，当时，贝克和他在白宫的上司布什都不知道该如何评价这个新情况，也不知道是该支持还是该破坏这个新成立的联合体。

戈尔巴乔夫仍然相信他有权力挽救四分五裂的苏联。他先修复了与国防部部长沙波什尼科夫的关系，前一夜戈尔巴乔夫还警告他不要卷入政治，现在他改变了口吻。他在会见叶利钦和纳扎尔巴耶夫之后对这位元帅说："也许我们应该在新奥加廖沃再开个会，提议让有意向的国家自愿签署联盟协议。"当天，戈尔巴乔夫还会见了土库曼斯坦和塔吉克斯坦的领导人。但是乌兹别克斯坦和吉尔吉斯斯坦的领导人无视戈尔巴乔夫的召唤，他们还叫纳扎尔巴耶夫返回阿拉木图。有传言说他们可能建立一个穆斯林或中亚邦联体来抵制在比亚沃维耶扎建立的独联体。[5]

当天晚上，电视播音员宣读了戈尔巴乔夫关于《别洛韦日协议》的声明。这是他与叶利钦和纳扎尔巴耶夫会面后和顾问们讨论出来的产物。大家都认为戈尔巴乔夫不应沉默下去，必须把自己的立场公之于众。但是应该说什么呢？当晚，戈尔巴乔夫的助手们参加美国大使在府邸斯巴索举办的招待会时，谴责这份协议是第二次政变，但是戈尔巴乔夫最终签署并在电视上宣读的声明显然没有对抗意味。戈尔巴乔夫欢迎乌克兰领导人回到谈判桌前，并赞扬了协议中确保共同的经济、安全和文化空间持续存在的条款。但是，他强调说，虽然每个共和国都有权利离开苏联，但是3个共和国的领导人无法自行决定整个苏联的命运。戈尔巴乔夫希望将《别洛韦日协议》放到联盟和各共和国议会上讨论，并提议再举行一次公投来决定苏联的命运。[6]

切尔尼亚耶夫没被召见前去协商，他从电视上听到这个声明。他很怀疑戈尔巴乔夫的提议会有什么实际效果。他在日记中写道："即使在人民的代表中能集齐一半签名（要求授权公投的最低要求），也是徒劳无功的。尼古拉斯二世尚有勇气退位，那可是300年的王朝统治。米哈伊尔·谢尔盖耶维奇没有明白，他的时代已经过去了。他早就该退出舞台了……这样才能保住因在历史中取得的成就而获得的尊严和尊敬。"[7]

在地球另一端的华盛顿，布什和他的幕僚们密切关注着莫斯科这场大戏的上演。"12月8日，叶利钦、克拉夫丘克和舒什克维奇的会面让我们有点吃惊，"国家安全委员会工作人员伯恩斯回忆道，"我们没有料到他们会发布明确声明脱离苏联……我们很惊讶，但是我们知道这可能会是最后的结果。如果这3个共和国决定脱离，苏联就无法凝聚在一起了。我觉得这是第一次，非常、非常清楚地表明，苏联很快就会解体。"美国总统最担心的是戈尔巴乔夫和叶利钦及其在各共和国的盟友们可能因此卷入军事冲突。

12月9日晚，布什对着录音机说："现在我们听到戈尔巴乔夫说，叶利钦倡议的整个协议都是非法的。'我们需要一个公投，我们需要人民说话。'并且，本周一晚上，我担心有军事行动。军队在哪里？他们一直保持沉默。会发生什么事？这会失控吗？戈尔巴乔夫会辞职吗？他会试图反击吗？叶利钦会想出合适的解决方法吗？这是一个非常严峻的局面。"上一次布什有这样的担心是在8月政变时。当时，他联系不上戈尔巴乔夫，而且有段时间以为叶利钦也联系不到了。现在他可以给两人打电话，但是在这种情况下，这会起什么作用？[8]

布什担心可能发生军事冲突，这只不过是他个人的想象。戈尔巴乔夫还拥有的资本就是苏联军队总指挥的正式头衔，他也不排除在与叶利钦对峙时会动用这张王牌。12月9日上午，他打电话给沙波什尼科夫元帅，想修复他们之间的关系，前一晚他们因为域斯格里的消息在电话中对峙，两人的关系因此受到了损害。12月10日周二，戈尔巴乔夫召集地区军事指挥官前往国防部。戈尔巴乔夫当着沙波什尼科夫的面，绕过他，直接呼吁军方人士支持他这个总指挥官维护苏联。他以苏联爱国主义的重要性来教育他们。可是，没起到什么作用。沙波什尼科夫和他的支持者们显然正在军队巩固自己的地位。当天，沙波什尼科夫开除了两位国防部副部长。戈尔巴乔夫在会议结束后，放弃了从军方获得支持的希望。他的助手后来承认，将军们的态度并不友善。[9]

俄罗斯有句谚语："祸不单行。"也是在这一天，12月10日，戈尔巴乔夫得知，不单是造反的乌克兰议会，连处事更为谨慎的白俄罗斯议会也批准了《别洛韦日协议》。乌克兰对协议做了修改后方才获得通过——共有12处修改，甚至对在域斯格里由叶利钦的"少壮派"塞进去的几个"一体化"条款也打上了问号。克拉夫丘克成功向议会推销了这个协议，但是任何会将乌克兰重新纳入俄罗斯轨道的提议都遭到了强烈反对。即使他的一些内阁成员，连同国防部部长莫罗佐夫在内，都反对这类条款。[10]

在白俄罗斯，这份协议受到了来自联盟派和独立派政客的温和批评。但是大多数代表都支持这个协议。甚至连未来的白俄罗斯总统亚历山大·卢卡申科也表示支持，他后来还废除了《别洛韦日协议》。白俄罗斯外交部部长克拉夫琴科回忆起议会批准协议那天，他与卢卡申科交换意见时，这样写道："他祝贺我，和我握手，他说'继续加油，伙伴们！你们做得很好'。"[11]

戈尔巴乔夫在国防部遭到了将军们的断然拒绝，回去之后他召集了政治协商委员会的顾问们来讨论急转直下的局势，这是他在秋天成立的用以提高自己政治地位的机构。军队不愿配合，各共和国也纷纷批准《别洛韦日协议》，戈尔巴乔夫拯救联盟和继续执政的希望正在飞速消散。会议开始时，他又带来了一个令人沮丧的消息：在没有跟他商量的情况下，叶利钦已将负责政府通讯的机构划归自己名下。戈尔巴乔夫对他的盟友们说："他们接管了，就这样。"

议程的主要问题是接下来该怎么办。现在已脱离克格勃的苏联对外情报部门的新领导叶甫盖尼·普里马科夫对局势进行了总结："我们无法用武力解决这个问题。我们无法依赖军队。世界上的大国会与各共和国进行合作。"

但是外交部部长谢瓦尔德纳泽对戈尔巴乔夫说了他真正想听到的话："辞职就会被理解成推卸责任。"

戈尔巴乔夫立即表示同意："他们会说我逃走了。"苏联总统决定留下来战斗，与一切艰难险阻战斗。[12]

第二天，12月11日，戈尔巴乔夫的地位进一步被削弱了。叶利钦得知他的敌人会见了指挥官后大惊，即刻安排军队高级军官与自己进行会面。这次会面对这位俄罗斯总统来说，进行得非常顺利。"一开始我们不知道应该怎么应对，"一位参加了两次会议的军官回忆说，"但是叶利钦先生知道该说什么——毕竟，他曾参加过竞选，而戈尔巴乔夫没有。"叶利钦也能给军队许下戈尔巴乔夫给不了的承诺——大幅提高军官的工资，前几个月的高通胀已经让军官工资的实际购买力大大降低。此外，他承诺会带领社会走出戈尔巴乔夫治理下的政治和经济混乱。同一天，叶利钦又给了戈尔巴乔夫一记重拳。俄罗斯议会通过了一项决议，召回联盟议会的代表，防止戈尔巴乔夫把议会当作反对《别洛韦日协议》的工具。戈尔巴乔夫提出抗议，但是于事无补。[13]

12月12日，俄罗斯代表效仿乌克兰和白俄罗斯同僚，投票废除了1922年的联盟协议，批准了《建立独立国家联合体协议》。叶利钦呼吁代表们支持这两个提议。他将《别洛韦日协议》说成是一个拯救帝国的救世主，而不是一个消灭帝国的刽子手。他说道："在今天的形势下，只有独立国家联合体才能维持经过几个世纪才建立起来，而如今即将失去的政治、法律和经济空间。"叶利钦向代表们保证，独联体也向苏联其他共和国开放，他们可以加入："我们希望不仅要考虑这3个共和国的利益，还要考虑联合体未来所有可能的成员国利益。我不认为它是基于某种民族原则。各族人民将平等待之。"俄罗斯代表们对叶利钦表示支持：188票赞成、7票弃权，只有6票反对，其中包括已被禁的俄罗斯共产党党魁波洛兹科夫。[14]

当叶利钦对俄罗斯议会讲话之时，戈尔巴乔夫会见了记者，否认有关他即将辞职的传言。"我们有什么权利将国土像切馅饼一样切碎？"他对记者们说，"我们来到这个世界不过六七十年，但是我们的国家是历经10个世纪建成的，我们的子孙后代还会继续生活下去，但是我们却开始像切馅饼一样把祖国切得粉碎。现在我们要切馅饼，喝点酒，吃点心吗？不，不要指望我会这么做。"他最后的希望就寄托于即将在当天晚些时候召开的联盟议会会议，然而希望渺茫。在没有达到法定人数的情况下，一切都免谈。戈尔巴乔夫的助手梅德韦杰夫在日记中写道："下午，他试图让最高苏维埃召开一场会议。但是这不再有法律效力了，因为几个共和国已经召回了他们的代表。"然后，俄罗斯议会的投票结果来了——这是一个致命打击。戈尔巴乔夫的翻译官帕拉日琴科在回忆录中写道："我相信在俄罗斯议会决定批准明斯克协议后，戈尔巴乔夫决定不再抵抗这一强势来袭的苏联解体进程了。"[15]

其实在别洛韦日森林峰会之前，戈尔巴乔夫的顾问尼古拉·波尔图加洛夫已经准备了一份备忘录，预言苏联体系将会崩溃，因而支持戈尔巴乔夫辞职。波尔图加洛夫写道："苏联总统——一位伟大的俄罗斯改革者——他的名字和权威，无论是在当下还是在历史中，都不该与我们祖国即将遭受的灾难相联系。"他呼吁戈尔巴乔夫效仿法国总统戴高乐,向苏联公众解释他与各共和国领导人之间的分歧,然后退下总统之位。"这样离开不仅是最有尊严,也是最理智、在政治上最恰当的,因为这样就真的有可能在祖国和人民的召唤下重返政坛。"有这个可能吗?波尔图加洛夫解释说:"叶利钦的支持率会继续下跌;随着戈尔巴乔夫对经济和政治崩溃的预言开始成为现实,他的支持率会上升,西方会向他提供物质援助。"[16]

戈尔巴乔夫是否真正读过这份备忘录还不得而知。但是在12月12日,当俄罗斯议会投票批准《别洛韦日协议》并解散联盟之后,当天晚上戈尔巴乔夫打电话给切尔尼亚耶夫,知道他会赞成自己辞职。切尔尼亚耶夫继续写道:"他很伤心,他问我对俄罗斯议会怎么看,他们刚刚通过了《别洛韦日协议》……宇航员谢瓦斯基亚诺夫在议会讲台上宣称这个文件不管用,但是'戈尔巴乔夫时代'已经结束是个好事……这番羞辱让戈尔巴乔夫大吃一惊。他要求'手写'一份面向人民的告别演说。"自从《别洛韦日协议》签署那天起,戈尔巴乔夫即将辞职的传言就充斥着整个莫斯科,但是这时戈尔巴乔夫才真的为辞职做准备。[17]

12月12日,戈尔巴乔夫要切尔尼亚耶夫准备他的辞职演说。那一天,贝克凌晨4点半就起床了,那天晚些时候他要发表演讲,演讲稿中的一句话让他不太放心。到了莫斯科时间下午2点半,俄罗斯议会正在为批准建立独立国家联合体进行投票,正是这个新奇而又未知之物让贝克难以入睡。

贝克忽然意识到,这份宣布美国外交政策发生大转变的讲话根本没有提到独联体。讲话稿把新出现的后苏联空间称为"俄罗斯、乌克兰和其他共和国"。他应该加上独联体吗?这是个切实可行的制度吗?它会持续多久,它会被其他制度替代吗?没人知道答案。贝克打电话给他的助手玛格丽特·图特威勒,早早地把她叫醒,问她讲话稿是否已经透露给了媒体。图特威勒回答说还没有透露,这让贝克还可以在最后一刻修改讲话稿。他提出了一个说法——后来把它称为"费劲的说辞":"俄罗斯、乌克兰、其他共和国和任何共同体。"[18]

为这次讲话选择的场所旨在强调一个重大政策变革的信号。新泽西州的普林斯顿不仅是普林斯顿大学的所在地,1952年贝克在这里获得了学士学位,这里也是冷战中最著名的国际关系思想家乔治·凯南战斗的地方。这位87岁的国际关系学院院长作为"遏制"政策的学术之父,界定了冷战大部分时间美国对苏联的政策。他坐在前排,等待着贝克发表演讲。国务卿首先赞扬凯南设计了这个卓有成效的政策——遏制。他说,这个政策奏效了,苏联已经不复存在。贝克宣布:"由列宁创立并由斯大林建立的国家自己种下了灭亡的种子。"

苏联的崩溃带来了一个新世界,他继续说,美国必须利用这次"新俄罗斯革命",与曾经的敌人构建长期的关系。

> 如果说在冷战中,我们像瓶子里的两只蝎子一样对视,现在西方国家和苏联共和国就像两个笨拙地攀登在悬崖峭壁上的登山者。一根绳子把我们拴在一起,苏联如果落入法西斯之手或完全陷入混乱,西方将会被一起拖下悬崖。相反,如果我们现在用力稳稳地拉一把,就可以帮助俄罗斯人、乌克兰人和他们的邻国立稳脚跟,这样,他们也可以登上永恒的民主和自由之峰。因此,我们必须拉紧绳索,不要将它切断。

贝克后来写道,他想在普林斯顿达到两个目标:一是发出脱离冷战政策的信号,二是宣布美国与苏联的关系从对中央和戈尔巴乔夫的支持转到了对各个共和国的支持。贝克宣布美国准备只与遵守一系列原则的领导人打交道,包括对苏联核武器的统一管控、除了俄罗斯其余所有共和国要进行核裁军，以及实现民主和发展市场经济。相应的，西方，尤其是美国，对各共和国的援助将取决于其领导人是否遵守这些原则。贝克大部分时间都在解释美国援助的必要性，描述其性质和程度。他尤其关注人道主义援助，宣称1991—1992年冬天会同1812、1917和1941年俄罗斯冬天一样，成为世界历史进程的关键时期。第一个冬天帮助俄国人打败了拿破仑，第二个冬天帮助布尔什维克夺取政权，第三个冬天为苏联打败纳粹做出贡献。如果1991年冬天是个寒冷而饥饿的冬天，被贝克称为"新俄罗斯革命"的成就将付之东流。[19]

贝克的演讲在大学发表，演讲的大部分内容——对一个从敌人变成盟友的欧洲国家提供人道主义援助和经济援助——以及最后支持自由和民主的言辞让人不禁想起44年前另一位国务卿乔治·马歇尔的演讲。1947年，马歇尔在哈佛大学毕业典礼上宣布了一项大型援助计划，旨在重建被二战蹂躏的欧洲，同时确保欧洲的民主走向并与美国结成联盟。历史似乎正在重演。贝克在8月政变之后于1991年9月访问了莫斯科、圣彼得堡和阿拉木图，开始宣扬为新兴民主共和国提供大型经济援助的计划。当时，他写信给布什总统，其中说道，在濒临崩溃的苏联应强力支持民主派领导人及其推行的政策。他在莫斯科写道："这与德国和日本作为民主联盟的战后复兴一样重要，只是这次是经历了长期的冷战，而不是一场短暂的热战。"他对两次战争之后的情况进行了类比，暗指美国应该以相似的方式应对。[20]

乌克兰公投后，贝克的国务院助理制订了推动一揽子重要经济援助的计划。贝克在12月4日与布什会见时用的讲话稿中写道："关键一点：我们必须帮助民主人士取得成功，接下来几个月会决定他们的命运。我们不能让别人觉得我们袖手旁观。这不能是单方面的努力，需要激励并鼓动其他人一起行动。"贝克在助手写的"民主人士"上加了"共和国"几个字。他还在计划为解除苏联核武器投入4亿美元的地方加了个评注："我们在过去

40年里花了几万亿美元。这对我们的安全来说只是个不大的投资。"

12月4日贝克与总统的会面成功与否不得而知,但是他在12月11日与布什会见的讲话稿中有一段话,焦急地呼吁后者支持一份重要的经济援助计划,认为这会在民主改革者活跃的地方,如由索布恰克治理下的圣彼得堡,建立一个"成功之地"。贝克的一个助手草拟了这段话,用美国在二战和冷战中取得的胜利作类比来阐述他的观点。奇怪的是,这个观点被认为是戈尔巴乔夫的经济顾问格里格利·叶维林斯基说的。

> 我看了您的珍珠港演讲,有一句话让我很震惊。您说:"我们打败了极权主义,然后,我们帮助敌人建立了民主。我们向欧洲和亚洲伸出援手。我们把敌人变成朋友,我们帮助他们愈合了伤口,同时升华了自己。"我震惊是因为,我想我们今天也面临着同样的问题。我们和平地赢得了冷战的胜利。所以现在,我们必须决定,正如叶维林斯基所说,我们该如何对待被我们打败的人……我们既面临重大机遇,也面临巨大危险。

讲话稿的作者试图说服布什效仿杜鲁门的所作所为——让曾经的对手走向美国,向他们推销一个新的重大对外经济援助计划。"你们通过了前两个试验——解放东欧和科威特——但是现在历史学家会把这些看成您应对当前危机的注脚。"讲话稿想引起布什的历史共鸣,"您需要向美国人说清楚为什么是国际主义,而不是孤立主义,是通往和平和繁荣的道路……他们需要知道,您作为总指挥,尽了最大的努力确保核武器不会扩散。核武器让人民恐惧。他们相信您会针对这个问题做些努力。"[21]

如果说贝克的呼吁曾以讲话稿的形式送到了布什的面前,那也是收效甚微。1991年,布什政府拨款近40亿美元的出口担保,将食品和农产品运往苏联。但是，美国依然落后于欧盟，尤其是在直接资金援助方面。苏联所获援助的70%来自西欧。到了1992年初，仅德国就划拨了近450亿美元用于对前苏联的经济援助，其中一大部分用于帮助前苏联军队撤离德国领土。贝克主张的（也是俄罗斯改革派希望的）新马歇尔计划没有成为现实。因为一系列原因，布什政府没有效仿杜鲁门及其顾问，最直接的原因是美国国内的经济和金融困境。1947年，美国经济在二战后繁荣的浪潮下乘风破浪，占世界GDP的35%。到了1991年，这一比例降到20%，而美国经济则跌落至经济衰退的谷底。[22]

20世纪40年代中期，杜鲁门和马歇尔的大规模援助计划得到了国会两党的支持，布什政府却没有这种支持。美国政客和人民都不认为苏联崩溃会像二战后苏联崛起那样，对美国构成威胁。1991年秋天，美国经济深陷衰退之中，所以政府不能随心所欲地花钱。许多美国人期待冷战结束会带来金融"和平红利"，而不是对经济的又一次打压。即使那些坚定支持增加对前苏联援助的人，也很谨慎地对待给予超过人道主义的援助。因此，贝克敦促所有西方国家共同努力，帮助前苏联各共和国。11月13日，《纽约时报》上刊登了托马斯·弗里德曼撰写的文章，标题是《贝克提出援助苏联转型的步骤》，副标题进一步明确，"但是他没有提到会给美国带来多大收益"，这番话打消了读者的期盼。[23]

贝克在12月13日和总统会谈前准备的讲话稿就大大降低了调门。即使希望还在，讲话稿的作者显然已没有了热情。讲话稿写道："您可能想讨论下一次出访，尤其是为我们将来需要的人道主义援助做好准备。这包括军事物流和供应。"贝克的助理显然对白宫的态度很不满意。丹尼斯·罗斯是国务院政策规划部主任，也是贝克普林斯顿演讲的起草者，他曾交给国务卿一份将于12月6日发表的演讲稿，贝克认为这是一篇"非常唐突的讲话稿"。讲话稿不仅主张转变遏制政策，不再将戈尔巴乔夫当作苏联政治的关键人物，还表达了对其他政府部门的失望。"很少有人理解这个重要性，"在一份贝克早期的回忆录中有一段被删掉的文字，其中提到罗斯曾写道，"我们在过去3个月里的好点子几乎都被他们扼杀了。"[24]

贝克的普林斯顿演讲正是为了开启他访问即将瓦解的苏联之旅，他在莫斯科以及吉尔吉斯斯坦、哈萨克斯坦、白俄罗斯和乌克兰的首都都有停留。访问旨在于乌克兰公投之后表明美国的政策，但是当地局势瞬息万变，所以要对演讲稿进行最后的修改。当贝克最后准备从中央转向各共和国之时，建立独联体的消息让局势变得更加错综复杂。弄清楚独联体到底对苏联的未来、各共和国的独立和苏联核武器的命运有什么意义，成为他出访的主要任务之一。贝克在回忆12月14日前往莫斯科前夕的想法时，写道："我不知道是否能够在这个陷入混乱的国家中找到任何可靠的立足点。"[25]

局势确实混乱不堪。贝克后来回忆说，美国驻莫斯科大使馆到处寻找汽油给汽车加油。美国国务卿抵达莫斯科郊外的谢列梅捷沃国际机场，这是苏联少数几个还在运营的机场之一：许多机场因燃料不足而关闭，还有许多机场的大多数航班都被取消了。12月13日，《纽约时报》在A24版大幅刊登了贝克的普林斯顿演讲稿，并在第一版刊登了一篇题为《莫斯科的苦痛》的文章。文章记述的事件发生在叶利钦的家乡斯维尔德洛夫斯克市，现在更名为俄国革命之前用过的名字——叶卡捷琳堡。"本周在乌拉尔山的叶卡捷琳堡机场，"文章写道，"'人们等了24小时，已经精疲力竭，坐不住，又没东西吃，也得不到机场方面的消息。'一架飞机已经晚点几个小时，机场命令机组人员飞往克里米亚。"这个幅员辽阔的国家陷入混乱，日常生活必需品短缺，不缺的是核武器和充斥着暴力和无序的历史。[26]

就在《别洛韦日协议》缔结的消息刚刚震惊了克里姆林宫并回响于世界上空之时，美国两位著名的外交政策学者麦克·R. 贝许罗斯和斯特罗布·塔尔博特登上了一架飞往莫斯科的飞机去采访戈尔巴乔夫。他们是应戈尔巴乔夫圈内人士的邀请而来的。贝许罗斯写了几本关于美国总统的书，塔尔博特是《时代》杂志的一位外交专栏作家，他在学生时期翻译了《赫鲁晓夫回忆录》，还是研究俄罗斯和东欧问题的专家——可以说是这一领域的特别协调人，也是日后克林顿总统内阁的副国务卿，他是克林顿学生时代的朋友。贝许罗斯和塔尔博特迫不及待地接受了莫斯科的邀请。他俩正在合著一本关于冷战结束的书，但是苏联总统想接受《时代》杂志的采访，他们可以满足这个要求。贝许罗斯和塔尔博特后来写道："戈尔巴乔夫最后一次试图动员他仅剩的选民——支持他的西方民众。"[27]

12月13日下午，帕拉日琴科带着贝许罗斯和塔尔博特，还有《时代》杂志莫斯科分部主任约翰·科恩，前往戈尔巴乔夫的办公室，他们期待目睹（正如他们后来所写的）戈尔巴乔夫的"绝唱"。然而，他们却惊奇地看到一个不愿服输的人。前一夜，戈尔巴乔夫听说俄罗斯议会批准了《别洛韦日协议》的消息，他很沮丧，不过第二天早上他已经恢复正常。《时代》杂志策划了部分访谈的内容，他们半开玩笑地问他周一还能不能掌权，戈尔巴乔夫大笑着回答说："周一？我当然会了！"

叶利钦在比亚沃维耶扎首先打电话给布什的决定，显然让戈尔巴乔夫很受伤。"没有必要把布什牵扯进来，"他对贝许罗斯和塔尔博特说，"这是叶利钦的道德准则问题。我不赞成或认同这种行为。"对美国政府准备越过他与各个共和国领导人建立关系的做法，戈尔巴乔夫给予了更为直接的批评。他认为是自己帮助这些领导人树立起国际地位。苏联总统说了他对西方态度的理解："如果戈尔巴乔夫把这些人送到那边，这一定意味着戈尔巴乔夫完蛋了，我们应该与新领导人站到一边。""这里的局势动荡不安，"他显然感到了冒犯，继续说，"当我们还在想方设法把事情弄清楚的时候，美国似乎已经知道了一切！我认为这是不忠诚的，尤其我们一直以来是很好的伙伴并全面地进行着合作。"[28]

虽然戈尔巴乔夫已经完全放弃了他的美国朋友，但是他的助理仍然相信美国人是戈尔巴乔夫继续掌权的最大赌注。12 月 15 日，采访结束两天后，贝许罗斯和塔尔博特接受了戈尔巴乔夫翻译官帕拉日琴科的邀请，在莫斯科郊外公寓里与他共进一次非正式的午餐。午餐过后，帕拉日琴科要他的妻子离开房间，然后对贝许罗斯和塔尔博特说，他想要他们写一份密函交给美国领导人，两人着实吃了一惊。依据帕拉日琴科的口述，内容如下：

> 总统（戈尔巴乔夫）对各种选择都能坦然接受。他有可能接受独联体的某个职位，但是他不会在羞辱中接受。美国和西方领导人应该找个方式告诉叶利钦和其他人留住总统的好处和重要性，同时避免冒犯他的尊严。当然，他也有可能在几周后成为一介平民。一些人正在捏造证据企图对他进行（刑事）诉讼。重要的是，叶利钦不应与此事扯上关系，他也不应允许伤害总统的事情发生。美国领导人应该再一次跟他讲清楚这一点。以上是个人观点，并未与总统进行讨论。

帕拉日琴科向贝许罗斯和塔尔博特保证，他不是在代表戈尔巴乔夫说话。他不愿意透露消息的来源，但对消息的接收方却很明确。这则消息可以传递给布什、贝克，或者贝克在国务院的密友——政策规划部主任丹尼斯·罗斯。帕拉日琴科后来回忆说，他决定向美国领导层传递信息，是因为听从了一位同事的建议，这位同事在苏联精英中广有人脉，后来为叶利钦工作。他告诉帕拉日琴科，有"一个小组正在疯狂搜集'妥协材料'，政变策划者们很可能会改变他们的说法来陷害他"。"他"指的就是戈尔巴乔夫。8 月政变的煽动者确实声称他们宣布进入紧急状态得到了戈尔巴乔夫心领神会的默许。[29]

帕拉日琴科的举动是一位忠心的手下试图拯救上司和自己饭碗的绝望之举。虽然这一举动不够理智，但他确实叩响了一扇已经打开的门。两天前，12月13日，布什向叶利钦传达了美国对戈尔巴乔夫未来的担忧。当叶利钦打电话给布什通报俄罗斯、乌克兰和白俄罗斯议会批准了《别洛韦日协议》时，美国总统问俄罗斯总统："鲍里斯，你觉得戈尔巴乔夫会怎么样？"

叶利钦表明他不会给戈尔巴乔夫在独联体里设置任何职务。"我们独联体里没有总统这个职位，"他对布什说，"我们都是平等的。"

布什在谈话的最后，回到了戈尔巴乔夫这个问题上。他对俄罗斯总统说："这场变革即将发生，我希望它能以友好的方式推进。"

叶利钦向布什保证会有尊严地对待戈尔巴乔夫。"我保证，我个人向您承诺，总统先生，"叶利钦说，"一切都将以和善、体面的方式进行。我们会十分尊重戈尔巴乔夫和谢瓦尔德纳泽。一切都会平静而逐步地推进，不会采取激进措施。"

布什对这个回答很满意，他说道："很好，我很高兴听到这个。"[30]

谈话后不久，布什给戈尔巴乔夫打了个礼节性的电话。戈尔巴乔夫又把叶利钦和其他共和国领导人痛批了一顿，说他们建立独联体反对自己，他说成立独联体是外行做的事。布什回忆说："戈尔巴乔夫的愤怒显而易见，他说得很快，历数了11月25日以来发生的一桩桩事情。"

戈尔巴乔夫认为这是叶利钦的背叛，对此他非常愤怒，但是他也没有排除与这个新机构合作的可能性。"我未来会扮演什么角色？"他在与布什进行电话会谈时自言自语道，"如果独联体是一个没有固定形式的组织，没有外交政策、国防及经济互动机制，那么我不知道我还能起什么作用。"这个信号很明确：他愿意帮忙，但是独联体得有协调跨国活动的机构，这样就可以给他一个领导人的位置了。[31]

谈话结束后，布什问他的国家安全顾问斯考克罗夫特："真的结束了，真的吗？"斯考克罗夫特表示同意："是的，戈尔巴乔夫现在是一个悲剧人物。"布什总统与戈尔巴乔夫的电话会议记录，第一次没有写成与苏联总统通话，而是写成与前苏联总统的通话。[32]

12月15日下午，在帕拉日琴科给目瞪口呆的贝许罗斯和塔尔博特讲完话后不久，贝克和罗斯——可能接收这份绝密消息的两个人——乘坐美国飞机降落在谢列梅捷沃国际机场。塔尔博特带着帕拉日琴科的消息，赶到位于莫斯科市中心的潘塔酒店去见罗斯，把这个消息告诉了他。他告诉罗斯这个消息来自戈尔巴乔夫的一位幕僚，但是没有告诉他这个人的姓名。罗斯猜到了消息来自帕拉日琴科。他又猜测也可能是亚历山大·雅科夫列夫。当罗斯将塔尔博特的消息带给住在同一家酒店（这家酒店是为了1980年奥运会建造的，美国曾抵制这届奥运会）的贝克，国务卿对他的顾问说："好的，我们得跟进这件事情……我们得向叶利钦和戈尔巴乔夫提这件事。但是，我们不能卷进去。"[33]

距离贝克9月初最后一次访问莫斯科已经过去3个月了。当时，他享受着温暖的天气，8月政变失败之后一片欢欣鼓舞的场面让他感到振奋。现在的天气却是寒冷而阴郁，好似周遭的政治气氛，至少对于戈尔巴乔夫的朋友来说确实如此。贝克的行程安排反映了克里姆林宫内部及周边新的现实情况。他首个会面的不是同老朋友、苏联外交部部长谢瓦尔德纳泽，而是俄罗斯的外交部部长科济列夫。政变发生后不久，他们就在布鲁塞尔有过第一次会面，当时科济列夫逃离莫斯科为叶利钦寻求国际支持。自那次之后，他的影响力就与日俱增，到了1991年11月，他已经盖过了苏联外交部部长潘金的光彩。谢瓦尔德纳泽重新执掌位于莫斯科市中心斯摩棱斯克广场的苏联外交部后，也没能扭转大势。

科济列夫并没有期待贝克的来访。他的事情够多了，他觉得美国国务卿不能帮助俄罗斯政府理清与前苏联邻国的关系。科济列夫回忆道："12月是个糟糕的月份，因为与各个前共和国的事情太多，最重要的是，贝克还插足进来。当时，他真是个不速之客，我们正在努力处理好自己的事情。"贝克带了20几名国务院顾问来到科济列夫在前苏共中央委员会大楼里的办公室。他问了科济列夫许多关于独联体如何运作的问题，从控制核武器和军队一直问到制定联合外交政策和承认独联体为国际实体的愿望。科济列夫给出了一个截至那时的标准答案，他对贝克说，建立独联体是为了防止苏联陷入失控分裂的状态，但是没有涉及具体问题。

科济列夫希望得到美国对独联体成员国的外交承认。贝克并不急着许诺，他认为这是美国可以给俄罗斯和其他共和国的最大的诱饵，可以以此作为交换，要求对方答应美国提出的对安全、民主和市场改革的要求。他注意到科济列夫一直把苏联称为一个过去的国家，而贝克还把它看作一个实体存在来对待，因此贝克有些不高兴。美国外交政策小组在情感上对于苏联解体还未做好充分准备。贝克的顾问团成员很快开始自行提问，科济列夫并没有给出令人满意的回答。后来他承认当时俄罗斯领导层陷入了混乱："当然，我们根本没有接到指令，一切都是在仓促中完成的。没有正常的政府，什么都没有。"[34]

当天晚上，贝克跟谢瓦尔德纳泽说了他对科济列夫和独联体的失望。他们在谢瓦尔德纳泽的格鲁吉亚朋友、雕塑家祖拉布·采列捷利的公寓里见面吃饭。贝克回忆道："屋里的墙上挂满了着色大胆的抽象画，我们围着一张白色塑料餐桌坐下，旁边堆满了五颜六色的庭院家具。"几年后，采列捷利成为俄罗斯最受欢迎也是最具争议的雕塑家，他创作的俄罗斯领导人雕塑后来矗立在莫斯科、圣彼得堡和其他俄罗斯城市的市中心，有人批评这些庞然大物破坏了既有建筑群的美感。他的青铜作品，从沙皇彼得一世和尼古拉斯二世，再到斯大林和普京，应有尽有。坐在采列捷利那间装饰古怪、家具奇特的公寓里，贝克终于得到了谢瓦尔德纳泽的共鸣，他认同贝克对独联体的看法：虽然这看似是打破现有僵局的唯一途径，但是，正如贝克所说："这个新联合体的有关各方还不清楚他们正在走向何处。"贝克也很高兴老朋友能认可自己的立场，他认为美国对独联体成员国的承认取决于他们如何处理军事问题。[35]

第二天，贝克带着关于独联体及其未来和控制核武器的相关问题去找莫斯科唯一可以回答这些问题的人叶利钦，后者的表现给这位美国客人留下了深刻而友好的印象。叶利钦坚持要在克里姆林宫的圣凯瑟琳大厅会面，这是戈尔巴乔夫接见外国贵宾的地方。他不仅带来了俄罗斯的政府官员，包括"少壮派"的盖达尔和科济列夫，还有戈尔巴乔夫濒临倒台内阁中的两名高级部长——国防部部长沙波什尼科夫和内务部部长维克多·巴兰尼克夫将军。叶利钦的人在会谈的前一天建议，让记者看看谁会陪同叶利钦，这会引起记者的兴趣。他们指的是两位苏联部长，这两个人出现在叶利钦的随行人员中，是对贝克和国内民众发出的一个明确信号，让人们知道现在谁真正掌管着克里姆林宫。

在会议伊始，叶利钦欢迎贝克来到"俄罗斯土地上的俄罗斯建筑"。然后他明确谈起了独联体、核控制和人道主义援助的问题，前一天，科济列夫没有对这些问题给予很好的回答。首先，叶利钦宣布中亚共和国将于12月21日加入独联体。他告诉贝克，俄罗斯会接管苏联重要的部门，取代苏联在联合国安理会的位置，并全权控制独联体全境的核武器。当着谢瓦尔德纳泽的面，叶利钦说他希望有一天独联体的军队能加入北约。与之前科济列夫所说的一样，叶利钦希望美国可以承认俄罗斯、乌克兰和白俄罗斯是独立国家，并承认在国际舞台上俄罗斯才是苏联的继任者。

贝克很高兴听到了直接明了的答案，前一天他对科济列夫提出了这些问题，这位外交部部长可能提前告诉了叶利钦贝克对什么问题感兴趣。想着前一天帕拉日琴科递出的消息，贝克急切地向叶利钦提出了"戈尔巴乔夫问题"。俄罗斯总统对他的客人说，媒体猜测戈尔巴乔夫可能会成为独联体的总司令，这是毫无根据的。对于如何善待戈尔巴乔夫的问题，叶利钦的反应相当快。当贝克说他听到戈尔巴乔夫可能会被起诉的传闻，还说美国既不理解也不欢迎这种形势变化时，叶利钦立即对他的手下败将展现了善意。"戈尔巴乔夫为国家付出了很多，"他对贝克说，"他需要受到尊重，而且理应给予他尊重。我们是时候成为一个让领导人可以光荣退休的国家了！"

对于中央控制核武器这个敏感问题，贝克和叶利钦在会议中进行了一次密谈，双方顾问都不在场。叶利钦告诉贝克，目前有3个带有发射代码的核手提箱：一个在戈尔巴乔夫手里，一个在沙波什尼科夫手里，还有一个在叶利钦自己手里。发射一枚核弹需要3个人的授权。叶利钦的话表明戈尔巴乔夫已经无法单独决定这些问题了：叶利钦已经参与其中，很难想象他会与戈尔巴乔夫在什么问题上达成一致，更别提发射核武器了。叶利钦预计，随着苏联解体，独联体接替它的位置，核手提箱的数量只会减少，不会增加。贝克在封面上写着"莫斯科"字样的苏制笔记本上写道："会在12月底前取走戈比（戈尔巴乔夫的昵称）手中的电话和手提箱吗？"叶利钦解释说，戈尔巴乔夫的手提箱会被拿走，但是不会把手提箱交给其他拥有核武器的共和国，即乌克兰、哈萨克斯坦和白俄罗斯的领导人。"乌克兰、哈萨克斯坦和白俄罗斯的领导人不懂这些事情。"叶利钦说，"这就是为什么我只对你说，他们有电话就很知足了。"贝克对这个解释很满意。

会谈结束时，叶利钦答应会给贝克一份官员名单，美国可以联系这些人开展人道主义救援。贝克决定不提出让俄罗斯总统尴尬的问题，因此他划掉了谈判议程上的一段话："因为你方无法支付协议中规定的运输费用，现在我们无法根据CCC（《商品信贷公司协议》）用船只运送食物。你方需要考虑如何支付 1 月份即将到期的 CCC 信贷。如果你方逾期未付，我方将依据协议切断运输。那将是灾难性的。"

整体而言，贝克对会议的结果很满意。叶利钦的信心、明确的表述以及对前一日科济列夫无法回答的问题的直接回应，都给贝克留下了深刻的印象。正是在那一刻，在听了俄罗斯总统的一席话后，贝克跨过了他对苏联的政治和情感依恋，转而接受俄罗斯领导的独联体将取代苏联这一事实。贝克将他与叶利钦会面同当天晚些时候与戈尔巴乔夫的会面相比较之后，在回忆录中说，他"亲眼看见苏联的过去和俄罗斯的未来"。[36]

相反，科济列夫对这次会议非常不满，不是因为嫉妒他的上司，而是因为他觉得叶利钦错过了一次讨论美国给予大规模经济援助而不仅仅是人道主义救援的独一无二的机会。会议之前，科济列夫与叶利钦的经济智囊叶戈尔·盖达尔讨论了经济援助的问题，他们想让科济列夫恳请叶利钦给盖达尔一个机会，告诉贝克俄罗斯的急需品。这个想法没有实现。据科济列夫所说，当贝克问叶利钦是否希望人道主义救援只给俄罗斯时，叶利钦回答："为什么？不。乌克兰和所有共和国都应该获得人道主义援助。""少壮派"对此很是震惊。"叶戈尔和我在会谈中都快吓得说不出话来，"科济列夫回忆道，"我问他，'叶戈尔，这是你想要的吗？'他说：'不，不是。'我说：'让叶戈尔说吧。'"叶利钦拒绝给他的经济顾问一个陈述想法的机会。科济列夫这样说叶利钦："他讲话时，容不得别人插嘴。"

科济列夫显然在前一天误读了美国国务卿的信号。并没有什么马歇尔计划，人道主义救援和技术援助才是美国当时可以并愿意给予俄罗斯和其他共和国的帮助。当科济列夫于 12 月 17 日在莫斯科机场欢送贝克时——因为天气异常寒冷，他把他的毛皮帽递给了这位美国人——对于贝克只带走人道主义救援请求，而不是一个实实在在的经济援助计划，他感到很失望。几年后，科济列夫后悔地回忆道："然后他戴着我的帽子飞走了，一口咬定人道主义援助计划，并且付诸实施去了。"这其实是个好买卖，用几百美元的苏联帽子换回几亿美元的美国人道主义援助，然而这却不是科济列夫想要的。[37]

离开莫斯科之前，贝克回到克里姆林宫会见了一个人，这个人给他的国家和世界带来巨大变革，但是他的国家和世界都不再给他留个位置。贝克带着一个敏感问题在参议院大楼3层办公室里会见了戈尔巴乔夫。3天前，12月13日，布什给戈尔巴乔夫打了个礼节性的电话，这位苏联领导人对美国总统说："乔治，我认为吉姆·贝克不应该发表那通普林斯顿演讲，特别是他说苏联已经不复存在了。这时候我们必须加倍小心。"戈尔巴乔夫把贝克的普林斯顿演讲和他之前电话里的讲话弄混了，美国国务卿在电话中说："我们知道的苏联已经不复存在。"贝克是在3位斯拉夫领导人举行别洛韦日森林峰会后才讲了这样的话，在这种情况下，他已经尽量小心谨慎了。但是布什依然决定安抚戈尔巴乔夫。他对苏联总统说："我接受您的批评。"会谈之后，戈尔巴乔夫打电话给切尔尼亚耶夫，告诉他，他对布什"痛斥了他的所作所为"。[38]

贝克现在不得不与受到冒犯的戈尔巴乔夫打照面了。但这次会谈却出乎意料的顺利。戈尔巴乔夫没有表现出感情受到了伤害，只有一次提到了美国的失误，但只是泛泛而谈。他对贝克说："可能有些错误，我可能犯了些严重的错误，你们也犯了一些。"贝克觉得他指的可能是白宫泄露承认乌克兰独立的消息，或是他自己在电视上的讲话。如果说戈尔巴乔夫表达了愤怒，他针对的只是叶利钦和独联体的创建者，他谴责他们策划了政变。戈尔巴乔夫完全了解自己的危险处境，他和叶利钦在言谈举止方面的差异再明显不过了。贝克回忆说："叶利钦架子十足，戈尔巴乔夫则温和多了。"贝克向戈尔巴乔夫保证美国会支持他。"不管发生什么，您仍是我们的朋友。"他对戈尔巴乔夫及其顾问说，"在这次访问中，我们很伤心地看到，您没有得到应有的尊重。我们明确告诉您：我们反对这么做。"他没有提到叶利钦保证会让戈尔巴乔夫"光荣"退休。[39]

显然叶利钦对戈尔巴乔夫的态度让他满肚苦楚，但他还是表示愿意与共和国领导人合作。切尔尼亚耶夫在他为戈尔巴乔夫准备的与贝克会谈的讲话稿中写道，成立独联体造成了一个新局面。"我希望我自己和长期以来的同事，"戈尔巴乔夫说，他指的是在场的亚历山大·雅科夫列夫和谢瓦尔德纳泽，"能够一起构建独联体的未来，确保接替的持续性。"他也告诉贝克，他与叶利钦在交接权力的时间表上达成了一致。虽然他们对《别洛韦日协议》有所保留，但是戈尔巴乔夫和贝克都承认独联体是既成事实，两人都试图搭上这辆马车。但是人们把贝克看成一位受欢迎的客人、一位重要的伙伴，却把戈尔巴乔夫视为一个入侵者、一个宴会的搅局者，人人都想与他保持距离。[40]

欧亚国家的诞生

贝克在 12 月 17 日这天离开了莫斯科，戈尔巴乔夫和叶利钦在这天碰头讨论从苏联到独联体的权力交接问题。第二天，亲叶利钦的《俄罗斯报》刊登了一篇文章，上面写道："两位总统已达成一致，将在今年年底之前，完成对原苏联机关的过渡时期改造，使其发挥新的作用。到那时，联盟所有机关的活动都将终止：部分机关将归属于俄罗斯政府的管辖，剩下的将被关闭。"到了 12 月中旬，政治舞台上所有的表演者都很清楚，不会有什么新联盟了。甚至戈尔巴乔夫也意识到他的计划泡汤了。邦联制国家将取代这份计划。民调显示，独联体的诞生得到了 68% 的俄罗斯民众的支持。然而有个问题依然悬而未决：这是怎样的独联体？[1]

12 月 21 日，斯拉夫和中亚共和国的领导人聚集在哈萨克斯坦的首都阿拉木图，商讨《别洛韦日协议》签订后的新的政治局势，他们将回答这个问题。叶利钦已经告诉了布什，中亚国家的领导人将加入独联体，但是不清楚他们将在怎样的条件下加入，发挥怎样的作用。戈尔巴乔夫将自己仍能留在权力集团内的希望都寄托于这次阿拉木图会议。他希望中亚总统与叶利钦、克拉夫丘克以及来自域斯格里的舒什克维奇有所不同,能将独联体变成一个更加中央集权的政体。自1989年起,情况一直如此,戈尔巴乔夫希望俄罗斯政治家的"激进主义"能遇上它的劲敌——中亚共和国代表的"保守主义"。

戈尔巴乔夫的如意算盘打错了。尽管多数中亚共和国的总统,包括两个最大的中亚共和国领导人——哈萨克斯坦的纳扎尔巴耶夫和乌兹别克斯坦的卡里莫夫总统——并不欢迎斯拉夫独联体的成立,但是他们也不认为对抗俄罗斯会有什么好处。他们对前苏联有太多的不满,他们有足够大的野心成为独立的统治者,因此他们完全支持组建一个包括他们自己的国家在内的独联体。

虽然戈尔巴乔夫和叶利钦对阿拉木图会议的期望正好相反,但是,贝克却成了第一个了解中亚领导人对成立独联体的态度的局外人。贝克于12月17日早晨,踏上了他的复杂旅程——从莫斯科,经中亚国家、白俄罗斯和乌克兰,然后到达布鲁塞尔。这次的行程安排真是一种折磨。贝克将于12月17日早上9点离开莫斯科,下午3点30分到达吉尔吉斯斯坦首都比什凯克,然后晚上7点55分离开,40分钟后到达哈萨克斯坦首都阿拉木图。当天晚上11点38分,他将最后一次出现在新闻发布会上。第二天,他将动身前往白俄罗斯首都明斯克,并于下午1点飞抵那里,随后前往基辅,预计到达的时间是下午5点55分。他将在12月19日早晨6点45分离开基辅,参加将于9点在布鲁塞尔召开的会议。[2]

贝克行程的第一站就是拜访吉尔吉斯斯坦。贝克在他的备忘录里写下了这么一段话,解释了他短暂拜访吉尔吉斯斯坦的理由:"在一个更加倾向于军人作风,而不是杰弗逊式的民主的国家,吉尔吉斯斯坦总统阿卡耶夫是一个特例,他相信民主和自由市场。我认为我的访问对其本人及该地区的穆斯林来说，都将具有重要的象征意义，这表明美国政府准备支持他们的改革。"作为吉尔吉斯斯坦科学院前任院长的阿卡耶夫和同样卓越的白俄罗斯总统兼科学家舒什克维奇一样，都是新一代共和国领导人中的翘楚，所有的前共和国领导人都是共产党的领袖。美国国务卿的来访确实极大地鼓舞了阿卡耶夫和他所领导的即将诞生的国家。正如贝克后来回忆的那样，当吉尔吉斯斯坦总统看见他从比什凯克的机场走下飞机的那一刻，他"攥紧了拳头，双手举过头顶，好像他刚获得了次中量级拳击冠军的称号似的"。

阿卡耶夫对贝克所说的话，正好是贝克想从中亚国家领导人那儿听到的话：阿卡耶夫完全支持成立独联体，因为他认为俄罗斯的帮助，对于他应对伊斯兰激进派和邻国中国日益扩大的影响力而言必不可少。他不打算拥有核武器，他还认为自己国家的军队不需要超过1000人。吉尔吉斯斯坦的军备计划正好契合8月政变之后，贝克提出的后苏联政府的指导方针。简而言之，在美国国务卿构想的世界新秩序中，吉尔吉斯斯坦乐于做一名热情的参与者。贝克离开比什凯克，前往阿拉木图时在想："对于许多共和国及其领导人而言，我们拥有广泛的道德权威，那么，美国在支持改革方面也就承担了特有的责任。"[3]

不到一小时，贝克已经到达了阿拉木图。这是他在3个多月的时间里，第二次访问哈萨克斯坦。他在9月中旬就来过一次，那次他带着政变后的调查任务前往苏联。时年51岁的哈萨克斯坦总统纳扎尔巴耶夫，管理着这片土地上唯一拥有核武器的非斯拉夫国家，对苏联政治的影响力很大，同时他急于和西方国家建立直接的政治和经济关系。苏联和独联体的未来，以及核武器的管控，对美国领导层来说是至关重要的，这在很大程度上取决于哈萨克斯坦总统的态度。

在宣布共和国独立的方面，纳扎尔巴耶夫落在了其他共和国领导人之后，可是别洛韦日峰会召开后，他赶了上来。当他12月9日参加了戈尔巴乔夫和叶利钦之间一次针锋相对的会议之后，他决定从原先支持戈尔巴乔夫转而支持叶利钦，而他的政治中心则从濒临垮台的苏联转向越来越具有可行性的独联体。《俄罗斯报》这样描述了纳扎尔巴耶夫的新立场："他提议，不要就斯拉夫和中亚共和国的对立问题展开深入思考和探讨。其一，这么做是危险的；其二，他本人极为反对建立在民族和种族原则之间的条约，他认为这种做法回到了中世纪；其三，他没有看出3个想要寻求最佳合作的斯拉夫国家有什么反哈萨克的或是类似的动机。"

离开克里姆林宫之后，纳扎尔巴耶夫急匆匆地赶回了哈萨克斯坦，他要加快国家独立的步伐。苏联剩下的日子屈指可数了，如果哈萨克斯坦想要在独联体或是其他区域性组织中扮演一定的角色，那它必须拥有所有独立国家所具备的属性。12月10日，哈萨克议会将哈萨克苏维埃社会主义共和国更名为哈萨克斯坦共和国。当天晚些时候，纳扎尔巴耶夫作为第一位经选举产生的共和国总统，宣誓效忠祖国。总统选举是在12月1日进行的，也就在同一天，乌克兰投票通过独立，并且选举克拉夫丘克担任国家总统。12月16日，哈萨克议会在未组织全民公投的情况下，宣布哈萨克斯坦独立。就像一些报纸评论的那样，事实上12月1日，乌克兰人不仅投票通过了本国的独立，还通过了哈萨克斯坦的独立。[4]

贝克想要会见纳扎尔巴耶夫，是希望同他讨论核武器问题以及独联体的未来。他准备将美国政府的对外人道援助和技术支持扩展至哈萨克斯坦。贝克的团队为他和所有后苏联时代的领导人的见面准备了谈话的基本要点，因此，贝克和纳扎尔巴耶夫的协商也是从这些要点出发的。贝克团队准备的谈话内容包括：美国对于核武器、常规武器、边界争议的解决和经济合作等方面的种种期待。他们也列举了美国向苏联提供的援助：1990年12月，承诺提供价值35亿美元的人道援助。1991年12月，依据该承诺，濒临破产的苏联还能得到价值 6 亿美元的援助。纳扎尔巴耶夫似乎对一揽子的经济援助计划并不感兴趣。他想要的是：承认自己国家的独立，允许外商投资。他对贝克说："多派些顾问和投资者来吧，我们想要的不是钱。"[5]

纳扎尔巴耶夫真是快人快语，他认为美国支持苏联瓦解的行为，对此表达了自己的不满。他向贝克吐露道："叶利钦曾对全世界说，他已经致电布什总统，并且布什总统随即对他的做法表示支持。如果情况确实如此，我只能说，既然布什总统在全世界都备受尊重，那么，他是否应谨慎表态呢？总统先生是如何看待他们这种举动的合法性呢？这种行为符合宪法规定吗？今年 8 月，美国政府的反应很清楚。而美国的观点对大家都很重要。现在我们看到的是，叶利钦试图借助布什总统使自己的行为变得合法。"[6]

贝克向纳扎尔巴耶夫保证，布什仍然是中立的态度，既不支持叶利钦，也不支持其他总统。美国国务卿后来回忆，尽管纳扎尔巴耶夫很明显因为最初被排除在别洛韦日峰会之外而感到受到了伤害，但他还是准备不再追究此事。他对来访的美国客人说："他们都道过歉了，事情已经过去了。""他们"指的是叶利钦、克拉夫丘克和舒什克维奇。现在他完全赞成成立独联体，他正在竭尽所能地说服其他中亚总统也加入独联体。他告诉贝克："这次我又必须充当一名消防员了。我不得不把他们团结起来。"他这番话指的是《别洛韦日协议》签署后掀起的政治风暴。

中亚领导人愿意加入独联体是基于一个重要条件：他们将被视为独联体的创始人，各位参与者将重新签署全部的协议。纳扎尔巴耶夫还希望 4 个拥有核武器的共和国能就核武器管控问题单独签署一项独立条约。这样的话贝克听起来一定很悦耳吧！他回忆说："当我凌晨 3 点回到房间时，我觉得和纳扎尔巴耶夫一起度过的 3 个小时，是我迄今为止最美妙的时光。"贝克希望纳扎尔巴耶夫能成功，就像他第二天在明斯克对舒什克维奇所解释的："中亚和斯拉夫共和国结成联盟，中亚各国可以成为连接东西方的桥梁，还可以成为阻止激进的伊斯兰原教旨主义的安全缓冲区。"[7]

尽管美国人因为核武器和激进的伊斯兰教信徒的原因，愿意让斯拉夫独立国家联合体扩充至中亚，可是中亚领导人想要加入《别洛韦日协议》的动机要复杂得多。核武器只是纳扎尔巴耶夫的问题，激进的伊斯兰是影响中亚国家做出决定的因素之一，大多数中亚国家的领导人也是前共产党领袖，他们思考的中心问题是俄罗斯。过去，他们和莫斯科的关系是从属和依附，虽然现在他们渴望结束这种关系，但是，他们还不能完全终结这种关系。

12月17日，贝克到达阿拉木图这天，纳扎尔巴耶夫在主持一项市区群众的集会活动，以此纪念两个事件：其一，一天前共和国议会刚宣布了国家独立；其二，这天是1986年12月16日、17日在阿拉木图爆发的反政府抗议活动的5周年纪念日。当时哈萨克族青年人参加了抗议活动，他们高喊着民族口号，向前行进——这是苏联内部民族关系日渐紧张的最初信号。这些年轻人主要是阿拉木图高等学府的学生，他们冲上街头抗议莫斯科当局任命一位俄罗斯族人来担任哈萨克斯坦的党政一把手，该职位曾属于哈萨克族人。戈尔巴乔夫任命盖纳季·科尔宾是为了铲除和勃列日涅夫关系密切的党内高官以及他们腐败的管理。

为了使自己能够控制住各个加盟共和国和地方精英派，戈尔巴乔夫主要依靠来自莫斯科的党内干部。一年前，他把叶利钦从斯维尔德洛夫斯克市调至莫斯科，从效忠于勃列日涅夫的维克托·格里申手中接管了莫斯科。20世纪70年代，科尔宾在斯维尔德洛夫斯克市曾是叶利钦的领导，现在，他从原来的伏尔加河畔的乌里扬诺夫斯克市第一书记调任至哈萨克斯坦。在戈尔巴乔夫的提携和帮助下，这位"斯维尔德洛夫斯克市的黑手党"在一个亟须进行政治和经济改革的国家，完成了铲除腐败和巩固总书记权力的双重任务。[8]

虽然任命叶利钦掌管莫斯科市政府受到了莫斯科民众的欢迎,但是,在莫斯科的坚持下,科尔宾被"选举"为哈萨克斯坦共产党第一书记的事情,却激起了哈萨克族民众和精英的一致反对。原因很简单:为了压制旧的共产党官僚,打击腐败,戈尔巴乔夫违背了中央和共和国之间自斯大林去世以来达成的未成文的约定:共和国的领导人要从它的命名民族群体(以该民族的名称作为国家名称的一部分)中择贤而用。可是,戈尔巴乔夫要换挡前进了,他想要越过地方精英,从克里姆林宫直接管理全苏联。然而,阿拉木图可不是莫斯科。共和国的权力比一个城市的权力要大,共和国的政党和文化精英们并不打算把他们好不容易争取来的地方特权让给过于乐观的克里姆林宫新贵。[9]

有谣言称,莫斯科任命的领导会使共和国的党政高官在阿拉木图蒙受严重损失,正是这番言论促使哈萨克族学生进行了反抗。纳扎尔巴耶夫也是哈萨克族人,时任共和国政府的首脑,显然也是哈萨克共产党第一书记最有力的候选人之一。有人说他在背后支持抗议的学生,果真如此的话,不得不说他有瞒天过海的本领。在抗议活动进行到高潮时,他向学生喊话,让他们解散回家。当一切交涉均告失败时,他支持那些力主采取严厉措施的人。最终抗议活动被镇压了,有人伤亡,成千上万的示威学生被拘捕、被审讯,被驱逐出学校。

纳扎尔巴耶夫曾经是一位冶金工程师,早年在勃列日涅夫的家乡——乌克兰的第聂伯罗捷尔任斯克——接受教育,他曾自豪地提起这一点,以此强调自己的忠诚,以便维护其共和国领导人的位置。1989年夏,在戈尔巴乔夫的护佑下,他拥有了最高的领导职位——哈共中央第一书记。中央和哈萨克斯坦之间的协议几年前被戈尔巴乔夫打破了,如今这种关系被重塑起来。今时不同以往:共和国的精英不仅要重获勃列日涅夫时期的地位,还要从戈尔巴乔夫那儿争夺新的权力,而戈尔巴乔夫的实力则被他自已开启的改革大大削弱了。1990年春，在纳扎尔巴耶夫担任第一书记不足一年之际，他成为哈萨克斯坦总统，和戈尔巴乔夫一样，他的任命不是来自民众，而是来自议会。

在这种情况下，当纳扎尔巴耶夫在决定谋求主权和独立时，需要非常小心。就维护哈萨克斯坦的政治与各种族间的平衡关系而言，纳扎尔巴耶夫的处境要比其他共和国领导人艰难得多。哈萨克斯坦共有1650万人口，其中哈萨克族人占650万；俄罗斯族人是第二大种族，人口是600多万；乌克兰族人是第三大族群，人口接近100万，他们从语言、人种方面更接近俄罗斯族人，文化上也常常更加俄罗斯化。在20世纪80年代，哈萨克族是全国人口增长最快的种族，但是斯拉夫族人仍然占大多数。斯拉夫民族的人普遍受到更好的教育，居住在城市的中心，以国家的主人自居。在贝克1991年9月访问阿拉木图期间，纳扎尔巴耶夫向他透露："如果你在我们国家随便转转，就能看到俄罗斯族的孩子殴打哈萨克族的孩子。这就是我面对的情况。事情处理起来并不容易。"[10]

哈萨克斯坦的民族人口构成是苏联的民族操控和经济政策所导致的。20世纪30年代初，共和国的民族构成受到了苏联农业政策，尤其是强制执行的集体化政策的影响。超过100万哈萨克族人，在1930年到1933年间死于饥荒，约占总人口的四分之一。20世纪50年代，赫鲁晓夫发动了"处女地计划"（赫鲁晓夫为解决苏联农业问题、缓解粮食短缺制订的计划。其策略是招募志愿共青团员作为劳工，前往伏尔加河流域、北高加索、哈萨克斯坦垦荒）的拓荒运动，在苏联政坛冉冉升起的新星勃列日涅夫的辅佐下，这一计划得到了实施，正是"处女地计划"给哈萨克斯坦输送了几十万斯拉夫族人。为了解决长期困扰苏联的食物短缺问题，他们企图把哈萨克斯坦北部的大草原改造成可耕种的良田。结果食物问题尚未得到解决，可是哈萨克斯坦的民族构成却发生了有利于斯拉夫族人的变化。[11]

自 1990 年就职总统以来，纳扎尔巴耶夫就陷入进退两难中：一方面，提高哈萨克族的自我意识和民族意识；另一方面，分裂主义在斯拉夫族的民众中日益抬头，他们主要生活在哈萨克斯坦北部。尽管他竭力争取共和国的立法主权和经济自主权，但是并没有公开支持哈萨克或是斯拉夫的民族主义。他努力平衡两者的关系，成功地巩固了阿拉木图方面的权力，在莫斯科他也成了一位颇具影响力的权力"经纪人"。纳扎尔巴耶夫赢得了戈尔巴乔夫、克拉夫丘克和舒什克维奇的尊重，他的讲话在中亚共和国中也是很有分量的。随着新联盟协议谈判的失败和独联体的成立，纳扎尔巴耶夫想要牢牢掌控局面的能力再次受到了考验。

纳扎尔巴耶夫既不能违背大多数斯拉夫人的意愿，单方面宣布哈萨克斯坦独立，也不能接受《别洛韦日协议》中规定的独联体：因为这样一来，意味着 650 万哈萨克族人要和 2000 万以上的斯拉夫族人分享一个权力实体。大家可以轻易地预见到，这种安排对于想在独联体中发挥自身作用的哈萨克族精英分子而言，将会带来怎样的结果，更别提维护哈萨克族的民族与文化的认同感。"斯拉夫联盟"的精神之父——亚历山大·索尔仁尼琴——提出的关于哈萨克斯坦未来的方案更加让人难以接受，索尔仁尼琴主张哈萨克斯坦的北部地区"重新回归"俄罗斯。许多人认为"斯拉夫联盟"在别洛韦日的协议中已经存在。纳扎尔巴耶夫后来肯定，即使他在 12 月 8 日参加了别洛韦日会议，他也不会就这样签协议的。[12]

纳扎尔巴耶夫不打算单独和几位斯拉夫总统签协议，但如果其他中亚领导人也愿意加入进来的话，他还是很乐意这么做的。12 月 12 日，他飞往了自己的穆斯林邻国土库曼斯坦的首都阿什哈巴德，参加 5 位中亚共和国领导人共同参加的会议。土库曼斯坦总统萨帕尔穆拉特·尼亚佐夫主持会议，此次会议的日程是中亚国家该如何回应斯拉夫独联体的成立。尼亚佐夫提议成立中亚同盟，以此制衡《别洛韦日协议》中创建的"斯拉夫联盟"。纳扎尔巴耶夫反对此倡议，他希望中亚国家加入由 3 位斯拉夫国家领导人创立的独联体。

纳扎尔巴耶夫回忆说："我们聚在尼亚佐夫在阿什哈巴德的住处，就当时的局势，一直讨论至凌晨 3 点。我们应该拒不接受苏联解体，仍然承认戈尔巴乔夫是国家总统吗？但是没有了俄罗斯，这个联盟会变成什么样子？还是说，我们应该接受尼亚佐夫的建议，创建一个中亚国家联盟，但是那样一来，我们拥有一个经济体、一支军队、一种和俄罗斯相同的货币——卢布——并在哈萨克斯坦拥有 1150 枚核弹头……我们怎么参与到对抗俄罗斯的行动中呢？"创建中亚同盟的想法或许对尼亚佐夫自己的国家有好处，土库曼斯坦富有天然气资源，人口却仅有 350 万，而且土库曼人在民族构成中占绝对多数。可是，完全从俄罗斯或是其他斯拉夫共和国分裂出去，可能会进一步加深哈萨克斯坦斯拉夫族人和哈萨克族人之间已经存在的民族鸿沟，极有可能意味着哈萨克斯坦现有版图的终结，索尔仁尼琴描述的某些情景随后也将变成了现实。[13]

当时 53 岁的乌兹别克斯坦总统伊斯兰·卡里莫夫所采取的立场，将决定这场讨论至深夜的辩论的结果。乌兹别克斯坦拥有近 2000 万人，是中亚各国中人口最多的国家，也是苏联人口第三多的加盟共和国，仅次于俄罗斯和乌克兰。其中，乌孜别克族人有 1400 多万，和非乌孜别克族人比起来，稳稳地占据大多数：该国最大的少数民族——俄罗斯族——人口 160 多万，位居第二位。尽管乌兹别克斯坦并没有受到来自国内的俄罗斯族人和斯拉夫族人的威胁，但是，乌兹别克斯坦的精英分子在苏联统治的最后几年中，一度和莫斯科方面关系紧张。与对待哈萨克斯坦不同，莫斯科方面从未派过俄罗斯族人去管理非斯拉夫族的乌兹别克斯坦，但却不遗余力地、用无情的反腐运动去离间乌兹别克斯坦的精英，因为种种原因，反腐运动主要在乌兹别克斯坦进行。[14]

对于"棉花案",也就是后来很快演变成众所周知的"乌兹别克斯坦贪腐大案"(指的是乌兹别克斯坦历史上著名的"棉花案",对乌兹别克斯坦大贪污案,调查小组从 1983 年开始进行明察暗访,前后历时 6 年,贪污受贿人员之多、程度之深,令人震惊)的调查始于安德罗波夫时期,在戈尔巴乔夫的任上被重新审理。莫斯科调查组在乌兹别克斯坦揭露的事实令人瞠目结舌。乌兹别克斯坦共产党第一书记被指控接受 14 人的贿赂,金额总计 120 万卢布。检方起诉的部分行贿受贿案在苏联最高苏维埃开会期间移交至大克里姆林宫的乔治厅。从 1961 年到 1983 年间,领导乌兹别克斯坦的乌共中央第一书记、莫斯科政治局无表决权的委员夏拉夫·拉希多夫一手打造了受贿数百万美元的腐败体制。

20 世纪 70 年代中期,为了响应莫斯科方面增加棉花——乌兹别克斯坦最主要的出口商品——的生产配额,同时也因为当年的棉花种植获得了大丰收,拉希多夫公开向他的上司勃列日涅夫承诺,从那时起,乌兹别克斯坦每年将生产 600 万吨棉花。事实上,乌兹别克斯坦的棉花产量最多只有 400 万吨,在收成较差的年份不超过 300 万吨。拉希多夫的职业前景以及身边官僚的前途受到了威胁。拉希多夫命令每一片可利用的土地都拿来种植棉花,还强迫国家所有的公民,甚至包括儿童和少年,不管他们的主要职业是什么,都要到田间劳作。结果还是令人失望——棉花产量从未达到 600 万吨。[15]

就像欧洲帝国希望从其海外殖民地获取利益一样,苏联政府想从乌兹别克斯坦得到"白色黄金"——棉花在苏联的叫法。尽管乌兹别克斯坦种植和生产棉花,可是主要的纺织设备都在俄罗斯。因此,乌兹别克斯坦出口棉花,却要进口纺织品,这给它的经济造成重大损失。可是,乌兹别克斯坦的领导人找到了殖民地时期对付帝国的方法来解决这个问题。共和国如果少生产了两三百万吨棉花的话,乌兹别克斯坦的官员就决定在官方报告中造假。

这套把戏可牵连到上万人，从集体农场到政府和中央的高官均有涉及。苏联中央根据其谎报的棉花产量把钱支付给乌兹别克斯坦，这笔钱在乌兹别克斯坦再以行贿的方式进行再分配。成百上千万的卢布也跑进了俄罗斯纺织厂厂长和党政官员的腰包里。这些党政官员要么承认收到了根本不存在的棉花，要么就装作不明就里。苏联时期第一个上百人的百万富翁群体出现在乌兹别克斯坦，同时这里也是有组织犯罪的滋生地。安德罗波夫以及后来的戈尔巴乔夫都同意对涉案人员进行逮捕。一时间成千上万的人接受了调查，许多人开始把中央的调查起诉看作是对整个共和国的打击，在那些维护共和国领导人的民众看来，他们的领导人除了试图满足"殖民地主人"的愿望，没犯什么罪。

1990年起担任国家领导人的卡里莫夫和本国国民的想法一样。许多乌兹别克斯坦人认为"棉花案"是一种政治迫害，卡里莫夫也是这么想的。1991年9月，卡里莫夫主持召开乌兹别克斯坦共产党代表大会（乌兹别克斯坦共产党后更名为人民民主党），大会通过的决议免除了乌兹别克斯坦共产党领导人的一切罪责。决议写道："他们为了祖国的福祉，诚实地工作，问心无愧，他们可以直接而坦诚地望着他的人民。"1991年12月底，在卡里莫夫即将被选为乌兹别克斯坦新任总统的前几日，他请求每一位在调查中遭到迫害的人民的原谅。在那时，"棉花案"已经成为众所周知的"乌兹别克斯坦贪腐大案"，这个案件成了乌兹别克人遭到共产主义政权迫害的象征。[16]

在戈尔巴乔夫推动的新联盟条约谈判期间，卡里莫夫比纳扎尔巴耶夫表现得更倾向于独立。他常与叶利钦和克拉夫丘克一起，使戈尔巴乔夫企图把各个共和国更紧密地团结于苏联中央的努力受挫（纳扎尔巴耶夫通常支持戈尔巴乔夫）。8月政变之后，他迅速地摘掉了乌兹别克社会共产主义信仰的面具，拆毁了共产党领导人的纪念碑，把原先以他们的名字命名的广场和街道更名。可是，他宣布乌兹别克斯坦还没有做好民主化的准备，他镇压了初生的反对力量。尽管他的举动偏离了莫斯科方面的意志，可是别洛韦日发生的事情还是让他很不高兴。针对斯拉夫国家总统间单独签订的协议，他后来直接向叶利钦表达自己的不满。但是，1991年12月12日和13日在阿什哈巴德进行的漫长讨论中，卡里莫夫支持纳扎尔巴耶夫还有其他一些人，他们都反对订立莫斯科记者早前称为的《穆斯林宪章》。

卡里莫夫加入独联体的动机和纳扎尔巴耶夫可不一样。和吉尔吉斯斯坦的总统阿卡耶夫一样，卡里莫夫需要俄罗斯和独联体作为盟友，以此对抗伊斯兰原教旨主义。还有，他更需要俄罗斯的纺织厂生产加工乌兹别克斯坦的棉花。没有这些的话，乌兹别克斯坦的经济将在数周内崩溃。卡里莫夫在阿什哈巴德会议结束后和记者进行了交谈，他拒绝在斯拉夫国家的联合体中享受穆斯林共和国的二等公民的待遇。他告诉记者："那些共和国要想逃脱二等公民的地位，唯一的出路是把中亚变成一个拥有自己的加工业的高度发达的地区。"[17]

虽然他们对只有斯拉夫国家参加的别洛韦日会议感到不满，但是纳扎尔巴耶夫、卡里莫夫及其各自的幕僚们都发现，他们因为政治、经济、社会、种族和安全等这样或那样的原因，除了支持俄罗斯和其斯拉夫邻国在比亚沃维耶扎提出的协议别无选择。在阿什哈巴德，中亚国家领导人不仅同意加入独联体，而且还想出了一种挽救颜面的做法。会议结束后，纳扎尔巴耶夫对记者说："经过大家的协商，我们5国领导人通过了一份宣言。我们理解白俄罗斯、俄罗斯和乌克兰共和国的领导人成立独立国家联合体以取代原来被剥夺公权的共和国联盟的做法以及为之付出的努力。我们的主要条件是：所有加入独联体的国家都是其创建国，即享有绝对平等的权利。"[18]

正如许多人所预期的那样，将于 12 月 21 日召开的阿拉木图会议，将要决定的不仅是濒临垮台的苏联的命运，还将决定尚未完全确立的独联体的命运。此次会议将在哈萨克斯坦首都的友谊宫召开，正是在这里，12 位共和国领导人在 11 月初召开了没有戈尔巴乔夫参加的首次峰会，并且签署了一项经济协议。

这次会议也将在戈尔巴乔夫缺席的情况下召开。但是，直到最后一刻才能清楚究竟有多少领导人将前往阿拉木图参加这次会议。约 500 名记者赶到了哈萨克斯坦的首都报道这次会议，这将是共和国领导人参加的最后一次苏联会议，同时也是第一次后苏联峰会。记者们众说纷纭。莫斯科《消息报》的一位记者写道："现在，参加会谈的不只是 8 国，而是 9 国或 10 国。亚美尼亚或者摩尔多瓦将加入明斯克的'三国组合'和阿什哈巴德的'五国组合'。"会议召开的前夜，有消息称阿塞拜疆总统阿亚兹·穆塔利博夫也在赶往阿拉木图的路中，阿塞拜疆和亚美尼亚为了争夺纳戈尔诺-卡拉巴赫地区展开过血腥战斗。[19]

人们纷纷猜测：这些代表不同利益的，有时甚至彼此开战（例如亚美尼亚和阿塞拜疆）的共和国领导人，坐到谈判桌前会发生些什么，应该期待这次会议达成哪些成果呢？唯一公开阿拉木图峰会议程的政治领袖是未被邀请参加此次会议的戈尔巴乔夫。他没有什么办法，只能发表公开声明，阐述自己的观点，试图以此影响峰会的结果。俄罗斯议会通过《别洛韦日协议》以及中亚共和国领导人发表了阿什哈巴德声明后，戈尔巴乔夫除了做出妥协同意成立独联体，已别无选择了。12 月 17 日，就在这天贝克离开了莫斯科，戈尔巴乔夫就权力交接事宜和叶利钦召开了至关重要的会议，苏联总统向媒体承认，他的总统职位的作用和叶利钦的作用 80% 是重合的。

戈尔巴乔夫还在试图发挥剩下的 20% 的作用，在第二天他向阿拉木图峰会参与者致了一封公开信。戈尔巴乔夫希望独联体成为国际法主体，参加到国际关系中，其公民拥有共同的身份。他还力主建立统一的军事指挥，创立统一的外交机构，用以维护苏联海外合法的权利，以及苏联在联合国安理会的代表权。他还建议成立负责协调经济和金融政策以及学术和文化活动的独联体机构。最后，他提议把"独立国家"的字样从新组织的名称中去掉，将它称为"欧洲和亚洲国家联合体"。[20]

这封信使人们相信戈尔巴乔夫尽管接受了"联合体"这个说法，可是，他实际上想要重建一个在已经破产的联盟条约中所预想的那种更为松散的体制。实在不成，他准备同意叶利钦和纳扎尔巴耶夫提出的，克拉夫丘克在8月政变失败后也曾短暂接受的邦联制原则。但是，一切为时已晚：邦联制的列车早已驶出了车站，成了过眼烟云。公开信的内容是切尔尼亚耶夫起草的，与沙赫纳罗扎夫起草的声明书相比，戈尔巴乔夫更喜欢前者。据切尔尼亚耶夫所言，沙赫纳罗扎夫起草的文稿中，"完全是'建设性'的语气——仁慈的、和解的和祝福成功的"。是不是戈尔巴乔夫只在乎阐述自己的原则，而不去管政治结果呢？还是他仍然希望在独联体中扮演一个重要角色，使自己在政治上还能有所作为？在回忆录中，戈尔巴乔夫没有说明自己的想法，只是苦涩地谈起——"不管怎样，他的信已经无济于事了。"[21]

就在戈尔巴乔夫发表公开信的第二天，俄罗斯报纸发表了一篇叶利钦接受意大利《共和报》访谈的译文，这篇文章使戈尔巴乔夫的政治前景更为暗淡。针对记者的提问："戈尔巴乔夫将在独联体中担任某个角色吗？"俄罗斯总统的回答直截了当："不。我们仍会尊敬他，维护他的尊严，这是他应得的。但是，我们已经决定在12月底之前完成交接，他也要在最后期限到来之前做出决定。"[22]

叶利钦对于独联体机构的设想比戈尔巴乔夫的想法更为谨慎。他的首席助手布尔布利斯在 12 月 18 日俄罗斯内阁就阿拉木图峰会事宜进行磋商讨论后，概括了叶利钦迫切想要的东西："或许是元首理事会、政府首脑理事会和防务委员会。"就在这天，政府收到了几份新俄联邦国徽的设计方案。设计方案决定采用俄罗斯帝国时代的象征——双头鹰。布尔布利斯告诉媒体，在送交大会讨论的两份设计方案中，部长们决定选择看上去威胁性没那么强的鹰的图案。俄罗斯人最后要考虑的，就是不要吓跑自己在独联体内潜在的伙伴国。[23]

独联体新机构的属性及其职权范围让乌克兰的克拉夫丘克深感忧虑，以至一度不清楚他是否能参加阿拉木图峰会。在别洛韦日会议上，克拉夫丘克曾坚持说，乌克兰不会接受任何将限制其独立的独联体机构。那天，他做到了。现在，这样的安排突然受到了质疑：从叶利钦助手的讲话可以看出来，俄罗斯渴望独联体各国之间"加深"交往，减少隔离。可是，克拉夫丘克不高兴了。他遭到了来自政府、议会和社会各方面的强烈反对，以至于许多人认为他这么做出卖了国家利益，在国家刚刚赢得了长久渴望的独立后，他随即这么做是一种犯罪。这些带领自己国家获得了独立的前共产党官员，在尚未和内阁及议会展开充分磋商的情况下，就签署了这份看上去好像重塑苏联的协议，他们这么做到底有什么企图，许多人对此感到怀疑。

《别洛韦日协议》签署后，一项在莫斯科、基辅和明斯克展开的民调显示，在基辅，只有 50% 的受访者表示赞成该协议的签署，而在莫斯科和明斯克，该数字分别是 84% 和 74%。赞成成立独联体的基辅民众主要是从经济角度出发，而不是 3 个斯拉夫国家组成一个政治统一体的概念使他们受到了鼓舞。根据基辅的民意调查，54% 的受访者把独联体的成立和更好的经济前景结合在一起，而在莫斯科和明斯克，这一数字则是 38% 和 44%。[24]

在中亚总统建议取消原来的条约、签署一份新条约后，克拉夫丘克表明，他并不急着去阿拉木图。他一贯如此，善于放低姿态，以柔制胜。克拉夫丘克表示自己没兴趣再讨论什么新条约，他这么做让大家都深感不安。如果说中亚共和国不希望失去俄罗斯的话，那么俄罗斯也不愿失去乌克兰。叶利钦曾反对在没有乌克兰的情况下，签署戈尔巴乔夫的联盟条约，因为这么一来，就只剩下俄罗斯和中亚穆斯林国家的"一对一"的关系了。所以，叶利钦认为没有乌克兰的独联体也不成立。12月18日，贝克在基辅会见了克拉夫丘克，谈话刚开始时克拉夫丘克请求美国支持乌克兰独立。当克拉夫丘克告诉贝克，他会前往阿拉木图时，美国国务卿才深深地松了一口气。[25]

白俄罗斯领导人舒什克维奇和克拉夫丘克可不一样，他急于参加阿拉木图会议。在签署了《别洛韦日协议》后，他很快发表了一则声明，大意是说，独联体不是只有斯拉夫国家参加的俱乐部，它是向其他国家敞开的，中亚国家也可以加入。但是，白俄罗斯人可不想不计代价地扩充独联体。他们的想法是：只有没卷入暴力冲突的共和国才可以被邀请参加独联体。这样的话，有些国家就被自动排除在外了：摩尔多瓦共和国，努力控制斯拉夫人占主导地位的德涅斯特河沿岸地区；阿塞拜疆共和国，努力想让亚美尼亚居民占主体的纳戈尔诺-卡拉巴赫地区属于自己的国家；亚美尼亚共和国，也卷入了卡拉巴赫冲突；或许还包括格鲁吉亚共和国，该国反对派和政府军发生了巷战，因为在阿布哈兹和北奥塞梯地区，非格鲁吉亚人占据大多数，他们要求自决权。理论上讲，如果在阿拉木图峰会通过了白俄罗斯人的建议，那么俄罗斯因为车臣危机的加剧，也应被禁止加入独联体。[26]

与白俄罗斯人的建议大相径庭的是，阿拉木图会议必须对分裂势力保持坚定的立场。随着阿拉木图会议召开日期的临近，两个分裂地区——摩尔多瓦的德涅斯特河沿岸和阿塞拜疆的纳戈尔诺-卡拉巴赫地区——要抢在它们的"本国"之前,申请加入独联体。与此同时,俄罗斯承认按照苏联时期边界划分的摩尔多瓦和亚美尼亚共和国独立。这么做并不能缓解分裂地区的紧张局势。1990年至1991年间,戈尔巴乔夫领导下的中央曾大力支持这些自治区背叛自己的"母国",现在,在苏联走向崩溃的最后时刻,这些反抗活动也进行得"如火如荼"。

正如人们可以预见的那样,苏联共和国早前都遇到了自治运动的困扰,所以,在别洛韦日会议上,俄罗斯、乌克兰和白俄罗斯的总统都宣布,他们支持各个共和国的"合法"当局。按照俄罗斯的提议,他们签署了一份声明,支持摩尔多瓦领导层镇压德涅斯特河沿岸的斯拉夫分裂势力。3位斯拉夫总统强调各国现存的领土不容侵犯,并且要在法律框架下处理斯拉夫人的民族问题。他们在这些问题上的一致意见是为了防止出现一个"拥有核武器的南斯拉夫",在戈尔巴乔夫末日预言中,曾经这么形容苏联。[27]

尽管3个斯拉夫共和国能和平共处,可是其他国家就做不到了。在非斯拉夫地区,种族之间的战争正愈演愈烈,苏联的军队也卷入了冲突之中。12月9日,《别洛韦日协议》签署后的第二天,摩尔多瓦的军队在边境城市本德尔与德涅斯特河沿岸的民兵组织展开交战。德涅斯特河沿岸的武装力量得到了形式上仍由戈尔巴乔夫领导的苏联第十四军的支持。在接下来的数日中,德涅斯特河沿岸城市杜博萨雷爆发冲突。在阿塞拜疆,总统穆塔利博夫在12月18日接管了共和国境内的全部军队。他希望苏联军队要么接受他的指挥,要么撤出阿塞拜疆。第二天,纳戈尔诺-卡拉巴赫地区的亚美尼亚人成立了自己的国防委员会,主要指挥当地民兵组织,同时和戈尔巴乔夫领导下的苏联军队展开合作。亚美尼亚总统彼得罗相签署了一项法令,加强亚美尼亚当局和共和国境内的苏联军队的关系。虽然阿塞拜疆人把本国境内的苏联军队视为潜在敌人,但是亚美尼亚人却把他们当作盟友。[28]

戈尔巴乔夫在乌克兰全民公投前曾经就可能发生内战而提出警告，然而内战却在其他共和国爆发了。战争一时间还仅限于高加索地区和摩尔多瓦的斯拉夫－罗马尼亚边境。不久，战争将蔓延至塔吉克斯坦。

12月21日上午11点30分，阿拉木图峰会在哈萨克斯坦首都的友谊宫中如期举行。原来苏联时期各国人民的友谊，将被参会者赋予新的含义。他们做到了。他们都面临着国内外的诸多问题，但是他们希望这场自政变失败以来最大规模的会议能够展示前苏联共和国有能力摆脱数月以来的困境。

独联体会议的召开给共和国领导人提供了一个急需的协商平台，而戈尔巴乔夫和他所召集的有关新联盟协议的会议却未能做到这一点。沙波什尼科夫元帅最先看清这一事实，他在回忆录中写道："这是前苏联共和国首脑在数月中第一次这么齐刷刷地聚在一起开会，事实上，除了波罗的海三国和格鲁吉亚领导人——格鲁吉亚领导人派来了一位观察员——参会的每个人都言之切切。在苏联国务院召开的会议和在新奥加廖沃府邸进行的多次磋商中，总有些领导人由于各种原因未能参会，我将这几次会议进行了对比。"[29]

沙波什尼科夫形式上虽然是戈尔巴乔夫政府的一位部长，但是他拥有独联体自创建以来唯一的正式官方职位——独联体的军队总司令。沙波什尼科夫在《别洛韦日协议》签订后，立即接受了叶利钦的任命，现在沙波什尼科夫掌控着一支即将被分割的军队。北高加索地区的阿塞拜疆、亚美尼亚和格鲁吉亚共和国的总统都试图控制本国境内的苏联军队，而位于德涅斯特河沿岸和纳戈尔诺－卡拉巴赫分裂地区的领导人也在自己的管辖范围内做着同样的事，然而，沙波什尼科夫所遇到的问题并不止这些。

乌克兰迄今为止还平安无事，可是该国的总统克拉夫丘克宣布，他本人将担任驻扎在乌克兰境内的苏军总司令，这一决定对于维护军队统一所构成的威胁并不比其他共和国小。12 月 6 日，沙波什尼科夫从前的门生、现在担任乌克兰国防部部长的莫罗佐夫已经宣誓效忠于乌克兰。为了应对沙波什尼科夫即将命令苏联军队宣誓效忠于俄罗斯，克拉夫丘克已经按计划让驻扎在乌克兰境内的军队宣誓忠诚于乌克兰。这些计划曾一度被搁置，但是沙波什尼科夫希望乌克兰人能在阿拉木图的会上提出问题。令人惊叹的是，他们没这么做。[30]

阿拉木图会议的参会者主要关注两项重大议题：苏联的解体和新独联体的成立，新独联体将包括 11 个共和国，而不是 3 个。后苏联共和国的首脑们仅用了 3 个半小时就达成了这个新的国际组织的原则，该组织将包括波罗的海三国以外的后苏联大多数共和国。截至下午 3 点，文件定稿已经交付给打字员了，两小时后，举行了正式的签约仪式。在中亚共和国各位领导的坚持下，包括俄罗斯、乌克兰和白俄罗斯在内，后苏联时期的各个共和国领导重新签署了独联体成立宣言。现在，所有参加阿拉木图会议的共和国都是独联体的创始成员国。

俄罗斯代表团提出的大多数建议都被采纳。首先，各位总统同意成立两个协调机构：国家元首理事会和政府首脑理事会。他们也同意废除现存所有的苏联部委和机构，这项决定对于叶利钦在今后和戈尔巴乔夫的斗争具有至关重要的作用。同时与会各方还同意宣布俄罗斯是苏联的继承者，这尤指俄罗斯将继承苏联在联合国安理会中常任理事国的位置。此外，各方就联合控制核武器所达成的协议与叶利钦数日前在莫斯科向贝克所说的内容完全一致。只有俄罗斯总统有权启用核武器，其他拥有核武器国家的总统可以与之协商，但是没有掌控发动核攻击的技术能力。在 1992 年 7 月前，出于战术安排，布置在乌克兰、白俄罗斯和哈萨克斯坦的核武器将被运至莫斯科，然后对其拆解、销毁。包括克拉夫丘克、纳扎尔巴耶夫和舒什克维奇在内的 4 位拥有核武器的国家领导人一致同意上述决定。[31]

此次峰会大获成功，因为会议只讨论了各方都能同意的议题。其他内容将于12月30日在白俄罗斯首都，也是独联体首都明斯克召开的会议上再进行商讨。在所有参会者中，最心存疑惑、态度保守的克拉夫丘克也与大家达成一致了。他同意让沙波什尼科夫暂时掌管包括核武器和常规武器在内的所有军队，直到下一次峰会召开，不再坚持组建独立的乌克兰军队。此外，他也不反对俄罗斯成为苏联合法的国际继承国，这意味着乌克兰将丧失分配苏联海外资产的权力。

阿拉木图协议也给了乌克兰一些补偿，苏联作为国际法的主体随即解散了，这样一来，也就为那些尚在骑墙观望的美国和西方各国承认乌克兰独立扫平了道路。对于乌克兰代表团来说，最重要的是，尽管有戈尔巴乔夫的坚持，可是阿拉木图会议还是没有成立超越于国家之上的机构，也没有通过统一的独联体公民身份来侵犯乌克兰的主权。此外，在别洛韦日特别成立的独联体国防委员会，唯一目的就是任命沙波什尼科夫担任总司令，以此吸引他离开戈尔巴乔夫，现在被心照不宣地从协议上删除了。克拉夫丘克事后满意地回忆起这次峰会，他说在会议结束后召开的记者招待会上，大会的主人纳扎尔巴耶夫"情绪平和地起身，有条不紊地宣布了我们各方做出的决定：苏联不复存在了，独联体的成立已是事实，现在我们将致力于构建新的关系"。[32]

贝克在乘坐美国飞机飞往华盛顿的途中，在大西洋上空，他接到了遥远的阿拉木图打来的电话。纳扎尔巴耶夫给美国国务卿打电话，通报了刚才会议的结果。他对贝克说："阿拉木图会议结束了。11个共和国参加了会议，俄罗斯、乌克兰、白俄罗斯和哈萨克斯坦决定统一管控他们的核武器。战略性核武器很快将被运往俄罗斯，其余拥有核武器的国家在10年内将成为无核国家。"

贝克简直喜不自禁，他对哈萨克斯坦总统说："我十分感激你打电话给我，你说得很全面。这与你我和其他共和国领导人讨论的结果完全一致。"纳扎尔巴耶夫感谢了贝克，但是他也强调这份成果来之不易。贝克回答："你已经做得非常好了。"他向这位前共产党领袖承诺，美国将很快承认哈萨克斯坦独立。[33]

莫斯科《消息报》写道："时间将决定阿拉木图协议的真正意义。"如果说，此次会议所具有的长远的重要性对于参会者和观察员来说尚不清楚的话，可是，对于有些人，当下的政治前途就系于这次会议的结果。第二天，戈尔巴乔夫的助手切尔尼亚耶夫在日记中写道："昨天是阿拉木图屠杀日。很明显，和1917年10月25日相比，这将是一个转折点，有着同样不确定的后果。"切尔尼亚耶夫指的是74年前布尔什维克攻占圣彼得堡市，该事件改写了俄国的命运，也改变了世界的历史。他和自己的上司戈尔巴乔夫将步入政治生涯最后的或是最富有转折性的阶段，倘若不是悲剧阶段的话。[34]

莫斯科的圣诞节

12月23日星期一，是叶利钦从阿拉木图回到莫斯科之后的第一个工作日，当天早晨他会见了戈尔巴乔夫，打算完成剩余的权力交接。叶利钦不再像别洛韦日会议刚结束时那么担心自己的安全了。因为阿拉木图会议已经决定解散所有前苏联的机构，此外，共和国领导人还签署了协议，同意把苏联资产及海外权利全部转交给俄罗斯。叶利钦急于为自己扫清道路，他要尽快把戈尔巴乔夫赶出政治舞台。他们数日前达成的协议规定，权力转移将在次年1月中旬进行。在阿拉木图，各位共和国领导人同意，关于清算苏联机构的方案将于12月30日，在明斯克召开的下次峰会上提出。但是，叶利钦甚至不想等到那时候了。很明显，就像克拉夫丘克之于乌克兰，卡里莫夫之于乌兹别克斯坦，12月29日乌兹别克斯坦将举行总统选举，卡里莫夫将成为总统，叶利钦渴望作为俄罗斯唯一的领导人赴明斯克开会。

叶利钦已经同各位共和国领导人在阿拉木图讨论了戈尔巴乔夫的将

来。大家一致同意应善待戈尔巴乔夫，允许他享受与其总统地位相称的退休待遇。叶利钦曾向各位领导人提过要求，让各个共和国共同承担戈尔巴乔夫的退休开销。但是，叶利钦的警卫队长科尔扎科夫回忆说，虽然戈尔巴乔夫是全苏联的总统，"但是他们都巧妙避开这个问题，并且暗示说俄罗斯很富足，能养得起戈尔巴乔夫及其全部随从"。在阿拉木图召开的新闻发布会上，叶利钦宣布，各国总统决定不再像对待戈尔巴乔夫的前任领导人那样，把他视为人民的敌人，只是让他退休养老，礼敬待之。"礼敬"是一个很宽泛的词，考虑到在阿拉木图戈尔巴乔夫已被"分配给"了叶利钦，所以，"礼敬"的含义只能仰仗俄罗斯总统本人的定义了。[1]

当叶利钦12月23日到达克里姆林宫时，苏联和美国的电视制片人恰好在场，他们询问两位总统是否可以拍摄他们互致问候的场景：戈尔巴乔夫同意了，可是叶利钦拒绝了。电视摄像机前没有彼此握手的镜头。镜头闪过，叶利钦出现在戈尔巴乔夫的位置上，他告诉了大家谁才是老板，他让自己从前的领导推迟了当天的所有计划。此时此刻，戈尔巴乔夫只能屈从于他的命运。他曾经对德国总理科尔说过，如果阿拉木图会议通过了独联体的现有条约的话，他将辞去总统职务。他写给峰会参会者的公开信是他最后一次试图在摇摇欲坠的苏联施展其政治理想，或是延长自己的政治生涯。可惜，两者都未能实现。

当公开信见诸报端之后，戈尔巴乔夫就着手他的另一套计划——隐退辞职。当共和国的领导人聚在阿拉木图的友谊宫开会时，戈尔巴乔夫则把他剩下的两位政治盟友雅科夫列夫、谢瓦尔德纳泽以及他的助手，也是他的演讲稿起草者切尔尼亚耶夫一起喊到了办公室，让他们帮忙起草自己的辞职演说，这3个人用了两小时完成了这份演说稿。这将是他们最后一次替戈尔巴乔夫起草文稿。切尔尼亚耶夫在他的日记中写道："好像……我们在起草另一份苏联演讲稿，或者类似的东西。我们咬文嚼字，字斟句酌，似乎已经忘了我们正在起草的是一则讣告。"[2]

当叶利钦在12月23日早晨出人意料地出现时，戈尔巴乔夫正准备录下自己面向苏联公民的最后讲话，只是苏联已不复存在，录音被迫取消。会谈在前苏共政治局经常开会的核桃厅举行，除了戈尔巴乔夫和叶利钦，没有第三人在场。会谈进行了一些时候，两位总统的政府首脑被召进会场，一起商议两位总统准备签署的协议内容。谈判进行得并不愉悦轻松。各方纷纷报道，整个谈判持续了6个小时，也有说持续了8个小时。叶利钦和戈尔巴乔夫终于就权力交接的时间安排达成了一致。戈尔巴乔夫将在两天之内，也就是在12月25日发表辞职演说。之后，他会宣布辞去苏联总统和苏联军队总司令的职务。叶利钦和沙波什尼科夫随后将会见戈尔巴乔夫，并且从他手中接过核公文包。戈尔巴乔夫的助手被要求4天之内，也就是在12月29日前腾出办公室。克里姆林宫上空的苏联红旗将在12月31日被降下。在新的一年里，克里姆林宫将迎来新的国旗和新的主人。

随着会谈的深入，戈尔巴乔夫召唤亚历山大·雅科夫列夫也帮他一起进行谈判。雅科夫列夫是戈尔巴乔夫"新思维"改革的理论之父，1990年夏天，为了平息苏联领导层中的顽固派，戈尔巴乔夫放弃了雅科夫列夫。雅科夫列夫被赶出了政治局，同时被开除党籍。在8月政变期间，他曾给予叶利钦口头上的支持，政变失败后，他又回到了戈尔巴乔夫的身边。因为他深得两位总统的信任，所以，当两位政敌进行最为敏感的谈判时，他可以充当理想的调停人。雅科夫列夫后来回忆，两位总统举止有度，"说话客套，彬彬有礼"。他还用了一个修饰语："他们时有争论，但是未曾怒言相加。"

在雅科夫列夫的协助下，两位总统就政治斗争停火达成协议。在接下来最困难的经济改革的数月里，戈尔巴乔夫将不再批评叶利钦。叶利钦将允许戈尔巴乔夫创建和管理自己的基金会，该基金会主要用来支持社会、政治和经济领域的研究，但是不介入政治事务本身。在此次会谈前的数日，戈尔巴乔夫已经构想好自己的"兰德公司"了，他的公司将接受西方国家基金会的资助，同时和西方的智囊团进行合作。他邀请切尔尼亚耶夫，以及包括雅科夫列夫在内的其他助手和盟友加入他的新基金会。在叶利钦对情况不甚明了的情况下，雅科夫列夫帮助戈尔巴乔夫据理力争，斩获颇丰，叶利钦同意将曾经由苏共中央管理的、用于培训外国共产党干部的几幢大楼交给戈尔巴乔夫未来的基金会使用。楼内包括教室、自助餐厅、健身馆和旅店。叶利钦的警卫队长兼亲信科尔扎科夫回忆说："在这点上，叶利钦很明显根本不清楚那些建筑的实际规模。"[3]

会议还谈到了总统文件交接的有关事宜。戈尔巴乔夫当着雅科夫列夫的面，将其中一只保险箱的秘密资料交给了克里姆林宫的新主人，这些绝密文件自斯大林时代起，就是由前任党政领袖交予继任领袖。这些绝密文件包括1939年签订的秘密协议——《苏德互不侵犯条约》及其地图，关于1940年春数以万计的波兰战俘被内务人民委员部杀害的"卡廷森林大屠杀"的内部调查资料。戈尔巴乔夫曾公开宣布，在苏联的档案中没有关于波兰军官命运的资料，其实这些资料一直就在他的保险箱里。还有一些不太敏感的资料，包括克格勃关于李·哈维·奥斯瓦尔德和约翰·肯尼迪总统遇刺事件的调查报告，报告显示克格勃与谋杀案毫无关联。

叶利钦后来表示，他拒绝接受这些文件，拒绝继续隐瞒这些阴谋诡计，帮助苏共保守那些秘密。叶利钦事后向苏联的外交部部长鲍里斯·潘金吐露："这些外交上的事，一件比一件脏。我说：'停下来吧，求求你！把这些文件都交给档案馆吧，他们会签收的。我可不想对这些文件负责。我为什么要管这些东西？你不再是总书记了，我呢，过去从没当过，以后也不会当。'"叶利钦想要和过去划清界限。他的助手在会议一结束后，就整理好这些文件并且把它们交到了档案馆，至少大部分文件交了上去。科尔扎科夫后来写道，叶利钦还是把一些文件放进了自己的保险箱内。他和过去的决裂似乎并不像最初看上去的那么彻底。[4]

接下来就是有关戈尔巴乔夫退休的事宜了。谈判代表同意让戈尔巴乔夫以现有工资4000卢布的标准退休，尽管按照苏联的标准已经很高了，但是依照当时黑市交易的汇率来算，只不过40美元。他还分到了一座位于莫斯科郊外、拥有16公顷草地树林的乡间别墅，只是房间比他现在住的稍小一些，还配给他两辆轿车，20名随从——包括厨师、侍从、管家和警卫。叶利钦还允许戈尔巴乔夫幕僚的一些人，包括前总理西拉耶夫在内，以极低的价格将所居住的国家别墅私有化。有件事叶利钦没有向戈尔巴乔夫承诺，那就是检控豁免权。两天后，叶利钦告诉媒体，如果戈尔巴乔夫认为自己有罪，是时候赶紧承认了。

会议结束后，明显筋疲力尽的戈尔巴乔夫退到了办公室后的一个私人房间去休息。雅科夫列夫对叶利钦说："戈尔巴乔夫以为躲到那里，就没人能找到他了。"他们两人在一起又待了一小时。正如雅科夫列夫后来所回忆的，他们"一起喝酒，推心置腹地交谈"。当雅科夫列夫到戈尔巴乔夫的私人房间去看他时，发现他的上司很沮丧。雅科夫列夫后来回忆："他躺在沙发上，眼中含着泪。"戈尔巴乔夫叫着他的昵称，说："你明白的，萨什，就是这么回事，我尽力让他满意。"雅科夫列夫后来写道："然而，我也感到嗓子憋得慌。我眼中满是同情的眼泪。这种感觉让我窒息——不公平的事情已经发生了。一个昨天还在全世界，还在自己的国家审时度势、掌控大局的领袖，他曾经决定了地球上数亿人的命运，可是，历史的反复无常把他变成了无助的受害者。"戈尔巴乔夫要了点水，他想一个人待一会儿，雅科夫列夫随后离开了房间。[5]

叶利钦离开戈尔巴乔夫的房间时，比以前更加自信了。雅科夫列夫看到叶利钦"坚定地踏着木地板，好像是走在游行的广场上"。他在回忆录中写道:"这是胜利者的脚步。"叶利钦和他的助手带着从戈尔巴乔夫的档案袋里接过的秘密资料回到了自己的办公室,叶利钦随即给布什打了电话,他要向布什汇报阿拉木图峰会的结果和自己刚刚实现的权力交接。

叶利钦听到电话那边传来的声音:"您好,鲍里斯,圣诞快乐。"他也向布什祝贺了节日快乐。随后,他转到了正题。核武器使用的统一指挥,以及乌克兰、白俄罗斯和哈萨克斯坦承诺成为无核国家,是他讲述阿拉木图会议时谈及的主要内容。他还告诉布什有关戈尔巴乔夫退休安排的事宜。叶利钦向布什汇报:"戈尔巴乔夫是满意的,我们的想法和您一致,我们尽量尊重他。我再重申一遍,他对此感到满意,我已经签署了与之相关的所有法令。"

叶利钦接下来回答了控制核按钮的问题。他说:"戈尔巴乔夫在12月25日宣布辞职之后,核武器的控制权将当着沙波什尼科夫的面转交至俄罗斯总统。核按钮的控制权一秒钟都不会出现真空。"布什表达了他的感激之情。说完这样一番布什想听的话后,叶利钦趁机游说美国总统加速承认他的新国家,同时将苏联在联合国安理会的席位转交给俄罗斯。另外,他还希望美国能加快提供人道主义援助。布什承诺将解决所有问题,他还原则上同意了叶利钦关于召开双边峰会的提议。叶利钦主导的政变成功了,他现在已然成为克里姆林宫的主人了。[6]

1991年的圣诞节是戈尔巴乔夫在位的最后一天,他准备按照两天前同叶利钦商谈好的方案行事。晚上7点整,他将发表自己的告别演说,随后签署辞职令,最后,转交核武器控制密码。

选择在圣诞节让戈尔巴乔夫发表告别演说有些偶然。叶利钦在12月23日不请自来的访问打乱了戈尔巴乔夫录制辞职演说的计划,苏联总统曾向苏联广播电视委员会的领导雅科夫列夫建议,他要在一两天内进行实况转播。他希望尽快结束一切,于是提议12月24日发表演说。但是,雅科夫列夫建议他的上司再等一天。他告诉戈尔巴乔夫，圣诞夜是圣诞节最重要的一部分，他希望电视观众能平静地庆祝节日。

雅科夫列夫想到的电视观众都在国外。依据儒略历（儒略历是由罗马共和国独裁官儒略·凯撒采纳埃及亚历山大的数学家兼天文学家索西琴尼的计算后，于公元前 45 年 1 月 1 日起执行的取代旧罗马历法的一种历法。——编者注），东正教的圣诞节应该在 13 天之后，也就是次年 1 月 7 日。雅科夫列夫担心西方的观众却忘记了自己本国的观众是有理由的。除了自己的头衔，他实际上已经不再掌控苏联电视产业了——他的王国现在由叶利钦的人管理。他唯一能支配的录制节目的人员是美国人。切尔尼亚耶夫在日记中写道："在最后的那些日子里，如果雅科夫列夫没有带来美国广播公司，这些美国人差不多整天都在走廊上记录着周围的一切情况……米哈伊尔·谢尔盖耶维奇直到最后一刻，都会遭遇消息封锁，被蒙在鼓里。"美国广播公司新闻团队是由美国广播界传奇人物泰德·科佩尔所领导。除了科佩尔带领的美国广播公司团队，还有美国有线电视新闻网，这家电视台已经获得了在苏联境外独家转播戈尔巴乔夫辞职演说的权利。带领这支队伍的是美国有线电视新闻网的总裁汤姆·约翰逊。[7]

和美国的制片人和摄影师打交道对于戈尔巴乔夫的官员来说并不是一件轻松的任务，因为他们既要面对语言差异，还要面对文化障碍。戈尔巴乔夫和他身边的人相信，在西方平安夜是比圣诞节更重要的节日。这种想法来源于他们自己的东正教传统：在俄罗斯、乌克兰、白俄罗斯和其他传统的东正教国家里，节日里最重大的庆祝活动是在平安夜的晚餐时间进行。可是，事情越显复杂了——让他们吃惊的是，在西方并非人人都过圣诞节。

12 月 25 日，当一位来自克里姆林宫的友好的官员走向科佩尔和美国广播公司的制片人瑞克·卡普兰，并向他们致以圣诞祝福时，身为犹太人的卡普兰回答："对我而言，你应该说'修殿节快乐'。"这位官员完全糊涂了，从未听说过这个词。他问卡普兰："我为什么必须说昂纳克快乐呢？"［英文中 Hanukkah（修殿节）和 Honecker（昂纳克）发音相似］他指的是被驱逐的东德共产党领袖埃里希·昂纳克，当时昂纳克想方设法不让风雨飘摇的苏联将他引渡回现在已经统一的德国，他的名字几乎出现在了苏联的所有媒体上。美国人笑了。不，卡普兰说的可不是昂纳克，他指的是在俄罗斯几乎无人知晓的犹太节日。[8]

戈尔巴乔夫的助手试着靠自己的本事，帮他接通身在戴维营的布什的电话，这可能是他作为苏联总统打给布什的最后一个电话，这时他们才发现选错了发表辞职演说的日子。驻莫斯科的美国大使馆因为放假而关门了，苏联外交部已经在叶利钦的手上了。戈尔巴乔夫的翻译帕拉日琴科成功地通过莫斯科普通电话线路接通了美国国务院的总机室。他们的通话时间被安排在戈尔巴乔夫发表辞职演说前两小时，也就是美国东部时间上午 10 点、莫斯科时间下午 5 点。乔治和芭芭拉还有他们的孩子、孙子、外孙们打开圣诞礼物后不久，电话就接通了。

戈尔巴乔夫先说："祝您、芭芭拉，还有你们全家圣诞快乐。我一直在想该什么时候发表辞职声明，是周二还是今天。我终于决定今天，今天晚上就发表辞职演讲。"切尔尼亚耶夫当时也在场，他很高兴布什同意在圣诞节接电话，同时他们谈话的语气也是愉悦的。他在日记中写下了自己的印象："米哈伊尔·谢尔盖耶维奇同布什亲切地交谈……以'俄罗斯的方式'……'像朋友一般'……而且，布什也第一次'放下'自己的矜持，对戈尔巴乔夫不吝赞美之词。"根据美方记录的通话内容，布什回想起戈尔巴乔夫曾经拜访戴维营的经历，他对苏联总统说道："您上次扔套环的马蹄坑仍然维护得很好，无论事态怎么发展，我们的友谊一如既往，这是毋庸置疑的。"[9]

通话的内容也包括公事：戈尔巴乔夫和布什商量了苏联核武器的控制权从他转交给叶利钦的事宜。布什事后惊讶地得知，戈尔巴乔夫竟然允许科佩尔和美国广播公司在莫斯科记录下他们谈话的全过程。出现在戈尔巴乔夫房间里的电台工作人员不仅在布什看来很唐突，就是在戈尔巴乔夫的助手帕拉日琴科看来也是如此，他后来在回忆录中写道："尽管总统在最后一遍修改关于将苏联核武器的控制权交给叶利钦的发言稿和辞职法令，美国电台工作人员忙碌地走进走出，检查线路和耳麦，可是一切看上去都不太真实。就在一年前，谁能相信这眼前的这一幕呢？"[10]

美国人现在正在电话的两端，这样的事实颇有象征意味。在戈尔巴乔夫打电话给布什的时候，实际上他已经承认美国是当今全球唯一的超级大国了，正是美国人递给了戈尔巴乔夫一支钢笔，让他签署辞职法令。可是，就在他准备签署法令的时候，戈尔巴乔夫却发现钢笔不好用了。美国有线电视新闻网的总裁约翰逊已经带着他的团队进入了克里姆林宫，他把妻子送给他的结婚25周年纪念日礼物——"万宝龙"圆珠笔——递给了戈尔巴乔夫。戈尔巴乔夫略显迟疑。他问道："这是美国产的？"约翰逊回答："不，这是法国或德国制造的。"戈尔巴乔夫用二战前创立于德国汉堡的公司所生产的笔签署了法令。似乎为了强调美国拥有的新的权力，这支笔经由美国商人交到了苏联政治家的手上。[11]

戈尔巴乔夫的演说如期在莫斯科时间晚上7点开始，他最先发表的辞职声明不仅面向苏联观众进行了直播，同时也面向了全世界。第一个承担此项任务的是苏联国家电视台，这是他们对戈尔巴乔夫仅存的一点儿兴趣；第二个是美国有线电视新闻网，戈尔巴乔夫的新闻秘书格拉切夫事后回忆起戈尔巴乔夫的声音时说，当他刚开始读报告时，声音不禁发颤，但是，他很快控制住了自己。切尔尼亚耶夫对上司的表现很满意，他在日记中写道："他是平静的，没有犹豫不决、试探迟疑，一切从开始时就很清楚了。"

切尔尼亚耶夫对戈尔巴乔夫的表现感到满意，自有其特殊原因。戈尔巴乔夫毫不犹豫签署的文件基本上都是由他起草的。雅科夫列夫也起草了一份文本，可是在切尔尼亚耶夫看来，那篇文章笔触辛酸，自怨自嗟，已经被弃用了。文中写道："让那些正在向我扔掷石头的人，让那些对我态度粗鲁、恶言相加的人，记住此事。我希望正直的人可以提醒他们，如果一切照旧的话，他们会在哪里。"戈尔巴乔夫还拒绝采用新闻秘书格拉切夫起草的文稿。这篇文章批评了背叛的加盟共和国的总统，还说明如果没有中央政府，就根本不可能有非俄罗斯共和国和俄罗斯之间的合作："一个平等的政治联盟，例如，在小国摩尔多瓦和大国俄罗斯之间，原则上是不可能实现的。俄罗斯明显具有的经济优势是即将出现俄罗斯帝国的基础。"格拉切夫建议戈尔巴乔夫利用这份声明，越过新独立的共和国总统，呼吁民众支持对联邦政府进行改革。

戈尔巴乔夫很明显想避免和叶利钦起正面冲突。然而，让切尔尼亚耶夫引以为傲的是：在最后定稿时，他曾写下了一些最大胆的文字，其中包括：苏联不应该在未经公投的情况下就被解体。大家知道这种话一定会激怒叶利钦，戈尔巴乔夫在修改文稿时，首先就删去了这些话。切尔尼亚耶夫后来从自己人那里得到这一消息，这使他更加确信——他曾做了一件正确的事。那些和他走得很近的人告诉切尔尼亚耶夫，这份演讲稿可谓是金玉良言，玉洁松贞。可是，文稿同样被戈尔巴乔夫拒用的雅科夫列夫就有不同的看法，他后来评论："这是典型的缺乏自我分析的妄想。他没有从自己的心理绝境中走出来，所以，企图冒犯全世界。"

戈尔巴乔夫开始了他的演讲："亲爱的同胞们，市民们！鉴于独立国家联合体已经形成的情况，我停止了自己在苏联总统办公室的工作。出于道义原则，我做出了该决定。"大家纷纷揣度起联盟的瓦解以及苏联总统办公室的清算，戈尔巴乔夫的辞职怎么算是出于道义原则呢？下面的内容也同样令人费解："我公开表示，坚定地支持独立、人民的自由以及各个共和国的主权。然而，与此同时，我也支持维护苏联和国家的完整。"一个人怎么能够同时既支持各个加盟共和国的自由、主权，甚至是独立，又支持阻止共和国拥有主权和独立的国家的统一呢？这种说法可能超出了电视观众的理解能力了。和切尔尼亚耶夫一样，戈尔巴乔夫在苏联执政的最后几年中，也受困于一些政治表达，"主权"一词的理解既不等同于"独立"，也不是苏联政治阶层按照外界的一般概念所普遍理解的那样。

戈尔巴乔夫从头至尾倒是谈了不少自己的执政功绩：冷战的结束，集权主义的瓦解，苏联政治的民主化以及苏联的对外开放。但是，没有几个苏联人准备为他歌功颂德。许多人甚至不能忍受戈尔巴乔夫的声音，在他掌权的这些日子，伴随着他没完没了的演讲的是人民一再下滑的生活水平。有些人为他感到遗憾，但是没人愿意挽留他。对于切尔尼亚耶夫而言，戈尔巴乔夫是一个悲剧形象。一位具有远见卓识、取得了重要成就的人物，他用行动让全世界和自己的祖国变得更好，但是却未能改变自己。从内心来讲，他是一位民主主义者，但是他从未面对过普选，也从未在祖国的首都赢得人们的拥护，这个国家正在他的脚下分崩离析。[12]

戈尔巴乔夫的演讲一结束，接下来要做的事就是把自己的核公文包交给叶利钦了。按理说，俄罗斯总统将在沙波什尼科夫元帅和其他负责核公文包的军官的陪同下，前往戈尔巴乔夫办公室完成交接程序。戈尔巴乔夫在接受了美国有线电视新闻网的简单采访后回到了自己的办公室，沙波什尼科夫正在接待室等他，但是叶利钦没出现。原因是当沙波什尼科夫在观看电视转播的戈尔巴乔夫的辞职演说时，叶利钦给他打了电话，并且告诉他，自己不会到戈尔巴乔夫的办公室来。叶利钦希望沙波什尼科夫单独完成整个交接活动。

原来，戈尔巴乔夫的演讲惹得叶利钦大发雷霆，因为演讲中完全没有提到将权力转交给叶利钦，并且把苏联取得的民主成就完全归结为自己的功劳。叶利钦看了一会儿电视，愤怒地把电视给关了。他所担心的是，两天前达成的停火协议已经过期了。首先，叶利钦认为没有理由再做自己不想做的事了——拜见作为苏联总统的戈尔巴乔夫。12月23日谈判结束后，叶利钦告诉他的助手，他再也不会到戈尔巴乔夫的办公室去看他。现在，戈尔巴乔夫给了叶利钦一个借口，他连最后一点敬意也不需要表示了。

叶利钦把自己的新建议告诉了戈尔巴乔夫：自己会接见他，但是地点只能是"中立领地"——叶卡捷琳娜宫。这是关系到谁来见谁的问题。戈尔巴乔夫的助手发现他和沙波什尼科夫谈话之后，面色通红，情绪激动，他拒绝前往大殿，因为那里是接见外国代表团的地方。他不会服从叶利钦；另外，在他看来，苏联对于俄罗斯而言不是外国。沙波什尼科夫最终帮助戈尔巴乔夫和叶利钦安排了无须双方见面的核密码交换。交接仪式在克里姆林宫的走廊上进行，一方官员交出密码，另一方接收核公文包。美国有线电视新闻网的工作人员早已架好了摄像机，在媒体面前，双方军官相互致敬。

既然和戈尔巴乔夫的一项协议已被打破了，叶利钦索性决定打破另一项协议。原定于12月31日降下克里姆林宫参议院大厦圆顶上的苏联国旗，现在叶利钦命令手下立刻去做。戈尔巴乔夫在7点12分结束了演讲。不到半小时，国旗就被降下来了。戈尔巴乔夫深感震惊，他在回忆录中写道："在我退位才几分钟的时间里，就遭到了他们厚颜无耻、粗暴无礼的对待。"戈尔巴乔夫希望能保存从参议院大楼上降下的苏联国旗，把它当作一个纪念品，可是，他已经力不从心了。那些克里姆林宫的守卫者不再遵从他的命令了，他们拿走了国旗。在经历了长达74年的统治之后，苏联红旗被红白蓝三色的俄罗斯国旗代替。独联体没有自己的旗帜，如果有的话，这面旗帜也应该在明斯克升起，而不是在莫斯科。[13]

当核密码的交接仪式完成之后,戈尔巴乔夫和自己最亲密的顾问切尔尼亚耶夫、亚历山大·雅科夫列夫和叶戈尔·雅科夫列夫,一起喝了一杯白兰地来纪念这一时刻。随后,他们从戈尔巴乔夫的办公室来到了核桃厅,戈尔巴乔夫的新闻秘书格拉切夫也加入其中。就像格拉切夫事后回忆的那样,前总统"和他最'亲密'的属下在核桃厅一起享用了最后的告别晚餐。他们没有接到一个电话,即使不致谢,那些新兴的俄罗斯政客或是获得独立的独联体国家的政要至少可以打电话表示一下支持、同情之类,他们本就应该感激戈尔巴乔夫"。在戈尔巴乔夫下台前的几天,唯一给他打电话、向他退位之后的生活表达祝愿的只有西方国家的领导人:德国总理科尔,英国首相梅杰。就在辞职演讲开始前的半小时,德国外交部部长汉斯-迪特里希·根舍也打来了电话。

在戈尔巴乔夫的回忆录中,对于自己在克里姆林宫享用的这顿最后的晚餐,他的评价要更加正面:"和我在一起的都是我最亲密的朋友和同事,在担任总统的最后几个月中,他们和我一起承担了巨大的压力,面对着情况的巨变。"可以肯定的是,在戈尔巴乔夫作为总统的最后一天,把这些人聚到前政治局会议室,喝着白兰地,吃着什锦冷餐的是他们对于"新思维"的共同信仰——他们曾经帮助戈尔巴乔夫推动社会的革命性改变。格拉切夫回忆起围绕着政治局会议桌的就餐气氛是沉重而忧伤的,"感觉好像完成了一件大事,人人都有这种感觉"。午夜,他们离开了克里姆林宫,虽然对未来仍抱有些许希望,但更多的是担忧。戈尔巴乔夫吩咐切尔尼亚耶夫,让他告诉德国出版界不要把自己写的关于8月政变的著作的德文版的稿酬寄到莫斯科来。毕竟没人知道明天会发生什么。[14]

当戈尔巴乔夫和他的助手在12月26日离开克里姆林宫时,在华盛顿仍然是圣诞节。布什早晨在戴维营里,已经接到了戈尔巴乔夫打来的电话,当天晚上布什就飞往了华盛顿,他将在总统的椭圆形办公室里面向全国致辞。他的新年致辞依照计划将于美国东部时间上午9点开始，也就是莫斯科时间12月26日清晨。几家主要的电台急忙取消或是调整了节目安排，因为他们要播放许多人期待的历史性的演讲。[15]

尽管在阿拉木图峰会召开之后，所有人都认为戈尔巴乔夫将最终辞职，这似乎是难以避免的，但是没人知道确切时间。12月23日，当叶利钦出乎意料地拜访戈尔巴乔夫，安排权力交接的时候，美国国家安全委员会的苏联专家休伊特，以及他的助手伯恩斯对一份声明的草案进行了最后的润色，该声明事关布什总统怎么应对戈尔巴乔夫的辞职。休伊特、伯恩斯和政府的其他人员曾希望布什能发表演说，面向全国说明苏联解体的重要意义，但是布什不太愿意这么做。伯恩斯认为，布什不希望原本处境艰难的戈尔巴乔夫面对更加困难的局面。随后，斯考克罗夫特传话来，说不需要发表演讲，休伊特和伯恩斯则忙着修改旨在替戈尔巴乔夫歌功颂德的文章，他们称赞戈尔巴乔夫的历史性贡献和他在冷战和平结束中所起的作用。

这份声明称赞苏联总统是"对集权专制统治进行了革命性改造，将自己的人民从专制统治令人窒息的束缚中解放出来"。文章还对戈尔巴乔夫在国际事务中扮演的角色进行了一番歌颂：他"大胆改革，行事果断，结束了冷战造成的痛苦分裂，他为欧洲重获统一和自由做出了自己的贡献"。在提到美苏在世界事务中的合作时，海湾战争、尼加拉瓜和纳米比亚争端的和平解决，以及以巴和谈的进展在这份声明中都未曾提及。给布什总统准备的发言稿写道："此刻在他即将离职之际，我愿意公开地代表美国人民，对于他这么多年来始终致力于维护世界和平，表达我诚挚的感激之情，同时表达我对他所具有的智慧、远见和勇气的敬意。"[16]

当天下午2点，伯恩斯把草稿交给了国务院的丹尼斯·罗斯和汤姆·奈尔思，征求他们的意见。文稿的封面写着："总统准备就戈尔巴乔夫辞职一事发表声明。"国务院没有提出疑问和反对意见。休伊特和伯恩斯可以期待过一个宁静又舒适的圣诞节了。可是,当身在戴维营的布什组织召开电话会议时,他们的假期计划在圣诞节前夜又被打破了,参加布什电话会议的顾问有贝克、斯考克罗夫特、白宫发言人菲兹沃特和民意调查专家罗伯特·蒂特,此次会议旨在讨论政府该如何应对即将到来的戈尔巴乔夫辞职,而蒂特的加入象征着即将开始的总统大选。他们通过了休伊特和伯恩斯起草的声明,但是斯考克罗夫特认为,根据莫斯科方面的最新消息,戈尔巴乔夫的辞职将发生在圣诞节,这件事"太重要,不能只让马林办公室发表一通声明就算了事"。他认为布什总统应该向全国发表电视讲话。布什最终还是同意了。

接下来就是总统演讲内容的问题。蒂特考虑的是此次讲话将对民意产生怎样的影响,他喜欢休伊特和伯恩斯起草的版本,他想出了一招:"让我们把这两人写的文章改成演讲稿就行了。"斯考克罗夫特和菲兹沃特来到了休伊特和伯恩斯的住所,对他们说:"圣诞快乐!我们明早9点需要一份演讲稿。"在动手写稿子前,伯恩斯还有一件事要做。他和他的家人——妻子伊丽莎白,以及3个年幼的女儿,8岁的萨拉、5岁的伊丽莎白和1岁半的卡洛琳——正准备庆祝圣诞夜呢。他们有个传统,就是为圣诞老人准备好牛奶和饼干。做完了这些,伯恩斯就离开自己的家前往白宫起草这份总统将要发表的、全国人民将会听到的演讲稿。

休伊特和伯恩斯一直工作到圣诞节凌晨3点,才把演讲稿写完。伯恩斯几天后给他的一位熟人写信说:"我想正是共产主义最后的阵痛使得我不仅要在平安夜,还要在圣诞节忙着起草总统晚上的发言稿。这对莉比(伊丽莎白的昵称)和女孩子们来说,可不是什么受欢迎的事情,但是我会尽力弥补她们的!"12月25日早上8点之后,伯恩斯家中的电话就响起来了。这是戴维营里布什的随从打来的电话。接下来就是对文稿的反复修改。伯恩斯最后把它们拼在一起,编辑最后的文稿,那一天剩下的时间他都在忙这件事。同时，他还是当天戈尔巴乔夫和布什通话的记录者。戈尔巴乔夫突如其来的辞职，使美国政府工作人员的圣诞节计划泡汤了，其实戈尔巴乔夫选择这一天是因为他希望美国人能平静地度过平安夜，可是，这些人中大概没几个会对此表示感激。[17]

圣诞节晚上9点零1分，布什面向全国发表了他的演讲，演讲持续了7分钟。"晚上好，祝我们伟大祖国的所有公民圣诞快乐。"总统继续说道，"在过去的几个月里，你们和我一起目睹了20世纪的一场最伟大的变革，苏联这个集权的国家发生了历史性的、革命性的变革，那里的人民获得了解放。在过去40年中，美国带领着西方世界对抗共产主义，以及共产主义对我们最核心的价值观所构成的威胁。这种斗争改变了所有美国人的生活。它迫使各国人民都生活在核破坏的幽灵之中。现在，对抗结束了。尽管核威胁远未消失，但是正在减退。东欧自由了，苏联不复存在了。这是民主和自由的胜利，是我们的价值观的胜利。"[18]

尽管布什在同一天就戈尔巴乔夫辞职一事发表的声明中有很大一部分被收入电视演讲稿中，但是两次讲话对于苏联解体一事的意义解读却是大相径庭。事实上，不同的解读蕴含着深意。在第一份声明中，冷战的结束被说成是共同努力的结果，只是在戈尔巴乔夫的积极参与下最终实现了。在电视演讲中，戈尔巴乔夫的辞职预示着冷战的结束，但是冷战的结束宣告了美国的胜利。一位共同结束冷战的盟友转眼变成了被打败的敌人。要知道，在苏联存续的最后几周里，布什还在反对苏联解体，并且不计代价地试图帮助戈尔巴乔夫继续掌权。但是，现在戈尔巴乔夫已经辞职了，所以布什和他的团队决定对他们曾经竭力避免发生的事改变口径，变成自己的功劳收入囊中，他们过去不愿看到的就是在塑造冷战后的世界时，失去一位可靠的、居于弱势的盟友。布什态度逆转的原因之一是自己总统竞选势头的衰落，另一个原因是他的助手们兴奋过了头。

伯恩斯事后回忆，他和休伊特只拿到了有关演讲稿的泛泛提纲。剩下的内容只是他们猜测对于苏联解体，领导层应该抱有的心态，当然也包括他们自己对待苏联解体的感受。伯恩斯回想起来："我们喜出望外。"

> 我们的感觉很好，身心轻松，有两件事让我们非常非常的高兴：我们避免了第三次世界大战，那将是一场大灾难。我们的民主价值观已经在欧洲取得了胜利，美国在欧洲的努力也获得了成功。苏联并未失去大家对它的喜爱，因为大家本就不喜欢它。除了与戈尔巴乔夫和谢瓦尔德纳泽良好的个人关系，用里根的话来说，我们中间许多人都把苏联视为邪恶帝国。这也是为什么艾德和我那天晚上起草演讲稿时，要表达民主的胜利，美国和欧洲对抗共产主义的胜利的原因。[19]

美国总统利用自己发表圣诞演说的机会，宣布承认在苏联废墟上建立起来的新的国家。布什宣布："美利坚合众国承认，同时也欢迎一个自由、独立和民主的俄罗斯，在英勇的叶利钦总统的带领下宣告成立。"俄罗斯不仅得到了美国的承认，而且美国承诺立刻与之建立外交关系，同时美国驻苏联大使将变成驻俄罗斯大使，美国支持俄罗斯继承原苏联在联合国安理会的席位。贝克数日前访问的4个非俄罗斯国家——乌克兰、白俄罗斯、哈萨克斯坦和吉尔吉斯斯坦，还有包括亚美尼亚在内多个后苏联时代的国家都得到了美国承认，并允诺尽快与之建立外交关系。其余的前苏联国家——摩尔多瓦、土库曼斯坦、阿塞拜疆、塔吉克斯坦、格鲁吉亚和乌兹别克斯坦得到的承诺是：一旦它们像那些后苏联共和国一样，向美国保证自己遵守贝克原则的话，美国也会与之建立外交关系。[20]

12月26日下午，当布什在白宫新闻发布厅接见媒体人士时，没人提出任何关于戈尔巴乔夫的问题。只有当总统谈起核武器控制时，他本人提到了一次戈尔巴乔夫。核安全、向俄罗斯提供人道主义援助以及苏联解体后的这些国家的发展不仅是媒体最重要的话题，还引起了所有与前苏联有关的问题。戈尔巴乔夫只被提到一次，可是叶利钦却被提起6次。就美国媒体，或者广义地说，就美国公众而言，苏联已经迅速地变成了过去。[21]

几天后，贝克给戈尔巴乔夫写了一封私人信函，向他取得的成就表示敬意。他在信中几乎承认了戈尔巴乔夫在结束冷战中起到了领导作用。贝克在他给"亲爱的米哈伊尔"的信中写道："您明白超级大国的竞争是多么愚蠢，使自己的国家孤立于世界上的其他国家又是多么愚蠢。"

> 您1988年在联合国发表的演讲开启了世界政治的新时代。您每走一步，都希望美国加入进来和您一起共建一个新世界。我们准备这么做，同时还要构建两国之间的新型伙伴关系。我们做得很好——在阿富汗、中美洲、柬埔寨、纳米比亚、波斯湾和中东都是如此。另外，我们不仅就控制武器，还就销毁武器展开了合作。我们把核战争的风险降至核武器发明以来的最低点。最重要的是，我们看到了欧洲版图和平地、民主地变动。我们看到了德国的统一，中欧和东欧人民能够自由地决定自己的未来。正如我在许多场合中谈到的那样，没有您的领导，这一切都无从谈起。您的历史地位永远值得肯定。[22]

12月27日，星期五的早晨，克里姆林宫的卫士来到了位于参议院大楼3层的戈尔巴乔夫办公室，他们把门上的牌子从"苏联总统米哈伊尔·谢尔盖耶维奇·戈尔巴乔夫"换成了"俄联邦总统鲍里斯·尼古拉耶维奇·叶利钦"。早上8点刚过，叶利钦在他的首席顾问布尔布利斯、俄罗斯议会议长哈斯布拉托夫和宣传信息部门的领导米哈伊尔·波尔托拉宁的陪同下，出现在了他觊觎已久的办公室大门口。接下来发生的事，我们主要是从戈尔巴乔夫的支持者所写的第二手资料那里得知的。

叶利钦走进戈尔巴乔夫办公室的态度，使人们不再怀疑谁才是主宰者。他对值班干事说："好的，带我进去吧。"他的眼光随后落到了书桌上，他觉得那里少了点什么。他对干事说道："这里以前摆着一个大理石书桌，到哪儿去了？"惊慌失措的公务员吓得声音颤抖，答非所问地说戈尔巴乔夫从不用墨水笔，他更喜欢毡头笔，所以在书桌上从没有油墨。叶利钦说："嗯，好的。"就放下了这件事。他走进了前总书记们和苏联总统用来休息的房间，一到那儿，叶利钦就把书桌的抽屉都拽出来。其中有个抽屉正好锁住了。他要钥匙。找到掌管钥匙的管理员可要花些时间。最后，还是找到了备用钥匙，抽屉打开了。里面什么也没有。失望的叶利钦说："那好吧。"随后，他回到了办公室，他和随从人员坐在会议桌前，打开了一瓶威士忌，庆祝自己接管了敌人领地中最后的这座城堡。时间是早上 8 点半。几分钟后，胜利者心满意足地离开了被自己征服的、现在已经被标上自己记号的领地。临走时，叶利钦对惊恐不已的干事说："听着！我今天晚些时候还要回来的。"事实确实如此，他回来了，并且当着媒体的面签署了多项法令。[23]

震惊的戈尔巴乔夫在他的回忆录中写道："这是强盗的凯歌——对此我无话可说。"有位秘书致电戈尔巴乔夫，告诉了他克里姆林宫发生的事情，他才知道叶利钦闯入他的办公室一事。根据他早前与叶利钦达成的协议，苏联总统可以一直使用自己的办公室，直到星期天晚上。但是，对叶利钦而言，协议失效了。这位俄罗斯总统迫不及待地要搬进这间历史上一直和最高权力紧密联系在一起的办公室。12 月 30 日，星期一早晨，他必须要前往明斯克参加独联体领导人的第一次合作峰会，他希望戈尔巴乔夫能在此之前就搬出去。他后来写道："长时间的告别只会招惹太多的眼泪。"[24]

那天，当戈尔巴乔夫来到参议院大楼时，威士忌酒会已经结束了。此时，他心情沮丧。他已经安排那天早上接受日本记者的采访，现在他不得不再寻找其他办公室了。他的旧办公室的角落还挂着一面红旗，但那已经不属于他了。屈辱的前苏联总统在以前的参谋长办公室里接受了记者采访。切尔尼亚耶夫在他的日记中描述了叶利钦接管戈尔巴乔夫最后一处避风港的情景，叶利钦的做法让他深感震惊，但是他对戈尔巴乔夫的评价也没友好多少："为什么要以这种方式羞辱自己？他'为什么'要到克里姆林宫去？……斯弗罗夫斯克大厅（参议院大楼的叶卡捷琳娜宫）圆顶上的旗帜已经被更换了，他不再是总统了！真是一场噩梦！叶利钦的举止越来越粗野。他更加粗鲁地践踏着这里。"[25]

尽管叶利钦曾庄重地向布什和贝克承诺，他会尊重自己的对手，然而，他似乎确实难以控制自己的报复欲念。在戈尔巴乔夫尚未完成辞职演说前，叶利钦甚至已经开始攻击他了。12月25日下午，当戈尔巴乔夫正在最后修改他的演讲稿时，他接到了家里打来的一个令人不安的电话。惊慌失措的赖莎打电话给她的丈夫，告诉他克里姆林宫的官员已经到了他们位于莫斯科的公寓，并且让他们两小时内腾空房子。这么做违背了戈尔巴乔夫和叶利钦数日前达成的协议。戈尔巴乔夫已经同意搬去小一点的公寓，但是这要在他正式辞职之后。双方达成协议，交割时间可以推迟至新年，礼貌上讲，甚至可以再推迟一些。但是，现在他还没有签署辞职文件，他的家人已经遭到了驱逐。赖莎打电话的时候，切尔尼亚耶夫也在场，据他所言，总统"勃然大怒，脸涨得通红，他打了一个又一个电话，不停地骂人"。叶利钦的官员退却了，行动推迟到了第二天。戈尔巴乔夫可以好好地给布什打电话，然后发表自己的辞职演说了。[26]

戈尔巴乔夫因为前夜和助手的专门告别聚会，所以回家较晚，第二天早上，他不得不面对自己不愿见到的事实。他后来描述家中的情景："一堆堆的衣服、书籍、碗碟、夹子、报纸、信件，还有天知道什么东西散落了一地。"当戈尔巴乔夫那天去克里姆林宫工作时，看上去很失落。他的安保人员花了不少时间才找来一辆轿车载他前往克里姆林宫，在上周一达成的协议中，叶利钦还允许他拥有这辆车呢。可是，几乎不可能找辆卡车来搬运行李。戈尔巴乔夫的女儿伊琳娜回忆说，戈尔巴乔夫想给叶利钦打电话，抗议他手下的这种行为。他对家人说："毕竟，我们像个有教养的人那样，同意了他的所有条件！"但是，赖莎反对这么做："没有必要打电话给任何人，或是向任何人要求任何事。大难不死就知足吧，我们自己打包离开。有人会帮助我们的。"[27]

赖莎和伊琳娜在警卫的帮助下，把家里的行李都打包好了，这些警卫曾在福罗斯别墅保卫过他们。经历了克里米亚的软禁，他们做了最坏的打算：赖莎烧毁了她和米哈伊尔、伊琳娜之间所有的个人信件，包括她的日记。伊琳娜回忆："总之，在最近这段时间，我们好像一直住在别人的家里。"她指的是在戈尔巴乔夫辞职前的数月，"一切都被一根细绳吊着，我们不知道是克格勃，还是民主派，究竟哪个会把它扯断。"赖莎现在小心翼翼地把她按字母顺序排放在书架上的图书打包。其中有撒切尔夫人赠给她的书，她父亲喜欢的乌克兰诗人塔拉斯·舍甫琴科的书卷。数月前美国刚出版了赖莎的书《我希望》，她在其中引用的舍甫琴科的诗句似乎格外地契合当前的情景，康纳·克莱里在他所写的关于戈尔巴乔夫担任总统的最后岁月里，也引用了这几句诗："我的思绪，我的思绪呀，您让我如此痛苦！您为什么让我写下如此忧郁的语句？"[28]

因为叶利钦属下对他本人和家人的骚扰，戈尔巴乔夫有足够的理由感到震惊。但是，相对于旧时政权对待其前任官员的方式来说，这并不算什么。那些被人从苏联权力的金字塔上赶下来的人从来不能随自己的心意行事——他们要么死在任上，要么被羞辱地赶走。这种传统一直延续到戈尔巴乔夫时代。雅科夫列夫惊讶地回想起，当他刚刚得到戈尔巴乔夫的批示，搬出自己办公室的时候，他作为政治局委员所享有的特权是如何迅速地被取消："我刚入选政治局时，我的警卫就开着一辆新车送我回家，但是，戈尔巴乔夫刚接受我的辞职，轿车就被开走了，而我也被告知必须在第二天上午 11 点之前离开别墅。"[29]

叶利钦接管戈尔巴乔夫办公室粗暴而迫不及待的态度，以及戈尔巴乔夫的家人被赶出住所的消息在莫斯科不胫而走，这给叶利钦和他的团队招来了一些负面评价。"媒体散布谣言，说我们几乎把前总书记的东西都扔出了克里姆林宫的办公室。"叶利钦在自己的回忆录中反驳了这种说法。他表示，戈尔巴乔夫一家人拥有充分的时间搬到他们的新家去，在那种情况下有些摩擦是"不可避免"的，但是他们对于自己和工作人员的这些纠纷真是过于苛责了。其中一位"工作人员"就是叶利钦的警卫队长科尔扎科夫，他记得当时几乎每天都要让戈尔巴乔夫的警卫提醒这位前苏联总统要从自己的乡间别墅里搬出去。科尔扎科夫给出的理由很简单：安全人员都知道戈尔巴乔夫的乡村别墅——"巴尔维哈 4 号"——是唯一一幢位于莫斯科郊外，同时配备了国家领导人和军队总司令所需要的全部通讯设备的政府别墅。科尔扎科夫回忆："莫斯科附近没有其他类似的建筑。"[30]

确实，苏联总统迟早是要"交出"他所占有的这些政府设施，但是，叶利钦则是尽可能地让戈尔巴乔夫及其家人感受到这一过程的痛苦。他是不是希望戈尔巴乔夫全家至少也能部分感受到自己和妻子奈娜当年被他和他的手下骚扰时承受的那些痛苦呢？1987 年 11 月，当叶利钦因为在政治局会议中的落败自杀未遂而在一家莫斯科诊所修养康复时，戈尔巴乔夫就把克格勃派去了医院，克格勃的警卫把叶利钦从医院的病床上拽起来，逼迫他参加莫斯科市党委会议，并且在会上开除了他所担任的莫斯科市党委第一书记的职务。叶利钦告诉戈尔巴乔夫，在无人帮助的情况下他都无法走路，但是总书记驳回了他的抗议。戈尔巴乔夫这么做的时候，卫生部部长指出叶利钦的情况很严重。当卫士们赶到医院"护送"叶利钦时，他刚注射了强效止痛药和镇静剂，绝望的奈娜控诉他们的行为与法西斯无异。叶利钦希望这些人传话给戈尔巴乔夫，告诉他，他是罪人。[31]

戈尔巴乔夫在位的最后日子里，他所经历的曲折残酷地揭示出：他和他的政敌叶利钦互不信任，结怨已深。但是，应该正确地看待他们两人相互冲突的重要性。最后，无论是戈尔巴乔夫还是叶利钦，都无法单独决定苏联究竟是存在还是灭亡。真正的冲突，其实是独立的俄罗斯和其他加盟共和国之间的冲突。无论怎样，乌克兰离开了苏联，叶利钦和他的助手面临的选择是：要么继续背负起帝国的包袱，要么抛弃帝国。他们选择了后者。戈尔巴乔夫和叶利钦之间的竞争则加速了这个过程。

后 记

"议长先生！美国总统到！"众议院警卫官大声宣布后，众议院大厅爆发出一阵掌声。一位6英尺2英寸（约188厘米——编者注）高的瘦削男人出现在门口，他身穿一套灰色西装，戴了一条蓝灰色条纹的领带，以今天的时尚标准看，这条领带有点窄。在几名众议院和参议院议员的陪同下，他走向众议院工作席。他微笑着握手，相互问候，不时地用手指向众议员、参议员和政府成员，大家都急切地想一睹他的风采，想跟他说上一两句话。他走到了工作席，掌声依然经久不息。在众人的注目下，他显然很高兴。他曾向大家承诺，这一天他会说些"大事""大变革"和"大问题"。他信守了诺言。

这是1992年1月28日，周二晚上9点刚过。布什总统准备做他的第三次，也是媒体期待已久的最重要的国情咨文演讲，数以百万的美国人在电视机前观看。人们期待他不仅要回顾总统生涯和美国在整个二战后的历史中最不同凡响的一年，还期待他描绘出国家和世界未来的走势。当掌声最终落下，布什对观众们说："你们知道，这次演讲下了很大的功夫，我希望演讲能大获成功，但是我无法说服芭芭拉替我演讲。"大厅里又一次爆发了掌声，国会上下两院联席会议的成员们起身致意。

平常乏味保守的布什显然用这句玩笑话开了个好头。有着一张宽大的、祖母似的脸庞，满头银发的芭芭拉坐在楼厅的第一排，身旁坐着国家最负盛名的福音教士比利·格拉汉姆。她确实拥有一种她丈夫没有的吸引力。但是这次他却应对自如——媒体顾问帮他准备了这份讲话，其中有的人在之前的总统选举中已对他进行了培训，这份讲话有很多强有力的台词，让听众一次又一次地站起身来。[1]

在此次演讲中，布什阐述了自1991年1月上次国情咨文以来美国外交政策以及世界政治发生的积极变革。正是这部分内容使共和党人和民主党人纷纷急于表示他们将与总统团结一心。布什在国际舞台上的成功得到了朋友和对手的认可。布什宣布:"今夜我们相聚，在我们的历史上，在全人类的历史上，这是一个充满变革又鼓舞人心的时刻，在过去的12个月里，世界发生了天翻地覆的变化。"

他指的是1991年发生的大事。这一年的开始是美国及其盟友开展反对萨达姆的"沙漠风暴行动"，而这一年的结束是苏联解体。布什对欢呼雀跃的人群说:"今年，共产主义衰落了。"他继续说:"但是在我的生命中，在我们的生命中，世界上发生的最大的事情就是：在上帝的保佑下，美国取得了冷战的胜利。"这句话引起人们的欢呼，掌声经久不息。几分钟后，总统又强调这一点，他宣布："冷战不是'结束'了，而是我们赢了。"

布什继续赞扬美国士兵和纳税人为获取这场胜利做出的牺牲。最后他用感人肺腑的语言说到美国的下一代："因此，现在，35年来第一次，我们的战略轰炸机可以解除戒备了，不用再不分昼夜地保持戒备了。明天，我们的孩子去上学，会去学习历史，学习植物如何生长。他们不用再像我的孩子那样参加空袭训练了，不用再躲到课桌下，藏起头，以防核战争爆发。我的孙子们不用这么做了，不用再像几十年前的孩子们那样被噩梦打扰了。威胁依然存在，但是长久的恐惧结束了。"大厅再一次爆发掌声。

布什宣布取得了长期冷战的胜利，他并没止步于此。他阐述了自己对于美国在新时代注定要扮演的新角色的展望。大获全胜的布什宣布:"一个曾经被划分为两个军事阵营的世界现在认可唯一一个超级大国——美利坚合众国。"他也概述了将如何运用这一新获得的权力。"只要我做总统,我会继续引领世界各地支持自由,不是因为我们傲慢自大,不是因为我们无私奉献,而是为了保障我们孩子的安全。这是一个事实:追寻和平的力量不是罪恶,追寻安全的孤立主义不是美德。"大厅又一次响起掌声,表达人们对这句话的认同。布什传递的信息响亮而明确:美国打败了苏联,成为冷战的胜利者,现在注定要统治世界。[2]

与布什及其顾问在1991年12月25日戈尔巴乔夫辞职之前发布的那份用词谨慎谦逊的声明相比,这份讲话有很大不同。口吻的改变原因在于美国即将举行的总统大选,竞选活动正在升温。将美国曾经的敌人苏联刚刚倒下的事实与冷战结束联系在一起是新的竞选策略,而政府之前说冷战结束至少发生在一两年前。为了不让戈尔巴乔夫在国内面临更加艰难的处境,1990年德国重新统一后,布什总统没有听取一些顾问所说的"在(柏林)墙上跳舞"。当时,苏联强硬派还有可能会抵制,波罗的海共和国还在为主权而斗争,东欧仍然由苏军实际占领。但是现在这些压力都没有了,胜利的感觉比任何时候都强烈。1989年12月,布什和戈尔巴乔夫在马耳他发布冷战结束的联合宣言,还有白宫宣布1991年7月两位总统在莫斯科的会面是冷战后首次峰会,这一切都被人们抛到脑后。戈尔巴乔夫觉得自己在结束这场冲突中起到的作用被剥夺了,他大声抗议,但是无人理会,至少在公共场合确实如此。据说,布什私下对戈尔巴乔夫说:"不要在意我在总统竞选中说的话。"1992年10月,戈尔巴乔夫告诉《纽约客》:"我认为这在竞选中很必要,但是如果他们真这么想,无疑是一个大大的假象。"[3]

"冷战胜利"的竞选策略并没奏效。国家陷入了经济衰退,民调显示总统在不到一年前还是极受欢迎的——他在海湾战争后不久得到89%的民众支持率——却在1992年总统竞选即将到来之际迅速失去支持：据《华盛顿邮报》的一篇评论布什的国情咨文的文章所说，超过一半的民调受访者并不认可他的表现。布什和另一位战时领袖丘吉尔一样，外交上的成功没有给他带来帮助。无论是前者还是后者，选民们都希望在国内实现变革。

同之前的丘吉尔一样，布什希望民众记住这场在他的努力下结束的战争。他与国家安全顾问斯考克罗夫特合著了一部回忆录。毋庸置疑，他们试图尽可能地保持客观。但是他们叙述的时间框架是根据布什总统任期时间界定的，这就决定了其自身的逻辑。在这一框架内，把冷战结束说成1991年底苏联解体而不是1989年柏林墙倒塌就可以讲得通了。他们的回忆录《重组的世界》以1991年圣诞节戈尔巴乔夫最后一次打电话给布什总统结束。[4]

20世纪90年代，布什政府的成员们纷纷出版回忆录，接受采访，他们关于冷战结束的叙述是将其与苏联解体直接联系在一起，把这两个事件混淆在一起，并且没有把后者归功于自己（因为白宫曾试图挽救苏联）。一些政府成员觉得他们都被剥夺了当之无愧的胜利感。盖茨在他的回忆录中恰巧也以1991年底的事件为结尾："布什拒绝'在墙上跳舞'，他不准备宣布冷战的胜利。不会举行像波斯湾战争之后的全国庆祝……我们赢得了冷战，但是没有游行庆祝。"据盖茨所说，没有进行全面的庆祝有一个简单的原因，就是"在1991年12月，华盛顿还没有对美国是否在事实上帮助苏联过早地走入了坟墓达成一致"。[5]

杰克·F.马特洛克在1987年到1991年间是代表布什政府驻莫斯科的大使，在8月政变之前离开了莫斯科，他一直重申冷战结束、苏共垮台和苏联解体是相关联的事件，但是并不相同。马特洛克曾经说过："美国对这三个事件的态度有很大区别，我们发挥的作用也是不同的。"据这位前任大使所说，美国为冷战结束谱了曲，通过宣扬人权打垮了苏联共产党，但是冲突的结束对苏联人也有利，苏共的倒台主要是苏联人的功绩，而不是美国人的功劳。对于苏联解体这件事，美国政府支持波罗的海共和国独立，但是希望苏联其余部分能长久存在下去。马特洛克说："问题是我们没有打垮苏联，尽管一些人现在想要邀功，俄罗斯的一些沙文主义者也想谴责我们，但这并不是真的。"[6]

如果苏联解体并不是或者说并不主要是美国政府的功劳，苏联解体也并不等同于苏联共产党的解体或美国取得冷战胜利，那么是什么导致了世界上最强大的国家轰然坍塌？冷战中最聪慧的实践家和学者乔治·凯南在1995年写道："回顾现代国际关系史，可能从17世纪中叶到现在，我觉得很难想象，相继以俄罗斯帝国和苏联著称于世的大国在1987年到1991年间突然从国际舞台上彻底解体并消失了，很难有比这更令人奇怪、令人吃惊，乍一看更令人费解的事情了。"[7]

凯南当时无法解释的事，对戈尔巴乔夫以前的顾问们来说却算不上一个难题。切尔尼亚耶夫后来在总结1991年的事件结局时写道："那一年，苏联实际上发生的事和过去其他帝国在'他们的年代'里——当历史的潜能耗尽之时——发生的事情是一样。"以这个逻辑推理，苏联的垮台只是结束了某种进程，这种进程肇始于20世纪之初，而两次世界大战加速了这一进程：世界帝国的解体及其从政治地图上消失。沙皇的继任者们追随哈布斯堡王朝、奥斯曼帝国、大英帝国、法国、葡萄牙和几个较小的海陆帝国统治者的脚步，最终失去了帝国。苏联的特别之处就在于很少有人在其存在时期将它看作帝国，也很少有人不将其视为一个民族国家。即使是切尔尼亚耶夫也是在苏联解体之后才作出以上评论的。[8]

不论苏联是不是一个帝国，关于这个问题的辩论仍在继续，可是，它的灭亡却是帝国特有的方式——沿着大致由民族和语言界定的边界分崩离析。虽然世界上其他帝国解体的方式与苏联解体很不相同，但还是有不少显著的相似之处，苏联和英国的经历尤其如此。1945年，斯大林为乌克兰和白俄罗斯在联合国安理会提出要求并获得了两个议席，雅尔塔会议的参与方把这两个共和国与英国属地一样对待。它们与英联邦国家，如加拿大和澳大利亚的自主和自治不同，它们的民族构成与俄罗斯不同，也与典型的美国各州不同（在雅尔塔，罗斯福总统试图将美国的两个州加入联合国——这一想法被美国民众否决）。

和英国属地一样，苏联各共和国在自己"本土"领导人和机构的带领下，于1991年脱离了莫斯科。与其他20世纪属地和殖民地一样，苏联的几个共和国脱离苏联不但没有违反主导国的意愿，反而迎合了主导国的意愿：俄罗斯联邦的领导人希望乌克兰脱离苏联后，中亚各国也要离开。并且，与其他欧洲帝国一样，将公民权，尤其是投票权，扩大至苏联各共和国居民，才是帝国无法继续以现有形式存在的原因。[9]

虽然戈尔巴乔夫尽了最大的努力来平衡，但是竞选民主最后还是与苏联国家的继续存在无法调和。人们常常忽视了苏联解体是竞选政治的结果。自1917年圣彼得堡发生布尔什维克革命后，这是第一次在罗曼诺夫王朝曾经统治的地方引入半自由形式的竞选，不到几年，苏联这个巨人轰然倒下。苏联的覆灭是1991年12月1日乌克兰公投的直接结果，有超过90%的乌克兰人投票支持独立。投票推翻了前一次（1991年3月）公投的结果，当时有超过70%的乌克兰人投票支持在广泛改革的条件下继续留在苏联。苏联的存亡取决于民众的选票。即使是1991年12月3位斯拉夫国家总统秘密做出的解散苏联的决定，也获得了俄罗斯、乌克兰和白俄罗斯民选议会多数人的批准。与此相反，试图挽救旧式苏联的努力并没有通过民主渠道，而是以政变的形式进行，政变3天后就在俄罗斯议会大厦的台阶上失败了。

民主选举的到来极大地改变了苏联的政治面貌，影响了领导人的决策，领导人现在需要依赖民众支持和精英认可才能继续执政。尽管民主限制了新领导人的选择范围，却使受到选民拥戴的领导人可以大权在握了。尽管人民是投票者，但是设定公投问题并诠释公投结果的却是苏联中央和苏联各共和国的政治领导人。正如戈尔巴乔夫多次所说，苏联的解体从来没有付诸公投。让乌克兰独立投票就意味着苏联解体吗？这个问题由领导人来决定。民主将在竞选过程中没能获得统治权的领导人拒之门外。民众选举出来的俄罗斯总统叶利钦和议会选举出的苏联总统戈尔巴乔夫之间竞争的结果——这一斗争在1991年的最后几个月中达到了高潮——展示了选举政治对事件中的各位主角所起到的决定性作用。

戈尔巴乔夫发起的改革表明，现代革命往往会自食其果。如果说法国大革命带给布尔什维克灵感，那么西方自由主义则为戈尔巴乔夫的改革提供了思想和言论支持。与之前的俄罗斯领导人一样，戈尔巴乔夫向西方寻求解决国家问题的答案，这就表明苏联无法在经济、社会和军事方面与西方竞争。自18世纪彼得大帝统治以来，俄罗斯精英一直试图采用西方模式来赶上西方。而这些模式一次又一次地与俄罗斯社会和非西化的民众产生冲突。俄罗斯一些精英不断试图通过军事政变如1825年12月卫兵策划的政变，自由改革如19世纪下半叶沙皇亚历山大二世发起的改革，或流血革命如1917年列宁领导的革命，来寻求改变。戈尔巴乔夫的改革是最后一次试图模仿西方并赶上西方的努力。

同他的前辈一样，戈尔巴乔夫没有想过他生在一个帝国，并统治着这个帝国。他试图中央集权，扫清中亚共和国的腐败，引入一批新的俄罗斯管理者，包括叶利钦和他曾经的导师盖纳季·科尔宾，但这只会使得共和国精英们对他敬而远之，引发几十年来第一次反对莫斯科的暴乱。戈尔巴乔夫还进行对外开放，让党接受媒体批评，强迫共产党精英在竞选中赢得当政的权利。这些措施进一步把共和国领导人及其幕僚越推越远。当俄罗斯地区和非俄罗斯的共和国精英面临民族主义叛乱和民主对其权力的挑战时，他们越发依赖投票箱，不再依赖克里姆林宫的最高领导人。他们挑战莫斯科的统治，要求自治、要求独立也只是时间问题了。当精英反对他，民族主义者和自由知识分子要求更多的自由时，戈尔巴乔夫很快就发现他只能依赖军队了。在苏联最后的年月里，据称在总司令不知情的情况下，军队屡次在多个共和国中出现。1991年3月，军队开进莫斯科街头，恐吓叶利钦及其支持者。

直到8月政变，戈尔巴乔夫不仅担任苏联总统，还是共产党总书记，这让人们很难将苏联共产党覆灭和苏联垮台区分开来。有人认为苏共像胶水一样把各共和国粘在一起，苏共被查禁之后，再没有什么东西可以把联盟凝聚在一起了。实际上，到了8月政变之时，苏联共产党已经无法再起到凝聚作用了，因为各共和国的领导人纷纷成为各共和国议会领导人，有些领导人还成为总统，不再向莫斯科负责。已经成为或即将成为总统的共产党领袖，如乌兹别克斯坦的伊斯兰·卡里莫夫，现在不是推动共和国独立，就是推动对苏联进行邦联制重组。

叶利钦对苏联共产党的禁令并没有切断连接莫斯科与各共和国之间的纽带，因为共产党在苏联军队和克格勃之外已经不再重要，这场禁令却引发前共产党精英的反叛，他们认为这是莫斯科针对他们进行的一场新政变。在查禁共产党之后，一方面是戈尔巴乔夫和叶利钦进行谈判，另一方面，戈尔巴乔夫和其他共和国领导人的协商依然继续，此时谈判所遵循的既定轨迹与共产党或其统治机构做出的决定再无任何关联。共产党在俄罗斯被禁之前，戈尔巴乔夫早就设法把共产党赶出了最高权力的舞台——因为共产党主要由克格勃和军队高层领导，所以很容易成为政变的靶子和替罪羊。

戈尔巴乔夫在公开声明和后来的回忆录中，几乎把自己刻画成苏联的捍卫者。他声称签署联盟协议是拯救苏联的唯一途径，而他的对手们不仅想逮捕他，还想毁掉苏联。这种说法对，但不全对。莫斯科真正的斗争并不是支持或反对既有苏联，而是在两种关于苏联未来的设想之间存在分歧。政变之后，戈尔巴乔夫拒绝了叶利钦顾问提出的将苏联转变成一个邦联制国家的想法。

戈尔巴乔夫在形式上不得不接受叶利钦提出的邦联制作为未来对苏联命运谈判的基础，但是实际上，直到《别洛韦日协议》签署之前，他一直抵制这一想法，但那时邦联制都为时已晚了。对于苏联未来两种不同的设想，不仅在戈尔巴乔夫阵营和叶利钦阵营之间存在支持者与反对者的分界线，就连戈尔巴乔夫自己的阵营都分成了两派。对他们上司试图让共和国领导人签署新联盟协议的做法，戈尔巴乔夫的助手沙赫纳扎罗夫和切尔尼亚耶夫持怀疑态度。苏联最后一位国防部部长沙波什尼科夫元帅认为戈尔巴乔夫没有严肃考虑邦联制是他犯的一个大错。沙波什尼科夫在20世纪90年代末写道："如果戈尔巴乔夫当时迎合了邦联想法这个趋势，达成关于中央必须掌管通信、交通、防卫、共同外交政策，以及就共和国其他共同的社会生活和活动达成共识的话，谁会知道我们现在将生活在什么样的国家结构之下。"当戈尔巴乔夫在《别洛韦日协议》之后，寻求军队帮助他拯救他的联盟模式时，沙波什尼科夫和其他高级军官都加以拒绝。[10]

在我们对苏联最后几个月历史的重构中，叶利钦成为一个更加复杂的人物，而不是大众眼中的共产主义的掘墓人、毁灭苏联的凶手、现代俄罗斯的奠基人。叶利钦及其顾问对苏联的感情比一般评论要深厚。即使是叶利钦最激进的顾问，原来也没把苏联解体提上日程。"起初，我们的任务不是毁掉苏联。"最具影响力的顾问布尔布利斯回忆说，"我们的任务是根据有效政府的所有规则，找到可以管理俄罗斯联邦的能力和资源的办法。"1990年春天，据布尔布利斯所说，因为无法通过保守的联盟议会带来变革，所以民主反对派领袖才被迫专注于俄罗斯政治。叶利钦当选俄罗斯议会议长，就将议会变成了民主代表实现政治目标的工具。

直到政变之前，叶利钦的目标都是从中央取得尽量多的权力和资源，包括对俄联邦巨大自然资源的法律所有权。叶利钦在1991年7月底达成了这一目标。政变威胁到了他新获得的权力和对俄罗斯资源的控制，他现在已经是俄罗斯总统。但是政变失败给了叶利钦及其顾问们一个机会，使其以胜利的姿态回到他们之前放弃的全联盟政治空间里，并且在整个联盟内实施他们的改革。叶利钦阻止了政变策划者们挽救苏联的努力，现在他自己却肩负了这个任务。中央政府已经落败，领导人戈尔巴乔夫影响式微，叶利钦的支持者们强势夺取了苏联机构。他们原本不能也不想接管这一切，比如查禁俄罗斯共产党并不在计划之内。一个比戈尔巴乔夫更有权力、更有活力的领导人强势夺取中央，引起其他共和国反叛，纷纷宣布独立。叶利钦不得不做出退让。原来试图夺取苏联的计划就变成了对建立一个邦联制国家的谈判，因为这么一来，俄罗斯就能拥有足够的权力，自行推进经济社会改革，而不受到其他共和国的保守精英的限制。

叶利钦的顾问和支持者把俄罗斯设想成一个拯救苏联新生民主以及实现其经济改革计划的诺亚方舟。在这个意义上，他们很像列宁时代的布尔什维克，他们当初也把俄罗斯看成是拯救世界无产阶级革命以及实现全面社会经济转型计划的诺亚方舟。两个设想的区别在于1917年列宁说为了世界革命，多民族的俄罗斯帝国的马克思主义者应该凝聚在一起，而现在俄罗斯民主人士相信他们自行努力的胜算更大。这从经济的角度看可以讲得通。在俄国革命中，列宁说没有乌克兰的煤，革命就无法成功。到了1991年，苏联的巨大财富，尤其是巨大的矿产资源，都在俄罗斯联邦境内，不在共和国境内。苏联的灭亡与其他帝国有所不同，其他帝国覆灭时，资源丰富的都市一般都切断了自己从以前的殖民地获取资源的便捷路径。可是俄罗斯比起过去任何帝国,从失去的帝国领土中得到的收获更多。叶利钦及其手下不仅深知这一点,还指望依靠这一点。[11]

戈尔巴乔夫和叶利钦的个人斗争对于苏联覆灭的重要性有夸大的嫌疑。两人在当时或后来都从未羞于表达对彼此的不满。俄罗斯总统在回忆录中写明了他不愿意重蹈戈尔巴乔夫的政治覆辙,以及不愿取代他在苏联掌舵的心理原因。戈尔巴乔夫在回忆录中则谴责叶利钦解散苏联只是为了不让他当苏联总统。他显然无法接受成为俄罗斯和叶利钦主导的邦联的傀儡。当代一些俄罗斯作家往往将戈尔巴乔夫和叶利钦的斗争看成是苏联覆灭的主要原因。还有一些人,如8月政变中的铁腕人物瓦连京·瓦连尼科夫大将,相信不只是叶利钦,其他共和国领导人也都不听戈尔巴乔夫的话,因为他一次又一次地愚弄他们。毋庸置疑,叶利钦觉得被共产党领导层,尤其被戈尔巴乔夫误会,这一点在他接受俄罗斯民主议程上起了重要的作用。但是总体而言,正是政治、经济和社会领域的民主议程推动他出台政策,也确定了他的政治选择。[12]

虽然他不怎么喜欢戈尔巴乔夫,但是叶利钦在前往比亚沃维耶扎之前确实曾与戈尔巴乔夫进行了一番商量,并且在谈判伊始就向乌克兰的克拉夫丘克提出戈尔巴乔夫批准的苏联改良计划。在12月1日乌克兰公投支持独立的情况下,乌克兰领导人的立场成为决定苏联命运的关键。戈尔巴乔夫和叶利钦都无法想象一个没有乌克兰的联盟存在。无论是在人口方面,还是在向苏联国库进贡方面,乌克兰在苏联都是仅次于俄罗斯的。俄罗斯领导层早已对承担帝国成本颇有疑虑,只有与乌克兰一起承担,他们才愿意这么做。此外,正如叶利钦之前好几次对布什说的那样,如果没有斯拉夫人占多数的乌克兰,俄罗斯在数量上和票数上会被中亚共和国超过,而大部分中亚共和国,除了哈萨克斯坦,都依赖苏联中央的巨额补贴。

当人们指责或称赞是谁造成苏联解体时,一般都将矛头指向俄罗斯及其对中央的反叛。这个因素显然很重要，但却将我们的视线几乎完全转到戈尔巴乔夫和叶利钦的对立上。其实，随着 8 月政变逐渐被淡忘，这个因素在决定苏联命运中已经不再重要。到了 1991 年 12 月，俄罗斯实际接管了苏联机构，或是让它们在没有俄罗斯同意和支持下就无法运转。俄罗斯和苏联中央斗争的结果其实早在 1991 年 12 月 1 日乌克兰举行公投和当年 12 月 8 日《别洛韦日协议》签订之前就已见分晓了。事实证明，在苏联帝国存在的最后几周里，俄罗斯与苏联第二大共和国乌克兰之间的关系，而不是与奄奄一息的苏联中央的关系，才是具有关键作用的。

克拉夫丘克生于两次世界大战之间的波兰，指挥了乌克兰的独立运动，这个共和国的民族主义运动与波罗的海共和国极其相似。乌克兰西部与波罗的海共和国一样，在两次世界大战之间都不属于苏联，1990 年的民主选举将当地曾经的精英分子悉数赶出了政府。乌克兰西部是在 1939 年《苏德互不侵犯条约》之后被苏联兼并的，一直没有被苏联这个巨人完全消化。如果斯大林当初没有在 1939 年 8 月与希特勒缔结"互不侵犯条约"并得到半个东欧，不难想象苏联今日仍然会以某种形式存在。如果斯大林在雅尔塔接受了罗斯福将利沃夫市归于波兰的建议，虽然没有了波罗的海各省，苏联却仍然可能还在。斯大林坚持将该市交给乌克兰。20 世纪 80 年代末，利沃夫成为乌克兰民族主义分子动员独立的中心。很难想象一个没有利沃夫的乌克兰会走向独立，正如人们很难想象 1991 年秋冬之交，苏联失去了乌克兰。

如果说乌克兰西部的情况让人想到波罗的海各国，东部则与莫斯科、列宁格勒（圣彼得堡）和俄罗斯矿业地区的情况很相似。乌克兰中东部最初就是苏联的一部分，旧日的共产党精英为了生存，镇压了顿巴斯地区煤矿工人罢工和开明知识分子领导的日益激烈的反对运动，这场运动夺取了几个大工业中心的市政府。因此，无论是在东部，还是在西部，旧日的乌克兰精英觉得被苏联中央抛弃了，他们要想继续执政，就不得不与反对势力打交道。

回溯到1922年，苏联是在满足乌克兰要求的情况下建立起来的。联盟在最初10年里，中央的首要目标是把乌克兰人留在联盟内，打压曾经的主导民族俄罗斯人。1932—1933年乌克兰大饥荒后，乌克兰共产党人数大减，二战后，乌克兰共产党精英分子卷土重来，成为俄罗斯治理苏联帝国实际上的（不是法律上的）小伙伴。在赫鲁晓夫和勃列日涅夫执政期间，乌克兰精英在莫斯科即使算不上占统治地位，也是很有影响力的，戈尔巴乔夫当政时却将他们赶出权力中心。

虽然乌克兰共产党员对这位新领导和他的政策颇有微词，但是在8月政变之前，他们对联盟还是很忠诚的，有些人在8月政变之后甚至也依然如此。叶利钦在政变失败后试图夺取中央政权，这威胁到了乌克兰精英，因为中央一垮台，他们将一对一地面对一个摆脱了束缚的强大俄罗斯。尽管戈尔巴乔夫仍然试图在一个全联盟框架中与乌克兰人合作，在政变之前把党内二把手的位子给了乌克兰共产党官员，后来又把未来联盟总理的位置留给乌克兰政府官员，要知道叶利钦可没有这种计划。但是乌克兰人对此没有兴趣了。乌克兰精英坚持国家独立，除了一个导致苏联覆灭的、俄罗斯主导的邦联制国家，俄罗斯精英不愿也无法给乌克兰领导人一个具有吸引力的统一计划。

政变之后，俄乌妥协已无望。1991年8月底，叶利钦派往基辅的亚历山大·鲁茨科伊代表团没有达成目标，也没有阻止乌克兰走向独立。到了10月份，克拉夫丘克不再前往莫斯科，而12月他与叶利钦在比亚沃维耶扎的决定性会面也只能由白俄罗斯从中斡旋安排。

苏联从未效仿过奥匈帝国。19世纪，奥匈帝国通过让奥地利和德国精英与匈牙利人共享治理帝国的权益和责任而延长了自己的寿命。一些人相信索尔仁尼琴描绘的斯拉夫联盟图景会在《别洛韦日协议》签订之后实现，但实际上这是一个建立大俄罗斯的蓝图，既没有承认俄罗斯和乌克兰之间的差异，也不是提议一种伙伴关系。乌克兰民众以令人惊奇的一致立场投票支持独立，克拉夫丘克给戈尔巴乔夫和叶利钦展现一个既成事实——乌克兰即将脱离苏联。在比亚沃维耶扎，俄罗斯和乌克兰总统就退出条件和建立一个新的妥协模式展开了讨论。

戈尔巴乔夫无法在政变后重掌权力，叶利钦最初接管苏联中央的计划失败了，后来他决定不管其他共和国而继续俄罗斯的经济改革，最后，还有克拉夫丘克固执地坚持独立，上述事实让大部分还未准备宣布离开联盟的共和国处于一个艰难的境地。主持比亚沃维耶扎峰会的白俄罗斯领导人告诉叶利钦和克拉夫丘克，不论两人做出什么决定，他们都会支持。私底下他们知道，他们在任何情况下都得跟随俄罗斯，因为他们的共和国依靠俄罗斯的能源供应。哈萨克斯坦总统纳扎尔巴耶夫主持了12月21日的阿拉木图会议，他也持有这一立场。他心里想的不是俄罗斯的资源，而是在他的共和国里，俄罗斯人和斯拉夫人比名义上的国民哈萨克族人要多。这是一个连锁反应：乌克兰不想留在联盟里，俄罗斯无法想象一个没有乌克兰的联盟，而其他仍然想留在联盟里的共和国无法想象没有俄罗斯的联盟。中亚共和国领导人就是这样被赶出帝国的，现在他们只能加入独联体，别无选择。

与苏联不同的是，独联体结构在确定各共和国之间政治、经济和社会的融合程度上允许更大的灵活性。非俄罗斯领土与帝国中央的融合程度不同是区别前罗曼罗夫帝国与苏联的主要因素。在俄罗斯帝国，芬兰或波兰王国拥有俄罗斯或乌克兰各省无法享有的特殊权利和权益；而在苏联，所有共和国，小至爱沙尼亚，大至俄罗斯，都享有宪法上的平等权。给爱沙尼亚的权利必须同样也给俄罗斯。一旦波罗的海、乌克兰西部、高加索和摩尔多瓦的独立运动加速，苏联联邦制的这一特点让苏联的解体变得不可避免。

苏联领导人无法在宪法上对各加盟共和国做出区别，这是布什及其华盛顿顾问从未完全了解的苏联政治生活现实。他们一直推动波罗的海共和国独立，相信苏联没有它们会存在下去，还会繁荣昌盛。他们强调的是公平和合法性：美国从未承认1939年后苏联对波罗的海国家的兼并，认为现在应该解放它们。其他共和国应该保留原状。这个提议很难让其他共和国信服。布什在乌克兰议会上发表的懦弱讲话没能达到这一目标，但是他成功地让戈尔巴乔夫很难运用自己尚且掌握的国家强权在波罗的海实施长期军事管制，虽然这并非绝不可能。任何外科手术式地动用武力都不能再起到什么效果。在西方国家的施压下，长期诉诸武力所要付出的代价使得这条路已经走不通了，戈尔巴乔夫只能根据宪法规定行事，别无他法。

最终，布什的政策也为苏联覆灭做出了贡献，但是大多并非出于布什政府的本意，甚至与他们的本意背道而驰。美国采取的行动，其后果是难以预料的，推动波罗的海独立不过是其中的一个例子。毋庸置疑，为了拯救政变后的戈尔巴乔夫，美国敦促叶利钦与他合作，这么做阻止了叶利钦全权接管苏联中央，但没有迫使戈尔巴乔夫在1991年9月或10月就邦联协议进行谈判，而此时克拉夫丘克和乌克兰其他领导人尚且参加戈尔巴乔夫召开的共和国领导人会议。11月，乌克兰公投前的数周，布什政府继续给叶利钦施压，试图阻止他解散苏联政府，尤其是外交政策部门——外交部。到了11月底，布什政府才允许透露即将承认乌克兰独立的消息，把垂死挣扎的苏联推下悬崖。这一次，布什政府知道他们的行动会产生什么后果。

为什么布什及其顾问要做这些事？布什个人对戈尔巴乔夫有好感，敬重他的为人，认为他是个优秀的政治家，这只是部分原因，更为重要的是，布什政府希望戈尔巴乔夫和苏联尽量延长生命。贝克在1991年初制定的短期目标是从这个奄奄一息的苏联巨人那里获取武器控制和国际关系的最大妥协，这一策略非常奏效。苏联取消对古巴和阿富汗的援助，莫斯科同意大量减少核武库，戈尔巴乔夫还对美国提议和平解决阿以冲突表示支持，这些都是1991年秋天布什的苏联政策的主要功绩。

但是美国最关心的是苏联核武器的安全，华盛顿相信核武器在苏联军方的集中管控下会更加安全，美国参谋长联席会议主席鲍威尔和其他美国指挥官在戈尔巴乔夫执政期间一直与苏军保持合作。在这一点上，布什政府的政策也取得了成功。1991年12月，叶利钦在比亚沃维耶扎致电布什时，首先就告诉他几位斯拉夫总统一致同意对苏联核武器进行联合集中的管控。最后顾忌的是苏联和平解体的问题，尤其是还涉及俄罗斯、乌克兰、哈萨克斯坦和白俄罗斯这些拥有核武器的共和国。虽然戈尔巴乔夫非常担忧此事，还做出了悲观的预测，但是苏联没有变成拥有核武器的南斯拉夫。俄罗斯没有成为塞尔维亚，叶利钦也与米洛舍维奇有所不同，他从未试图用武力夺取其他共和国占有的领土，虽然许多俄罗斯人认为这些领土在历史上都属于俄罗斯。

苏联和平解体主要应该归功于叶利钦的政策，以及克拉夫丘克和纳扎尔巴耶夫对俄罗斯少数民族持有的谨慎态度。但是美国对这一进程的贡献也绝非无足轻重。通过与西欧领导人协调立场，布什成功避免了南斯拉夫一幕的重现，当时德国鼓励斯洛文尼亚和克罗地亚争取独立，而其他西方大国还没有拿定主意。在苏联这个问题上，布什把所有西方领导人都拉上，成为他们共同立场的发言人。为了获得西方的认可，共和国领导人在核武器、边境和少数民族问题上只得听从于布什。1991年初秋，贝克说出了美国的期望，获得了苏联共和国领导人的肯定，虽然没落实在字面上。

虽然美国在拯救苏联的战斗中失败了，但是布什政府促成了它的和平解体。这是一个不小的功绩，特别是当你想到其他帝国经历的流血的终结。在一定程度上，历史确实走到了终结，并非如美国著名政治学家弗朗西斯·福山（日裔美籍学者。哈佛大学政治学博士，曾任美国国务院思想库政策企划局副局长）在他的畅销书《历史的终结与最后的人》中宣称的那样，自由主义获得了最终胜利——而是旧的欧洲帝国消失了。美国因反叛帝国而诞生，并成为全世界殖民主义的头号敌人，没有想到自己主导了被称为最后的世界帝国的解体。自此美国人完成了他们的反帝目标，虽然他们从未有过这个打算。[13]

我们有足够的理由将1991年看成世界历史上一个重大的转折点，在后苏联时代的地区，这一点似乎尤为明显。在那里，如今许多国际关系、国内政治和经济趋势还在那一年的阴影下继续发展，一些人把这一年称为"奇迹之年"，还有一些人包括俄罗斯总统普京在内，将这一年看作"20世纪最重大的地缘政治灾难"。[14]

俄罗斯领导层于1991年制定了使用武力的政策，这一政策一直延续至2008年俄罗斯和格鲁吉亚战争的爆发。虽然联盟共和国可以不用打仗就脱离联盟，但是像车臣这样的自治共和国则不可以。俄罗斯领导人从苏联覆亡中吸取了教训，建立了一个新的联邦体系，其中一些俄联邦成员，如车臣或鞑靼斯坦，比其他成员拥有更多权利。这个体系帮助俄罗斯在苏联解体后最艰难的10年里维持了一定的统一性。强制性和灵活性成为俄罗斯对待叛乱自治区的新政策的标志，尽管后者尚显不足。当俄罗斯领导人镇压了本国自治地区谋求独立的企图时，他们还从戈尔巴乔夫在1990年和1991年的所作所为那儿吸取了教训，当时戈尔巴乔夫曾利用俄罗斯自治区领导人反对叶利钦，并试图支持其他后苏联时代国家，包括格鲁吉亚的阿布哈兹和南奥塞梯，以及摩尔多瓦的德涅斯特河沿岸。

现在被认为是普京的发明——将前苏联共和国融入共同机制，反对乌克兰和格鲁吉亚加入北约和欧盟机构的攻势性政策——也可以追溯到1991年的事件。叶利钦的许多顾问都不把独联体看成是分离的工具,而把它看成是俄罗斯控制后苏联时代的方式。他们认为俄罗斯需要从支持一个传统帝国的重负下解脱出来,但是20年后,当它从经济政治问题中恢复过来,各共和国还可以根据自己的意愿重新回归俄罗斯。一些共和国,如白俄罗斯,确实回来了,还加入了俄罗斯领导的政治、经济和军事组织。但其他共和国没有,2003年格鲁吉亚的"玫瑰革命"(2003年11月22日,在格鲁吉亚发生的反对当时总统谢瓦尔德纳泽及其所领导政府的一系列示威活动。其领导人、反对党领袖萨卡什维利每次公开露面都拿一枝玫瑰花,因此被称为"玫瑰革命")之后,俄罗斯与西方之间的一场新冷战几乎卷土重来,这场革命将受过西方教育的米哈伊尔·萨卡什维利推上总统之位;2004年乌克兰的"橙色革命"(又译"栗子花革命",指2004年至2005年,围绕2004年乌克兰总统大选过程中由于严重贪污、影响选民和直接进行选举舞弊所导致的在乌克兰全国所发生的一系列抗议和政治事件)也让亲西方的维克多·尤先科打败俄罗斯支持并资助的竞争对手而当选总统。今天,正如1991年一样,曾经的共和国中,在政治上与俄罗斯最疏远的还是波罗的海国家,而最有望重新融入莫斯科支持下的后苏联空间的国家依然是乌克兰。[15]

在21世纪第一个10年里塑造国际关系的美国政策也可以追溯到1991年,当时贝克说服戈尔巴乔夫和叶利钦取消对阿富汗纳吉布拉政府的支持。阿富汗很快就成为一个无主之地,一个军阀混战的国家,最后由塔利班挽救其于混乱和暴力之中。由宗教狂热分子带来的国内和平却给国外带来了毁灭,奥萨马·本·拉登将苏军昔日的坟场变成自己的后院。美国第43任总统乔治·W.布什政府在应对"9·11"挑战时采取的措施,也深受他的政府成员在1991年事件中经验和教训的影响。

在1991年的最后几个月里,苏联的崩溃在美国有线电视新闻网的摄像机前拉开了序幕，布什政府的专家们已经着手为建立一个新世界而做准备，在新世界的政治关系中，苏联的影响将会下降，甚至可能完全消失。这个计划交到国防部部长切尼手里，并且由国防部副部长保罗·沃尔福威茨直接负责计划的监督和领导。五角大楼专家制定的新原则反映在1992年布什国情咨文演讲中说明的观点：我们并不是结束冷战，而是赢得冷战。作为当今唯一的全球超级大国，美国在世界上有了一项新任务。曾经的冷战对手给这个想法强加了地理和政治限制，现在这些限制已经不复存在了。

在布什1992年1月演讲几周后，当"沃尔福威茨主义"（也称"新保守主义"。沃尔福威茨是"单边主义"的鼓吹者，宣称一定要防止美国潜在的竞争对手在区域性或者全球事务中起主导作用，其思想和政策观点深刻影响了乔治·沃克·布什总统。他策划推出的先发制人、"单边主义"的"布什主义"，极大地改变了全球政治生态）的原则透露给媒体时，人们发现这个特殊任务不仅仅是要像总统宣称的那样支持全世界的自由，还要防止世界舞台上出现任何潜在的对手，如果有必要还会采取先发制人的战争。这是小布什采用的外交政策模板。2003年3月，他命令美军进入伊拉克阻止一个从未存在过的威胁，所谓大规模杀伤性武器一直没有找到。这场侵略把萨达姆·侯赛因赶下台，但是最终却造成了19万人死亡，并破坏了该国和该地区的稳定。美国也有近4500名士兵和至少3400名雇佣兵失去生命。[16]

小布什相信美国赢了，他赞扬带来这场胜利的"道德明确性"。2003年11月，在攻打伊拉克获得最初成功之际，布什为庆祝国家民主捐赠基金会成立20周年致辞。在讲话中，他赞扬了美国的坚毅，因为"与苏联的全球核对峙和平结束了——苏联也解体了"。通过这一事件，他为自己的计划找到了灵感——把民主带入中东并转变穆斯林世界。"当今，在属于我们的时代中，我们必须吸取这一教训。"总统在讲话中又说，"我们来到了又一个伟大的转折点——我们所展示的决心将会塑造下一个阶段的世界民主运动。"[17]

下一个阶段却没有出现，取而代之的是旷日持久、血腥残忍的占领伊拉克的噩梦。从许多方面看，通往伊拉克战争之路始于1991年。2003年3月，影响人们做出美军进军伊拉克的决定的，不仅是推翻萨达姆政权以结束海湾战争的愿望，还受制于根深蒂固的信念——作为把自己主要对手赶出世界版图的冷战赢家，相信美国有实力这么做。

致 谢

  1991年8月20日，我同书中的人物——俄罗斯外交部部长安德烈·科济列夫一样，在政变发生的第二天离开了莫斯科。只是他飞往巴黎，我却是乘坐俄罗斯国际航空公司的飞机前往蒙特利尔。在我们着陆之前，没有人知道政变的策划者（或者航空公司当局）是否允许我们的飞机飞往加拿大，或者会要求我们改道前往哈瓦那。但是，飞机上许多人所担心的事并没有发生——他们让我们一路飞到了目的地。更重要的是，他们不仅失去了对这架飞机的控制，还失去了对莫斯科地面局势的掌控。

  第二天，不必再担心政变了。按计划，我将以访问教授的身份到加拿大阿尔伯塔大学进行授课，那里的同事对于苏联发生的事情很兴奋，希望我能开设关于苏联危机的课程，主要讲一讲俄罗斯的命运、苏联的民主，以及民主对极权主义的最终胜利。因为来自乌克兰，同时意识到了民族动员在该国的重要性，所以，我打算开设一门关于苏联民族问题的课程。我的主人对此表示怀疑。民族问题好像无足轻重，和现在莫斯科发生的事似乎也没有清楚的联系，或者说，至少在北美学术界，许多人就是这么认为的。然而，在我的坚持下，他们不再反对。

  1991年12月，当我教完这门课后，苏联已不复存在了。它没有成为民主获胜的范例，而是分崩离析，变成了15个国家。我和许多北美同事的观点不同，我意识到了"民族问题"在苏联的重要作用，我一直密切跟踪研究苏联各个共和国走向独立的动因。然而，我和他们一样，对事态发展之迅猛深感震惊，也无法理解自8月政变失败，莫斯科的街头民主获胜之后，到12月苏联解体这段时间所经历的和平却富有革命性的进程。

由记者、政治学家，以及在过去10年中由历史学家所撰写的有关苏联解体的现存资料，都难以解释我在加拿大公休假期间苏联确切发生的事情。所以，为了弄清楚1991年的最后几个月中苏联究竟发生了什么，世界又发生了什么，以及为什么会发生这一切，我不得不写了本书。为了回答这些问题以及其他许多相关问题，我仰赖于多人帮助。

这里我想首先感谢参与此事，同意为此书而接受采访的人。他们是乌克兰总统列昂尼德·克拉夫丘克，白俄罗斯议会议长斯坦尼斯拉夫·舒什克维奇，乌克兰国防部部长科斯坦廷·莫罗佐夫将军，苏联议会议员、乌克兰作家，也是日后的外交官尤里·谢尔巴克，美国驻波兰大使，也是日后驻巴基斯坦的大使托马斯·西蒙斯，国家安全委员会成员、日后驻希腊大使和副国务卿尼古拉斯·伯恩斯。我也要向那些帮助我安排采访事宜的人员表示感谢：马歇尔·高德曼、玛尔塔·迪克左克、卢波米尔·哈伊达和列昂尼德·波力可夫。

国务卿詹姆斯·贝克允许我使用他的文书，该文书存放于普林斯顿大学穆德手稿图书馆。伯恩斯大使阅读了手稿全文，给出了极为有用的建议和修改。俄联邦外交部副部长阿纳托利·安东诺夫读完此书后，并未提出重大异议。同时，我还要感谢哈佛大学的同事马克·克莱默和玛丽·萨洛特，以及我的研究生伊丽莎白·克利，感谢他们对我纷繁的稿件提出的诸多建议。

特瑞·马丁、查利·迈尔和埃雷兹·曼尼拉针对我的论文和演讲给出了建议，而这些正是基于我在本书中涉及的研究内容。华盛顿的伍德罗·威尔逊、国际学者中心的布莱尔·鲁布、伦敦经济政治学院的弗拉德·祖博克，以及俄罗斯国立人文大学的奥尔加·帕伦考也给出了他们的意见。他们的建议极大地帮助我提炼了自己的论据，删去了手稿的次要部分，避免了错误。与以往一样，我的朋友——资深编辑米罗斯拉夫·尤尔科维奇——出色地使我的文字更加"英语化"。

我感谢历史系在2011年秋给予我的公休假，便于我写作此书；同时感谢乌克兰研究所、戴维斯俄罗斯和欧亚研究中心给我提供的经费资助。特别感谢我的同事蒂姆·科尔顿，2012至2013学年，我和他共同教授研讨班——"帝国遗产和国际政治"研讨班。另外，还要向戴维斯研究中心的同事和选修该课的学生表示感谢。有关苏联及后苏联时期的政治和过去几十年人们对此的解读，蒂姆和研讨班的参加者使我受益匪浅。

普林斯顿大学档案管理员丹尼尔·J.林克使我得以经过允许，使用穆德手稿图书馆馆藏的国务卿贝克的文案。阿列克谢·利特温给予我极大的帮助，使我得以接触到戈尔巴乔夫基金会的档案。米哈伊尔·普罗苏门希科夫、彼得·鲁格泰勒、尤里·沙波瓦尔和弗拉基米尔·韦德洛维奇关于前苏联、俄罗斯和乌克兰文档方面给予我许多建议。感谢俄通社-塔斯社图片社国际部的伊芙吉尼娅·帕洛娃和科比斯图片社的奥斯卡·伊斯派拉特帮我挑选本书的插图。

我的作品经纪人吉尔·克里尼姆不仅为我的书稿联系到了一家优秀的出版社，还使我的论述无论对于该领域的专业人士来说，还是在更广泛的读者群中都尽可能拥有清晰的表述。另外，真是很难遇到比劳拉·海默特更乐于助人和热情的出版商和编辑了，她第一时间就对我的书稿产生了兴趣，随即，她和她干劲十足、待人友善、精力充沛的团队一起将我的文稿变成了一本书。我还要感谢出版社的罗杰·拉布里，他的编辑使我的文章更简明易懂；也要感谢凯蒂·奥唐奈在该书的编辑过程中所给予的帮助。

如同我之前完成的书稿一样，要是没有我的妻子奥莱娜对这本书的兴趣和支持，以及她给出的建议，这本书无法写成。

注 释

序 言

[1] George H. W. Bush, "Address to the Nation on the Commonwealth of Independent States," December 25, 1991, George Bush Presidential Library and Museum, Archives (hereafter Bush Presidential Library), Public Papers, http://bushlibrary.tamu.edu/research/public_papers.php?id=3791&year=1991&month=12; George H. W. Bush, "State of the Union Address," January 28, 1992. C-SPAN, http://www.c-spanvideo.org/program/23999-1.

[2] "Statement on the Resignation of Mikhail Gorbachev as President of the Soviet Union," December 25, 1991, Bush Presidential Library, Public Papers, http://bushlibrary.tamu.edu/research/public_papers.php?id=3790&year=1991&month=12.

[3] 除了布什自己的声明，参见 Brent Scowcroft's comments in George Bush and Brent Scowcroft, *A World Transformed* (New York, 1998), 563–564, and Robert M. Gates in his *From the Shadows: The Ultimate Insider's Story of Five Presidents and How They Won the Cold War* (New York, 1996), 552–575.

[4] Ellen Schrecker, "Cold War Triumphalism and the Real Cold War," in Ellen Schrecker, ed., *Cold War Triumphalism: The Misuse of History After the Fall of Communism* (New York, 2006), 1–26; Bruce Cumings, "Time of Illusion: Post–Cold War Visions of the World," in Ellen Schrecker, ed., *Cold War Triumphalism*, 71–102; "Tainy mira s Annoi Chapman, no. 79. Gibel' imperii," YouTube video posted by ChannelProXima, February 13, 2013, http://www.youtube.com/watch?v=T1zr8Fr1Nbs; "Sekretnyi stsenarii razvala SSSR i Rossii v planakh TsRU," YouTube video posted by AndreyFLKZ, January 31, 2013, http://www.youtube.com/

watch?v=PfeiGv6IkQc.

[5] 关于苏联作为一个多民族国家，参见 Richard Pipes, *The Formation of the Soviet Union: Communism and Nationalism, 1917–23* (Cambridge, MA, 1997); Terry Martin, *The Affirmative Action Empire: Nations and Nationalism in the Soviet Union, 1923–1939* (Ithaca, NY, 2001); Francine Hirsch, *Empire of Nations: Ethnographic Knowledge and the Making of the Soviet Union* (Ithaca, NY, 2005).

[6] 关于苏联解体作为帝国终结的标志以及在此过程中政治民族主义的作用的阐释，参见 Roman Szporluk, *Russia, Ukraine, and the Breakup of the Soviet Union* (Stanford, CA, 2000); Dominic Lieven, *Empire: The Russian Empire and Its Rivals* (New Haven, CT, 2002), ch. 9; Mark R. Beissinger, *Nationalist Mobilization and the Collapse of the Soviet State* (Cambridge, 2002), 4; Jane Burbank and Frederick Cooper, *Empires in World History: Power and Politics of Difference* (Princeton, NJ, 2010), ch. 13.

[7] David Remnick, the author of the Pulitzer Prize–winning *Lenin's Tomb: The Last Days of the Soviet Empire* (New York, 1994), devotes only two and a half pages to that important concluding chapter of Cold War history; Michael Dobbs, the author of the widely acclaimed *Down with Big Brother: The Fall of the Soviet Empire* (New York, 1997), six pages; Stephen Kotkin in his thoughtprovoking *Armageddon Averted: The Soviet Collapse, 1970–2000* (Oxford, 2001), five pages.

[8] Kotkin, *Armageddon Averted*, introduction and ch. 4; Stephen Kotkin, *Uncivil Society: 1989 and the Implosion of the Communist Establishment* (New York, 2009), preface; David A. Lake, "The Rise, Fall, and Future of the Russian Empire: A Theoretical Interpretation," in Karen Dawisha and Bruce Parrott, eds., *The End of Empire? The Transformation of the USSR in Comparative Perspective* (Armonk, NY, 1997), 30–62; Timothy J. Colton, *Yeltsin: A Life* (New York, 2008), chs. 8 and 9.

# 第一章 最后的峰会

莫斯科会议

[1] David Reynolds, *Summits: Six Meetings That Shaped the Twentieth Century* (New York, 2007), 1–102.

[2] "U.S.-Soviet Relations and the Moscow Summit," July 26, 1991, C-SPAN, http://www.c-spanvideo.org/program/19799-1; Treaty Between the United States of America and the Union of Soviet Socialist Republics on the Reduction and Limitation of Strategic Offensive Arms, July 31, 1991, US Department of State, http://www.state.gov/www/global/arms/starthtm/start/start1.html.

[3] John Lewis Gaddis, *The Cold War: A New History* (New York, 2006); Henry Kissinger, *Diplomacy* (New York, 1996), 423–732; Vladislav M. Zubok, *A Failed Empire: The Soviet Union in the Cold War from Stalin to Gorbachev* (Chapel Hill, NC, 2007), 1–226.

[4] Scott Shane, "Cold War's Riskiest Moment," *Baltimore Sun*, August 31, 2003.

[5] "Atomic War Film Spurs Nationwide Discussion," *New York Times*, November 22, 1983; Ronald Reagan, *An American Life* (New York, 1990), 585–586; Beth A. Fisher, *The Reagan Reversal: Foreign Policy and the End of the Cold War* (Columbia, MO, 2000); Ronald Reagan, "Address to the Nation and Other Countries on United States–Soviet Relations, January 16, 1984," http://www.reagan.utexas.edu/archives/speeches/1984/11684a.html.

[6] Barbara Bush, *A Memoir* (New York, 1994); George Bush, *All the Best, George Bush: My Life in Letters and Other Writings* (New York, 2000); Webster Griffin Tarpley and Anton Chaitkin, *George Bush: An Unauthorized Biography* (Joshua Tree, CA, 2004).

[7] "Remarks at the Arrival Ceremony in Moscow, July 30, 1991" and "Remarks by President Gorbachev and President Bush at the Signing Ceremony for the Strategic Arms Reduction Talks Treaty in Moscow, July 31, 1991," Bush Presidential Library, Public Papers, http://bushlibrary.tamu.edu/research/public_papers.php?id=3256&year=1991&month=7.

[8] Michael R. Beschloss and Strobe Talbott, *At the Highest Levels: The Inside S*tory *of the End of the Cold War* (Boston, 1993), 411; George Bush and Brent Scowcroft, *A World Transformed* (New York, 1998), 510–511.

[9] "Mikhail Sergeevich Gorbachev," Trip of President Bush to Moscow and Kiev, July 30–August 1, 1991, Bush Presidential Library, Presidential Records, Office of the First Lady, Scheduling, Ann Brock Series: Moscow Summit, Monday 7/29/91 to Thursday 8/1/91—Moscow and Kiev, no. 4.

[10] Archie Brown, *The Gorbachev Factor* (Oxford, 1997); Andrei Grachev, *Gorbachev's Gamble: Soviet Foreign Policy and the End of the Cold War* (Cambridge, 2008); Raymond L. Garthoff, *The Great Transition: American-Soviet Relations and the End of the Cold War* (Washington, D.C., 1994); Don Oberdorfer, *From the End of the Cold War to a New Era: The United States and the Soviet Union, 1983–1991* (Baltimore, 1998).

[11] Walter Goodman, "Summit Image: Hardly a Mikhail and George Show," *New York Times*, August 1, 1991; Gene Gibbons, "Pre Advance Pool Report, Moscow Summit, July 29–August 1, 1991, July 25, 1991," Bush Presidential Library, Presidential Records, White House Office of Media Affairs, Media Guide to the President's Trip to the USSR—Summer 1991.

[12] Goodman, "Summit Image"; Bush and Scowcroft, *A World Transformed*, 511; Beschloss and Talbott, *At the Highest Levels*, 415.

[13] Beschloss and Talbott, *At the Highest Levels*, 411–412; "Memorandum of Conversation. Extended Bilateral Meeting with Mikhail Gorbachev of the USSR, July 30, 1991," Bush Presidential Library, Memcons and Telcons, http://bushlibrary.tamu.edu/research/pdfs/memcons_telcons/1991-07-30 —Gorbachev%20[1].pdf.

[14] Strobe Talbott, "Mikhail Gorbachev and George Bush: The Summit Goodfellas," *Time*, August 5, 1991.

[15] Beschloss and Talbott, *At the Highest Levels*, 405–406.

[16] *Jane's Strategic Weapons Systems*, issue 50, ed. Duncan Lennox (Surrey, 2009), 161–163; "Study Details Catastrophic Impact of Nuclear Attack on US Cities," *Space War*, March 23, 2007, http://www.spacewar.com/reports/Study _Details_Catastrophic_Impact_Of_Nuclear_Attack_On_US_Cities_999 .html.

[17] Pavel Palazhchenko, *My Years with Gorbachev and Shevardnadze: The Memoir of a Soviet Interpreter* (University Park, PA, 1997), 292–293; Bush and Scowcroft, *A World Transformed*, 508–509; "Beseda Gorbacheva s Dzh. Bushem v Londone, 17 iiulia 1991 goda," in *V Politbiuro TsK KPSS po zapisiam Anatoliia Cherniaeva, Vadima Medvedeva, Georgiia Shakhnazarova (1985–1991)* (Moscow, 2000), 695–696.

[18] "Memorandum of Conversation. Extended Bilateral Meeting with Mikhail Gorbachev of the USSR, July 30, 1991," Bush Presidential Library, Memcons and Telcons, http://bushlibrary.tamu.edu/research/pdfs/memcons_telcons/ 1991-07-30—Gorbachev%20[1].pdf

[19] Bush and Scowcroft, *A World Transformed*, 511–512; David Remnick, "All Substance, No Style Makes a Dull Summit: Businesslike Bush Forsakes the Flourishes," *Washington Post*, July 31, 1991.

[20] Goodman, "Summit Image," *New York Times*, August 1, 1991.

[21] Remnick, "All Substance, No Style"; Ann Devroy, "First Lady: Bush Must Run Again: 'For Country's Sake,' She Tells Interviewers," *Washington Post*, August 1, 1991; White House, Office of the Press Secretary, Interview of Ms. Bush by Steve Fox, ABC, July 31, 1991, Bush Presidential Library, Presidential Records, National Security Council, Nicholas R. Burns and Ed A. Hewett Files: POTUS Meetings March 1991–July 1991: Moscow Summit, July 1991, no. 1.

[22] "Raisa Maksimovna Gorbachev," Trip of President Bush to Moscow and Kiev, July 30–August 1, 1991; Raisa Gorbacheva, *Ia nadeius'* (Moscow, 1991); Anatolii Cherniaev and Vitalii Gusenkov, Memo for Mikhail Gorbachev on the Program of His Visit to the United States from May 29 to June 4, 1990, Gorbachev Foundation Archive, fond 2, no. 8288.1; Anatolii Cherniaev, *Sovmestnyi iskhod. Dnevnik dvukh ėpokh, 1972–1991 gody* (Moscow, 2008), 939; "Raisa Gorbachev to Join Barbara Bush at Wellesley," *Harvard Crimson*, May 18, 1990; "Wellesley Students Hail Raisa Gorbachev," *New York Times*, May 20, 1990.

[23] Barbara Bush, Address to Soviet Children, July 1991, Trip of President Bush to Moscow and Kiev, July 30–August 1, 1991; Francis X. Clines, "Red Square Is Beautiful. That's Agreed," *New York Times*, July 31, 1991; J. Y. Smith, "Raisa Gorbachev, Activist First Lady Dies," *Washington Post*, September 20, 1999; Barbara Bush, "Eulogy: Raisa Gorbachev," *Time*,

October 4, 1999.

[24] Beschloss and Talbott, *At the Highest Levels*, 415; Galina Markova, *Bol'shoi kremlevskii dvorets* (Moscow, 1981).

[25] Bush and Scowcroft, *A World Transformed*, 514; "Remarks by President Gorbachev and President Bush at the Signing Ceremony for the Strategic Arms Reduction Talks Treaty in Moscow, 31 July 1991," Bush Presidential Library, Public Papers, http://bushlibrary.tamu.edu/research/public_papers. php?id=3256&year=1991&month=7.

[26] Bush and Scowcroft, *A World Transformed*, 514; R. W. Apple Jr., "Summit in Moscow: Bush and Gorbachev Sign Pact to Curtail Nuclear Arsenals, Join in Call for Mid-East Talks," *New York Times*, August 1, 1991.

[27] Mikhail Gorbachev, *Memoirs* (New York, 1995), 624.

[28] Gorbachev, *Memoirs*, 624; Cherniaev, *Sovmestnyi iskhod*, 968–969.

[29] Internal Points for Bessmertnykh Meeting, July 28, 1991, James A. Baker Papers, box 110, folder 5; Bush and Scowcroft, *A World Transformed*, 514–515.

[30] Esther B. Fein, "Summit in Moscow: The God (of Technology) That Failed," *New York Times*, August 1, 1991.

宴会上的不速之客

[1] Strobe Talbott, "Mikhail Gorbachev and George Bush: The Summit Goodfellas," *Time*, August 5, 1991; "At Big Moment, Little Earpiece Fails," *New York Times*, August 1, 1991.

[2] George Bush and Brent Scowcroft, *A World Transformed* (New York, 1998), 514–515; "Toasts at a Dinner Hosted by President Bush in Moscow, 31 July 1991," Bush Presidential Library, Public Papers, http://bushlibrary.tamu.edu/research/public_papers. php?id=3256&year=1991&month=7.

[3] Bush and Scowcroft, *A World Transformed*, 510–514; Pavel Palazhchenko, *My Years with Gorbachev and Shevardnadze: The Memoir of a Soviet Interpreter* (University Park, PA, 1997), 305–306; "Dmitriy Timofeyevich Yazov," The Trip of President Bush to Moscow and Kiev, July 30–August 1, 1991, Bush Presidential Library.

[4] Mikhail Gorbachev, *Memoirs* (New York, 1995), 624–625; Palazhchenko, *My Years*, 300–301; Michael R. Beschloss and Strobe Talbott, *At the Highest Levels: The Inside Story of the End of the Cold War* (Boston, 1993), 413; Bush and Scowcroft, *A World Transformed*, 512; Jack Matlock, *Autopsy on an Empire: The American Ambassador's Account of the Collapse of the Soviet Union* (NewYork, 1994), 564.

[5] Gorbachev, *Memoirs*, 624–625; Palazhchenko, *My Years*, 300–301; Beschloss and Talbott, *At the Highest Levels*, 413; Bush and Scowcroft, *A World Transformed*, 512; Jerry Seib, "Pool Report no. 11. Bush, Gorbachev—and Yeltsin—Go to Dinner. Moscow, USSR, Tuesday, July 30, 1991," Bush Presidential Library, Presidential Records, National Security Council, Nicholas R. Burns Files, Subject Files: Moscow Summit—Press Releases, Fact Sheets, Remarks, no. 2; Matlock, *Autopsy on an Empire*, 564.

[6] 关于叶利钦的传记，参见 Timothy J. Colton, *Yeltsin: A Life* (New York, 2008), and Leon Aron, *Yeltsin: A Revolutionary Life* (New York, 2000). Cf. Boris Yeltsin, *The Struggle for Russia*, trans. Catherine A. Fitzpatrick (New York, 1994).

[7] "Boris Nikolaevitch Yeltsin," The Trip of President Bush to Moscow and Kiev, July 30–August 1, 1991, Bush Presidential Library.

[8] Colton, *Yeltsin*, 183–184; Petr Aven and Al'fred Kokh, "El'tsin sluzhil nam!," interview with Gennadii Burbulis, *Forbes* (Russian edition), July 22, 2010, http://www.forbes.ru/node/53407/print.

[9] Anatolii Cherniaev, *Sovmestnyi iskhod. Dnevnik dvukh ėpokh, 1972–1991 gody* (Moscow, 2008), 862–863, 968; Gorbachev, *Memoirs*, 601–602.

[10] Oleg Shenin, "Ot partii zhdut ėnergichnykh deistvii," draft of a speech delivered at a meeting of secretaries of republican, regional, and oblast committees, January 24, 1991, Rossiiskii gosudarstvennyi arkhiv noveishei istorii (Russian State Archives of Recent History, hereafter RGANI), fond 89, op. 23, no. 2, 25–26.

[11] "TsK KPSS. Ob obstanovke v partiinoi organizatsii sovetskikh uchrezhdenii v g. Zheneva (Shveitsariia)," RGANI, fond 89, op. 20, no. 23, 1–6; *Economic Survey of Europe*, no. 3 (2003): 125.

[12] Mark R. Beissinger, *Nationalist Mobilization and the Collapse of the Soviet State*

(Cambridge, 2002), 147–199.

[13] Quoted in Edward W. Walker, *Dissolution: Sovereignty and the Breakup of the Soviet Union* (Lanham, MD, 2003), 88.

[14] *Soiuz mozhno bylo sokhranit'. Belaia kniga. Dokumenty i fakty o politike M. S. Gorbacheva po reformirovaniiu i sokhraneniiu mnogonatsional'nogo gosudarsta*, 2nd ed. (Moscow, 2007), 150–155; Yegor Likhachev, *Inside Gorbachev's Kremlin* (New York, 1996); Archie Brown, *The Gorbachev Factor* (Oxford, 1996); Archie Brown, *Seven Years That Changed the World: Perestroika in Perspective* (Oxford, 2007).

[15] *V Politbiuro TsK KPSS po zapisiam Anatoliia Cherniaeva, Vadima Medvedeva, Georgiia Shakhnazarova (1985–1991)* (Moscow, 2000), 499, 529; Beissinger, *Nationalist Mobilization*, 405.

[16] Roman Szporluk, "Dilemmas of Russian Nationalism," in *Russia, Ukraine and the Breakup of the Soviet Union* (Stanford, 2000), 183–228; Beissinger, *Nationalist Mobilization*, 390–396, 401–416; Walker, *Dissolution*, 78–81.

[17] Eduard Shevardnadze to James Baker, Moscow, January 20, 1991, James A. Baker Papers, box 102, folder 35.

[18] Cherniaev, *Sovmestnyi iskhod*, 862–863.

[19] Gorbachev, *Memoirs*, 326–347, 569–607; Walker, *Dissolution*, 55–136.

[20] Szporluk, "Dilemmas of Russian Nationalism," 188–198; Cherniaev, *Sovmestnyi iskhod*, 947, 961; Valerii Boldin, *Krushenie p'edestala. Shtrikhi k portretu M. S. Gorbacheva* (Moscow, 1995).

[21] *Soiuz mozhno bylo sokhranit'*, 268–283.

[22] "President. USSR. Designated Gifts," Bush Presidential Library, Presidential Records, Office of the First Lady, Scheduling, Ann Brock Series: Moscow Summit, Monday 7/29/91 to Thursday 8/1/91—Moscow and Kiev, USSR [[3]].

[23] Colton, *Yeltsin*, 171–173; Boris Yeltsin, "Quotation of the Day," *New York Times*, September 11, 1989.

[24] Robert M. Gates, *From the Shadows: The Ultimate Insider's Story of Five Presidents and How They Won the Cold War* (New York, 1996), 478–479; Bush and Scowcroft, *A World*

Transformed, 141–143; Beschloss and Talbott, *At the Highest Levels*, 103–104.

[25] Gates, *From the Shadows*, 503; Bush and Scowcroft, *A World Transformed*, 142–143; Colton, *Yeltsin*, 172.

[26] "Luncheon with President Mikhail Gorbachev of the USSR," July 30, 1991, Bush Presidential Library, Memcons and Telcons, http://bushlibrary.tamu.edu/research/pdfs/memcons_telcons/1991-07-30—Gorbachev%20[2].pdf.

[27] "Memorandum of Conversation. Meeting with Boris Yeltsin, President of the Republic of Russia," July 30, 1991, Bush Presidential Library, Memcons and Telcons, http://bushlibrary.tamu.edu/research/pdfs/ memcons_telcons/1991-07-30--Yeltsin.pdf; "The White House Office of the Press Secretary. Remarksof President Bush and President Yeltsin in Press Availability," July 30, 1991, Bush Presidential Library, Presidential Records, National Security Council, Nicholas R. Burns and Ed A. Hewett Series: POTUS Meetings, March 1991–July 1991: Moscow Summit, July 1991, no. 1.

[28] Beschloss and Talbott, *At the Highest Levels*, 412–413; "Points to Be Made for Meeting with President Yeltsin," Bush Presidential Library, Presidential Records, National Security Council, Nicholas R. Burns Series, Subject Files: POTUS Trip to Moscow and Kiev, July 27–August 1, 1991, no. 1; G. Alimov, "Ukaz o departizatsii nachnet deistvovat' s 4 avgusta. Bush-Yeltsin-Gorbachev," *Argumenty i fakty*, no. 30 (August 30, 1991): 7; Jessica Lee, "Pool Report no.10. President Bush Visits Boris Yeltsin and Stops at Tsereteli Studio," Moscow, USSR, Tuesday, July 30, 1991, Bush Presidential Library, Presidential Records, National Security Council, Nicholas R. Burns Series, Subject Files: Moscow Summit—Press Releases, Fact Sheets, Remarks, no. 2.

[29] Bush and Scowcroft, *A World Transformed*, 509; Alimov, "Ukaz o departizatsii," 7.

软弱的基辅演讲

[1] "Nuclear Weapon Effects from Hiroshima to Nagasaki to the Present and Beyond: A Broad-Gauged Analysis with New Information Regarding Simultaneous Detonations and Firestorms," Nukefix, http://www.nukefix.org /weapon.html.

[2] Jack Matlock, *Autopsy on an Empire: The American Ambassador's Account of the Collapse of the Soviet Union* (New York, 1994), 464–465; Michael R. Beschloss and Strobe Talbott, *At the Highest Levels: The Inside Story of the End of the Cold War* (Boston, 1993), 408–410.

[3] Sergei Solodkin, "Glavredu udalos' razdobyt' v Londone sensatsionnye zapisi besed Mikhaila Sergeevicha s inostrannymi politikami," *Glavred*, October 5, 2009, http://www.glavred.info/archive/2009/10/05/163604-3.html.

[4] "Russians Divided over Baltics' Independence," April 12, 1991, USIA Research Memorandum, National Archives and Records Administration, RG 306, box 49, M 52–91.

[5] George Bush and Brent Scowcroft, *A World Transformed* (New York, 1998), 512; "Implications of Alternative Soviet Futures," National Intelligence Estimate, NIE 11-18-91 (June 1991), http://www.foia.cia.gov/docs/DOC_0000265647/ DOC_0000265647.pdf; Matlock, *Autopsy on an Empire*, 565–566.

[6] 2012年6月15日，作者在哈佛大学采访尼古拉斯·伯恩斯; Beschloss and Talbott, *At the Highest Levels*, 414–415; Handwritten Notes on the Killing of Lithuanian Border Guards Passed by Brent Scowcroft to James Baker on July 31, 1991, James A. Baker Papers, box 110, folder 5; Bush and Scowcroft, *A World Transformed*, 513–514; Mikhail Gorbachev, *Memoirs* (New York, 1995), 623.

[7] "Richard Nixon/Frank Gannon Interviews," May 13, 1983, Day 5, Tape 1, 00:01:59, http://www.libs.uga.edu/media/collections/nixon/nixonday5.html; Conrad Black, *Richard M. Nixon: A Life in Full* (New York, 2008), 814.

[8] Von Hardesty and Bob Schieffer, *Air Force One: The Aircraft That Shaped the Modern Presidency* (New York, 2005), 127–154; Bush and Scowcroft, *A World Transformed*, 515; Beschloss and Talbott, *At the Highest Levels*, 415–416.

[9] Matlock, *Autopsy on an Empire*, 567; Beschloss and Talbott, *At the Highest Levels*, 416; "Remarks to the Supreme Soviet of the Republic of the Ukraine in Kiev, Soviet Union," August 1, 1991, http://bushlibrary.tamu.edu/research /public_papers.php?id=3267&year=1991&month=8.

[10] Gibbons, "Pre Advance Pool Report, Moscow Summit, July 29–August 1, 1991, July 25, 1991"; Susan Page, "Pool Report, Pool H," Bush Presidential Library, Presidential Records,

National Security Council, Nicholas R. Burns Series, Subject Files: Moscow Summit—Press Releases, Fact Sheets, Remarks, no. 1; Matlock, *Autopsy on an Empire*, 567.

[11] Volodymyr Lytvyn, *Politychna arena Ukrainy: diiovi osoby ta vykonavtsi* (Kyiv, 1994); *Ukraina: politychna istoriia XX–pochatok XXI stolittia*, ed. Volodymyr Lytvyn et al. (Kyiv, 2007), 875–947; Lina Kushnir, "Valentyna Shevchenko: Provesty demonstratsiiu 1 travnia 1986-ho nakazalyz Moskvy," *Ukrains'ka pravda*, April 25, 2011, http://www.istpravda.com.ua/articles /4db5d3966b581/view_comments/.

[12] Page, "Pool Report, Pool H."

[13] "Leonid Makarovich Kravchuk," The Trip of President Bush to Moscow and Kiev, July 30–August 1, 1991; author's interview with Leonid Kravchuk, Kyiv, September 1, 2011, http://www.istpravda.com.ua/articles/2011/09/10 /53558/view_print; Vahtang Kipiani and Volodymyr Fedoryn, "Kravchuk: 'Shcherbyts'kyi skazav: Kakoi durak pridumal slovo perestroika?'" *Ukrains'ka pravda*, September 13, 2011; Valentyn Chemerys, *Prezydent. Roman-ese* (Kyiv, 1994);David Remnick, "Ukraine Split on Independence as Republic Awaits BushVisit," *Washington Post*, August 1, 1991.

[14] "Remarks at the Arrival Ceremony in Kiev, Soviet Union," August 1,1991, http://bushlibrary.tamu.edu/research/public_papers.php?id=3265& year=1991&month=8; Matlock, *Autopsy on an Empire*, 568.

[15] Bush and Scowcroft, *A World Transformed*, 510–511; Matlock, *Autopsy on an Empire*, 569; Anatolii Cherniaev, *Sovmestnyi iskhod. Dnevnik dvukh ėpokh, 1972–1991 gody* (Moscow, 2008), 957–958; Chrystyna N. Lapychak, "Bush Notes Importance of Republics in Historic Trip to Ukrainian Capital," *Ukrainian Weekly*, August 4, 1991, 1; Page, "Pool Report, Pool H"; George H. W. Bush, "Remarks to the Supreme Soviet of the Republic of the Ukraine in Kiev, Soviet Union," August 1, 1991, Bush Presidential Library, Public Papers; Beschloss and Talbott, *At the Highest Levels*, 417.

[16] 2011年9月1日，作者在基辅采访列昂尼德·克拉夫丘克; Kipiani and Fedoryn, "Kravchuk: 'Shcherbyts'kyi skazav.'"

[17] Ivan Drach, "My vitaiemo Dzhordzha Busha—iak prezydenta SShA i ne pryimaiemo ioho iak moskovs'koho ahitatora," in *Polityka: statti, dopovidi, vystupy, interv'iu* (Kyiv, 1997), 324–

327. Cf. "Rukh Chairman Ivan Drach's Remarks to President Bush," *Ukrainian Weekly*, August 11, 1991, 3.

[18] 2011年9月1日，作者在基辅采访列昂尼德·克拉夫丘克。

[19] "Points to Be Made for Meeting with the Ukrainian Chairman Leonid Kravchuk," Bush Presidential Library, Presidential Records, National Security Council, Nicholas R. Burns Files, Subject Files: POTUS Trip to Moscow and Kiev, July 27–August 1, 1991, no. 3.

[20] "Memorandum of Conversation. Meeting with Ukrainian Supreme Soviet Chairman Leonid Kravchuk," August 1, 1991, Bush Presidential Library, Memcons and Telcons, http://bushlibrary.tamu.edu/research/pdfs /memcons_telcons/1991-08-01--Kravchuk.pdf; "Proposals of the Ukrainian SSR for Possible Directions of Trade-and-Economic Cooperation Between the Ukrainian SSR and USA," Bush Presidential Library, Presidential Records, National Security Council, Nicholas R. Burns and Ed Hewett Files: POTUS Meetings, March 1991–July 1991: Moscow Summit, July 1991, no. 1.

[21] For a survey of Ukrainian history, see Paul Robert Magocsi, *A History of Ukraine*, 2nd ed. (Toronto, 2010). On Ukraine's road to independence, see Bohdan Nahaylo and Victor Swoboda, *Soviet Disunion: A History of the Nationalities Problem in the USSR* (New York, 1990); Bohdan Nahaylo, *The Ukrainian Resurgence* (Toronto, 1999).

[22] George H. W. Bush, "Remarks to the Supreme Soviet of the Republic of the Ukraine in Kiev, Soviet Union," August 1, 1991, Bush Presidential Library, Public Papers. Cf. Richard Nixon, "Toast at a Dinner in Kiev," May 29, 1972, The American Presidency Project, http://www.presidency.ucsb.edu/ws/index.php?pid=3440#axzz1Q0nAP09C; author's interview with Nicholas Burns, Harvard University, June 15, 2012.

[23] Bush, "Remarks to the Supreme Soviet of the Republic of the Ukraine in Kiev, Soviet Union," August 1, 1991.

[24] 2012年6月15日，作者在哈佛大学采访尼古拉斯·伯恩斯。

[25] George H. W. Bush, "Remarks to the Supreme Soviet of the Republic of the Ukraine in Kiev, Soviet Union," August 1, 1991, http://bushlibrary.tamu.edu/research/public_papers.php?id=3267&year=1991&month=8.

[26] *Ukrainian Weekly*, August 11, 1991.

[27] "The Moscow Coup," *Washington Post*, August 20, 1991; William Safire, "After the Fall," *New York Times*, August 29, 1991; William Safire, "Bush at the UN," *New York Times*, September 16, 1991; William Safire, "Putin's 'Chicken Kiev,'" *New York Times*, December 6, 2004; "Bush Sr. Clarifies 'Chicken Kiev' Speech," *Washington Times*, May 23, 2004; Bush and Scowcroft, *A World Transformed*, 15–16; Matlock, *Autopsy on an Empire*, 570–571, 798.

[28] Ann McFeatters, "Pool Report No. 21. Pool from the Supreme Soviet Session to St. Sophia to Babii Yar. Kiev, USSR, August 1, 1991," Bush Presidential Library, Presidential Records, National Security Council, Nicholas R. Burns Series, Subject Files: Moscow Summit—Press Releases, Fact Sheets, Remarks, no. 1.

[29] Anatolii Kuznetsov, *Babii Iar: A Document in the Form of a Novel*, trans. David Floyd (London, 1970); Victoria Khiterer, "Babi Yar: The Tragedy of Kiev's Jews," *Brandeis Graduate Journal* 2 (2004): 1–16.

[30] Gibbons, "Pre Advance Pool Report, Moscow Summit, July 25, 1991"; Bush and Scowcroft, *A World Transformed*, 516–517; George Bush, "Remarks at the Babi Yar Memorial in Kiev, Soviet Union," August 1, 1991, Bush Presidential Library, Public Papers, http://bushlibrary.tamu.edu/research /public_papers.php?id=3268&year=1991&month=8; interview with Leonid Kravchuk in *Rozpad Radians'koho Soiuzu. Usna istoriia nezalezhnoi Ukrainy 1988–91*, tape 9.

[31] Oleksandr Burakovs'kyi, *Rada natsionalnostei Narodnoho rukhu Ukrainy (1989–1993)* (Edmonton, 1995); Oleksandr Burakovs'kyi, "Rukh, ievrei, Ukraina. Rozdumy inorodtsia," *Kyiv*, nos. 1–2 (1997): 93–125; interview with Yaakov Bleich in *Rozpad Radians'koho Soiuzu. Usna istoriia nezalezhnoi Ukrainy 1988–91*, tape 2, http://oralhistory.org.ua/interview-ua/470/.

[32] Beschloss and Talbott, *At the Highest Levels*, 417; "Gennadiy Ivanovich Yanayev," The Trip of President Bush to Moscow and Kiev, July 30–August 1, 1991.

[33] Matlock, *Autopsy on an Empire*, 571; Bush and Scowcroft, *A World Transformed*, 517.

第二章　8月的坦克

克里米亚的囚徒

[1] George Bush and Brent Scowcroft, *A World Transformed* (New York, 1998), 526.

[2] 同上，520; Michael R. Beschloss and Strobe Talbott, *At the Highest Levels: The Inside Story of the End of the Cold War* (Boston, 1993), 422–423; "Statement by Deputy Press Secretary Popadiuk on the Attempted Coup in the Soviet Union," Bush Presidential Library, Public Papers, http://bushlibrary.tamu.edu/research/public_papers.php?id=3313&year=1991&month=8.

[3] "Telephone Conversation with Prime Minister Brian Mulroney of Canada, August 19, 1991," Bush Presidential Library, Memcons and Telcons, http://bushlibrary.tamu.edu/research/pdfs/memcons_telcons/1991-08-19—Mulroney.pdf.

[4] "First Statement on Soviet Coup," August 19, 1991, http://www.c-spanvideo.org/program/20705-1; Beschloss and Talbott, *At the Highest Levels*, 429–430; James A. Baker with Thomas M. DeFrank, *The Politics of Diplomacy: Revolution, War and Peace, 1989–1992* (New York, 1995), 514–518; "Assorted JAB Notes from Events Related to Attempted Coup in USSR, 8/12–8/22," James A. Baker Papers, box 110, folder 6; Bush and Scowcroft, *A World Transformed*, 504–505, 515.

[5] Bush and Scowcroft, *A World Transformed*, 521–522; "Telcon with Jozsef Antall, Prime Minister of Hungary, August 19, 1991," Bush Presidential Library, Memcons and Telcons, http://bushlibrary.tamu.edu/research/pdfs/memcons_telcons/1991-08-19--Antall.pdf.

[6] Baker, *The Politics of Diplomacy*, 475; Robert M. Gates, *From the Shadows: The Ultimate Insider's Story of Five Presidents and How They Won the Cold War* (New York, 1996), 502; Bush and Scowcroft, *A World Transformed*, 521–522.

[7] Bush and Scowcroft, *A World Transformed*, 521–522; "Telephone Conversation with Prime Minister Brian Mulroney of Canada, August 19, 1991," Bush Presidential Library, Memcons and Telcons.

[8] Vladimir Medvedev, *Chelovek za spinoi* (Moscow, 1994), 253–260, 269–273; "Gorbachevskaia dacha 'Zaria' v Forose," http://www.foros-yalta.com/?id=288; Valentin Stepankov and Evgenii Lisov, *Kremlevskii zagovor. Versiia sledstviia* (Moscow, 1992), 17, 56, 135–143.

[9] Medvedev, *Chelovek za spinoi*, 278.

[10] Michael Dobbs, *Down with Big Brother: The Fall of the Soviet Empire* (New York, 1997), 377–379.

[11] Jonathan Brent and Vladimir Naumov, *Stalin's Last Crime: The Plot Against the Jewish Doctors, 1948–1953* (New York, 2004), 313–325; Medvedev, *Chelovek za spinoi*, 147–148; Nikolai Zen'kovich, *Mikhail Gorbachev, zhizn' do Kremlia* (Moscow, 2001), 587.

[12] Mikhail Gorbachev, *Memoirs* (New York, 1995), 631; Valentin Varennikov, *Nepovtorimoe* (Moscow, 2001), vol. 6, pt. 3; Valerii Boldin, *Krushnie p'edestala, Shtrikhi k portretu M. S. Gorbacheva* (Moscow, 1995), 15–16.

[13] Boldin, *Krushnie p'edestala*, 13–17; *Soiuz mozhno bylo sokhranit'. Belaia kniga. Dokumenty i fakty o politike M. S. Gorbacheva po reformirovaniiu i sokhraneniiu mnogonatsional'nogo gosudarsta*, 2nd ed. (Moscow, 2007), 289–290; Gorbachev, *Memoirs*, 626–630.

[14] Boldin, *Krushnie p'edestala*, 182, 263–265, 282, 333–334, 380–381; Stepankov and Lisov, *Kremlevskii zagovor*, 8; Anatolii Cherniaev, *Sovmestnyi iskhod. Dnevnik dvukh ėpokh, 1972–1991 gody* (Moscow, 2008), 972–974; Martin Ebon, *KGB: Death and Rebirth* (Westport, CT, 1994), 3–6.

[15] Gorbachev, *Memoirs*, 631–632; Boldin, *Krushenie p'edestala*, 15–17; Varennikov, *Nepovtorimoe*, vol. 6, pt. 3; Dobbs, *Down with Big Brother*, 377–379; Cherniaev, *Sovmestnyi iskhod*, 972–974.

[16] Stepankov and Lisov, *Kremlevskii zagovor*, 19.

[17] Gates, *From the Shadows*, 424.

[18] 同上，476–477, 491; Vladimir Kriuchkov, *Lichnoe delo* (Moscow, 2003), 364–475.

[19] Boris Yeltsin, *The Struggle for Russia*, trans. Catherine A. Fitzpatrick (New York, 1994), 38–39; Gorbachev, *Memoirs*, 628, 642, 643; *Soiuz mozhno bylo sokhranit'*, 204.

[20] Stepankov and Lisov, *Kremlevskii zagovor*, 62, 84–85; *Soiuz mozhno bylo sokhranit'*, 289–290; David Remnick, *Lenin's Tomb: The Last Days of the Soviet Empire* (New York, 1994), 45; Valentin Pavlov, *Avgust iznutri. Gorbachev-putch* (Moscow, 1993), 105–115; Varennikov, *Nepovtorimoe*, vol. 6, pt. 3.

[21] Stepankov and Lisov, *Kremlevskii zagovor*, 90; Boldin, *Krushenie p'edestala*, 18–19; Gorbachev, *Memoirs*, 632.

[22] Stepankov and Lisov, *Kremlevskii zagovor*, 90–91.

[23] 同上，107–110; Victoria E. Bonnell, Ann Cooper, and Gregory Fredin, eds., *Russia at the Barricades: Eyewitness Accounts of the August 1991 Coup* (Armonk, NY, 1994), 33–41; *Raspad SSSR: Dokumenty i fakty (1986–1992 gg.)*, vol. 1, *Normativnye akty. Ofitsial'nye soobshcheniia*, ed. S. M. Shakhrai (Moscow, 2009), 827–831; Remnick, *Lenin's Tomb*, 459–460.

[24] Gorbachev, *Memoirs*, 633.

[25] Beschloss and Talbott, *At the Highest Levels*, 421; Bush and Scowcroft, *A World Transformed*, 526.

俄罗斯的反抗

[1] Boris Yeltsin, *The Struggle for Russia*, trans. Catherine A. Fitzpatrick (New York, 1994), 42–46, 53–54, 57, 61–62, 69, image facing 172; Aleksandr Korzhakov, *Boris El'tsin: ot rassveta do zakata* (Moscow, 1997), 80–84; Victoria E. Bonnell, Ann Cooper, and Gregory Fredin, eds., *Russia at the Barricades: Eyewitness Accounts of the August 1991 Coup* (Armonk, NY, 1994), 170–171, 218–220; Valentin Stepankov and Evgenii Lisov, *Kremlevskii zagovor. Versiia sledstviia* (Moscow, 1992), 110–112; *Krasnoe ili beloe? Drama avgusta-91. Fakty. Gipotezy. Stolknovenie mnenii* (Moscow, 1992), 89–92.

[2] Stepankov and Lisov, *Kremlevskii zagovor*, 108, 117–121; *Krasnoe ili beloe*, 95–96; Timothy J. Colton, *Yeltsin: A Life* (New York, 2008), 198.

[3] Colton, *Yeltsin*, 198; Evgenii Shaposhnikov, *Vybor. Zapiski glavnokomanduiushchego* (Moscow, 1993), 18–19; Stepankov and Lisov, *Kremlevskii zagovor*, 109, 123.

[4] Valerii Boldin, *Krushenie p'edestala. Shtrikhi k portretu M. S. Gorbacheva* (Moscow, 1995), 19–20; Andrei Grachev, *Gorbachev. Chelovek, kotoryi khotel kak luchshe* (Moscow, 2001), 366ff.

[5] Bonnell, Cooper, and Fredin, eds., *Russia at the Barricades*, 42–54, 318–321; Stepankov and Lisov, *Kremlevskii zagovor*, 134–135.

[6] Stepankov and Lisov, *Kremlevskii zagovor*, 122–123, 133.

[7] 同上, 159–160.

[8] Yeltsin, *The Struggle for Russia*, 43–45; Korzhakov, *Boris El'tsin*, 84.

[9] *Soiuz mozhno bylo sokhranit'. Belaia kniga. Dokumenty i fakty o politike M. S. Gorbacheva po reformirovaniiu i sokhraneniiu mnogonatsional'nogo gosudarsta*, 2nd ed. (Moscow, 2007), 289; Anatolii Cherniaev, *Sovmestnyi iskhod. Dnevnik dvukh ėpokh, 1972–1991 gody* (Moscow, 2008), 941; Korzhakov, *Boris El'tsin*, 82; Colton, *Yeltsin*, 147–149, 308–314; Nasir Ghaemi, *A First-Rate Madness: Uncovering the Links Between Leadership and Mental Illness* (New York, 2011).

[10] Bonnell, Cooper, and Fredin, eds., *Russia at the Barricades*, 172–175; Yeltsin, *The Struggle for Russia*, 77–78; Colton, *Yeltsin*, 200–201; Aleksandr Rutskoi, *Krovavaia osen'* (Moscow, 1995).

[11] Yeltsin, *The Struggle for Russia*, 80, 83; Korzhakov, *Boris El'tsin*, 87–89.

[12] Iain Elliot, "On-the-Spot Impressions," in Victoria E. Bonnell, Ann Cooper, and Gregory Fredin, eds., *Russia at the Barricades: Eyewitness Accounts of the August 1991 Coup* (Armonk, NY, 1994), 293–294; Yeltsin, *The Struggle for Russia*, 85–86; *Krasnoe ili beloe*, 99; Bonnell, Cooper, and Fredin, eds., *Russia at the Barricades*, 95–96; Vadim Medvedev, *V komande Gorbacheva. Vzgliad iznutri* (Moscow, 1994), 196.

[13] American Embassy, Moscow to Secretary of State, Washington, August 19, 1991, "Charge's Meeting with RSFSR Foreign Minister: Yeltsin's Next Steps and Letter for President Bush," Bush Presidential Library, Presidential Records, National Security Council, Nicholas Rostow Series: USSR (Coup), no. 2; "Yeltsin's Letter to President Bush," Bush Presidential Library, Presidential Records, National Security Council, Nicholas R. Burns Series, Subject Files: USSR Coup Attempt August 1990 [[sic]], no. 1.

[14] Michael R. Beschloss and Strobe Talbott, *At the Highest Levels: The Inside Story of the End of the Cold War* (Boston, 1993), 430–431; Robert M. Gates, *From the Shadows: The Ultimate Insider's Story of Five Presidents and How They Won the Cold War* (New York, 1996), 522; "Reaction to Coup in the Soviet Union," August 19, 1991, White House Travel: Air Force One Channel, C-SPAN Video Library, http://www.c-spanvideo.org/program/20711-1.

[15] Undated letter from Vice President Yanaev to President Bush, Unofficial Translation, Bush Presidential Library, Presidential Records, National Security Council, Nicholas R. Burns Series, Subject Files: USSR Coup Attempt August 1990 [[*sic*]], no. 1; Memo from Ed A. Hewett, "Meeting between Ambassador Viktor Komplektov and Robert Gates," Bush Presidential-Library, Presidential Records, National Security Council, Nicholas R. Burns Series, Subject Files: USSR Coup Attempt August 1990 [[*sic*]], no. 1; Gates, *From the Shadows*, 522.

[16] Gates, *From the Shadows*, 521–522; Minutes of the Deputies Committee Meeting, August 19, 1991, Bush Presidential Library, Presidential Records, National Security Council, Deputies Committee Files, NSC/DC 300, 301; Beschloss and Talbott, *At the Highest Levels*, 432.

[17] Gates, *From the Shadows*, 523; "Statement on the Attempted Coup in the Soviet Union," August 19, 1991, Bush Presidential Library, Public Papers, http://bushlibrary.tamu.edu/research/public_papers.php?id=3316& year=1991&month=8.

[18] George Bush and Brent Scowcroft, *A World Transformed* (New York, 1998), 523.

[19] Brent Scowcroft, "Memorandum for the President, Subject: Phone Call to President Boris Yeltsin," Bush Presidential Library, Presidential Records, National Security Council, Nicholas R. Burns Series, Subject Files: USSR Coup Attempt, August 1990 [[*sic*]], no. 2; "Phone Call to Boris Yeltsin: Suggested Talking Points," Bush Presidential Library, Presidential Records, National Security Council, Nicholas R. Burns and Ed A. Hewett Series, USSR Chronological Files: August 1991, no. 1.

[20] Bush and Scowcroft, *A World Transformed*, 527–528; "Telecon with President Boris Yeltsin of Republic of Russia, USSR," August 20, 1991, Bush Presidential Library, Memcons and Telcons, http://bushlibrary.tamu.edu /research/pdfs/memcons_telcons/1991-08-19—Yeltsin.pdf; Beschloss and Talbott, *At the Highest Levels*, 433–434.

[21] Yeltsin, *The Struggle for Russia*, 80, 83, 87.

[22] Korzhakov, *Boris El'tsin*, 93–94; Theresa Sabonis-Chafee, "Reflections from the Barricades," in Victoria E. Bonnell, Ann Cooper, and Gregory Fredin, eds., *Russia at the Barricades: Eyewitness Accounts of the August 1991 Coup* (Armonk, NY, 1994), 242–245.

自由的胜利

[1] Alfred Kokh and Petr Aven, "Andrei Kozyrev: nastoiashchii kamikadze," *Forbes* (Russian edition), September 28, 2011, http://www.forbes.ru/ekonomika /lyudi/74501-andrei-kozyrev-nastoyashchii-kamikadze; American Consul, Strasbourg to Secretary of State, Washington, "Kozyrev in Strasbourg: Stand for Election or Stand Aside," August 22, 1991, Bush Presidential Library, Presidential Records, National Security Council, White House Situation Room Files: USSR Part 4 of 4 Moscow Coup Attempt (1991), no. 5.

[2] Andrei Kozyrev, "Stand by Us," *Washington Post*, August 21, 1991.

[3] "The President's Press Conference," August 20, 1991, Bush Presidential Library, Public Papers, http://bushlibrary.tamu.edu/research/public_papers.php?id=3317&year=1991&month=8; Michael R. Beschloss and Strobe Talbott, *At the Highest Levels: The Inside Story of the End of the Cold War* (Boston, 1993), 433–434.

[4] James A. Baker with Thomas M. DeFrank, *The Politics of Diplomacy: Revolution, War and Peace, 1989–1992* (New York, 1995), 520–521.

[5] Memo from McKenney Russell, USIA to Robert Gates, White House, "USIA Media Coverage of Gorbachev Ouster," August 19, 1991; McKenney Russell to Robert Gates, White House, "USIA on Day Two After the Coup," August 21, 1991; McKenney Russell to Robert Gates, White House, "The Coup's Third and Last Day on USIA Media," August 22, 1991, Bush Presidential Library, Presidential Records, National Security Council, Nancy Berg Dyke Series, Subject Files: Soviet Union—Coup—August 1991, Public Diplomacy.

[6] Baker, *The Politics of Diplomacy*, 521.

[7] 同上, 160–162.

[8] Valentin Stepankov and Evgenii Lisov, *Kremlevskii zagovor. Versiia sledstviia* (Moscow, 1992), 162–168.

[9] Evgenii Shaposhnikov, *Vybor. Zapiski glavnokomanduiushchego* (Moscow, 1993), 19, 39.

[10] Valerii Kucher, "A Russian Reporter Remembers," in Victoria E. Bonnell, Ann Cooper, and Gregory Fredin, eds., *Russia at the Barricades: Eyewitness Accounts of the August 1991 Coup* (Armonk, NY, 1994), 334; Iain Elliot, "On-the-Spot Impressions," in Victoria E. Bonnell, Ann Cooper, and Gregory Fredin, eds., *Russia at the Barricades: Eyewitness Accounts of the August 1991 Coup* (Armonk, NY, 1994), 291; Theresa Sabonis-Chafee, "Reflections from the Barricades," in Victoria E. Bonnell, Ann Cooper, and Gregory Fredin, eds., *Russia at the Barricades: Eyewitness Accounts of the August 1991 Coup* (Armonk, NY, 1994), 244–245; Stepankov and Lisov, *Kremlevskii zagovor*, 178.

[11] Aleksandr Korzhakov, *Boris El'tsin: ot rassveta do zakata* (Moscow, 1997), 93–94; Michael Hetzer, "Death on the Streets," in Victoria E. Bonnell, Ann Cooper, and Gregory Fredin, eds., *Russia at the Barricades: Eyewitness Accounts of the August 1991 Coup* (Armonk, NY, 1994), 253–254.

[12] *Krasnoe ili beloe? Drama avgusta-91. Fakty. Gipotezy. Stolknovenie mnenii* (Moscow, 1992), 113–130; John B. Dunlop, "The August 1991 Coup and Its Impact on Soviet Politics," *Journal of Cold War Studies* 5, no. 1 (2003): 94–127, here 110–111.

[13] Stepankov and Lisov, *Kremlevskii zagovor*, 180–184.

[14] 同上, 270–279; Natalia Gevorkian, Natalia Timakova, and Andrei Kolesnikov, *Ot pervogo litsa. Razgovory s Vladimirom Putinym* (Moscow, 2000), chapter "Demokrat"; Masha Gessen, *The Man Without a Face: The Unlikely Rise of Vladimir Putin* (New York, 2013), 108–118.

[15] Dunlop, "The August 1991 Coup and Its Impact on Soviet Politics," 111; Stepankov and Lisov, *Kremlevskii zagovor*, 186–187; *Krasnoe ili beloe*, 251.

[16] Korzhakov, *Boris El'tsin*, 93–96, 113; Boris Yeltsin, *The Struggle for Russia*, trans. Catherine A. Fitzpatrick (New York, 1994), 93.

[17] Beschloss and Talbott, *At the Highest Levels*, 434–435; George Bush and Brent Scowcroft, *A World Transformed* (New York, 1998), 528–530; American Embassy to Secretary of State, "USSR State of Emergency: Situation Report, no. 21, 08:00 [[a.m.]] local, August 21," Bush Presidential Library, Presidential Records, National Security Council, White House Situation Room Files: USSR Part 3 of 4 Moscow Coup Attempt (1991), no. 11.

[18] Seymour M. Hersh, "The Wild East," *Atlantic Monthly*, June 1994.

[19] "Telecon with President Boris Yeltsin of the Russian Federation," August 21, 1991, Bush Presidential Library, Memcons and Telcons, http://bushlibrary. tamu.edu/research/pdfs/memcons_telcons/1991-08-21--Yeltsin%20[[1]].pdf.

[20] Baker, *The Politics of Diplomacy*, 522; Shaposhnikov, *Vybor*, 47–50; "Telecon with President Boris Yeltsin of the Russian Federation," August 21, 1991, Bush Presidential Library, Memcons and Telcons, http://bushlibrary. tamu.edu/research/pdfs/memcons_telcons/1991-08-21--Yeltsin%20[[1]].pdf; "Assorted JAB Notes from Events Related to Attempted Coup in USSR, 8/12–8/22," James A. Baker Papers, box 110, folder 6.

[21] Dunlop, "The August 1991 Coup and Its Impact on Soviet Politics," 111; Stepankov and Lisov, *Kremlevskii zagovor*, 186–187; *Krasnoe ili beloe*, 251.

[22] Mikhail Gorbachev, *Memoirs* (New York, 1995), 632–640; Anatolii Cherniaev, *Sovmestnyi iskhod. Dnevnik dvukh ėpokh, 1972–1991 gody* (Moscow, 2008), 982–983; Stepankov and Lisov, *Kremlevskii zagovor*, 205–207; *Krasnoe i beloe*, 141–142; Dunlop, "The August 1991 Coup and Its Impact on Soviet Politics."

[23] Bush and Scowcroft, *A World Transformed*, 531–532; "Telecon with President Mikhail Gorbachev of the USSR," August 21, 2011, Bush Presidential Library, Memcons and Telcons, http://bushlibrary.tamu.edu /research/pdfs/memcons_telcons/1991-08-21—Gorbachev.pdf; Cherniaev, *Sovmestnyi iskhod*, 983; "Exchange with Reporters in Kennebunkport, Maine, on the Attempted Coup in the Soviet Union," August 21, 1991, Bush Presidential Library, Public Papers, http://bushlibrary.tamu.edu/research/public_papers.php?id=3322&year=1991&month=8.

[24] Yeltsin, *The Struggle for Russia*, 101; Pavel Palazhchenko, *My Years with Gorbachev and Shevardnadze: The Memoir of a Soviet Interpreter* (University Park, PA, 1997), 311–312; Cherniaev, *Sovmestnyi iskhod*, 983.

[25] Stepankov and Lisov, *Kremlevskii zagovor*, 208–210, 213–217, 297.

第三章　反政变

俄罗斯的复兴

[1] "Press-konferentsiia prezidenta SSSR," *Pravda*, August 23, 1991.

[2] "Vozvrashchenie prezidenta SSSR," *Pravda*, August 23, 1991.

[3] Anatolii Cherniaev, *Sovmestnyi iskhod. Dnevnik dvukh ėpokh, 1972–1991 gody* (Moscow, 2008), 984; *Lenin's Tomb: The Last Days of the Soviet Empire* (New York, 1994), 494–495; Michael Dobbs, *Down with Big Brother: The Fall of the Soviet Empire* (New York, 1997), 411.

[4] *V Politbiuro TsK KPSS po zapisiam Anatoliia Cherniaeva, Vadima Medvedeva, Georgiia Shakhnazarova (1985–1991)* (Moscow, 2000), 497–498; Vadim Medvedev, *V komande Gorbacheva. Vzgliad iznutri* (Moscow, 1994), 199–200; Mikhail Gorbachev, *Memoirs* (New York, 1995), 641.

[5] "Press-konferentsiia prezidenta SSSR," *Pravda*, August 23, 1991; *V Politbiuro TsK KPSS*, 497–498.

[6] "Rossiiskii trikolor, kak simvol avgusta 1991 g.," Radio Svoboda, August 21, 2009, www.svobodanews.ru/content/article/1804909.html; Boris Yeltsin, *The Struggle for Russia*, trans. Catherine A. Fitzpatrick (New York, 1994), 106–109.

[7] *Izvestiia*, August 23, 1991; *Raspad SSSR: Dokumenty i fakty (1986–1992 gg.)*, vol. 1, *Normativnye akty. Ofitsial'nye soobshcheniia*, ed. S. M. Shakhrai (Moscow, 2009), 841–843, 847–849; Medvedev, *V komande Gorbacheva*, 199–200.

[8] Yeltsin, *The Struggle for Russia*, 106–109; Korzhakov, *Boris El'tsin*, 115–117; Evgenii Shaposhnikov, *Vybor. Zapiski glavnokomanduiushchego* (Moscow, 1993), 62–65.

[9] Yeltsin, *The Struggle for Russia*, 106.

[10] "Opros. 'Ulitsa' o M. Gorbacheve," *Argumenty i fakty*, no. 33 (August 23) 1991, 6; Gorbachev, *Memoirs*, 642.

[11] Gorbachev, *Memoirs*, 644–645.

[12] *V Politbiuro TsK KPSS*, 697–698.

[13] Collins to the Secretary of State, "Communist Monuments Coming Down. Lenin May Be Evicted from Mausoleum," August 26, 1991, 2, Bush Presidential Library, Presidential Records, National Security Council, White House Situation Room Files: USSR Part 4 of 4 Moscow Coup Attempt (1991), no. 9.

[14] Shaposhnikov, *Vybor*, 63.

[15] Korzhakov, *Boris El'tsin*, 116–117, Evgenii Sevostianov, "V avguste 91-go," www.savostyanov.ru/index_6.html; Dobbs, *Down with Big Brother*, 411–417; Yeltsin, *Struggle for Russia*, 100; Remnick, *Lenin's Tomb*, 493–494.

[16] "Gorbachev's Speech to Russians: A Major Regrouping of Political Forces," *New York Times*, 6–7; Remnick, *Lenin's Tomb*, 494–495.

[17] "Gorbachev's Speech to Russians," 7; Gorbachev, *Memoirs*, 644; Petr Aven and Al'fred Kokh, "El'tsin sluzhil nam!," interview with Gennadii Burbulis, *Forbes* (Russian edition), July 22, 2010, www.forbes.ru/node/53407/print.

[18] Aven and Kokh, "El'tsin sluzhil nam!"; Gorbachev, *Memoirs*, 644.

[19] Michael R. Beschloss and Strobe Talbott, *At the Highest Levels: The Inside Story of the End of the Cold War* (Boston, 1993), 438.

[20] Memorandum of telephone conversation with Boris Yeltsin, August 21, 1991, Bush Presidential Library, Memcons and Telcons, http://bushlibrary. tamu.edu/research/pdfs/memcons_telcons/1991-08-21—Yeltsin%20[2].pdf.

[21] American Counsil to the Secretary of State, "Kozyrev in Strasbourg: Stand for Election or Stand Aside," August 21, 1991.

[22] *Krasnoe ili beloe? Drama avgusta-91. Fakty, gipotezy, stolknoveniia mnenii* (Moscow, 1992), 116–117.

[23] *Raspad SSSR*, 853–856; *V Politbiuro TsK KPSS*, 699–701; Medvedev, *V komande Gorbacheva*, 201–202; Gorbachev, *Memoirs*, 643–645.

[24] Cherniaev, *Sovmestnyi iskhod*, 967–968; "TsK KPSS. Ob orientirovke dlia partiinykh komitetov po zakonu RSFSR 'O militsii, 4 iiunia 1991,' RGANI, fond 89, op. 11, no. 90; "Informatsiia o deiatel'nosti partiinykh organizatsii Kompartii RSFSR v usloviiakh deistviia

Ukaza Prezidenta RSFSR ot 20 iiulia 1991 g.," RGANI, fond 89, op. 23, no. 8.

[25] Valentin Stepankov and Evgenii Lisov, *Kremlevskii zagovor. Versiia sledstviia* (Moscow, 1992), 236–254; "Pugo, Boris Karlovich," http://www.biografija.ru/show_bio.aspx?id=109919.

[26] Medvedev, *V komande Gorbacheva*, 198; A. Kutsenko, *Marshaly i admiraly flota Sovetskogo Soiuza* (Kyiv, 2007), 18–21.

[27] "Soviet Turmoil. New Suicide: Budget Director," *New York Times*, August 27, 1991; Dobbs, *Down with Big Brother*, 420–421; Stepankov and Lisov, *Kremlevskii zagovor*, 233–236; *Raspad SSSR*, 85–57; Stephen Kotkin, *Armageddon Averted: The Soviet Collapse, 1970–2000* (Oxford, 2001), 113–117.

独立的乌克兰

[1] Fedir Turchenko, *HKChP i proholoshennia nezalezhnosti Ukrainy: pohliad iz Zaporizhzhia* (Zaporizhia, 2011), 108–111.

[2] Interview with John Stepanchuk in *Rozpad Radians'koho Soiuzu. Usna istoriia nezalezhnoi Ukrainy 1988–91*, pt. 3, http://oralhistory.org.ua/interview-ua/315/.

[3] Interview with Leonid Kravchuk in *Rozpad Radians'koho Soiuzu. Usna istoriia nezalezhnoi Ukrainy 1988–91*, tape 8, http://oralhistory.org.ua/interview-ua/510; Vasyl' Tuhluk, "Den', shcho zminyv khid istorii," *Uriadovyi kur'ier*, August 23, 1991.

[4] Sergei Rakhmanin, "Boris Sharikov: 'To' chto GKChP provalilsia ia pochuvstvoval, kogda uvidel press-konferentsiiu chlenov komiteta,'" *Zerkalo nedeli*, August 18, 2001.

[5] Iurii Shapoval, "Iak HKChP-isty krainu z kryzy vyvodyly," *Dzerkalo tyzhnia*, August 19, 2001; Rakhmanin, "Boris Sharikov"; interview with Leonid Kravchuk in *Rozpad Radians'koho Soiuzu. Usna istoriia nezalezhnoi Ukrainy 1988–91*, tape 8, http://oralhistory.org.ua/interview-ua/510; Leonid Kravchuk, *Maiemo te, shcho maiemo. Spohady i rozdumy* (Kyiv, 2002), 94–98; interview with Valentin Varennikov in *Rozpad Radians'koho Soiuzu. Usna istoriia nezalezhnoi Ukrainy 1988–91*, tape 2, http://oralhistory.org.ua /interview-ua/401/.

[6] 2011年9月1日，作者在基辅采访列昂尼德·克拉夫丘克; Kravchuk, *Maiemo te, shcho maiemo*, 99.

[7] Dmytro Kyians'kyi, "Akademik. Vitse-prem'ier. Dyplomat," *Dzerkalo tyzhnia*, February 2, 2002; "Ievhen Marchuk: Iakby ia chysto shyzofrenichno zakhotiv zrobyty *HKChP*," *Ukrains'ka pravda*, August 12, 2011, http://www.istpravda.com.ua/digest/2011/08/12/51759/view_comments/.

[8] Interview with Heorhii Kriuchkov in *Rozpad Radians'koho Soiuzu. Usna istoriia nezalezhnoi Ukrainy 1988–91*, tape 4, http://oralhistory.org.ua/interview-ua/516/; "Iz shifrotelegrammy TsK Kompartii Ukrainy," in *Nezavisimost' Ukrainy: Khronika*, http://usenet.su/showthread.php/222481-5-5.

[9] Interview with Adam Martyniuk, *Rozpad Radians'koho Soiuzu. Usna istoriia nezalezhnoi Ukrainy 1988–91*, tape 4, http://oralhistory.org.ua/interview-ua/603; "Iz vystupleniia Predsedatelia Prezidiuma Verkhovnogo Soveta USSR L. M. Kravchuka po ukrainskomu televideniiu, 19 avgusta 1991 g.," in *Nezavisimost' Ukrainy: Khronika*; US Embassy in Moscow to Secretary of State, August 23, 1991, "Reaction in Ukraine to the Coup in Moscow," 2, Bush Presidential Library, Presidential Records, National Security Council, White House Situation Room Files: USSR Part 4 of 4 Moscow Coup Attempt (1991), no. 5.

[10] Programma *Vremia*, August 19, 1991, http://www.youtube.com/watch?v=HY5wf-ywETE; Roman Solchanyk, "Kravchuk and the Coup," *Ukrainian Weekly*, September 1, 1991, 2, 10.

[11] Turchenko, *HKChP*, 9–54; Serhii Plokhy, *Ukraine and Russia: Representations of the Past* (Toronto, 2008), 165–181. For video clips of the Cossack march of 1990 and the Chervona Ruta music festival of 1991, see "SichCentr 7: Cossack Hogan at Festivals in Zaporozhye," YouTube video posted by SichCentr, July 22, 2009, http://youtu.be/Ex_cFOqEvoQ.

[12] US Embassy in Moscow to Secretary of State, August 23, 1991, "Reaction in Ukraine to the Coup in Moscow," 3.

[13] Masha Gessen, *The Man Without a Face: The Unlikely Rise of Vladimir Putin* (New York, 2013), 108–118.

[14] Interview with Volodymyr Hryniov in *Rozpad Radians'koho Soiuzu. Usna istoriia nezalezhnoi Ukrainy 1988–91*, pt. 3, http://oralhistory.org.ua/interview-ua/239/; US Embassy in Moscow to Secretary of State, August 23, 1991, "Reaction in Ukraine to the Coup in Moscow," 3.

[15] "General Strike Planned by Democratic Groups," *Ukrainian Weekly*, August 25, 1991, 1, 13; Marta Kolomayets, "What the Coup Meant for Ukraine," *Ukrainian Weekly*, August 25, 1991, 1, 10; Solchanyk, "Kravchuk and the Coup," 10.

[16] Boris Yeltsin, *The Struggle for Russia*, trans. Catherine A. Fitzpatrick (New York, 1994), 66; interview with Vlodymyr Filenko in *Rozpad Radians'koho Soiuzu. Usna istoriia nezalezhnoi Ukrainy 1988–91*, pt. 4, http://oralhistory.org.ua/interview-ua/438; interview with Ruslan Khasbulatov in *Rozpad Radians'koho Soiuzu. Usna istoriia nezalezhnoi Ukrainy 1988–91*, pts. 1–2; interview with Nikolai Bagrov in *Rozpad Radians'koho Soiuzu. Usna istoriia nezalezhnoi Ukrainy 1988–91*, pt. 3, http://oralhistory.org.ua/interview-ua/372; "Telecon with President Boris Yeltsin of the Russian Federation," August 21, 1991, Bush Presidential Library, Memcons and Telcons, http://bushlibrary.tamu.edu/research/pdfs/memcons_telcons/1991-08-21--Yeltsin%20[[1]].pdf; Lapychak, "Kravchuk Criticized," 2.

[17] Lapychak, "Kravchuk Criticized," 4; Solchanyk, "Kravchuk and the Coup," 10.

[18] Evgenii Shaposhnikov, *Vybor. Zapiski glavnokomanduiushchego* (Moscow, 1993), 63–64.

[19] "Soveshchanie s rukovoditeliami respublik," *Izvestiia*, August 24, 1991; *Soiuz mozhno bylo sokhranit'. Belaia kniga. Dokumenty i fakty o politike M. S. Gorbacheva po reformirovaniiu i sokhraneniiu mnogonatsional'nogo gosudarstva*, 2nd ed. (Moscow, 2007), 308–309.

[20] *Soiuz mozhno bylo sokhranit'*, 309; author's interview with Leonid Kravchuk, September 1, 2011; "Gorbachev's Speech to Russians: A Major Regrouping of Political Forces," *New York Times*, August 21, 1991; Ruslan Kvatsiuk and Oksana Perevoznaia, "Vitol'd Fokin: liudi mogut vyiti na maidan," Gazeta.ua, February 4, 2009, http://www.inosmi.ru/ukraine/20090204/247198.html.

[21] Vahtanh Kipiani and Volodomyr Fedoryn, "Shcherbitskii skazal: kakoi durak pridumal slovo perestroika?" *Ukrains'ka pravda*, September 10, 2011, http://www.istpravda.com.ua/articles/2011/09/10/53558/view_print; Pylypchuk, "Pid chas HKChP u Kravchuka buly v zapasi shapky z chervonymy zirkamy i tryzubom," Gazeta.ua, August 19, 2011.

[22] Solchanyk, "Kravchuk and the Coup"; interview with John Stepanchuk in *Rozpad Radians'koho Soiuzu. Usna istoriia nezalezhnoi Ukrainy 1988–91*, pt. 3, http://oralhistory.org.ua/interview-ua/315; Tuhluk, "Den', shcho zminyv khid istorii."

[23] Solchanyk, "Kravchuk and the Coup"; Chrystyna Lapychak, "Ukraine, Russia Sign Interim Bilateral Pact," *Ukrainian Weekly*, September 1, 1991, 9; Tuhluk, "Den', shcho zminyv khid istorii"; interview with Volodymyr Yavorivsky in *Rozpad Radians'koho Soiuzu. Usna istoriia nezalezhnoi Ukrainy 1988–91*, pt. 5, http://oralhistory.org.ua/interview-ua/382/.

[24] "The Question for Mr. President from Narodna Rada (the 'People's Council')"; George Bush to Ed Hewett (Aboard AF I), August 1, 1991; George Bush to Lukianenko (draft letter, no date), Bush Presidential Library, Presidential Records, National Security Council, Nicholas R. Burns and Ed A. Hewett Series, USSR Chronological Files: August 1991, no. 2.

[25] Interview with Levko Lukianenko in *Rozpad Radians'koho Soiuzu. Usna istoriia nezalezhnoi Ukrainy 1988–91*, pt. 4, http://oralhistory.org.ua /interview-ua/541.

[26] Interview with Volodymyr Hryniov in *Rozpad Radians'koho Soiuzu. Usna istoriia nezalezhnoi Ukrainy 1988–91*, pt. 3, http://oralhistory.org. ua/interview-ua/239/>; interview with Volodymyr Yavorivsky in *Rozpad Radians'koho Soiuzu. Usna istoriia nezalezhnoi Ukrainy 1988–91*, pt. 5, http://oralhistory.org.ua/interview-ua/382/.

[27] Lapychak, "Ukraine, Russia Sign Interim Bilateral Pact," 9; Tuhluk, "Den', shcho zminyv khid istorii."

[28] Interview with Leonid Kravchuk in *Rozpad Radians'koho Soiuzu. Usna istoriia nezalezhnoi Ukrainy 1988–91*, tape 8, http://oralhistory.org.ua /interview-ua/510; Kravchuk, *Maiemo te, shcho maiemo*, 101.

[29] Interview with Bohdan Havrylyshyn in *Rozpad Radians'koho Soiuzu. Usna istoriia nezalezhnoi Ukrainy 1988–91*, tape 3, http://oralhistory.org.ua /interview-ua/189; interview with Dmytro Pavlychko, in *Rozpad Radians'koho Soiuzu. Usna istoriia nezalezhnoi Ukrainy 1988–91*, tape 4, http://oralhistory.org.ua/interview-ua/497/.

[30] Akt proholoshennia nezalezhnosti Ukrainy, official website of the Ukrainian Parliament, http://gska2.rada.gov.ua/site/postanova/akt_nz.htm.

[31] Kravchuk, *Maiemo te, shcho maiemo*, 102–103; interview with John Stepanchuk in *Rozpad Radians'koho Soiuzu. Usna istoriia nezalezhnoi Ukrainy 1988–91*, pt. 3.

[32] Turchenko, *HKChP*, 111–112; Kravchuk, *Maiemo te, shcho maiemo*, 102–104.

拯救帝国

[1] Vera Kuznetsova, "Ukraina," *Nezavisimaia gazeta*, August 29, 1991.

[2] "Soiuz raspadaetsia pod perebranku deputatov," *Izvestiia*, August 28, 1991; S. Chugaev and V. Shcheporkin, "Pravitel'stvo uvoleno, parlament prodolzhaet rabotat'," *Izvestiia*, August 29, 1991; Roman Solchanyk, "Ukraine and Russia: Relations Before and After the Failed Coup," *Ukrainian Weekly*, September 29, 1991, 9.

[3] "Gorbachev's Speech to the Russians," *New York Times*, August 24, 1991; Roman Szporluk, *Russia, Ukraine, and the Breakup of the Soviet Union* (Stanford, CA, 2000), 183–228.

[4] *Soiuz mozhno bylo sokhranit". Belaia kniga. Dokumenty i fakty o politike M. S. Gorbacheva po reformirovaniiu i sokhraneniiu mnogonatsional"nogo gosudarsta*, 2nd ed. (Moscow, 2007), 310–317.

[5] 同上, 317–319.

[6] Jack Matlock, *Autopsy on an Empire: The American Ambassador's Account of the Collapse of the Soviet Union* (New York, 1994), 451.

[7] 2012 年 6 月 19 日，作者在罗马采访尤里·舍尔巴克; Bill Keller, "A Collapsing Empire," *New York Times*, August 27, 1991; Francis X. Clines, "A New Vote Promised. President, in Address to Parliament, Accepts Blame for Coup," *New York Times*, August 27, 1991; Solchanyk, "Ukraine and Russia," 9; *Soiuz mozhno bylo sokhranit'*, 314–315.

[8] Pavel Voshchanov, "Kak ia ob"iavlial voinu Ukraine," *Novaia gazeta*, October 23, 2003.

[9] "Press sekretar prezidenta ofitsial'no zaiavliaet," *Rossiiskaia gazeta*, August 27, 1991; Voshchanov, "Kak ia ob"iavlial voinu Ukraine."

[10] L. Barrington, "Russian Speakers in Ukraine and Kazakhstan: 'Nationality,' 'Population' or Neither?" *Post-Soviet Affairs* 17, no. 2 (2001): 129–158; A. M. Khazanov, *After the USSR: Ethnicity, Nationalism and Policies in the Commonwealth of Independent States* (Madison, WI, 1995); N. J. Melvin, "The Russians: Diaspora and the End of Empire," in *Nations Abroad: Diaspora Politics and International Relations in the Former Soviet Union*, ed. C. King and N. Melvin (Boulder, CO, 1998): 27–58; Taras Kuzio, "Russians and Russophones in the Former

USSR and Serbs in Yugoslavia: A Comparative Study of Passivity and Mobilization," *East European Perspectives* 5, no. 13 (June 25, 2003).

[11] Solchanyk, "Ukraine and Russia," 9; *Soiuz mozhno bylo sokhranit'*, 315–316.

[12] Iu. Afanas'ev, L. Batkin, V. Bibler, E. Bonner, Iu. Burtin, Viach. Ivanov, and L. Timofeev, "Privetstvuem razval 'imperii,'" dated August 28, 1991, in *Nezavisimaia gazeta*, September 3, 1991. Cf. *Soiuz mozhno bylo sokhranit'*, 285–288.

[13] Vitalii Portnikov, "Ukraina ne imeet pretenzii k Rosii. Reaktsiia na zaiavlenie press-sekretaria prezidenta RSFSR," *Nezavisimaia gazeta*, August 29, 1991; Solchanyk, "Ukraine and Russia," 9.

[14] Voshchanov, "Kak ia ob"iavlial voinu Ukraine"; Vitalii Chervonenko, "Nezavisimost': kak èto bylo" (interview with Yurii Shcherbak), Vovremia.info, August 24, 2007, http://vovremya.info/art/1187882352.html; author's interview with Yurii Shcherbak, Rome, June 19, 2012.

[15] S. Tsekora, "Rossiia i Ukraina dogovorilis'," *Izvestiia*, August 29, 1991.

[16] 2012年6月19日，作者在罗马采访尤里·舍尔巴克; Nadezhda Kalinina, "Sergei Stankevich: 'net nikakikh osnovanii schitat' putch operetkoi," *Russkii kur'er*, August 14, 2006.

[17] Tsekora, "Rossiia i Ukraina dogovorilis'"; Kalinina, "Sergei Stankevich: 'Net nikakikh osnovanii schitat' putch operetkoi"; Solchanyk, "Ukraine and Russia," 11.

[18] *Kazakhstanskaia pravda*, August 30, 1991; V. Drozdov, "Kazakhstan i Rossiia: soglasie podtverzhdeno," *Izvestiia*, August 30, 1991.

[19] Oleg Moroz, "Za riumkoi kliuchevye voprosy ne reshalis'" (interview with Yegor Gaidar), *Newsland*, May 2, 2011, http://www.newsland.ru/news/detail/id/690529.

[20] Pavel Fel'gengauer, "Novaia forma voenno-ekonomicheskogo soiza '14+1' gde 1 eto Rossiia," *Nezavisimaia gazeta*, August 29, 1991; Liana Minasian, "Tsentr umer. Da zdravstvuet tsentr," *Nezavisimaia gazeta*, August 29, 1991; Aleksandr Gagua, "My pereotsenivaem nashikh partnerov," *Nezavisimaia gazeta*, August 29, 1991; Vasilii Seliunin, "Esli raspad neizbezhen, ego nado khorosho organizovat'," *Izvestiia*, August 29, 1991; O. G. Rumiantsev, "Ne zaboltat' by pobedu," *Izvestiia*, August 30, 1991.

[21] I. Litvinova, "Boris El'tsin pribyl v Latviiu. V Rige otkryto pervoe posol'stvo," *Izvestiia*, August 30, 1991; Aleksandr Korzhakov, Boris El'tsin: ot *rassveta do zakata* (Moscow, 1997),

123–124.

[22] *Soiuz mozhno bylo sokhranit'*, 315; Vadim Medvedev, *V komande Gorbacheva. Vzgliad iznutri* (Moscow, 1994), 202; Serge Schmemann, "Plea for Survival," *New York Times*, August 29, 1991; *Raspad SSSR: Dokumenty i fakty (1986–1992 gg.)*, vol. 1, *Normativnye akty. Ofitsial'nye soobshcheniia*, ed. S. M. Shakhrai (Moscow, 2009), 863; Chugaev and Shcheporkin, "Pravitel'stvo uvoleno, parlament prodolzhaet rabotat'," 4.

[23] Mikhail Gorbachev, *Memoirs* (New York, 1995), 649–651; Boris Yeltsin, *The Struggle for Russia*, trans. Catherine A. Fitzpatrick (New York, 1994), 108; *Soiuz mozhno bylo sokhranit'*, 317–319.

[24] Medvedev, *V komande Gorbacheva*, 205.

[25] O. G. Rumiantsev, ed., *Iz istorii sozdaniia Konstitutsii Rossiiskoi Federatsii. Konstitutsionnaia komissiia. Stenogrammy, materialy, dokumenty (1990–1993) v 6-ti tomakh*, vol. 2, 1991 (Moscow, 2008), 814–815; Yeltsin, *The Struggle for Russia*, 109; cf. Gorbachev, *Memoirs*, 647–651.

[26] *Raspad SSSR*, 916–920; Yeltsin, *The Struggle for Russia*, 109; "Blitsinterviu.Ter-Petrosian, predsedatel' Verkhovnogo Soveta Armenii," *Argumenty i fakty*, August 29, 1991.

[27] *Raspad SSSR*, 920–921; Korzhakov, *Boris El'tsin*, 118–119, 125.

[28] Bob Strauss to Secretary of State, "My Meeting with Boris Yeltsin," August 24, 1991, 1–3, Bush Presidential Library, Presidential Records, National Security Council, White House Situation Room Files: USSR Part 4 of 4 Moscow Coup Attempt (1991), no. 6.

第四章　走向分裂

左右为难的华盛顿

[1] George Bush and Brent Scowcroft, *A World Transformed* (New York, 1998), 539.

[2] 同上; Joe Hyams, *Flight of the Avenger: George Bush at War* (New York, 1991); Webster Griffin Tarpley and Anton Chaitkin, *George Bush: An Unauthorized Biography* (Joshua Tree,

CA, 2004), 101–114.

[3] Anatol Lieven, *The Baltic Revolution: Estonia, Latvia, Lithuania and the Path to Independence* (New Haven, CT, 1994), 82–85, 204–254, 374–384.

[4] Author's interview with Nicholas Burns, Harvard University, June 15, 2012.

[5] Secstate to Amembassy Bucharest, March 22, 1991, Subject: CSCE: Handling Moldova in CSCE, Bush Presidential Library, Presidential Records, National Security Council, Nicholas R. Burns and Ed A. Hewett Series, Russia Subject Files: 4.3.0—US Relations with Russia, Policy on the Debate over the Union; Nicholas Burns to Ed Hewett, "Response to the Soviet Embassy on the USSR Borders," April 1, 1991,同上; George Bush to Mikhail Gorbachev, draft of August 27, 1991, Bush Presidential Library, Presidential Records, National Security Council, Nicholas R. Burns and Ed A. Hewett Series, USSR Chronological Files: August 1991, no. 1.

[6] James A. Baker with Thomas M. DeFrank, *The Politics of Diplomacy: Revolution, War and Peace 1989–1992* (New York, 1995), 238; address by Jack Matlock at the Davis Center, Harvard University, October 25, 2011.

[7] George H. W. Bush to Mikhail Gorbachev, January 23, 1991, James A. Baker Papers, box 109, folder 9; Jack Matlock, *Autopsy on an Empire: The American Ambassador's Account of the Collapse of the Soviet Union* (New York, 1994), 469–473.

[8] Edward W. Walker, *Dissolution: Sovereignty and the Breakup of the Soviet Union* (Lanham, MD, 2003), 55–178; *Raspad SSSR: Dokumenty i fakty (1986–1992 gg.)*, vol. 1, *Normativnye akty. Ofitsial'nye soobshcheniia*, ed. S. M. Shakhrai (Moscow, 2009), 265–635.

[9] 2013 年 5 月 13 日，作者采访托马斯·西蒙斯; George H. W. Bush to Mikhail Gorbachev, January 23, 1991; Robert M. Gates, *From the Shadows: The Ultimate Insider's Story of Five Presidents and How they Won the Cold War* (New York, 1996), 528–529.

[10] Bush and Scowcroft, *A World Transformed*, 207, 223; Olgerts Pavlovskis, Chairman of Joint Baltic American National Committee to President Bush, June 13, 1991, Bush Presidential Library, Presidential Records, White House Office of Records Management, Subject Files, General: Economic Summit, London, England, 7/15–17/91; Benjamin L. Cardin and 44 other members of the US Congress to President Bush, July 26, 1991,同上; letter from the leadership of the Commission on Security and Cooperation in Europe, signed by Senator Alfonse D'Amato

and others, to President Bush, July 26, 1991, 同 上 ; "Points to Be Made for Meeting with President Boris Yeltsin" [[July 1991]], Bush Presidential Library, Presidential Records, National Security Council, Nicholas R. Burns Series, Subject Files: POTUS Trip to Moscow and Kiev, July 27–August 1, 1991, no. 1; "Points to Be Made for Meeting with Chairman Leonid Kravchuk" [[July 1991]], 同上 , no. 3.

[11] Bush and Scowcroft, *A World Transformed*, 533–534; Amembasy Moscow, to Secstate, Washington, August 25, 1991, Subject: Baltic Independence Initiative: Letter from Lithuanian President Landsbergis to the President, 1–2, r, Bush Presidential Library, Presidential Records, National Security Council, White House Situation Room Files: USSR Part 4 of 4 Moscow Coup Attempt (1991), no. 7; Amembasy Moscow, to Secstate, Washington, August 26, 1991, Subject: USSR Supreme Soviet Special Session Begins with Endless Procedural Wrangling, 同上 , Situation Room Files: USSR Part 4 of 4 Moscow Coup Attempt (1991), no. 9.

[12] Slade Gorton to George H. W. Bush, August 23, 1991, Bush Presidential Library, Presidential Records, White House Office of Records Management, Subject Files, General: Russia; Bush and Scowcroft, *A World Transformed*, 538–539.

[13] Memorandum of telephone conversation, Bush and Vytautas Landsbergis, August 31, 1991, Bush Presidential Library, Memcons and Telcons, http://bushlibrary.tamu.edu/research/pdfs/memcons_telcons/1991-08-31—Landsbergis.pdf; Bush and Arnold Ruutel, September 2, 1991, Bush Presidential Library, Memcons and Telcons, http://bushlibrary.tamu.edu/research/pdfs/memcons_telcons/1991-09-02—Ruute l.pdf; Bush and Anatolii Gorbunovs, September 2, 199, Bush Presidential Library, Memcons and Telcons, 9780465056965-text.indd 437 1/7/14 9:39 AM, http://bushlibrary.tamu.edu/research/pdfs/memcons_telcons/1991-09-02—Gorbunovs.pdf.; George Bush to Vytautas Landsbergis, August 31, 1991, Bush Presidential Library, Presidential Records, National Security Council, Jane Hall Series, Soviet Union, 1991; Bush and Scowcroft, *A World Transformed*, 539.

[14] Bush and Scowcroft, *A World Transformed*, 540; Baker, *The Politics of Diplomacy*, 526.

[15] Bush and Scowcroft, *A World Transformed*, 540–541; Michael R. Beschloss and Strobe Talbott, *At the Highest Levels: The Inside Story of the End of the Cold War* (Boston, 1993), 441, 444–445.

[16] Bush and Scowcroft, *A World Transformed*, 541–542.

[17] Baker, *The Politics of Diplomacy*, 624–636; Bush and Scowcroft, *A World Transformed*, 541–542; Dick Cheney with Liz Cheney, *In My Time: A Personal and Political Memoir* (New York, 2011), 231–232.

[18] Bush and Scowcroft, *A World Transformed*, 541–542.

[19] Baker, *The Politics of Diplomacy*, 526–527; Gates, *From the Shadows*, 85–96; Mikhail Gorbachev, *Memoirs* (New York, 1995), 661–662; Vladislav M. Zubok, *A Failed Empire: The Soviet Union in the Cold War from Stalin to Gorbachev* (Chapel Hill, NC, 2007), 254–264; Anatoly Adamishin and Richard Schifter, *Human Rights, Perestroika and the End of the Cold War* (Washington, D.C., 2009).

[20] Baker, *The Politics of Diplomacy*, 526–529; Boris Pankin, *The Last Hundred Days of the Soviet Union* (London, 1996), 115–122; JAB exchange of notes w/Strauss re: meetings w/Gorbachev/Yeltsin in Moscow 9/11/91, James A. Baker Papers, box 110, folder 7.

[21] Pankin, *The Last Hundred Days*, 53, 71, 106; Zubok, *A Failed Empire*, 140; Eric Shiraev and Vladislav Zubok, *Anti-Americanism in Russia: From Stalin to Putin* (New York, 2000).

[22] Pankin, *The Last Hundred Days*, 104–105, 113.

[23] Baker, *The Politics of Diplomacy*, 526–539.

[24] 同上, 532–533; Anatolii Cherniaev, *Sovmestnyi iskhod. Dnevnik dvukh ėpokh, 1972–1991 gody* (Moscow, 2008), 928.

[25] Khristina Lew, "Ukrainians Demonstrate Across United States. 5000 rally Across from White House," *Ukrainian Weekly*, September 29, 1991, 1; Marta Kolomayets, "Delegation Representing Free Ukraine Arrives in US. Kravchuk Meets with Bush, Addresses UN Assembly," *Ukrainian Weekly*, October 6, 1991, 1.

[26] "Meeting with Leonid Kravchuk, Ukrainian Supreme Soviet Chairman," September 25, 1991, Bush Presidential Library, Memcons and Telcons, http://bushlibrary.tamu.edu/research/pdfs/memcons_telcons/1991-09-25—Kravchuk.pdf; "Meeting with Soviet Foreign Minister Boris Pankin During the UNGA," September 24, 1991, Bush Presidential Library, Memcons and Telcons, http://bush.tamu.edu/research/pdfs/memcons_telcons/1991-09-24—Pankin.pdf; Bush and Scowcroft, A World Transformed, 543; Marta Kolomayets, "Kravchuk Delegation

in US Capital Emphasizes Ukraine's Independence," *Ukrainian Weekly*, October 6, 1991, 1; author's

interview with Leonid Kravchuk, Kyiv, September 1, 2011; Anatolii Zlenko, *Dyplomatiia i polityka. Ukraina v protsesi dynamichnykh heopolitychnykh zmin* (Kharkiv, 2003), 239–240.

[27] Bush and Scowcroft, *A World Transformed*, 544–545; Telcon with secretary-general of NATO Manfred Woerner, September 27, 1991, Bush Presidential Library, Memcons and Telcons, http://bushlibrary.tamu.edu/research/pdfs/memcons_telcons/1991-09-27—Woerner.pdf.

[28] "Address to the Nation on Reducing United States and Soviet Nuclear Weapons," September 27, 1991, Bush Presidential Library, Public Papers, http://bushlibrary.tamu.edu/research/public_papers.php?id=3438&year=1991&month=9; Telcon with Mikhail Gorbachev, president of the USSR, September 27, 1991, Bush Presidential Library, Memcons and Telcons, http://bushlibrary.tamu.edu/research/pdfs/memcons_telcons/1991-09-27—Gorbachev.pdf.

[29] Bush and Scowcroft, *A World Transformed*, 544–545; Cherniaev, *Sovmestnyi iskhod*, 990; Pankin, *The Last Hundred Days*, 107; Bush and Scowcroft, *A World Transformed*, 547; "Telecon with Mikhail Gorbachev, President of the Union of Soviet Socialist Republics," October 5, 1991, Bush Presidential Library, Memcons and Telcons, http://bushlibrary.tamu.edu/research/pdfs/memcons_telcons/1991-10-05—Gorbachev.pdf .

[30] Gates, *From the Shadows*, 530.

俄罗斯方舟

[1] Telecon with Boris Yeltsin, President of the Russian Republic," Bush Presidential Library, Memcons and Telcons, http://bushlibrary.tamu.edu/research/pdfs/memcons_telcons/1991-09-25--Yeltsin.pdf; author's interview with Nicholas Burns, Harvard University, June 15, 2012.

[2] "Mirotvorcheskaia missiia El'tsina i Nazarbaeva zavershilas'. Podpisano piatistoronnee kommiunike," *Nezavisimaia gazeta*, September 25, 1991; Timothy J. Colton, *Yeltsin: A Life* (New York, 2008), 223; Anatolii Cherniaev, *Sovmestnyi iskhod. Dnevnik dvukh ėpokh, 1972–1991 gody* (Moscow, 2008), 997.

[3] Colton, *Yeltsin*, 223; Petr Aven and Al'fred Kokh, "El'tsin sluzhil nam!," interview with Gennadii Burbulis, *Forbes* (Russian edition), July 22, 2010, http://www.forbes.ru/ekonomika/vlast/53407-eltsin-sluzhil-nam.

[4] Yegor Gaidar, *Collapse of an Empire: Lessons for Modern Russia* (Washington, D.C., 2007), 228–229.

[5] "Silaev protiv Silaeva," *Izvestiia*, September 25, 1991; "Beseda glavnogo redaktora Valentina Logunova s chlenom Gosudarstvennogo Soveta Mikhailom Poltoraninym," *Rossiiskaia gazeta*, September 26, 1991; "Silaev vyshel iz kabineta," *Moskovskie novosti*, September 29, 1991.

[6] James A. Baker with Thomas M. deFrank, *The Politics of Diplomacy: Revolution, War and Peace, 1989–1992* (New York, 1995), 538–539; Sergei Stankevich, "Ia dumaiu El'tsin dolzhen prosto vybrat'," *Moskovskie novosti*, September 29, 1991.

[7] John Dunlop, *The Rise of Russia and the Fall of the Soviet Empire* (Princeton, NJ, 1995), 261–464; *Soiuz mozhno bylo sokhranit'. Belaia kniga. Dokumenty i fakty o politike M. S. Gorbacheva po reformirovaniiu i sokhraneniiu mnogonatsional'nogo gosudarsta*, 2nd ed. (Moscow, 2007), 328; Aven and Kokh, "El'tsin sluzhil nam!"

[8] Yegor Gaidar, *Dni porazhenii i pobed* (Moscow, 1997), 1–259; Vadim Medvedev, *V komande Gorbacheva. Vzgliad iznutri* (Moscow, 1994), 219.

[9] Gaidar, *Dni porazhenii i pobed*, 253.

[10] 同上, 256–259, 261–264.

[11] Aven and Kokh, "El'tsin sluzhil nam!"

[12] 同上; Mikhail Gorbachev, *Poniat' perestroiku* (Moscow, 2006), 347.

[13] Georgii Shakhnazarov, *Tsena svobody. Reformatsiia Gorbacheva glazami ego pomoshchnika* (Moscow, 1993), 281–282; *Soiuz mozhno bylo sokhranit'*, 323–324.

[14] Shakhnazarov, *Tsena svobody*, 284–285.

[15] *Soiuz mozhno bylo sokhranit'*, 327–328; "Prem'er ne soglasilsia s ekonomicheskoi politikoi SSSR," *Kurs*, December 15, 2011, http://www.kurs.ru/15/8946.

[16] Cherniaev, *Sovmestnyi iskhod*, 992.

[17] *Soiuz mozhno bylo sokhranit'*, 323–324, 329.

[18] Shakhnazarov, *Tsena svobody*, 287–289; Boris Yeltsin, "Zamechaniia po proektu Soiuznogo dogovora ot 25 oktiabria 1991 g.," Gorbachev Foundation Archive, fond 5, no. 3730.01.

[19] Cherniaev, *Sovmestnyi iskhod*, 997; *Soiuz mozhno bylo sokhranit'*, 332–333; Medvedev, *V komande Gorbacheva*, 217–218.

[20] Cherniaev, *Sovmestnyi iskhod*, 997.

[21] 同上，997; Boris Pankin, *The Last Hundred Days of the Soviet Union* (London, 1996), 244.

[22] "Telecon; with Boris Yeltsin, President of the Republic of Russia," October 8, 1991, Bush Presidential Library, Memcons and Telcons, http://bush library.tamu.edu/research/pdfs/memcons_telcons/1991-10-08—Yeltsin.pdf.

[23] Cherniaev, *Sovmestnyi iskhod*, 997, Medvedev, *V komande Gorbacheva*, 218; *Soiuz mozhno bylo sokhranit'*, 330–353.

[24] *Soiuz mozhno bylo sokhranit'*, 334, 353–354; Edward W. Walker, *Dissolution: Sovereignty and the Breakup of the Soviet Union* (Lanham, MD, 2003), 147; Dunlop, *The Rise of Russia*, 267.

[25] Gaidar, *Dni porazhenii i pobed*, 279.

[26] 同上，278–279; Aven and Kokh, "El'tsin sluzhil nam!"

[27] Boris Yeltsin, *The Struggle for Russia*, trans. Catherine A. Fitzpatrick (New York, 1994), 124–126.

[28] Aven and Kokh, "El'tsin sluzhil nam!"

[29] *Soiuz mozhno bylo sokhranit'*, 353–354.

[30] "Telecon with Boris Yeltsin, President of the Republic of Russia," October 25, 1991, Bush Presidential Library, Memcons and Telcons, http://bushlibrary.tamu.edu/research/pdfs/memcons_telcons/1991-10-25—Yeltsin. pdf.

[31] Boris El'tsin, "Obrashchenie k narodam Rossii, k S"ezdu narodnykh deputatov Rossiiskoi Federatsii," *Rossiiskaia gazeta*, September 29, 1991.

[32] "My boialis' shokovoi terapii, a poluchili shokovuiu khirurgiiu," *Izvestiia*, October 29, 1991; "Samyi populiarnyi prezident nakonets-to gotov k samym nepopuliarnym meram. Gruppu

kamikadze vozglavit El'tsin," *Nezavisimaia gazeta*, October 29, 1991; "Rossiiskaia programma reform: reaktsiia v respublikakh neodnoznachna," *Izvestiia*, October 30, 1991.

幸存者

[1] James A. Baker with Thomas M. DeFrank, *The Politics of Diplomacy: Revolution, War and Peace, 1989–1992* (New York, 1995), 515; Gregory Harms and Todd M. Ferry, *The Palestine-Israel Conflict: A Basic Introduction*, 2nd ed. (London, 2008), 141–158; "The Madrid Peace Conference," *Journal of Palestine Studies* 21, no. 2 (Winter 1992): 117–149.

[2] "Charter of Paris for a New Europe," http://www.osce.org/mc/39516; Mary Elise Sarotte, *1989: The Struggle to Create Post–Cold War Europe* (Princeton, NJ, 2009).

[3] George Bush and Brent Scowcroft, *A World Transformed* (New York, 1998), 407–410; Baker, *The Politics of Diplomacy*, 286–287, 316–317, 400–410; George Herring, *From Colony to Superpower: U.S. Foreign Relations Since 1776* (New York, 2008), 908–912.

[4] Boris Pankin, *The Last Hundred Days of the Soviet Union* (London, 1996), 195–223; Memorandum of Conversation, Meeting with Emir of Bahrain, October 15, 1991, Bush Presidential Library, Memcons and Telcons, http://bushlibrary.tamu.edu/research/pdfs/memcons_telcons/1991-10-15--Isa%20[[2]].pdf; "Talking Points for Syria," September 19, 1991, 1, Bush Presidential Library, Presidential Records, National Security Files, Edmund J. Hull Series, Subject Files.

[5] Bush and Scowcroft, *A World Transformed*, 410, 548; Wilson D. Miscamble, *From Roosevelt to Truman: Potsdam, Hiroshima and the Cold War* (Cambridge, 2007), 203–204.

[6] Pankin, *The Last Hundred Days*, 230; "The President's Press Conference with President Gorbachev of the Soviet Union in Madrid, Spain," October 29, 1991, Bush Presidential Library, Public Papers, http://bushlibrary.tamu.edu/research/public_papers.php?id=3563&year=1991&month=10.

[7] Anatolii Cherniaev, *Sovmestnyi iskhod. Dnevnik dvukh ėpokh, 1972–1991 gody* (Moscow, 2008), 995–996, 1004; Pankin, *The Last Hundred Days*, 230–232.

[8] Mikhail Gorbachev, *Memoirs* (New York, 1995), 663; "Telcon with Prime Minister Felipe

Gonzalez of Spain," August 19, 1991, Bush Presidential Library, Memcons and Telcons, http://bushlibrary.tamu.edu/research/pdfs/memcons_telcons/1991-08-19—Gonzalez.pdf.

[9] Andrew Rosenthal, "Uncertainty on Gorbachev Gives New Twist to Meeting with Bush," *New York Times*, October 28, 1991; T. Kolesnichenko and V. Volkov, "Madridskii marafon," *Pravda*, October 29, 1991; Alan Cowell, "The Middle East Talks: Bush and Gorbachev in Spain: Let the Talks Begin," *New York Times*, October 30, 1991.

[10] Luncheon Meeting with President Gorbachev, October 29, 1991, 12:30–1:15 p.m., Bush Presidential Library, Memcons and Telcons, http://bushlibrary.tamu.edu/research/pdfs/memcons_telcons/1991-10-29--Gorbachev%20[[1]]. pdf; Pankin, *The Last Hundred Days*, 232.

[11] Meeting with President Gorbachev of the USSR, October 29, 1991, 1:20–2:45 p.m., Bush Presidential Library, Memcons and Telcons, http://bushlibrary. tamu.edu/research/pdfs/memcons_telcons/1991-10-29—Gorbachev%20 [2].pdf; Cherniaev, *Sovmestnyi iskhod*, 1004–8, 1012, 1016; *Soiuz mozhno bylo sokhranit'. Belaia kniga. Dokumenty i fakty o politike M. S. Gorbacheva po reformirovaniiu i sokhraneniiu mnogonatsional'nogo gosudarsta*, 2nd ed. (Moscow, 2007), 356–358; Gorbachev, *Memoirs*, 664–665.

[12] Cherniaev, *Sovmestnyi iskhod*, 1008–9; Pavel Palazhchenko, *My Years with Gorbachev and Shevardnadze: The Memoir of a Soviet Interpreter* (University Park, PA, 1997), 339–341; Pankin, *The Last Hundred Days*, 234; Pankin, *The Last Hundred Days*, 232.

[13] Amembassy Moscow to Secstate Washington D.C., Subject: Clarification of Monday's Speech by Yeltsin, October 26, 1991, 1–7, Bush Presidential Library, Presidential Records, National Security Council, White House Situation Room Files: USSR Part 3 of 4 Moscow Coup Attempt (1991), no. 14.

[14] Pankin, *The Last Hundred Days*, 224–235.

[15] Middle East Peace Conference, 1988–1991, James A. Baker Papers, box 106, folder 7.

[16] *Soiuz mozhno bylo sokhranit'*, 358–362; Pankin, *The Last Hundred Days*, 234; Gorbachev, *Memoirs*, 664–665; Cherniaev, *Sovmestnyi iskhod*, 1008–1009; Bush and Scowcroft, *A World Transformed*, 549–550.

[17] Cherniaev, *Sovmestnyi iskhod*, 985, 1009–1014; *Soiuz mozhno bylo sokhranit'*, 362–365.

[18] Cherniaev, *Sovmestnyi iskhod*, 1012; Palazhchenko, *My Years*, 339–344.

[19] Cherniaev, *Sovmestnyi iskhod*, 1014–1016.

[20] *Soiuz mozhno bylo sokhranit'*, 367–372; Pankin, *The Last Hundred Days*, 249.

[21] Pankin, *The Last Hundred Days*, 236, 248–249; Baker, *The Politics of Diplomacy*, 559; *Soiuz mozhno bylo sokhranit'*, 365–372.

[22] Cherniaev, *Sovmestnyi iskhod*, 1017–1018.

[23] John B. Dunlop, *Russia Confronts Chechnya: Roots of a Separatist Conflict* (Cambridge, 1998), 1–84.

[24] "Vsesoiuznaia perepis' naseleniia 1989 g. Natsional'nyi sostav po respublikam SSSR," *Demoskop Weekly*, http://demoscope.ru/weekly/ssp/sng_nac_89.php.

[25] *Chechnia v plameni separatizma*, comp. A. Surkov (Saratov, 1997), 65.

[26] 同上, 62–66; Dunlop, *Russia Confronts Chechnya*, 100–115.

[27] Dunlop, *Russia Confronts Chechnya*, 115–117.

[28] *Chechnia v plameni separatizma*, 77–80; Dunlop, *Russia Confronts Chechnya*, 115–117, 121.

[29] *Chechnia v plameni separatizma*, 73–74, 77.

[30] Dunlop, *Russia Confronts Chechnya*, 117–120; *Raspad SSSR: Dokumenty i fakty (1986–1992 gg.)*, vol. 1, *Normativnye akty. Ofitsial"nye soobshcheniia*, ed. S. M. Shakhrai (Moscow, 2009), 965; Cherniaev, *Sovmestnyi iskhod*, 1018; *Chechnia v plameni separatizma*, 79, 81.

[31] *Chechnia v plameni separatizma*, 82; Dunlop, Russia Confronts Chechnya, 119–120; Voshchanov, "Kak ia ob"iavlial voinu Ukraine."

[32] Dunlop, *Russia Confronts Chechnya*, 118–119; Cherniaev, *Sovmestnyi iskhod*, 1018.

[33] Cherniaev, *Sovmestnyi iskhod*, 101–198; Gorbachev, *Memoirs*, 688.

[34] Georgii Shakhnazarov, *Tsena svobody. Reformatsiia Gorbacheva glazami ego pomoshchnika* (Moscow, 1993), 291–292, 299.

[35] 同上, 287–289, 565–567.

[36] 同上, 565–567; Cherniaev, *Sovmestnyi iskhod*, 1020.

[37] Cherniaev, *Sovmestnyi iskhod*, 1021–1023; Vadim Medvedev, *V komande Gorbacheva. Vzgliad iznutri* (Moscow, 1994), 221; *Soiuz mozhno bylo sokhranit'*, 375–382; Pankin, *The Last Hundred Days*, 258; Edward W. Walker, *Dissolution: Sovereignty and the Breakup of the Soviet*

Union (Lanham, MD, 2003), 149–150.

[38] Palazhchenko, *My Years*, 433.

第五章　人民的声音

期　待

[1] Interview with Stanislaŭ Shushkevich, Davis Center, Harvard University, April 17, 2000; *Soiuz mozhno bylo sokhranit'. Belaia kniga. Dokumenty i fakty o politike M. S. Gorbacheva po reformirovaniiu i sokhraneniiu mnogonatsional'nogo gosudarsta*, 2nd ed. (Moscow, 2007), 384–393; Anatolii Cherniaev, *Sovmestnyi iskhod. Dnevnik dvukh ėpokh, 1972–1991 gody* (Moscow, 2008), 1026–1030.

[2] Chrystyna Lapychak, "Parliament Votes to Boycott Union Structures, Passes Law on Ukrainian Citizenship," *Ukrainian Weekly*, October 13, 1991, 1–2.

[3] Leonid Kravchuk, *Maiemo te, shcho maiemo. Spohady i rozdumy* (Kyiv, 2002), 110; Valentyn Chemerys, *Prezydent. Roman-ese* (Kyiv, 1994), 277.

[4] Georgii Shakhnazarov, *Tsena svobody. Reformatsiia Gorbacheva glazami ego pomoshchnika* (Moscow, 1993), 560–561; Pavel Palazhchenko, *My Years with Gorbachev and Shevardnadze: The Memoir of a Soviet Interpreter* (University Park, PA, 1997), 341; George Bush and Brent Scowcroft, *A World Transformed* (New York, 1998), 550; Andrew Wilson, *Virtual Politics: Faking Democracy in the Post-Soviet World* (New Haven, CT, 2005), 1–32.

[5] Palazhchenko, *My Years*, 341; Bush and Scowcroft, *A World Transformed*, 550.

[6] Michael R. Beschloss and Strobe Talbott, *At the Highest Levels: The Inside Story of the End of the Cold War* (Boston, 1993), 448; Renee M. Lamis, *Realignment of Pennsylvania Politics since 1960: Two-party Competition in a Battleground State* (University Park, PA, 2009),119ff.

[7] Beschloss and Talbott, *At the Highest Levels*, 448–449; Hank Brown to President Bush, September 16, 1991, and draft of Brent Scowcroft's response of December 1991, Bush Presidential Library, Presidential Records, National Security Council, Nicholas R. Burns

Series, Chronological Files: December 1991, no. 1; "U.S. Senate Passes Resolution Urging Recognition of Ukraine," *Ukrainian Weekly*, December 1, 1991, 1, 14.

[8] "It Would be Prudent, George," *Ukrainian Weekly*, November 24, 1991, 6; Myron B. Kuropas, "Bren and Harry: Two Peas in a Pod," *Ukrainian Weekly*, November 24, 1991, 7; Beschloss and Talbott, *At the Highest Levels*, 447–448.

[9] James M. Goldgeier and Michael McFaul, *Power and Purpose: US Policy Toward Russia After the Cold War* (Washington, D.C., 2003), 47.

[10] Roman Popadiuk, *The Leadership of George Bush: An Insider's View of the Forty-First President* (College Station, TX, 2009), 155–160.

[11] James A. Baker with Thomas M. DeFrank, *The Politics of Diplomacy: Revolution, War and Peace, 1989–1992* (New York, 1995), 560–561; author's interview with Nicholas Burns, Harvard University, June 15, 2012; Jeffrey Smith, "U.S. Officials Split over Response to an Independent Ukraine," *Washington Post*, November 25, 1991.

[12] Christopher Cox and other US congressmen to George H. W. Bush, November 26, 1991, 1–6, Bush Presidential Library, Presidential Records, National Security Council, Nicholas R. Burns Series, Chronological Files: December 1991, no. 1.

[13] Baker, *The Politics of Diplomacy*, 560–561; "JAB Notes from 11/26/91 Conversation with POTUS (Recognition of Ukraine Independence)," James A. Baker Papers, box 110, folder 9.

[14] "Draft Cable to USNATO for Nov 27 NAC," 1–5, Bush Presidential Library, Presidential Records, National Security Council, Nicholas R. Burns Series, Chronological Files: December 1991, no. 3.

[15] R. Gordon Hoxie to Robert Gates, November 19, 1991, Bush Presidential Library, Presidential Records, National Security Council, Roman Popadiuk Series, Chronological Files: December 1991; Yaroslav Trofimov, "Vote Brings Wave of Recognition," *Ukrainian Weekly*, December 8, 1991, 3, 6.

[16] Marta Kolomayets, "Ukrainian American Leaders Meet with President Bush on the Eve of Ukrainian Referendum," *Ukrainian Weekly*, December 1, 1991, 1, 3, 14; "Rukh Appeals to President Bush," *Ukrainian Weekly*, December 1, 1991, 14; William F. Miller, "Firmly Rooted in Two Lands," Cleveland.com, http://www.cleveland.com/heritage/index.ssf?/heritage/more/

ukraine/ukraine2.html.

[17] John R. Yang, "Bush Decides to Accelerate U.S. Recognition of Ukraine," *Washington Post*, November 28, 1991.

[18] 同上 ; Baker, *The Politics of Diplomacy*, 561; Bush and Scowcroft, *A World Transformed*, 552; Robert M. Gates, *From the Shadows: The Ultimate Insider's Story of Five Presidents and How They Won the Cold War* (New York, 1996), 531.

[19] Cherniaev, *Sovmestnyi iskhod*, 1028–1029.

[20] Baker, *The Politics of Diplomacy*, 561; Palazhchenko, *My Years*, 347; Andrei Ostal'skii, "Sovetsko-amerikanskaia razmolvka iz-za ukrainskogo referendum," *Izvestiia*, November 29, 1991; S. Tsikora, "Ukraina: za den" do vystradannoi voli," *Izvestiia*, November 29, 1991; Cherniaev, *Sovmestnyi iskhod*, 1028–1029.

[21] Telcon with President Mikhail Gorbachev of the USSR, November 30, 1991, Bush Presidential Library, Memcons and Telcons, http://bushlibrary.tamu.edu/research/pdfs/memcons_telcons/1991-11-30—Gorbachev.pdf; Bush and Scowcroft, *A World Transformed*, 551–552; Cherniaev, *Sovmestnyi iskhod*, 1029.

[22] *V Politbiuro TsK KPSS po zapisiam Anatoliia Cherniaeva, Vadima Medvedeva, Georgiia Shakhnazarova (1985–1991)* (Moscow, 2000), 730; *Raspad SSSR: Dokumenty i fakty (1986–1992 gg.)*, vol. 1, *Normativnye akty. Ofitsial'nye soobshcheniia*, ed. S. M. Shakhrai (Moscow, 2009), 997–998.

[23] Cherniaev, *Sovmestnyi iskhod*, 1029.

[24] 同上 , 1030.

[25] 同上 , 1027–1028.

[26] *Soiuz mozhno bylo sokhranit'*, 406, 411–412; Vadim Medvedev, *V komande Gorbacheva. Vzgliad iznutri* (Moscow, 1994), 223.

[27] Kravchuk, *Maiemo te, shcho maiemo*, 110–111; Cherniaev, *Sovmestnyi iskhod*, 1027–1028.

乌克兰公投

[1] Leonid Kravchuk, *Maiemo te, shcho maiemo. Spohady i rozdumy* (Kyiv, 2002), 116–117;

author's interview with Leonid Kravchuk, Kyiv, September 1, 2011.

[2] "Kravchuk Leading, Chornovil Second in Presidential Race," *Ukrainian Weekly*, November 10, 1991, 1, 14; David Marples, "Support Runs High for Independence. Kravchuk Likely to Be Elected," *Ukrainian Weekly*, November 25, 1991, 1–2; Kravchuk, *Maiemo te, shcho maiemo*, 114–115.

[3] Georgii Kasianov, *Ukraina 1997–2007. Ocherki noveishei istorii* (Kyiv, 2008), 36–37; information from Yurii Ratomsky, formerly a consultant for the Dnipropetrovsk regional Communist Party committee, December 27, 1991.

[4] Interview with Volodymyr Hryniov in *Rozpad Radians'koho Soiuzu. Usna istoriia nezalezhnoi Ukrainy 1988–91*, pt. 3; Kravchuk, *Maiemo te, shcho maiemo*, 114.

[5] Viacheslav Chornovil, "Avtobiohrafiia," *Rukh Press* (website), http://rukhpress.com.ua/002005/print.phtml; interview with Viacheslav Chornovil in *Rozpad Radians'koho Soiuzu. Usna istoriia nezalezhnoi Ukrainy 1988–91*, pt. 3, http://oralhistory.org.ua/interview-ua/648/; interview with Levko Lukianenko in *Rozpad Radians'koho Soiuzu. Usna istoriia nezalezhnoi Ukrainy 1988–91*, pt. 4, http://oralhistory.org.ua/interview-ua/541; Chrystyna Lapychak, "In Odessa: One Day on the Trail with Rukh Candidate Viacheslav Chornovil," *Ukrainian Weekly*, November 10, 1991, 1, 9–10.

[6] Interview with Viacheslav Chornovil in *Rozpad Radians'koho Soiuzu. Usna istoriia nezalezhnoi Ukrainy 1988–91*, pt. 3, http://oralhistory.org.ua/interview-ua/648/; interview with Dmytro Pavlychko in *Rozpad Radians'koho Soiuzu. Usna istoriia nezalezhnoi Ukrainy 1988–91*, pt. 4; "Ukraine's Presidium Rejects Diaspora Vote on Referendum," *Ukrainian Weekly*, November 24, 1991, 3, http://oralhistory.org.ua/interview-ua/497/.

[7] Oksana Zakydalsky, "Larysa Skoryk Speaks at Canadian Friends of Rukh Conference," *Ukrainian Weekly*, October 31, 1991, 1, 11.

[8] Marples, "Support Runs High for Independence. Kravchuk Likely to Be Elected"; David Marples, "Kravchuk Leading, Chornovil Second in Presidential Race"; Kravchuk, *Maiemo te, shcho maiemo*, 117–118; Oxana Shevel, "Nationality in Ukraine: Some Rules of Engagement," *East European Politics and Societies* 16, no. 2 (Spring 2002): 386–413.

[9] Interview with Mykola Bahrov in *Rozpad Radians'koho Soiuzu. Usna istoriia nezalezhnoi*

Ukrainy 1988–91, tape 3, http://oralhistory.org.ua/interview-ua/372; Edward A. Allworth, *The Tatars of Crimea: Return to the Homeland* (Durham, NC, 1998).

[10] Marples, "Kravchuk Leading, Chornovil Second in Presidential Race"; cf. interviews with Volodymyr Hryniov and Levko Lukianenko in *Rozpad Radians'koho Soiuzu. Usna istoriia nezalezhnoi Ukrainy 1988–91*, http://oralhistory.org.ua/interview-ua/239, http://oralhistory.org.ua/interview-ua/541.

[11] Zlenko, *Dyplomatiia i polityka*, 66–67; "News Briefs from Ukraine," *Ukrainian Weekly*, December 1, 1991, 2.

[12] Interview with Marta Dyczok in *Rozpad Radians'koho Soiuzu. Usna istoriia nezalezhnoi Ukrainy 1988–91*, tape 3, http://oralhistory.org.ua/interview-ua/229/.

[13] Kasianov, *Ukraina 1991–2007*, 37; information from Olena Plokhii, who lived in Dnipropetrovsk in the fall of 1991.

[14] Anatolii Cherniaev, *Sovmestnyi iskhod. Dnevnik dvukh ėpokh, 1972–1991 gody* (Moscow, 2008), 993–995; "Bush Names Babyn Yar Delegation," *Ukrainian Weekly*, October 6, 1991, 2; Chrystyna Lapychak, "Ukraine Remembers Babyn Yar," *Ukrainian Weekly*, October 13, 1991, 1, 8; interview with Leonid Kravchuk in *Rozpad Radians'koho Soiuzu. Usna istoriia nezalezhnoi Ukrainy 1988–91*, tape 9, http://oralhistory.org.ua/interview-ua/510/.

[15] Roman Solchanyk, "Centrifugal Movements in Ukraine and Independence," *Ukrainian Weekly*, November 24, 1991, 8–10; "Minorities Congress Decisively Supports Ukraine's Independence," *Ukrainian Weekly*, November 24, 1991, 1; Dominique Arel, "Language Politics in Independent Ukraine: Towards One or Two Languages?" *Nationalities Papers* 23, no. 3 (1995): 597–622.

[16] "News Briefs from Ukraine," *Ukrainian Weekly*, December 1, 1991, 2.

[17] Kostiantyn P. Morozov, *Above and Beyond: From Soviet General to Ukrainian State Builder* (Cambridge, MA, 2000), 1–7, 74–75; 133–152.

[18] Author's interview with General Kostiantyn Morozov, Kyiv, September 6, 2011; Chrystyna Lapychak, "Deputies Draft Law on Military," *Ukrainian Weekly*, October 27, 1991, 1–2; "Brzezinski Notes Ukraine's Statement," *Ukrainian Weekly*, October 27, 1991, 2; Marples, "Support Runs High for Independence. Kravchuk Likely to Be Elected," *Ukrainian Weekly*,

November 25, 1991, 2.

[19] Morozov, *Above and Beyond*, 91–152; interview with Kostiantyn Morozov in *Rozpad Radians'koho Soiuzu. Usna istoriia nezalezhnoi Ukrainy 1988–91*, tape 6, http://oralhistory.org.ua/interview-ua/632; author's interview with General Kostiantyn Morozov, Kyiv, September 6, 2011; John Jaworsky, "Ukraine's Armed Forces and Military Policy," *Harvard Ukrainian Studies* 20 (1996): 223–247; Stephen D. Olynyk, "Ukraine as a Military Power," in *Ukraine: The Search for a National Identity*, ed. Sharon L. Wolchik and Volodymyr Zviglyanich (Lanham, MD, 2000), 69–94.

[20] Chrystyna Lapychak, "Reflections on an Independent Ukraine," *Ukrainian Weekly*, December 8, 1991, 6.

[21] 2012 年 6 月 19 日，作者在罗马采访尤里·舍尔巴克。

[22] Chrystyna Lapychak, "Independence: Over 90 Percent Vote in Referendum: Kravchuk Elected President of Ukraine," *Ukrainian Weekly*, December 8, 1991, 1, 5; Khristina Lew, "Delving into Eastern Ukraine on the Eve of Nationhood," *Ukrainian Weekly*, December 22, 1991, 8–9; Kravchuk, *Maiemo te, shcho maiemo*, 118; interview with Leonid Kravchuk in *Rozpad Radians'koho Soiuzu. Usna istoriia nezalezhnoi Ukrainy 1988–91*, tape 9, http://oralhistory.org.ua/interview-ua/510/.

[23] Cherniaev, *Sovmestnyi iskhod*, 1030–1031; *Soiuz mozhno bylo sokhranit'. Belaia kniga. Dokumenty i fakty o politike M. S. Gorbacheva po reformirovaniiu i sokhraneniiu mnogonatsional'nogo gosudarstva*, 2nd ed. (Moscow, 2007), 418.

[24] George Bush and Brent Scowcroft, *A World Transformed* (New York, 1998), 554; *Soiuz mozhno bylo sokhranit'*, 420.

斯拉夫三国一体

[1] "Telcon with President Boris Yeltsin of the Republic of Russia," November 30, 1991, Bush Presidential Library, Memcons and Telcons, http://bushlibrary.tamu.edu/research/pdfs/memcons_telcons/1991-11-30—Yeltsin.pdf; George Bush and Brent Scowcroft, *A World Transformed* (New York, 1998), 552–553; author's interview with Nicholas Burns, Harvard

University, June 15, 2012.

[2] Interview with Stanislaŭ Shushkevich, Davis Center, Harvard University, April 17, 2000; Bush and Scowcroft, *A World Transformed*, 552–554.

[3] *Soiuz mozhno bylo sokhranit'. Belaia kniga. Dokumenty i fakty o politike M. S. Gorbacheva po reformirovaniiu i sokhraneniiu mnogonatsional'nogo gosudarsta*, 2nd ed. (Moscow, 2007), 424.

[4] Petr Aven and Al'fred Kokh, "El'tsin sluzhil nam!" interview with Gennadii Burbulis, *Forbes* (Russian edition), July 22, 2010, http://www.forbes.ru/node/53407/print; David Remnick, *Resurrection: The Struggle for a New Russia* (New York, 1998), 25.

[5] Aleksandr Solzhenitsyn, "Kak nam obustroit' Rossiiu?" *Komsomol'skaia pravda*, September 18, 1990; Aleksandr Solzhenitsyn, *Rebuilding Russia: Reflections and Tentative Proposals*, trans. Alexis Klimoff (New York, 1991).

[6] Roman Solchanyk, *Ukraine and Russia: The Post-Soviet Transition* (Oxford, 2001), 38; Aven and Kokh, "El'tsin sluzhil nam!"

[7] "Newsbriefs," *Ukrainian Weekly*, December 15, 1991; Leonid Kravchuk, *Maiemo te, shcho maiemo. Spohady i rozdumy* (Kyiv, 2002), 128; Valentyn Chemerys, *Prezydent. Roman-ese* (Kyiv, 1994), 245–247, 260–261.

[8] Mykhailo Holubets', *Bilovezha ochyma uchasnyka* (Lviv, 1996), 9; "Shushkevich, Stanislav Stanislavovich," in Kto est' *kto v Rossii i blizhnem zarubezh'e. Spravochnik* (Moscow, 1991), 749; Stanislav Shushkevich, "Osval'da ia zapomnil soldafonom," *Izvestiia*, November 21, 2003.

[9] David Marples, *Belarus: A Denationalized Nation* (Amsterdam, 1999); Jan Zaprudnik, *Belarus: At a Crossroads in History* (Boulder, CO, 1993).

[10] Dmitrii Starostin, "Desiat' let Belovezhskoi pushche," Vesti.ru, December 9, 2001; Stanislav Shushkevich, "Monolog o pushche," *Ogonek*, December 2, 1996.

[11] V. V. Semakov, *Belovezhskaia pushcha, 1902–2002* (Minsk, 2002); Peter Duffy, *The Bielski Brothers: The True Story of Three Men Who Defied the Nazis, Built a Village in the Forest, and Saved 1,200 Jews* (New York, 2004).

[12] *Katalog fauny Puszczy Białowieskiej* (Warsaw, 2001); Ales' Karliukevich, "Gensek s ruzh'em," *Sovetskaia Belorusiia*, no. 113 (June 21, 2001); Anatolii Cherniaev, Memo

for Gorbachev on the organization of Chancellor Kohl's visit to the USSR, June 17, 1991, Gorbachev Foundation Archive, fond 2, no. 8943.1.

[13] Mechislav Dmukhovskii, "Belovezhskie tainy," *Sovetskaia Belorussiia. Sobesednik*, December 12, 2003; Leonid Kravchuk, "Shushkevich i El'tsin predstavliali sebia, a ia—voliu naroda," UNIAN, December 5, 2006; Kryzhanivs'kyi, "Tostiv bulo"; Aleksandr Korzhakov, *Boris El'tsin: ot rassveta do zakata* (Moscow, 1997), 127; Viacheslav Kebich, *Iskushenie vlast"iu. Iz zhizni prem"er-ministra* (Minsk, 2008), 190–194.

[14] "Kebich, Viacheslav Frantsevich," in *Kto est' kto v Rossii i blizhnem zarubezh'e. Spravochnik* (Moscow, 1991).

[15] Mariia Ėismont, "Mikhail Babich, byvshii ofitser okhrany Viacheslava Kebicha: V Viskuliakh opasalis' predatel'stva," *Narodnaia volia*, December 12, 2001; *Soiuz mozhno bylo sokhranit'*, 432; Kravchenko, "Belarus' na rasput'eZapiski diplomata i politika," *Narodnaia volia*, nos. 154–157, September 30, 2006.

[16] *Soiuz mozhno bylo sokhranit'*, 440; Kravchuk, *Maiemo te, shcho maiemo*, 129–130.

[17] Aven and Kokh, "El'tsin sluzhil nam!"; Iurii Zainashev, "Belorusskaia pushcha: chto ėto bylo?" *Novye izvestiia*, December 8, 2006; Iurii Shapoval, "Dvi hrudnevi istorii ne bez morali," *Den'*, December 10, 2004; M. Mikhal'chenko and V. Andrushchenko, *Belovezh'e. L. Kravchuk, 1991–1995* (Kyiv, 1996), 99.

[18] Chemerys, *Prezydent*, 268–269; *Soiuz mozhno bylo sokhranit'*, 445–447; Kravchenko, "Belarus' na rasput'e."

[19] *Soiuz mozhno bylo sokhranit'*, 433; Kebich, *Iskushenie vlast'iu*, 199–200; Ėismont, "Mikhail Babich."

[20] Oleg Moroz, "Za riumkoi kliuchevye voprosy ne reshalis'" (interview with Yegor Gaidar), *Newsland*, May 2, 2011, http://www.newsland.ru/news/detail /id/690529; Kravchenko, "Belarus' na rasput'e."

[21] Holubets', *Bilovezha*, 13–14; Kryzhanivs'kyi, "Tostiv bulo"; Kravchenko, "Belarus' na rasput'e."

[22] Kravchuk, "Shushkevich i El'tsin predstavliali sebia"; Chemerys, *Prezydent*, 269; Sergei Shakhrai, "Nam udalos' predotvratit' iugoslavskii stsenarii," *Novye izvestiia*, December 8, 2006;

Kebich, *Iskushenie vlast'iu*, 201.

[23] Gaidar, "Za riumkoi"; Kravchuk, *Maiemo te, shcho maiemo*, 125; interview with Leonid Kravchuk, Rozpad *Radianskoho Soiuzu*, tape 9, http://oralhistory.org.ua/interview-ua/510/; Chemerys, *Prezydent*, 267, 271; Kravchuk, "Shushkevich i El'tsin predstavliali sebia"; Holubets', *Bilovezha*, 13; Kryzhanivs'kyi, "Tostiv bulo."

[24] Holubets', *Bilovezha*, 15; Sergei Pashkov, "Sovetskii Soiuz. Poslednie dni," *Vesti nedeli*, December 2, 2001; Igor' Kozhevin, "15 let kazhdyi za sebia," Vesti. ru, December 8, 2006; Stanislav Shushkevich, "Ni po odnomu punktu ne bylo raznoglasii," *Ezhednevnik*, December 9, 2008; *Soiuz mozhno bylo sokhranit'*, 435.

[25] *Raspad SSSR: Dokumenty i fakty (1986–1992 gg.)*, vol. 1, *Normativnye akty. Ofitsial'nye soobshcheniia*, ed. S. M. Shakhrai (Moscow, 2009), 1028–1031.

[26] Yegor Gaidar, *Dni porazhenii i pobed* (Moscow, 1996), 148–150; Aven and Kokh, "El'tsin sluzhil nam!"

[27] Kebich, *Iskushenie vlast'iu*, 202.

[28] Kozhevin, "15 let"; Iakov Alekseichik, "Kholodnyi dekabr' v Viskuliakh," *Sem' dnei*, no. 49 (December 8, 2001).

[29] Kravchuk, *Maiemo te, shcho maiemo*, 132.

[30] Korzhakov, *Boris Yeltsin*, 128; Holubets', *Bilovezha*, 16; Kravchuk, *Maiemo te, shcho maiemo*, 125; interview with Leonid Kravchuk, *Rozpad Radianskoho Soiuzu*, tape 9, http://oralhistory.org.ua/interview-ua/510.

[31] Gaidar, "Za riumkoi"; Kebich, *Iskushenie vlast'iu*, 207–208; "Iz besedy prezidenta Kazakhstana N. Nazarbaeva s redaktorami moskovskikh gazet 15 aprelia 1995 g.," Gorbachev Fund, http://www.gorby.ru/userfiles/file/iz_besedy_prezidenta_kazahstana_n.pdf; Christopher Robbins, *Apples Are from Kazakhstan* (New York, 2008), 282–285; Kravchenko, "Belarus' na rasput'e."

[32] Kebich, *Iskushenie vlast'iu*, 202–203.

[33] Evgenii Shaposhnikov, *Vybor. Zapiski glavnokomanduiushchego* (Moscow, 1993), 125–127.

[34] 同上; Mikhail Gorbachev, *Memoirs* (New York, 1995), 659; Shakhrai, "Nam udalos'";

Gaidar, "Za riumkoi"; Gaidar, *Dni porazhenii i pobed*, 148–150; "Belovezhskoe ėkho," NTV, December 11, 2011.

[35] Kravchenko, "Belarus' na rasput'e"; Kebich, *Iskushenie vlast'iu*, 206–207; Chemerys, *Prezydent*, 270.

[36] Leonid Kravchuk, "V saune ne parilsia, shampanskogo ne pil," http://bp21.org.by/ru/art/a051207.html; Telcon with President Yeltsin of the Republic of Russia, December 8, 1991, Bush Presidential Library, Memcons and Telcons, http://bushlibrary.tamu.edu/research/pdfs/memcons_telcons/1991-12-08—Yeltsin.pdf.

[37] Shushkevich, "Monolog o pushche"; Kebich, *Iskushenie vlast'iu*, 210–211; Kravchuk, *Maiemo te, shcho maiemo*, 131–132; Gorbachev, *Memoirs*, 659.

[38] Michael R. Beschloss and Strobe Talbott, *At the Highest Levels: The Inside Story of the End of the Cold War* (Boston, 1993), 450; Holubets', *Bilovezha*, 17; Chemerys, *Prezydent*, 274; Dmukhovskii, "Belovezhskie tainy"; Anatolii Cherniaev, *Sovmestnyi iskhod. Dnevnik dvukh ėpokh, 1972–1991 gody* (Moscow, 2008), 1034.

[39] Chemerys, *Prezydent*, 274.

[40] Kravchenko, "Belarus' na rasput'e"; Dmukhovskii, "Belovezhskie tainy."

第六章　再见了，帝国

森林之外

[1] Conor O'Clery, *Moscow, December 25, 1991: The Last Days of the Soviet Union* (New York, 2011), 192–193.

[2] Anatolii Cherniaev, *Sovmestnyi iskhod. Dnevnik dvukh ėpokh, 1972–1991 gody* (Moscow, 2008), 1034; *Soiuz mozhno bylo sokhranit'. Belaia kniga. Dokumenty i fakty o politike M. S. Gorbacheva po reformirovaniiu i sokhraneniiu mnogonatsional'nogo gosudarsta*, 2nd ed. (Moscow, 2007), 465; O'Clery, *Moscow*, 192–193; Georgii Shakhnazarov, *Tsena svobody. Reformatsiia Gorbacheva glazami ego pomoshchnika* (Moscow, 1993), 303.

[3] Valentyn Chemerys, *Prezydent. Roman-ese* (Kyiv, 1994), 274–275; Leonid Kravchuk, *Maiemo te, shcho maiemo. Spohady i rozdumy* (Kyiv, 2002), 133.

[4] *Soiuz mozhno bylo sokhranit'*, 465–466; Andrei Grachev, *Gorbachev. Chelovek, kotoryi khotel kak luchshe* (Moscow, 2001), 401ff.; Michael R. Beschloss and Strobe Talbott, *At the Highest Levels: The Inside Story of the End of the Cold War* (Boston, 1993), 450; O'Clery, *Moscow*, 192.

[5] *Soiuz mozhno bylo sokranit'*, 465–469; Cherniaev, *Sovmestnyi iskhod*, 1034; Evgenii Shaposhnikov, *Vybor. Zapiski glavnokomanduiushchego* (Moscow, 1993), 128; "Stanislav Shushkevich: obresti suverennost'', no ne raz"ediniat'sia granitsami," *Rossiiskaia gazeta*, December 10, 1991; "Nursultan Nazarbaev: Ia—pragmatik i budu ottalkivat'sia ot sobytii," *Rossiiskaia gazeta*, December 10, 1991.

[6] *Soiuz mozhno bylo sokranit'*, 469–470; Beschloss and Talbott, *At the Highest Levels*, 450.

[7] Cherniaev, *Sovmestnyi iskhod*, 1035.

[8] 2012年6月15日，作者在哈佛大学采访尼古拉斯·伯恩斯。George Bush and Brent Scowcroft, *A World Transformed* (New York, 1998), 556–557.

[9] Shaposhnikov, *Vybor*, 128; "Generaly ukhodiat. Pochemu? K kadrovym peremenam v Genshtabe," *Moskovskie novosti*, December 15, 1991; John Dunlop, *The Rise of Russia and the Fall of the Soviet Empire* (Princeton, NJ, 1995), 272–275; *Soiuz mozhno bylo sokhranit'*, 472.

[10] "Ratifitsirovano soglashenie o sodruzhestve nezavisimykh gosudarstv. Ukraina," *Izvestiia*, December 11, 1991; Chrystyna Lapychak, "Ukraine Ratifies Amended Agreement on the Commonwealth," *Ukrainian Weekly*, December 15, 1991, 1–2; 2011年9月6日，作者采访康斯坦丁·莫罗佐夫。

[11] "Ratifitsirovano soglashenie o sodruzhestve nezavisimykh gosudarstv. Belorussiia," *Izvestiia*, December 11, 1991; Petr Kravchenko, "Belarus' na rasput'e. Zapiski diplomata i politika," *Narodnaia volia*, nos. 154–157, September 30, 2006; Viacheslav Kebich, *Iskushenie vlast'iu. Iz zhizni prem'er-ministra* (Minsk, 2008), 216–217.

[12] *Soiuz mozhno bylo sokhranit'*, 472–474.

[13] Dunlop, *The Rise of Russia*, 275; "Armiia ne verit soiuznym strukturam," *Rossiiskaia gazeta*, December 13, 1991; Pavel Palazhchenko, *My Years with Gorbachev and Shevardnadze:*

The Memoir of a Soviet Interpreter (University Park, PA, 1997), 352.

[14] "Vystuplenie Prezidenta RSFSR B. N. El'tsina," *Rossiiskaia gazeta*, December 13, 1991; *Soiuz mozhno bylo sokhranit'*, 477–481.

[15] Vadim Medvedev, *V komande Gorbacheva. Vzgliad iznutri* (Moscow, 1994), 227; *V Politbiuro TsK KPSS po zapisiam Anatoliia Cherniaeva, Vadima Medvedeva, Georgiia Shakhnazarova (1985–1991)* (Moscow, 2000), 736–739; "M. Gorbachev o situatsii v strane i o sebe," *Izvestiia*, December 12, 1991; Palazhchenko, *My Years*, 352.

[16] Nikolai Portugalov, Memo to Mikhail Gorbachev, December, 1991, Gorbachev Foundation Archive, fond 5, no. 10866.1.

[17] Cherniaev, *Sovmestnyi iskhod*, 1036; "Gorbachev brosaet vyzov 'Slavianskomu Soiuzu,'" *Izvestiia*, December 10, 1991.

[18] James A. Baker with Thomas M. DeFrank, *The Politics of Diplomacy: Revolution, War and Peace, 1989–1992* (New York, 1995), 563.

[19] 同上, 562–564; "Baker Sees Opportunities and Risks as Soviet Republics Grope for Stability," *New York Times*, December 13, 1991; Thomas Friedman, "Baker Presents Steps to Aid Transition by Soviets," *New York Times*, December 13, 1991; John Lewis Gaddis, *George F. Kennan: An American Life (New York, 2011); Nicholas Thompson, The Hawk and the Dove: Paul Nitze, George Kennan and the History of the Cold War* (New York, 2009).

[20] Baker, *The Politics of Diplomacy*, 535.

[21] Proposed agenda for meeting with the president, December 4, 1991, 1:30 p.m.; December 10, Soviet points for meeting with the president, James A. Baker Papers, box 115, folder 8.

[22] Congressional Research Service, "CRS Report to the Congress: U.S. Assistance to the Former Soviet Union," March 1, 2007, http://www.fas.org/sgp/crs/row/RL32866.pdf; Kurt Tarnoff, "CRS Report to Congress. U.S. Assistance to the Former Soviet Union, 1991–2002: A History of Administration and Congressional Action," updated, January 15, 2002, 1–7, http://www.policyarchive.org/handle/10207/bitstreams/914.pdf; Olexiy Haran, "Disintegration of the Soviet Union and the U.S. Position on the Independence of Ukraine," discussion paper 95-09, Center for Science and International Affairs, John F. Kennedy School of Government, Harvard University, August 1995, http://belfercenter. ksg.harvard.edu/publication/2933/disintegration_

of_the_soviet_union_and_the_us_position_on_the_independence_of_ukraine.html.

[23] Friedman, "Baker Presents Steps to Aid Transition," A24.

[24] Proposed agenda for meeting with the president, December 13, 1991, 11:00 a.m., James A. Baker Papers, box 115, folder 8; James Baker, "The Politics of Diplomacy," Chapter Files, James A. Baker Papers, box 195, folder 5, ch. 31, 7–8.

[25] Baker, *The Politics of Diplomacy*, 564.

[26] 同上; Celestine Bohlen, "Moscow Misery: The Planes Don't Fly and That's Not All," *New York Times*, December 13, 1991.

[27] Beschloss and Talbott, *At the Highest Levels*, xi–xiv, 451–452; John Kohan and Strobe Talbott, "I Want to Stay the Course," *Time*, December 23, 1991.

[28] Beschloss and Talbott, *At the Highest Levels*, 452–454; Kohan and Talbott, "I Want to Stay the Course."

[29] Beschloss and Talbott, *At the Highest Levels*, 455–456; Baker, *The Politics of Diplomacy*, 565; Cherniaev, *Sovmestnyi iskhod*, 1036–1037; Palazhchenko, *My Years*, 252–254.

[30] "Telephone Conversation with President Boris Yeltsin of Russia," December 13, 1991, Bush Presidential Library, Memcons and Telcons, http://bushlibrary.tamu.edu/research/pdfs/memcons_telcons/1991-12-13--Yeltsin.pdf; Bush and Scowcroft, *A World Transformed*, 557.

[31] "Telephone Conversation with President Gorbachev of the FSU," December 13, 1991, Bush Presidential Library, Memcons and Telcons, http://bushlibrary.tamu.edu/research/pdfs/memcons_telcons/1991-12-13--Gorbachev.pdf.

[32] Bush and Scowcroft, *A World Transformed*, 556–558.

[33] Beschloss and Talbott, *At the Highest Levels*, 455–456; Baker, *The Politics of Diplomacy*, 572.

[34] Alfred Kokh and Petr Aven, "Andrei Kozyrev—nastoiashchii kamikadze," *Forbes*, Russian edition, September 28, 2011, http://www.forbes.ru/ekonomika/lyudi/74501-andrei-kozyrev-nastoyashchii-kamikadze; Baker, The *Politics of Diplomacy*, 564–567.

[35] Baker, *The Politics of Diplomacy*, 567–569; Konstantin Blagodarov, "Ot shedevrov Tsereteli liudi prosto obaldeli," *Komsomol'skaia pravda*, September 4, 2002.

[36] "JAB Notes from 12/16/91 Mtg. w/Russian Pres. Yeltsin at the Kremlin, St. Catherine's

Hall, Moscow, USSR," James A. Baker Papers, box 176, folder 28; "JAB Notes from 1-on-1 Mtg. w/B. Yeltsin During Which Command and Control of Nuclear Weapons Was Discussed 12/16/91," James A. Baker Papers, box 110, folder 10; Baker, *The Politics of Diplomacy*, 569–572; Beschloss and Talbott, *At the Highest Levels*, 456–457; Kokh and Aven, "Andrei Kozyrev: nastoiashchii kamikadze"; Palazhchenko, *My Years*, 353.

[37] Baker, *The Politics of Diplomacy*, 575–578; Kokh and Aven, "Andrei Kozyrev: nastoiashchii kamikadze."

[38] "Telephone Conversation with President Gorbachev of the FSU," December 13, 1991, Bush Presidential Library, Memcons and Telcons, http://bushlibrary.tamu.edu/research/pdfs/memcons_telcons/1991-12-13--Gorbachev.pdf; Bush and Scowcroft, *A World Transformed*, 556–658.

[39] Baker, *The Politics of Diplomacy*, 573–574; Palazhchenko, *My Years*, 355–356.

[40] Anatolii Cherniaev, memo, "K besede s Beikerom," December 1991, Gorbachev Foundation Archive, fond 2, no. 19465.1; Cherniaev, *Sovmestnyi iskhod*, 1037.

欧亚国家的诞生

[1] "Vstrecha dvukh prezidentov," *Rossiiskaia gazeta*, December 18, 1991; "Rossiiane podderzhivaiut sozdanie SNG," *Nezavisimaia gazeta*, December 18, 1991.

[2] Schedules for December 17, 18, and 19, 1991, James A. Baker Papers, box 110, folder 10.

[3] James A. Baker with Thomas M. DeFrank, *The Politics of Diplomacy: Revolution, War and Peace, 1989–1992* (New York, 1995), 578–581.

[4] "Nursultan Nazarbaev: Ia pragmatik i budu ottalkivat'sia ot sobytii," *Rossiiskaia gazeta*, December 10, 1991; "Prisiaga Nazarbaeva," *Rossiiskaia gazeta*, December 11, 1991; "Kazakhstan ob"iavil nezavisimost'," *Izvestiia*, December 17, 1991.

[5] "JAB Core Points Used During Trip to Moscow, Bishkek, Alma Ata, Minsk and Kiev, 12/15–18/91," James A. Baker Papers, box 110, folder 10; Baker, *The Politics of Diplomacy*, 581, 585–586; "Dzh. Beiker—pervyi gost' nezavisimogo Kazakhstana," *Izvestiia*, December 17, 1991.

[6] James Baker, "The Politics of Diplomacy," Chapter Files, James A. Baker Papers, box 195, folder 5, chs. 31, 36.

[7] Baker, *The Politics of Diplomacy*, 580–582. Cf. "Zaiavlenie glav gosudarstv Respublika Kazakhstan, Respublika Kyrgyzstan, Respublika Tadzhikistan, Respublika Turkmenistan, Respublika Uzbekistan," *Izvestiia*, December 17, 1991.

[8] "Godovshchina dekabr'skikh sobytii proshla spokoino," *Nezavisimaia gazeta*, December 18, 1991.

[9] Uak Arken Battaluly, *Materialy genotsida, organizovannogo N. Nazarbaevym protiv Kazakhskogo naroda v dekabre 1986 goda* (Moscow, 2000); Khadzhimurat Kozhanazarov and Aigul Mataeva, "Pravda bessmertna," *Soldat*, March 27, 2003.

[10] Baker, *The Politics of Diplomacy*, 538.

[11] Bruce Pannier, "Kazakhstan: The Forgotten Famine," Radio Free Europe, December 28, 2007, http://www.rferl.org/content/article/1079304.html; "Separatizm russkikh regionov v Kazakhstane—vina rukovodstva respubliki," *Nezavisimaia gazeta*, December 11, 1991.

[12] "Interv'iu prezidenta Kazakhstana," *Rossiiskaia gazeta*, December 21, 1991.

[13] *Soiuz mozhno bylo sokhranit'. Belaia kniga. Dokumenty i fakty o politike M. S. Gorbacheva po reformirovaniiu i sokhraneniiu mnogonatsional'nogo gosudarsta*, 2nd ed. (Moscow, 2007), 486–487.

[14] Leonid Levitin, *Uzbekistan na istoricheskom povorote* (Tashkent, 2005), 8–12.

[15] "O pis'me v TsK KPSS rabotnikov prokuratury SSSR tt. Gdliana T. Kh. i Ivanova N. V. ot 11 noiabria 1986 goda," RGANI, fond 89, op. 24, no. 18; "TsK KPSS. O khode vypolneniia postanovleniia Politbiuro no. P151/3," RGANI, fond 89, op. 24, no. 19; Anatolii Sobchak, *Khozhdenie vo vlast'. Rasskaz o rozhdenii parlamenta* (Moscow, 1991), chap. 5.

[16] "Khlopkovoe delo," YouTube video posted by edglezin, April 1, 2011, www.youtube.com/watch?v=sIKYYY3r_vo; Daniel C. Waugh, *Tamerlane's Heirs: Perspectives on 1991 and Its Aftermath in Central Asia* (Seattle, 2011), 27; "Itogi Ashgabatskoi vstrechi vyzvali vzdokh oblegcheniia v strane," *Izvestiia*, December 14, 1991.

[17] Waugh, *Tamerlane's Heirs*, 26–51; "Itogi Ashgabatskoi vstrechi vyzvali vzdokh oblegcheniia v strane," *Izvestiia*, December 14, 1991.

[18] "Uchastniki vstrechi v Ashgabate gotovy stat chlenami sodruzhestva. No ravnopravnymi," *Izvestiia*, December 13, 1991.

[19] "Put' k sodruzhestvu: Minsk—Ashgabat—Alma-Ata," *Izvestiia*, December 19, 1991; "Istoriia Sovetskogo Soiuza zavershaetsia v stolitse Kazakhstana," *Izvestiia*, December 20, 1991; "Aiaz Mutalibov tozhe v Alma-Ate," *Nezavisimaia gazeta*, December 21, 1991.

[20] "Gorbachev predlagaet nazvanie: Sodruzhestvo evropeiskikh i aziatskikh gosudarstv—SEAZ," *Izvestiia*, December 19, 1991; *Soiuz mozhno bylo sokhranit'*, 488–492.

[21] Anatolii Cherniaev, *Sovmestnyi iskhod. Dnevnik dvukh ėpokh, 1972–1991 gody* (Moscow, 2008), 1037; Mikhail Gorbachev, *Memoirs* (New York, 1995), 660.

[22] Boris El'tsin, "My perezhili tragicheskii ėksperiment," *Rossiiskaia gazeta*, December 19, 1991.

[23] "Kakie rabochie i predstavitel'nye organy mogut byt' v SNG," *Izvestiia*, December 19, 1991, 2; "Respublika vernet sebe staryi gerb," *Nezavisimaia gazeta*, December 19, 1991.

[24] Author's interview with General Kostiantyn Morozov, September 6, 2011; "Oppozitsiia nakalivaet obstanovku. Leonid Kravchuk rukovodit gosudarstvom," *Nezavisimaia gazeta*, December 21, 1991; "Ratifitsirovano soglashenie o sodzruzhestve nezavisimykh gosudarstv. Ukraina," *Izvestiia*, December 11, 1991; "Sotsiologicheskii opros na aktual'nuiu temu," *Izvestiia*, December 12, 1991.

[25] "JAB Notes from 12/18/91 Mtg. w/Ukraine Pres. Kravchuk at Mariinskiy Palace in Kiev, Ukraine," James A. Baker Papers, box 110, folder 10; Baker, *The Politics of Diplomacy*, 581–583.

[26] "JAB Notes from 12/18/91 Mtg. w/Supreme Soviet Chairman Shushkevich at the Government Res. Minsk, Belarussia [[sic]]," James A. Baker Papers, box 110, folder 10; "Stanislav Shushkevich: obresti suverennost', no ne raz"ediniat'sia granitsami," *Rossiiskaia gazeta*, December 10, 1991; "Belorusskaia delegatsiia ser'eznee drugikh otneslas' k peregovoram," *Nezavisimaia gazeta*, December 28, 1991; "Moldova vstupit v SNG?" *Nezavisimaia gazeta*, December 21, 1991.

[27] "Stanet li Belovezhskaia pushcha karabakhskoi," *Rossiiskaia gazeta*, December 21, 1991; Petr Kravchenko, "Belarus' na rasput'e. Zapiski diplomata i politika," *Narodnaia volia*, nos.

154–157, September 30, 2006; Rossiia priznala nezavisimost' Moldovy," *Nezavisimaia gazeta*, December 19, 1991.

[28] "Shturmuiut politsiiu," *Nezavisimaia gazeta*, December 10, 1991; "Snova krov' v Dubossarakh," *Izvestiia*, December 14, 1991; "Komitet samooborony Nagorno-Karabakhskoi respubliki," *Izvestiia*, December 20, 1991; "Armeniia ukrepliaet granitsy," *Izvestiia*, December 20, 2; "Nezavisimost' tol'ko togda chego-nibud' stoit, kogda ona umeet sebia zashchishchat'. Novye ukazy prezidenta Armenii," *Nezavisimaia gazeta*, December 21, 1991; "Bezopasnost' ne garantiruetsia," *Rossiiskaia gazeta*, December 21, 1991.

[29] Evgenii Shaposhnikov, *Vybor. Zapiski glavnokomanduiushchego* (Moscow, 1993), 129–130.

[30] "Istoriia Sovetskogo Soiuza zavershaetsia v stolitse Kazakhstana," *Izvestiia*, December 20, 1991, 1; "Prezident sozdaet armiiu. Chem vse-taki komanduet Leonid Kravchuk?" *Nezavisimaia gazeta*, December 17, 1991; Kostiantyn P. Morozov, *Above and Beyond: From Soviet General to Ukrainian State Builder* (Cambridge, MA, 2000), 183–193; Leonid Kravchuk, *Maiemo te, shcho maiemo. Spohady i rozdumy* (Kyiv, 2002), 145.

[31] *Soiuz mozhno bylo sokhranit'*, 493–503; *Raspad SSSR: Dokumenty i fakty (1986–1992 gg.)*, vol. 1, *Normativnye akty. Ofitsial'nye soobshcheniia*, ed. S. M. Shakhrai (Moscow, 2009), 1044–1053; Morozov, *Above and Beyond*, 187–188; Pavel Palazhchenko, *My Years with Gorbachev and Shevardnadze: The Memoir of a Soviet Interpreter* (University Park, PA, 1997), 359–360.

[32] *Soiuz mozhno bylo sokhranit'*, 499.

[33] Telecon with Nursultan Nazarbayev, Saturday, December 21, 1991, 12:55 EST; Baker, *The Politics of Diplomacy*, 585.

[34] "V Alma-Ate rodilos' sodruzhestvo 11 nezavisimykh gosudarstv," *Izvestiia*, December 23, 1991; Cherniaev, *Sovmestnyi iskhod*, 1039.

莫斯科的圣诞节

[1] Anatolii Cherniaev, *Sovmestnyi iskhod. Dnevnik dvukh ėpokh, 1972–1991 gody* (Moscow,

2008), 1039; Aleksandr Korzhakov, *Boris El'tsin: ot rassveta do zakata* (Moscow, 1997), 129–130; Conor O'Clery, *Moscow, December 25, 1991: The Last Days of the Soviet Union* (New York, 2011), 207–208.

[2] Cherniaev, *Sovmestnyi iskhod*, 1039–1044; O'Clery, *Moscow*, 208.

[3] Aleksandr Iakovlev, *Sumerki* (Moscow, 2005), 506–507; Georgii Shakhnazarov, *Tsena svobody. Reformatsiia Gorbacheva glazami ego pomoshchnika* (Moscow, 1993), 307; O'Clery, *Moscow*, 208–219; Boris Yeltsin, *The Struggle for Russia*, trans. Catherine A. Fitzpatrick (New York, 1994), 120–121; Korzhakov, *Yeltsin*, 129–130; Cherniaev, *Sovmestnyi iskhod*, 1040, 1042.

[4] Michael Dobbs, *Down with Big Brother: The Fall of the Soviet Empire* (New York, 1997), 447–448; Boris Pankin, *The Last Hundred Days of the Soviet Union* (London, 1996), 86; Yeltsin, *The Struggle for Russia*, 122–123, 305–316; O'Clery, Moscow, 211–214; Korzhakov, *El'tsin*, 137–138.

[5] Iakovlev, *Sumerki*, 508.

[6] 同上, 507; Memorandum of telephone conversation with President Boris Yeltsin, December 23, 1991, Bush Presidential Library, Memcons and Telcons, http://bushlibrary.tamu.edu/research/pdfs/memcons_telcons/1991-12-23—Yeltsin.pdf.

[7] Cherniaev, *Sovmestnyi iskhod*, 1042; O'Clery, *Moscow*, 208, 211–214.

[8] O'Clery, *Moscow*, 25–26.

[9] Pavel Palazhchenko, *My Years with Gorbachev and Shevardnadze: The Memoir of a Soviet Interpreter* (University Park, PA, 1997), 364–366; "Telecon with Mikhail Gorbachev, President of the Soviet Union," December 25, 1991, Bush Presidential Library, Memcons and Telcons, http://bushlibrary.tamu.edu/research/pdfs/memcons_telcons/1991-12-25—Gorbachev.pdf.

[10] Palazhchenko, *My Years*, 365.

[11] O'Clery, *Moscow*, 201–205, 218, 226.

[12] 同上, 222, 225; Cherniaev, *Sovmestnyi iskhod*, 1040–1042; "Obrashchenie M. S. Gorbacheva k narodu," December 1991, Gorbachev Foundation Archive, fond 5, no. 10868; Andrei Grachev, "Proekt obrashcheniia Prezidenta SSSR k narodu," December 14, 1991, Gorbachev Foundation Archive, fond 5, no. 10884.1; *Soiuz mozhno bylo sokhranit'. Belaia kniga. Dokumenty i fakty o politike M. S. Gorbacheva po reformirovaniiu i sokhraneniiu mnogonatsional'nogo gosudarsta*,

2nd ed. (Moscow, 2007), 504–507; "Yeltsin po-prezhnemu populiaren. Po krainei mere v Moskve," *Nezavisimaia gazeta*, December 19, 1991.

[13] Cherniaev, *Sovmestnyi iskhod*, 1042–1043; Evgenii Shaposhnikov, *Vybor. Zapiski glavnokomanduiushchego* (Moscow, 1993), 136; Mikhail Gorbachev, *Memoirs* (New York, 1995), 671–672; *Soiuz mozhno bylo sokhranit'*, 507; Palazhchenko, *My Years*, 366–367; O'Clery, *Moscow*, 231–237.

[14] O'Clery, *Moscow*, 236–237, 241–247; Andrei *Grachev, Gorbachev. Chelovek, kotoryi khotel kak luchshe* (Moscow, 2001), 418; Gorbachev, *Memoirs*, 671; Cherniaev, *My Years*, 399; Cherniaev, *Sovmestnyi iskhod*, 1043.

[15] Michael R. Beschloss and Strobe Talbott, *At the Highest Levels: The Inside Story of the End of the Cold War* (Boston, 1993), 464.

[16] Nick Burns to Dennis Ross and Thomas Niles, December 23, 1991; "Draft Statement on the Resignation of President Gorbachev," Bush Presidential Library, Presidential Records, National Security Council, Nicholas R. Burns Series, Chronological Files: December 1991, no. 1. Cf. "Statement on the Resignation of Mikhail Gorbachev as President of the Soviet Union," December 25, 1991, Bush Presidential Library, Public Papers, http://bushlibrary.tamu.edu/research/public_papers.php?id =3790&year=1991&month=12.

[17] 2012年6月15日，作者在哈佛大学采访尼古拉斯·伯恩斯；Beschloss and Talbott, *At the Highest Levels*, 459–460; Nick Burns to Ron McMullen, United States Military Academy, West Point, December 31, 1991, Bush Presidential Library, Presidential Records, National Security Council, Nicholas R. Burns Series, Chronological Files: December 1991, no. 1.

[18] "Address on Gorbachev Resignation," December 25, 1991, C-SPAN, http://www.c-spanvideo.org/program/23549-1>; Address to the Nation on the Commonwealth of Independent States," December 25, 1991, Bush Presidential Library, Public Papers, http://bushlibrary.tamu.edu/research/public_papers.php?id=3791&year=1991&month=12.

[19] Author's interview with Nicholas Burns, Harvard University, June 15, 2012.

[20] Address to the Nation on the Commonwealth of Independent States," December 25, 1991, Bush Presidential Library, Public Papers, http://bushlibrary.tamu.edu/research/public_papers.php?id=3791&year=1991&month=12; From Secstate to all diplomatic and consular posts, "U.S.

Policy on Recognition of Former Soviet Republics. Press Guidance," December 28, 1991, Bush Presidential Library, Presidential Records, National Security Council, John A. Gordon Series, Subject Files: Russia, December 1991.

[21] "The President's News Conference," December 28, 1991, Bush Presidential Library, Public Papers, http://bushlibrary.tamu.edu/research/public_papers.php?id=3792&year=1991&month=12.

[22] James Baker to Mikhail Gorbachev, December 29, 1991, James A. Baker Papers, box 110, folder 10.

[23] O'Clery, *Moscow*, 261–262; Cherniaev, *Sovmestnyi iskhod*, 1043–1044; Grachev, *Gorbachev*, 420.

[24] Gorbachev, *Memoirs*, 672; Yeltsin, *The Struggle for Russia*, 124.

[25] Cherniaev, *Sovmestnyi iskhod*, 1043–1044.

[26] 同上, 1042.

[27] Gorbachev, *Memoirs*, 672; Cherniaev, *Sovmestnyi iskhod*, 1042–1043; Grachev, *Gorbachev*, 417–418.

[28] O'Clery, *Moscow*, 266–267.

[29] Iakovlev, *Sumerki*, 555.

[30] Gorbachev, *Memoirs*, 671; Yeltsin, *The Struggle for Russia*, 124; Korzhakov, *El'tsin*, 139.

[31] Timothy J. Colton, *Yeltsin: A Life* (New York, 2008), 140–150.

后　记

[1] State of the Union Address, January 28, 1991, CSPAN, http://www.c-spanvideo.org/program/23999-1.

[2] Address before a Joint Session of the Congress on the State of the Union, January 28, 1992, Bush Presidential Library, Public Papers, http://bushlibrary. tamu.edu/research/public_papers.php?id=3886&year=1992&month=01.

[3] "Bush and Gorbachev Declare End of Cold War," History, A&E Television Networks, History.com, http://www.history.com/speeches/bush-and-gorbachevdeclare-end-of-cold-war#bush-and-gorbachev-declare-end-of-cold-war; Karen Holser, "The First True Post–Cold War Summit," *Baltimore Sun*, July 28, 1991; "Bush Told Gorbachev to Ignore 'Crowing' over Cold War Victory," *Seattle Times*, October 26, 1992.

[4] John R. Young, "In State of Union, President Evokes Spirit of Gulf War," *Washington Post*, January 29, 1991.

[5] George Bush and Brent Scowcroft, *A World Transformed* (New York, 1998), 559–561; Stephen Kotkin, *Armageddon Averted: The Soviet Collapse, 1970–2000* (Oxford, 2001), 185; Robert M. Gates, *From the Shadows: The Ultimate Insider's Story of Five Presidents and How they Won the Cold War* (New York, 1996), 552.

[6] Jack Matlock, *Autopsy on an Empire: The American Ambassador's Account of the Collapse of the Soviet Union* (New York, 1995), 667–672; "The End of the Cold War, the Collapse of Communism, and the Fall of the Soviet Union," part 4 of "The Collapse of the Soviet Union and the End of the Cold War: A Diplomat Looks Back," interview of Jack Matlock by Harry Kreisler, "Conversations with History" series, Institute of International Studies, University of California, Berkeley, February 13, 1997, http://globetrotter.berkeley.edu/conversations/Matlock/matlock-con4. html.

[7] George F. Kennan, "Witness to the Fall," *New York Review of Books*, November 1995, 7–10, here 7.

[8] Mikhail Gorbachev, *Memoirs* (New York, 1995), 1046.

[9] Mark Beissinger, "The Persistent Ambiguity of Empire," *Post-Soviet Affairs* no. 11 (1995); Mark R. Beissinger, "Rethinking Empire in the Wake of Soviet Collapse," in *Ethnic Politics and Post-Communism: Theories and Practice*, ed. Zoltan Barany and Robert Moser (Ithaca, NY, 2005), 14–44; S. Becker, "Russia and the Concept of Empire," *Ab Imperio*, 2000, nos. 3–4: 329–342; Terry Martin, *The Affirmative Action Empire: Nations and Nationalism in the Soviet Union, 1923–1939* (Ithaca, NY, 2001); Terry Martin, "The Soviet Union as Empire: Salvaging a Dubious Theoretical Category," *Ab Imperio*, 2002, no. 2: 91–105; Jane Burbank and Frederick Cooper, *Empires in World History: Power and Politics of Difference* (Princeton, NJ, 2010), chap. 14; Dominic Lieven, *Empire: The Russian Empire and Its Rivals* (New Haven, CT, 2002), chap. 9; S.M. Plokhy, *Yalta: The Price of Peace* (New York, 2010), chap. 14.

[10] Gorbachev, *Memoirs*, 651–657; Evgenii Shaposhnikov, *Vybor. Zapiski glavnokomanduiushchego* (Moscow, 1993), 102.

[11] Petr Aven and Al'fred Kokh, "El'tsin sluzhil nam!," interview with Gennadii Burbulis, *Forbes* (Russian edition), July 22, 2010, http://www.forbes.ru/node/53407/print.

[12] Boris Yeltsin, *The Struggle for Russia*, trans. Catherine A. Fitzpatrick (New York, 1994), 116; Gorbachev, *Memoirs*, 658; interview with Valentin Varennikov in *Rozpad Radians'koho Soiuzu. Usna istoriia nezalezhnoi Ukrainy 1988–91*, tape 2, http://oralhistory.org.ua/interview-ua/401/.

[13] Francis Fukuyama, "The End of History," *National Interest*, Summer 1989; Francis Fukuyama, *The End of History and the Last Man* (New York, 1992).

[14] George Herring, *From Colony to Superpower: U.S. Foreign Relations Since 1776* (New York, 2008), 914; C. J. Chivers, "Russia Will Pursue Democracy, but in Its Own Way, Putin Says," *New York Times*, April 26, 2005.

[15] Edward Lucas, *The New Cold War: Putin's Russia and the Threat to the West* (New York, 2009).

[16] Craig Unger, *American Armageddon: How the Delusions of Neoconservatives and the Christian Right Triggered the Descent of America—and Still Imperil Our Future* (New York, 2007), 115–117; "Iraq War: 190,000 Lives, $2.2 Trillion," press release, Costs of War Project,

Brown University, March 14, 2013, http://news.brown.edu/pressreleases/2013/03/warcosts.

[17] George W. Bush, "Commencement Address at the United States Military Academy at West Point, West Point, New York," June 1, 2002, http://www.presidentialrhetoric.com/speeches/06.01.02.html; George W. Bush, "Freedom in Iraq and the Middle East: Address at the 20th Anniversary of the National Endowment for Democracy, Washington, D.C.," November 6, 2003, http://www.presidentialrhetoric.com/speeches/11.06.03.html.